经济学名著译丛

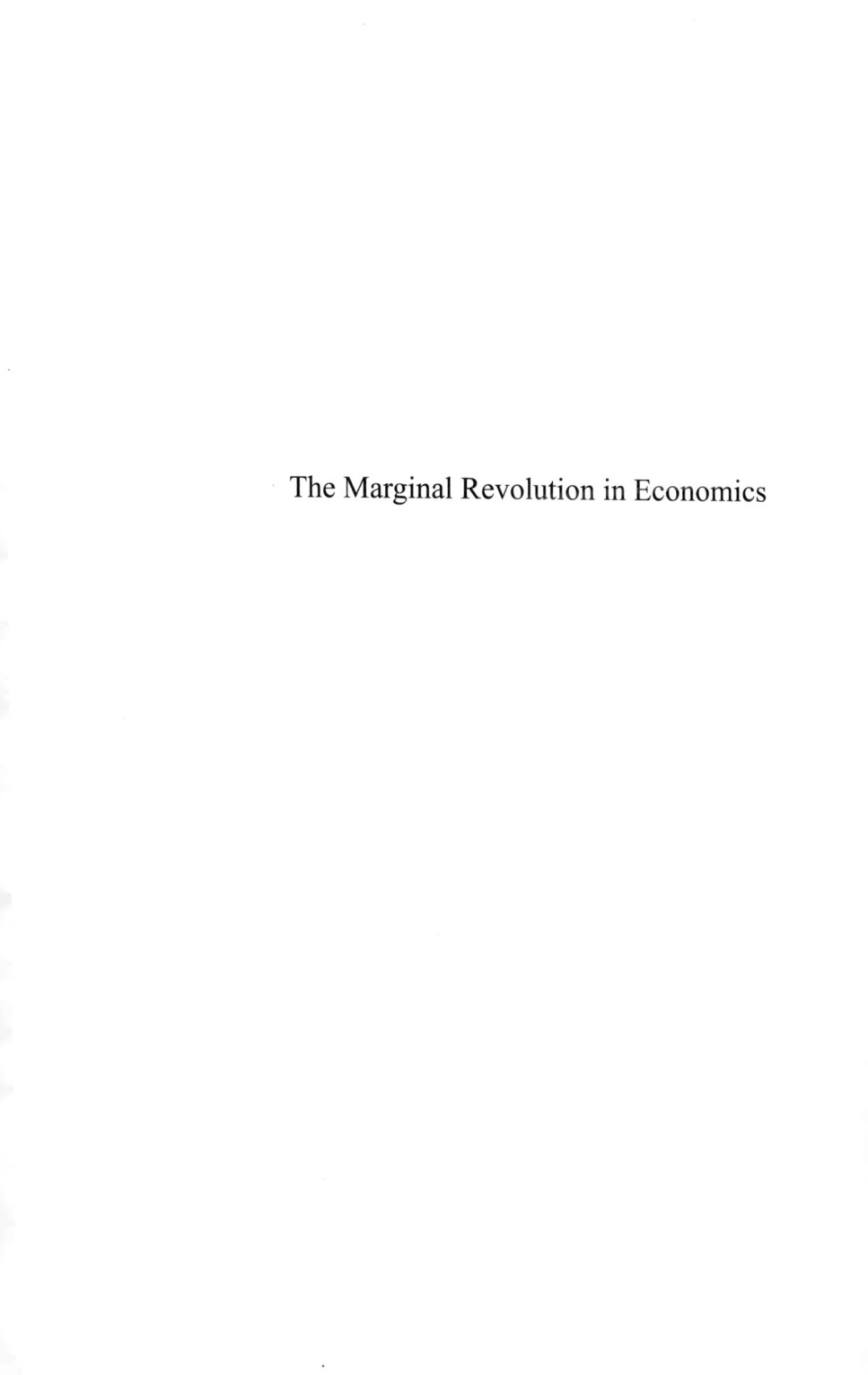

The Marginal Revolution in Economics

经济学的边际革命

说明和评价

R.D.C.布莱克
〔英〕A.W.科茨　　　编
克劳弗德·D.W.古德温

于树生 译

The Marginal Revolution in Economics

商务印书馆
2016年·北京

Edited by
R. D. C. Collison Black
A. W. Coats
Craufurd D. W. Goodwin
**THE MARGINAL REVOLUTION
IN ECONOMICS**
Interpretation and Evaluation
Duke University Press, Durham, North Carolina 1973
本书根据杜克大学出版社 1973 年版译出

出版说明

19世纪70年代初期,英国的杰文斯、奥地利的门格尔和法国的瓦尔拉差不多同时但却是各自完全独立地发现了边际效用递减原理,这一原理后来被许多资产阶级经济学流派所接受,对一个多世纪以来资产阶级经济学的发展产生了重大影响。其中边际效用价值论,以及19世纪末明确提出的边际生产力论是微观经济学的核心,也是宏观经济学进行总量分析的前提和基础。在微观经济学中使用的边际分析方法,在宏观经济学中也被广泛地采用。因此,西方资产阶级经济学家把这一原理的发现称为"边际革命"。为了纪念"边际革命"一百周年,1971年8月22日至28日,西方经济学界在意大利的贝拉焦就"边际革命"问题举行了讨论会。本书就是这次会议的论文汇编,是西方经济学说史方面的一部专题论文集。

全书共收论文十八篇,内容丰富,既有"边际革命"和英国古典政治经济学的衰落,也有奥地利学派和洛桑学派的兴起,尤其是对边际主义的起源问题作了比较周密的探讨。在有关这方面的论文中,分析了边际主义发生的内在的思想条件和各种环境因素对经济学家的影响。这些环境因素包括经济发展阶段、文化水平和社会结构,以及直接影响经济学家的舆论、讲学机会、研究机会、科学家之间的通讯渠道等。为了说明边际主义的起源，一些论文引用了有关杰文斯、门格尔和瓦尔拉的不少传记资料。本书还比较深入地探讨了边际主义通过时间和空间的传播问题，不仅涉及一些国家特定的历史条件，以及因时而异的通讯渠道对边际主义传播的影响，而且分析了有关边际主义的各种概念的定义、这些概念在传播中所经历的重要修改和重新解释、这些概念被接受的程度（被什么样的人接受、接受的速度和质量），以及吸收边际主义时所受到的舆论、一般文化修养和在这门学科中知识状况的影响。

对"边际主义"问题应当怎样看待？我们认为，首先，边际效用价值论是一种以主观心理分析方法来说明价值形成过程的资产阶级庸俗经济理论，一个多世纪以来，形形色色的资产阶级经济学流派都用它来反对、诋毁马克思的劳动价值论，进而攻击马克思的全部经济理论。在本书所收的"边际主义和马克思主义"、"边际主义在日本"等论文中，都有对马克思劳动价值论的这种诋毁。对此，我们必须据理给予批驳。但这也并不等于说边际效用概念本身无可取之处。其次，边际生产力论作为一种分配理论是错误的，它掩盖了资本主义剥削的实质，但作为一种生产的理论则有参考价值，因为它在一定程度上说明了不同生产要素及其投入量的变化对产出量的影响。再次，边际分析作为一种纯数学分析方法是有用的，但必须在科学的经济理论指导下才能发挥其应有的作用。

随着我国经济学界对西方经济学研究的深入，有关"边际主义"的问题，诸如"边际革命"的来龙去脉和"边际主义"在整个西方世界的传播问题，越来越受到人们关注。本书为了解和研究这些问题提供了不少新的资料。书中论述的问题除某些特定课题外，也涉及经济学史上有关方法和目的的若干问题,例如传记资料对研究经济学史的作用问题等,而对于这类问题,本书编者注意到各种不同的意见,并予以反映。这种情况,对我国读者开拓思路,深入探讨"边际主义"和西方经济学的发展趋势,也会有所助益。因此,我们将本书组译出版,供读者参考。

目 录

序言 …………………………………………………………… 1
有没有边际革命？ …………………………………………… 3
边际主义的起源 ……………………………………………… 18
19世纪70年代边际革命的经济的和社会的来龙去脉 ……… 47
边际主义和经济科学的界限 ………………………………… 72
穆勒和凯尔恩斯与边际主义在英国的出现 ………………… 95
W.S.杰文斯和现代经济学的基础 …………………………… 120
莱昂·瓦尔拉在19世纪70年代的"边际革命"中的作用…… 138
维尔弗雷多·帕雷托与边际主义 …………………………… 167
奥地利学派在多大程度上是边际主义者？ ………………… 191
边际革命与英国古典政治经济学的衰落 …………………… 210
边际革命及其与经济增长的关系 …………………………… 242
边际主义和马克思主义 ……………………………………… 277
边际主义在意大利的传播 …………………………………… 292
边际主义在日本 ……………………………………………… 317
边际主义走向新世界 ………………………………………… 338
边际效用论的采用 …………………………………………… 362
边际主义:收获 ……………………………………………… 381

回顾与展望…………………………………………… 399
译名对照表…………………………………………… 424

序　言

经济分析的主要"正统派"传统的值得注意的连续性（从亚当·斯密到约翰·梅纳德·凯恩斯以来），常常被引以为例，证明认为经济学是一种科学——它实际上是所有社会科学中最科学的——这一看法是正确的。然而，在过去十年中很多人认为科学史的特征是有一些周期性的间断、"危机"或者"革命"，因此，应当重新考虑经济学上的"边际革命"能否放进这个范畴的问题。人们熟知，19世纪70年代初期几个不同国家中有少数高明的革新者发表了一系列的创见，这些新概念，总的来说，对下一个世纪经济科学的发展产生了重大影响。但这件事真是经济学发展中表面上连续性的一个例外吗？那些最早的边际主义者目的一致以及成绩相似的程度，可以使我们有理由把他们放在一类吗？当他们的作品和前辈及后辈的著作相比时，他们的贡献新颖和重要的程度足以使他们对于通常加在他们身上的光荣称号受之无愧吗？简言之，实际上有一个边际革命吗？如果有的话，值得纪念吗？

我们组织这次讨论会，就是希望弄清楚这些问题和有关的一切。本书里发表的论文以各种不同观点仔细考查边际革命，即根据他们的前辈的话、这些革命者自己的话、他们的信徒和后代所传播的思想，以及这一切的总的影响来考查。纲目的选择以及所包括的范围必然是不完全的,部分地是由于一些预料不到的情况和无法避免的逻辑的障碍,但部分地也是因为在这个领域里已经有了大量文献,例如,论述第二代边际主义者的文献。

本卷中的文章以那些为了1971年8月22日至28日在意大利贝拉焦的塞尔贝洛尼别墅举行的一系列会议而准备和讨论的论文为根据。会议参加者对洛克菲勒基金委员会及其工作人员所提供的直接支持和殷勤招待,表示由衷的谢意。在五天热烈的、连续的和激励人心的讨论中,出现了许多有意义的意见分歧和解释,所涉及的范围既有那些正在研究的特定课题,也有经济学史上许多比较广泛的关于方法和目的的问题。这些问题之中,有些由布劳格先生和科茨先生分别在开头的和结束的两篇文章中加以研究。其他的问题也在全书中一再提起。虽然有些论文因为配合会议在贝拉焦的活动而作了修改,但作者和编辑都没有蓄意在有争论的问题上强求一致。实际上,在某些地方,为了对读者有益还强调了意见的分歧。

最后,应该指出,讨论会参加者离开贝拉焦时都怀着兴奋的心情——无疑这是受了那种优美的和使人高兴的环境的影响——觉得经济学史是一个内容丰富、学者们可以大有作为的领域。这里有那么多尚未得出答案的问题、尚未试过的研究方法,以及尚待选择的探究机会。因此这本论文汇编应该被认为是对将来工作的一个临时的备忘录,而不是关于边际革命的最终论断。

R.D.C.布莱克
A.W.科茨
C.D.W.古德温

有没有边际革命？

马克·布劳格[①]

一

"边际革命"一词通常被认为是指 19 世纪 70 年代初期杰文斯、门格尔和瓦尔拉差不多同时但却是各自完全独立地发现了边际效用递减原理,作为一种新的静态微观经济学的基石。他们的论点是,这个原理成为经济思想史上多次发现的最好的例证之一,完全需要某种根据历史的解释:很难相信,三个人在差不多同样的时间,在曼彻斯特、维也纳和洛桑那样大不相同的文化气候中从事研究,竟会偶然想到同样的概念,这一定是由于某种共同的原因,怎样找出这种原因是文化史研究者的任务。唯一的困难是所有的标准解释中没有一种是令人信服的。[②] 19 世纪 60 年代,英国、奥地利和法国经济发展的水平非常不同,因此根据生产结构的变化或者社会阶级之间的关系的各种隐蔽的马克思主义的解释,都使

[①] 马克·布劳格(Mark Blaug),伦敦大学教育研究所的教育经济学教授。
[②] 我的《经济理论的回顾》第二版(霍姆伍德,伊利诺斯州,1968 年)第 303—308 页,讨论了各种不同的解释。这里的注是想要重新考虑那几页中提出的问题。

我们难于轻信。同样地,英国哲学的功利主义——经验主义传统、奥国的新康德哲学的气候和法国的笛卡尔哲学的气候,根本没有共同的成分可以引发经济学上一场效用革命。在经济政策问题上,实际上和古典派思想有连续性,并且,当杰文斯和瓦尔拉论述政策问题时,实际的主张和他们对价值学说的观点之间只有很少的关系或者完全没有关系。至于所谓"需要"保卫资本主义制度,简直没有比古典经济学的旧的工资—人口结构或者巴斯夏的著作更合适的东西,而这些和边际效用完全没有渊源。最后,19世纪60年代,在英国或在欧洲大陆没有真正的关于知识危机的感觉,那可能促使人们寻求可供选择的经济模式;此外,历史循环论是这样的一种可供选择的经济模式,1860年以后,它继续获得信徒,不仅在德国而且在英国也是如此。总之,边际效用的同时发现可能需要一种解释,但已有的解释中没有一个是令人满意的。

或许困难在于"边际革命"的概念,像"重商主义"的概念或者凯恩斯所解释的"古典经济学"的概念那样,是经济思想史的那种"理性的改造",那一定会产生使人迷惑的历史难题。我想,这是问题的主要部分,但不是全部。关于所谓边际革命的辩论,实际上混淆了两种完全不同的东西:对这种革命(如果它是革命的话)的起源的说明和对它的最后胜利的说明。学术史上使用"说明"这个概念时一定程度的粗心大意,更把这种辩论弄得模糊不清。

二

一种有效的开始的方法是问我们自己,按罗伯特·默顿对这个词的理解,杰文斯、门格尔和瓦尔拉之发现边际效用,实际上是不是一种"重复"①。在深入研究科学史上数以百计的重复发现以后,默顿下结论说:"所有的科学发现在原则上都是重复的,包括那些表面上似乎是单独的在内"(第477页)。唯恐这种说法似乎是一种"自动封闭的假设,不容许调查研究",默顿承认只有某些科学在它们发展的某些阶段时确实是如此:"很多的各种证据……因此可以表明,科学一经制度化,有许多人从事科学研究,他们就会不只一次地单独作出同样的发现,而这些单独的成就可以被想象为受到阻碍的复合成就"(第482页)。虽然他的264项深入研究的复合成就中有2/3涉及十年或者不到十年的一段时期,默顿却不肯把复合成就的概念局限于差不多同时的发现:"甚至在历法时间上彼此相距很远的一些发现,在社会的和文化的时间上也可以有意义地认为它们是同时的,这要看各个不同文化中知识积累的情况以及产生这些新发现的各个社会的结构如何"(第486页)。以上所说的已经足以表明"复合的"这个概念是难以解释的,特别是在不像自然科学那样专业化的领域里。然而,这种论点的要旨似乎是"成熟的科学"的特点是累积的、连续不断的进展会使下一步的跃进至少容易预测,即使不是绝对必然会发生的。②

---

① R.K.默顿的"科学发现中的单独和重复——科学的社会学中的一章",载《美国哲学学会的会议录》105,第5期(1961年)。

② 默顿为了防止他自己被人误解,否认他的论点意味着"一切新发现都是必然的,就是,不管怎样,这些发现在适当的时间和地方总会有人作出的,即使不是由那些实际上作出了新发现的个人"(第485页)。关于一项类似的保留,参阅他的"对科学中重复发现的系统研究的阻力"一文,载《欧洲社会学期刊》第4卷,第2期(1963年),第246页。

现在我们可以问:在 19 世纪 60 年代,经济科学的状况是不是那样:会使得边际效用原理的最后发现成为一种完全可以预测的现象,在这种情况下杰文斯、门格尔和瓦尔拉差不多同时发现这一原理,就不足为奇了。对这个问题的回答当然一定是"不是那样"。

首先,很有疑问的是,我们是否可以说 19 世纪 60 年代的一种经济科学,好像它是一项由全世界的经济学家共有的遗产,他们研究同样的论文,阅读同样的刊物,并且在研究分析同样范围的问题中使用同样的一套工具。粗略地看一下哈奇森关于 1870 年前后英国、德国、奥地利、法国和美国的经济思想状况的扼要叙述,就会看出当时至少有两种(如果不是三种或四种)经济科学的"模式"存在。① 虽然杰文斯和穆勒影响的压力作斗争,德国经济学家早已抛弃了"斯密的一套东西"以及从那里衍生的李嘉图的各种论点,法国经济学家却对于英国的古典政治经济学的分析的特征或者德国历史学派嘲讽的呼声都始终没有表示多大兴趣。直到 19 世纪 90 年代为止,②英国经济学的偏狭性以及各国经济学家之间没有交往,完全可以用事实证明;例如,杰文斯是一位主要的经济学藏书家,而他在 1882 年去世的时候并不知道有一个门格尔已经写了一本经济学的书,有朝一日人们会把这本书和他自己的《政治经济学理论》相比拟。第二,有人认为经济科学本来就必然会在 19 世

---

① 哈奇森:《经济学说评论,1870—1929 年》(牛津,1953 年),第 1、8、12 和 16 章;也参阅杰文斯、门格尔和瓦尔拉在他们的论文里引述的一些著作家,简直没有一个共同的姓名。豪伊:《边际效用学派的兴起,1870—1889 年》,(劳伦斯,堪萨斯州,1960年),第 1—5 章。

② 参阅哈奇森:"边际革命与英国古典政治经济学的衰落"一文,见本书下面。

纪中期前后发现边际效用,但这种看法只是根据事实并加以合理化而已。确实,19世纪60年代英国古典经济学上可能性更大的下一步是把李嘉图地租论中的边际概念推广到所有的生产要素,就是,发展到一种要素边际生产力的价格论,也或许是把李嘉图的价值论进一步精练成为像线性的投入—产出分析那样的东西。但是,我们知道,前者迟至19世纪90年代在我们的边际效用三人小组的下一代中才做到,而后者在20世纪才出现。

然而,认为边际效用不是19世纪70年代的新发现,而只是重新被发现这种相反的说法,又怎么样呢?劳埃德和朗菲尔德在1834年曾指出总效用和边际效用之间的区别,不久以后西尼尔又提出同样的看法(我不提18世纪的伯努利,因为他"不属于这个范围"以内)。如果杰文斯、门格尔和瓦尔拉不构成一种"重复",或许劳埃德、朗菲尔德和西尼尔应该当之无愧。可是劳埃德、朗菲尔德和西尼尔没有真正利用边际效用,这样只是证明怀特黑德的格言,一切新的东西已经被一个未曾发现这种东西的人说过了。同样的反对理由不适用于杜普伊(1844)、戈森(1854)和詹宁斯(1855年),他们都不仅重新发现边际效用,而且用它来分析消费者行为(并且戈森以杰文斯和瓦尔拉的信心和革命热情这样做)。不过适用于杰文斯、门格尔和瓦尔拉的同样的论点现在适用于杜普伊、戈森和詹宁斯:他们差不多同时想到边际效用递减律,可是每个人所受的理智压力完全不同,并且没有得到一套继承下来的相似的经济概念。

我们现在已经收集到三个"经济学家的三人小组",共计九个姓名,他们在1834年至1874年间采用了边际效用的概念,其中四人确实把它看作根苗,从这里可以逐渐形成一种新的经济学。如果我们否认这构成一种默顿式的"重复",那不是在无谓的挑剔吗?

我们怎样可以避免这种困境,是很清楚的。回忆默顿自己的话:"甚至在历法时间上彼此相距很远的一些发现,在社会的和文化的时间上也可以有意义地认为它们是'同时的',这要看各个不同文化中知识积累的情况以及产生这些新发现的各个社会的结构如何。"这样,根据从1834年至1874年这一段时期内边际效用反复地在不同国家被单独地发现这一事实,我们可以说,当时一定有一种世界各地经济学家共同所有的经济思想的核心,他们的内心的逻辑最后会使他们使用效用理论的工具探究消费者的需求。换句话说,我们能够根据重复发现的存在来推断这门科学的情况,而不是从相反的方向。不过这是使重复论失去它的最引人注意的特色,即一种科学的发展在某种程度上是可以预言的。只要我们认真对待默顿的论点,因为它所提供的不仅是一种附有许多例外的归纳性的概括,我们就必须否认有九个人名就一定构成"重复"。问题很简单:假如科学家们之间的通讯是完善的,所有的重复都会被预先防止,我们就会只看到一些单独的发现;另一方面,假如科学家们之间没有任何通讯,重复的意义最多只是像闪电有时在同一地方袭击两次;所以,如果从事于一门学科的实际工作者之间有很快的但不完善的通讯,重复只是一些有趣味的现象。

确实,古典经济学没有需求学说,它的关于价格决定的理论迟早总会有人觉得它特别不对称。但是正如库尔诺说明的那样,不引进关于效用的理由也完全可能弥补这一缺点。再则,确实在整个19世纪,边际效用"很流行",差不多每十年左右就重新掀起一次高潮:劳埃德和朗菲尔德,1834 年;杜普伊,1844 年;戈森,1854年;詹宁斯,1855 年;杰文斯,1862 年(他第一次公开发表他的理论);门格尔,1871 年;以及瓦尔拉,1874 年。但这完全不是说边际效用经济学在某种意义上是不可避免的。我们也不妨说 20 世纪30 年代中宏观经济学的出现是不可避免的,因为某些瑞典经济学家在 20 世纪 20 年代,像罗伯逊和凯恩斯一样,循着同样的路线在思考。"因一事随另一事而起,故后事为前事所造成",是文化史上一种长期存在的诱惑。

三

豪伊的《边际效用学派的兴起,1870—1889 年》一书告诉我们,"边际革命"和工业革命一样,当时身临其境的人没有认识到。现在的标准说法认为这场革命爆发的时间在 1871 年左右,并且把杰文斯、门格尔和瓦尔拉这三个人名连在一起,因为他们写的书基本上是关于同一问题的。这种标准说法在 19 世纪 80 年代后期第一次发表,(尽管马歇尔于 1890 年表示赞同)直到过了世纪末好久才成为经济思想史的一项固定的特征。① 边际效用价值论经过长期迟延才被人接受,同时关于这个理论的历史的合理叙述也经过长期迟延才被人接受,这或许最能说明它确实是一种不正常的产物,不是合乎逻辑地发源于古典经济学。换句话说,这使人想到19 世纪的最后 25 年是经济学史的那些革命的阶段之一,那时候,

---

① 豪伊,第 26 和 27 章。

用托马斯·库恩的语言来说,经济学家采用了一种新的"范例"来指导他们的工作。

可惜,关于杰文斯、门格尔和瓦尔拉所提出的这个新范例究竟是什么,似乎没有一致的意见。那是一种新的以需求而不是以供给为重点,以消费者的效用而不是以生产成本为重点的范例吗?[①] 那是一种和主观价值论同样有野心的东西,准备取代过去的那种客观的劳动—成本论吗?[②] 那是把最大限度利用的原则从商号扩大到家庭,使消费者(而不是企业家)成为合理行动的集中体现吗?[③] 也许是相等边际的原则,隐藏在边际效用对价格的比例关系中,作为消费者平衡的条件吗?[④] 或者,它是,像熊彼特喜欢说的那样,是一般均衡分析的明确的或者含蓄的发现吗?[⑤] 或者最后,它仅仅是第一次有意识的承认必然会追求最大限度的效用,作为一切经济推理的原始模型吗?无论我们采取哪一种说法,都很难支持这个论点,认为杰文斯、门格尔和瓦尔拉真正心里先有了同样的范例。

不管怎样,门格尔是多余的一个人:他自己不觉得自己是一个革命者,像杰文斯和瓦尔拉那样;他避免用数学公式表示,因此就

---

① 参阅 A. W. 科茨的"十九世纪七十年代边际革命的经济的和社会的来龙去脉"一文,见本书后文。
② 参阅 R. L. 米克的"边际主义和马克思主义"一文,见本书后文。
③ 出处同上。值得注意的是,亚当·斯密的关于职业选择的理论确实把个别的工人作为最大限度利益取得者。把合理行动的范围扩大到家庭这种观念没有什么新的内容,可是把它扩大到消费者行为的想法是新颖的。
④ 布劳格:《经济理论的回顾》,第 301—302 页。
⑤ A. 熊彼特:《经济分析史》(纽约,1954 年),第 918 页。

避免纯粹的极值问题的逻辑;他只是用文字阐述了"戈森的第三定律",确实没有加以强调;他确实反对了成本价值论,但是另一方面他深切地怀疑一切明确的决定价格的理论,并且他强调了间断性、变化无常,以及围绕着市场价格的讨价还价。① 换句话说,把杰文斯与瓦尔拉两人和戈森放在一起,要比和门格尔放在一起有理由得多,标准说法的唯一理由是门格尔的名字不断地被他的信徒维塞尔和庞巴维克提出来,他们都决心要说服经济学界人士相信奥地利经济学是一种变异的产品。同样,需要事后的认识才能看出杰文斯和瓦尔拉之间有很多共同之处,前者精确地阐述了物物交换的理论,明确地用数学说明了"戈森的第三定律",提出一项劳动的短期供给计划表的理论,并许了一些有雄心而未能实现的关于一种新的效用经济学的诺言;后者则真正地根据效用表作出了需求曲线,同样努力地根据边际生产力的考虑得出了供给曲线,研究出了一种市场定价的学说,并且把所有的成分在一个总的均衡机构以内交织在一起。

整个问题由于历史使创始者遭受的冷遇而变得更加困难。最后,"边际效用"一词中证明是重要的部分"倒是那个形容词而不是那个名词"。② 效用学说逐渐被弄得失去了它的一切锋芒,结果成为仅仅是"表现出来的喜爱",成本价值论被证明并不错误,但只是作为一种特殊情况是正确的;一般均衡实际上不见了,20世纪30

---

① 关于这个论点的一种有点极端的说法,参阅施特赖斯勒的"奥地利学派在多大程度上是边际主义者"一文,见本书后文。

② 哈奇森:《经济学说评论》,第16页。

年代才由希克斯和萨缪尔森使它复生,作为"大众的经济学"。人们在 1871 年就能预见边际效用经济学通过帕雷托的福利经济学发展到成本—利益分析和动态规划所走的曲折道路吗？我们说"边际革命"而不说"边际效用革命",不是没有道理的,但边际主义作为一种经济推理的范例是 20 世纪的新发明;在李嘉图身上和在杰文斯或者瓦尔拉身上有同样多的边际主义,只是被应用在不同的东西上罢了。

四

"范例"这个词,作为自己认为可靠的一种观点,无疑能回答许多问题,也会引起许多问题,[①]但如果我们认为它大致等于熊彼特的想象——"一种先于分析的认识行为,它为分析工作提供原料"——我们就可以把 19 世纪的最后 25 年作为一个时期,当时的经济学家确实对他们的研究日程形成一种新的看法。简单地说明这种新想象的方法是说:为供给量固定的生产要素规定价格和分

---

① 马斯特曼曾在库恩的《科学革命的结构》一书中数出"范例"的二十一个不同的解释,其范围从"一项被普遍承认的科学成就"到一种"一般的形而上学的观点"。M. 马斯特曼的"范例的性质"一文,载《批准与知识的增长》,I. 拉卡托斯和 A. 马斯格雷夫编(伦敦,1970 年),第 61—65 页。科茨没有精确地说明他对这个名词的理解,就说经济学"在它的整个历史中受一个范例的支配——通过市场作用的经济均衡论"。A. W. 科茨的"有一种'经济学上的科学革命结构'吗?"载《周期》第 22 期(1969 年),第 292 页。与此相类似,布朗芬布伦纳起初把一个范例解释为一种"思想和语言的模式或结构",后来举出一些"范例"的例子,诸如需求—供给交叉线、交易方程式,以及希克斯的 IS—LM 曲线,这些都比一个模式或者结构具体得多。M. 布朗芬布伦纳的"经济思想方面'革命的结构'",载《政治经济学史》半年刊,第 3 期(1971 年春),第 150 页。

配资源成为唯一的经济问题,把关于生产性资源由于时间关系在数量和质量上发生变化的一切问题置之不顾。我们是否要把这种转变说成一种"革命的状态",是一个文字问题,事实总是它至少需要 20 至 30 年,并且在某种意义上仍然在进行着。杰文斯、门格尔和瓦尔拉不是这种对经济问题的新看法的创始人,他们是重点转变的初期阶段中的重要标志。他们差不多同时发表各自的研究结果,是纯粹的巧合,因为他们对这个问题的思考实际上相隔十年以上。只有传记的资料能告诉我们,为什么杰文斯和瓦尔拉(以及戈森)都认为自己的想法是新颖的,而门格尔(以及劳埃德、朗菲尔德和詹金)不认为是这样。[①] 因此,想要说明 19 世纪 70 年代边际效用革命的起源,是注定失败的:那不是一种边际效用革命;那不是一种突然的变动,而只是一种逐渐的转变,在转变中旧的观念始终没有明确地被抛弃;并且这转变不是发生于 19 世纪 70 年代。

五

杰文斯、门格尔和瓦尔拉三人都在三年之内发表他们的著作,虽是巧合,却不是没有意义的巧合;它促进了人们接受边际效用经

[①] 关于一些有说服力的传记方面的证据,参阅 R. D. C. 布莱克的"W. S. 杰文斯和现代经济学的基础"和 W. 雅费的"莱昂·瓦尔拉在 19 世纪 70 年代的'边际革命'中的作用"两篇论文,见本书下面。如 N. B. 德·马希所说,穆勒和凯尔恩斯实际上拥有所需要的一切材料可以取得突破,发展到边际效用经济学,可是因为他们受李嘉图的蒙蔽,所以做不到。参阅"穆勒和凯尔恩斯与边际主义在英国的出现"一文,见本书后文。

济学,或者无论如何大大地增加了它早日被人接受的可能性。然而,这种新的经济学还是在 30 年的时期内未能取得多大进展,尽管三位创始人都是久已著名的富有成就的经济学家,他们讲得娓娓动听,并且后来不遗余力地宣扬他们的思想。因此历史上的问题不是说明边际的概念应用于效用方面的时间,而是说明边际效用经济学的延迟了的胜利。

这不是一个困难问题,假如我们不坚持认为历史学家要用和科学家预测基本一样的方法进行"回溯";换句话说,历史的解释,只有当这些解释采取以某种普遍"适用的法则"为根据的反事实的假设的形式时,才能被认为正确。历史学家所做的工作是使得过去的事可以理解——他们阐明而不是解释——因此当然就不能有什么固定的规则,说是 A 造成 B 或者仅仅和 B 有联系。[①] 因此,争论边际效用经济学的传播(作为和它的创始不同)是否主要地由于外源影响或者内源影响,是无益的。恰恰是在这个时期内经济学开始作为一种专业学科出现,有它自己的一些学会和刊物,过去的"半瓶醋"的业余爱好者第一次让位给那种以"经济学家"的称号谋生的专家。一项专业化的科学必然会发挥它自己的力量,外界事件的冲击只限于外壳,而不达到这门学科的核心。[②] 但在 1870

[①] 我不言而喻地指的是 20 世纪 40 年代由 C. G. 亨普尔的一篇文章开始的一场大辩论。参阅 P. 加德纳编:《历史的理论》(格伦科,伊利诺斯,1959 年)S. 胡克编:《哲学和历史:专题论文集》(纽约,1963 年)。

[②] 关于这种有益的区别,参阅 J. J. 斯彭格勒的"1870 年以后经济思想的形成中的外源影响和内源影响:知识探讨的社会学"一文,载《事件、意识形态和经济思想》,R. V. 伊格莱编(底特律,1968 年)。

年或1880年,或者甚至1890年,核心和外壳仍然深深地缠结在一起。因此,像施蒂格勒那样,论证经济学上延迟采用效用论只能用"随着这门学科的学术性越来越高,出现了一些新的意义"来解释,[1]仅仅是把问题抛回又一个阶段:为什么经济学在19世纪最后25年中逐渐专业化?为什么一个专业化的经济学科学发现效用论的真理这样明显,以致不可抗拒呢?

似乎很清楚,没有一种单一原因的解释能适当地说明边际革命的漫长的艰苦的斗争。我们在读19世纪70年代和80年代的论文时,一定会注意到当时人们采取的对古典经济学的主要原理的态度,诸如劳动价值论、货币数量论、李嘉图的级差地租论,等等。杰文斯、门格尔和瓦尔拉各人用自己的说法强调了根据历史的和制度的理由作出概括在方法论上的优点,有利于从最少的假设中取得一般适用的结果。但是这些考虑不受大多数当代经济学家的欢迎,他们仍然比较关心这些考虑是否恰当而不是它的精确性。就应用的问题而言,边际效用,如我们以上说过的那样,主要是不恰当,并且19世纪80年代那关键的10年中使大多数经济学家感到麻烦的是归纳对演绎的问题,收集事实和建立模式之间的冲突。凡是有历史循环论偏见的地方——在德国这种偏见到处都有,在英国也很普遍——边际效用经济学就连同英国的古典政治经济学一起被人摒弃,作为过分抽象并充满了难以置信的关于人类行为的假设。杰文斯和瓦尔拉用数学语言表达自己,这无疑使得人们更难接受他们的观念;把社会现象归纳为数学方程式这种

---

[1] G. J. 施蒂格勒的"边际效用论的采用"一文,见本书后文。

概念,对19世纪的读者来说还是新事物,使人很不习惯。19世纪80年代和90年代,马克思主义和费边主义兴起,才最后使主观的价值论与社会和政治有关;由于新经济学开始提供有效的知识武器可以对付马克思和亨利·乔治,所谓价值理论实际上没有什么关系的看法就比较难以维持。而且,19世纪90年代,边际效用之外又加上边际生产力,使新经济学和分配问题发生关系,弄得实际上不可能否认杰文斯、门格尔和瓦尔拉的概念与斯密、李嘉图和穆勒的概念之间逻辑上的矛盾。1891年马歇尔提出边际效用经济学和古典经济学之间的调和,通过说明新的概念可以一起容纳在一种范围比较广泛的意义之内,使得新的概念适合人们的口味。但即使在这晚期阶段,马歇尔式的一体化在欧洲大陆上也没有立即被人接受,作为19世纪最后20年的特征的三种互相联结的"革命"——英国和美国的边际效用革命、奥地利的主观主义革命,以及瑞士和意大利的一般均衡革命——一直延续到进入20世纪。

六

采用1871年作为标志这一切开始的时期,也许是方便的。但是这个年份和任何其他的年份一样,没有什么特别权利可以要求我们作为经济思想史研究者给予注意。古典政治经济学不是开始于1776年,边际效用经济学——边际主义、现代经济学,我们愿意用来表示它的特征的任何名称——的诞生同样地不能扣定在任何特殊的日期。总而言之:(1)"边际革命"是一种过程,不是一项事件;(2)没有边际效用的"重复"发现,而只有三个或者更多的单独发现在时间上的巧合;(3)边际革命的成功和19世纪最后25年中经济学的专业化有密切关系,正是这一点构成那必须(并且在某种程度上已经)由经济思想史研究者加以解释的问题。

边际主义的起源

理查德·S. 豪伊[1]

一

约翰·A. 霍布森在所著《工作与财富》(1914年)一书中创造了"边际主义"这个名词,当时他需要一种说法来表达经济学家接受边际效用和边际生产力两者。[2] 第一次创造是在他论述"'边际主义'在学术界已经被广泛地接受"时出现的。当然,所谓接受指的是概念,而不是这个词。根据上下文来看,霍布森给了这个词一种贬义,因为他认为这个概念有缺点,并且它的政策结论不受欢迎。他在《工作与财富》一书中用了"边际主义"这个名词七次。在1909年霍布森曾把使用边际分析的经济学家叫作"边际主义者"。[3]

在霍布森创新以后的25年中,"边际主义"这个名词人们并不常使用。评论霍布森的《工作与财富》一书的人没有一个把"边际主义"这个名词作为一个新词。霍布森几乎完全靠他自己一个人,在所著《社会科学中的自由思想》(1926年)一书中插入"新古典经

---

[1] 理查德·S. 豪伊(Richard S. Howey),美国劳伦斯市堪萨斯大学的经济学教授。
[2] 该书第174—175页和第331页。
[3] 约翰·A. 霍布森:《工业制度》(纽约,1909年),第114页。

济学中的边际主义"一章,从而有助于使这个名词传播于世。两年后,《国家学说袖珍字典》第四版的详细索引中"边际主义"条目下只有一处提到霍布森。"边际主义"和"边际主义者"这些名词在《社会科学全书(1930—1935年)》中很少出现。①

20世纪30年代的经济分析中边际成本、边际收益、边际代替率,以及边际消费倾向等的广泛使用,引起理查德·A.莱斯特在1946年抱怨"边际主义的细节"正在消耗美国主要课本的一半到三分之一。②莱斯特的这种抱怨标志着"边际主义"这个名词又被引进经济学,再次作为贬义词。次年,莱斯特在一篇文章的标题中用了"边际主义"一词,使它显得更加突出。③弗里茨·马克卢普准备了给反边际主义者的最长的答复,同意在他的答复的第一部分中采用这个名词,从而予以承认。④

莱斯特在1946年开始的那次边际主义论战到1961年平息。然而,它使得"边际主义"这个名词由于这场论战中的讨论而有了新的含义。例如,在美国经济协会编制的《经济文章索引》(以前的《经济刊物索引》)中,"边际主义"的意义只限于研究边际成本或者边际生产力在经济分析中的用处,此项索引在"边际主义"项下没有列出1925至1945年期间任何一篇文章的标题,而大量地列举

---

① 第1卷,第166、175、176页;第10卷:第609页。
② 理查德·A.莱斯特的"在工资—就业问题上边际分析的缺点"一文,载《美国经济评论》第36期(1946年),第63页。
③ 理查德·A.莱斯特的"边际主义、最低限度工资和劳动市场"一文,载《美国经济评论》第37期(1947年),第135—148页。
④ 弗里茨·马克卢普的"边际分析和经验主义的研究"一文,载《美国经济评论》第36期(1946年),第518—554页。

了1946至1961年间关于莱斯特论战的文章,从1962至1966年在"边际主义"项下又什么都没列。至少有两位作者曾指出"边际主义"是非马克思主义经济学的精华。[①]

"边际主义"一词之新颖,从词典中可以明显地看出。这个词在1966年第一次进入普通英文词典,当时《韦氏词典》(第三版)把"边际主义"解释为"一种经济分析,它强调边际特性在决定均衡中的作用"。在其他语种中只有葡萄牙文词典中不是仅仅用一种"特性"来解释"边际主义"。

一种可以辨认的和连续的边际主义的历史,随着现今称为"边际效用"的这种"特质"的出现而开始。已经有了几种关于边际效用的起始的研究[②],以及因此关于边际主义起源的这一方面的研究。根据惯例的说法,边际效用,像后来经济学家可以接受的那种形式,是在1862至1874年这12年中由威廉·斯坦利·杰文斯、卡尔·门格尔和莱昂·瓦尔拉第一次成功地且各人独立地创造出来的。人们一般同意这些年中最有成果的一年是1871年,这一年杰文斯和门格尔两人都发表了他们关于这个问题的著作。

边际生产力,是霍布森的"边际主义"一词也包括的第二种"特

[①] 以下是边际效用的比较长的历史:乔治·J.施蒂格勒的"效用理论的发展"一文,载《政治经济学杂志》双月刊第58期(1950年);R. S.豪伊的《边际效用学派的兴起,1870—1889年》(劳伦斯,堪萨斯州,1960年);埃米尔·考德的《边际效用论的历史》(普林斯顿,1965年)。有关边际效用的历史的一本重要的原始资料书是威廉·雅费的《莱昂·瓦尔拉的通信和有关文件》(阿姆斯特丹,1965年),三大册一套。关于下面论述的许多专题的详细资料,可以在这些著作中根据标题和索引找到。

[②] 莱奥·克佩尔:《边际理论与马克思主义》(莱比锡,1930年);赫尔曼·勒曼:《边际理论》(东柏林,1968年)。

质";它也有许多前例。然而,直到1890年以后它才被人完全发现和认识,因此直到边际效用已经被许多有潜在影响的经济学家接受了以后才受到有系统的考虑。

这种接受是至关紧要的。这第一种边际"特质"作为经济理论的一部分,没有很快地受到人们的欢迎。"接受"需要由杰文斯、门格尔和瓦尔拉有意识地努力争取人们的支持,这种努力遭到很多人漠不关心和一些人反对。也许最后成功的时机已经成熟。1870年以后,以往边际主义流行过的唯一场所——那些大学校,不仅迅速地发展,而且接受经济学作为一项研究科目。

二

威廉·斯坦利·杰文斯(1835—1882年)是19世纪60年代中发表关于一般边际效用学说的论述的唯一作家。24岁的杰文斯在大学的学院里读书,他是在澳大利亚工作了5年以后刚回伦敦的。1860年2月19日,他在日记中说,他已经"真正理解了价值的意义"。① 该年较晚的时候他写信给兄弟说:"最重要的原理之一是,随着一个人必须消费的任何一样商品的数量增加,从最后部分得到的效用或者利益逐渐减少。"他又说:"我不想让这些东西搁置不用,等到别人来利用,因此将设法于来年春季公开发表。"②

---

① J.A.拉诺茨的"杰文斯的效用论的概念"一文,载《经济学杂志》第20期(1953年),第357页。

② 哈里特·A.杰文斯编:《威廉·斯坦利·杰文斯的通信和日记》(伦敦,1886年),第151—152页。

但是,杰文斯的第一次公开报告迟延到 1862 年 10 月 7 日才发表,当时他年仅 27 岁。那天,在剑桥,英国科学促进会秘书向该会的 F 组宣读了杰文斯的"介绍政治经济学上一项全面的数理学说"。除了这位秘书以外,据说再没有人听到宣读这篇报告。次年英国科学促进会第三十二次会议(1863 年)报告上登载了一篇摘要。此后十年中也没有人提起过此项摘要。

显然,无论什么情况引起杰文斯走向边际主义,那必须在他 24 岁的最初几个月以前,或者这几个月之中已经影响了他。早年他曾感到一种冲动,想要取得成就。他 22 岁时在写给他姐姐的信里说,"我有一种想法,不妨对你讲,就是,我对人类知识的基础和性质的认识,比大多数人或者作家较为深刻。实际上,我觉得自己负有使命,要致力于这种课题,并且打算这样做。"[①]在同一封信里他谈到他发现政治经济学是"一种模糊的数学,计算人类勤劳的原因和效果"。他认真对待自己想要利用数学的意向,因为,他还在澳大利亚打算回到英国,并念念不忘自己的使命和政治经济学的性质时,就写道:"我尤其希望成为一个精通数学的人,我相信,没有数学家任何事情都不能做得非常精确。"[②]

杰文斯也养成了一种同样重要的爱好,习惯于把效用和经济分析结合起来。很可能他对效用的兴趣部分地来自杰里米·边沁的著作,他回到英国后在大学的学院深造时可能变得熟悉这些名

[①] 哈里特·A.杰文斯编:《威廉·斯坦利·杰文斯的通信和日记》(伦敦,1886年),第 101 页。

[②] 同上书,第 119 页。

著。边沁对杰文斯的影响第一次出现在公开发表的杰文斯研究报告的摘要里,在摘要中他虽然并未提到边沁,但使用了边沁的词句,例如,边沁的"行动的源泉"一词。他爱谈效用的倾向的较早来源是他母亲发现的,在他 9 岁时,她就给他朗读理查德·惠特利的《关于货币问题的青少年简易课本》(1833 年)。杰文斯本人成年后说他从这本书上学到了他"最初的对政治经济学的概念"。① 惠特利传记的作者说,惠特利认为他的《简易课本》"比他的一些较大的著作具有较多的实际重要性"。② 惠特利说过"不是……劳动使得物品有价值,而是物品有价值使得人们值得为它们而劳动。"③ 杰文斯对惠特利这句名言或对惠特利关于这句话的生动证明,也许经历了 15 年还能回忆起来,到 1860 年上半年还有助于指导杰文斯的研究。

关于他自己的能力,杰文斯写道:"给我不多的一些事实或者资料,我能把它们发展成为一种安排得很好的和精细的理论结构,或者造成一种形式新颖的东西。"④ 杰文斯在他未到伦敦以前就已经认识到他的一些"事实或者资料"。他不久又找到一些。除了研究哲学,他在奥古斯塔斯·德·摩根的微积分学班上和雅各布·韦利的政治经济学班上报名听课;韦利自己是德·摩根在数学方面的出色的门生。在韦利的班上杰文斯得到机会可以考虑约翰·斯图

---

① 威廉·斯坦利·杰文斯:《政治经济学》(纽约,1878 年),第 5 页。
② E. 简·惠特利:《神学博士理查德·惠特利的生平与通信》(伦敦,1866 年),第 1 卷,第 377 页。
③ 理查德·惠特利:《关于货币问题的青少年简易课本》(伦敦,1833 年),第 33 页。
④ 哈里特.A.杰文斯编:《威廉·斯坦利·杰文斯的通信和日记》,第 96 页。

亚特·穆勒的《政治经济学原理》一书的细节;当然,从德·摩根那里,他得到了自己喜欢的关于微积分学的教导。1860年初,杰文斯把他所有的"事实或者资料"发展成他认为"新颖的"一种"精细的理论结构"。

三

和杰文斯不同,卡尔·门格尔(1840—1921年)没有留下什么通信或者日记,能揭示《国民经济学原理》(1871年)一书中所包含的新概念的来源,此书是他唯一的公开发表的关于边际主义的出版物。虽然人们不知道有什么东西会直接否定所谓《国民经济学原理》,这部书是老早产生的一些观念的结果这种推测,《国民经济学原理》中的说法却使得这部著作似乎很可能主要地是在1869年以前不久发展完成的,当时门格尔需要一项"具体成就"使他有资格取得维也纳大学讲师的地位。在有关的说明中门格尔说所研究的范围"在不小的程度上是……德国政治经济学方面'新近的发展'的产物"。[①] 这"新近的发展"是德国学者们连续进行到1869年中的一场关于价值的讨论,[②] 门格尔显然想要对这场讨论作最后的补充。

德国学者使门格尔面对着一个不能令人满意的非劳动价值论,给了他一个可能作出"具体成就"的课题。为了改进这一理论,门格尔添上了关键的边际主义的概念,他说价值等于"全部所有的

[①] 卡尔·门格尔:《国民经济学原理》(格伦科,伊利诺斯州,1950年),第49页。
[②] 同上书,第306页。

数量所能保证的满足之中,用任何相等部分取得的最不重要的一部分满足的重要性"。① 门格尔以往读过的任何德国学者的著作中都没有类似的概念。从某方面来讲,基本概念是一种数学的概念,并且杰文斯和瓦尔拉都承认微积分学和他们阐述的边际效用之间的关系。另一方面,门格尔始终没有公开地说过他的说法和微积分学有关。由于这个原因,同时由于他所表示的关于方法论的意见似乎反对在经济学中使用数学,人们曾假定 1871 年以前数学在门格尔关于经济学的概念的发展形成中没有起什么作用。J. A. 熊彼特试图解说门格尔的数学,他说:"奥地利效用论者,由于运用边际效用的概念,实际上发现了微积分学。"②

然而,有证据可以说明门格尔的关于边际效用的提法也许不是熊彼特所暗示的那种简单的微积分的再发现。假如门格尔在 1869 年以前熟悉微积分学,就不会是这样,情况似乎如此。他很可能熟悉微积分学这一点,有他写给西格斯蒙德·菲尔博根的一封信可以为证,菲尔博根于 1911 年在《经济学人杂志》上发表了这封信的法文译本。③ 门格尔写道:"哲学和数学向来是在我喜爱研究的学科之列。"门格尔写给瓦尔拉的第一封信也能证明他熟悉数学。瓦尔拉从奥尼斯·德·布瓦伊 1883 年 6 月 22 日的信里第一次听说有门格尔这个人,其时布瓦伊刚发现门格尔的《原理》(在出版了 12 年以后),认为它是"一本纯理论的书,具有数学的概念(即不同数量的比较),并由此而产生关于交换价值的学说"。④ 瓦尔

---

① 卡尔·门格尔:《国民经济学原理》(格伦科,伊利诺斯州,1950 年),第 139 页。
② 约瑟夫·A. 熊彼特:《经济分析史》(纽约,1954 年),第 18 页。
③ 《经济学人杂志》,第 6 卷,第 31 期(1911 年),第 56—57 页。
④ 雅费:《莱昂·瓦尔拉通信集》,第 1 卷,第 766 页。

拉连忙开始和门格尔通信。门格尔在复信中讨论了数理经济学,假如他对数学不感兴趣或者没有数学的知识,似乎不可能写这样的复信。[①] 在复信中门格尔列出他自己收藏的有关政治经济学的数学著作十种,并表示愿意借给瓦尔拉。假如门格尔和数学只有淡漠的关系,在这种时候他绝不会拥有这么多这一类的书,即使他是一个藏书家。再则,十种书之中有一种是库尔诺的作品。门格尔在写给菲尔博根的信里曾说过,库尔诺的作品"对我的才智发生了特殊影响"。

可惜,我们一点儿也不知道卡尔·门格尔和比他年龄略小的兄弟安东之间的关系,特别是考虑到卡尔的数学问题。安东·门格尔于1867年作为一种癖好开始研究数学,在1891至1894年这一段时期内用笔名朱利叶斯·伯格博姆博士发表了若干篇关于微积分学的改革的论文。卡尔·门格尔在1867和1871年间可能曾受到他弟弟的浓厚兴趣的影响。

四

对莱昂·瓦尔拉(1834—1910年)的边际分析有直接认识的第一个政治经济学家是约瑟夫·加尼尔,老资格的《经济学人杂志》的主编。其时瓦尔拉三十八岁,曾于1873年把他的即将出版的《纯政治经济学纲要》一书的样张六十页寄给加尼尔,[②]请他作

[①] 雅费:《莱昂·瓦尔拉通信集》,第1卷,第768—769页。
[②] 同上书,第1卷,第318—319页。

为主编考虑是否可以在《经济学人杂志》上发表。

两个月后,瓦尔拉再一次试图引起人们注意——他的还在印刷中的著作,他向伦理与政治科学研究院宣读了一篇以"交易的数学理论原理"为题的论文摘要。关于他的主要概念的这第一次公开发表,他写信给一位朋友说:"我在我的那门科学方面有了一项重要发现。在假期中我向学会作了汇报。人们对整个报告的反应冷淡。"①

研究院略事犹豫之后,在该院1874年1月的《会议与工作》上发表了瓦尔拉的论文,这是他对边际主义的贡献第一次在书刊里露面。瓦尔拉认识到他的论文假如不在其他地方出现,很少有人会看到。因此,他再一次商请加尼尔在《经济学人杂志》上登载他的一部分文稿。拖延了一段时期以后,加尼尔以"我们的读者群众中有百分之九十九不会欣赏这种作品"为理由,加以拒绝。② 加尼尔往常惯于帮助瓦尔拉,于是在这一次拒绝发表文稿的同时又答应给予其他的帮助,"考虑到您是已故政治经济学教授奥古斯特·瓦尔拉的哲嗣,富有才华,虽然脾气大一点"。③ 瓦尔拉立刻接受对方的好意,表示感激。④ 加尼尔,作为自己应允帮助的部分内容,在1874年4月的《经济学人杂志》上转载了《会议与工作》上发表过的瓦尔拉的论文。从这一转载中杰文斯第一次注意到瓦尔拉的观点和他自己的相似之处。

---

① 雅费:《莱昂·瓦尔拉通信集》,第1卷,第354页。
② 同上书,第1卷,第350页。
③ 同上。
④ 同上书,第1卷,第351—352页。

瓦尔拉从1873年年中就开始争取A. A.库尔诺的支持,觉得自己以前曾受益于他,于是邀请他去听自己在研究院所作的学术报告和他讨论两人的观点不同之处,请他向出版商阿歇特进行调停,并请他写一篇关于数理政治经济学的文章。① 库尔诺关心瓦尔拉,愿意给予帮助,可是他无能为力,不仅因为他忙于自己的出书工作和家务,而且也因为在他出版了所著《关于财富学说的数学原理的研究》(1838年)一书之后不久就不能有效地使用他的双目,结果此后三十年中放弃了一切数学。他于1877年逝世。②

根据瓦尔拉自己的叙述,他对政治经济学的兴趣,最初是在1848年由于无意中听到他父亲的话而引起的,当时他父亲奥古斯特·瓦尔拉正在读自己写的一份关于政治经济学的草稿。莱昂·瓦尔拉回忆:"我十四岁时得知土地及其贡献有一种内在的价值,这种价值来自它们的与有限数量相结合的效用。"③这使人想到价值和效用有一种合理的关系,可能有助于引导瓦尔拉走向边际主义。然而,差不多十年之后莱昂·瓦尔拉才第一次开始认为自己是一个政治经济学者。这个转变发生于1858年夏季,其时,在他想做采矿工程师不成,浪费了四年光阴和七千法郎,得到父亲原谅之后,莱昂·瓦尔拉答应继续进行他父亲在政治经济学方面的未完成的工作。④ 25年后,他在给母亲的信中谈到自己的学术研究经历时

---

① 雅费:《莱昂·瓦尔拉通信集》,第1卷,第326、330—332、366—367、375、421—422页。
② 同上书,第1卷,第331—332页。
③ 莱昂·瓦尔拉的"政治经济学上的先驱者——A. A.瓦尔拉"一文,载《评论报》,1908年6月,第181页。
④ 雅费:《莱昂·瓦尔拉通信集》,第1卷,第2页。

说:"这有点儿像是父亲为我提供了铅笔初稿的一幅油画。"①

所谓"铅笔初稿"的内容是什么呢?它的内容是强调效用以及它对稀少的关系,结果产生了"稀罕性"的概念,这表现为比率的形式,远远不是边际主义。其中也包括奥古斯特·瓦尔拉没有说明的鼓励在政治经济学上运用数学。这个草图中有许多需要填充或者改正的地方。

莱昂·瓦尔拉从1858到1870年努力奋斗,但未能靠政治经济学维持生活和在这方面取得立足点。在巴黎度过的那12年中,他未能把数学和效用之间的重要关系加到那张草图上去,虽然他尝试了两次,第一次是在1860年,又一次是在1869至1870年。②

瓦尔拉一生的事业也许会像这样地继续下去,假如他没有出乎意外地被任命在洛桑当大学教授。这一职位使他能摆脱一些旧的义务,并提供了新的机会。毫无疑问,它改变了边际革命的发展过程。他于1870年12月11日到达洛桑,部分原因是他的父母付出三千法郎或者更多的钱,雇了一个人替他去服兵役。在这些新鲜环境中他立即重新致力于把政治经济学和数学结合起来。他抵达洛桑以后不久,写信给他妻子说:"星期日早晨我去拜访了另一位同事盖伊先生(研究院的数学教授),并和他探讨了几个政治经济学的问题。"③

瓦尔拉什么时候第一次获得边际效用这难以捉摸的、基本的概念呢?威廉·雅费曾查阅了所有的通信和有关文件(发表过的

---

① 雅费:《莱昂·瓦尔拉通信集》,第1卷,第761页。
② 同上书,第1卷,第216—221页。
③ 同上书,第1卷,第264页。

和未发表的),他说,"在莱昂·瓦尔拉到洛桑以前的文件或者直到1872年10月19日为止他的工作计划中,都没有丝毫迹象可以看出一种十分重视效用的理论。"① 关于这个日期的一点暗示,是瓦尔拉在写给一位同事的一封信里提到他正在和洛桑的机械学教授A. 保罗·皮卡德再研究一遍他的即将出版的作品,"考虑要修改一些代数公式"。② 早些时候,皮卡德曾向瓦尔拉提出一个评注,雅费说这个评注"对于使莱昂·瓦尔拉看出数学的关系,起了非比寻常的作用"。③ 如果是皮卡德使得瓦尔拉"看出数学的关系",那么,瓦尔拉的《纯政治经济学纲要》一书几乎完全不讲到边际效用就发表,是因为他已经有了一份手稿,并开始找出版者。一个多月前,他在写给出版商吉约曼的一封信里曾说他的关于纯经济学的著作"今天已经差不多全部完成",并且是一种"完全新的"形式,意思是说他运用了数学的方法。④

五

前面几节意在说明边际主义是1862至1873年由政治经济学方面的新人逐渐发展形成的。这些新人——杰文斯、门格尔和瓦尔拉,具有年轻人的观点,觉得不必拘执于当时流行的但阻碍进步的关于政治经济学的见解。各人也有一种显著的使命感。各人经

---

① 雅费:《莱昂·瓦尔拉通信集》,第1卷,第309页。
② 同上书,第1卷,第307页。
③ 同上书,第1卷,第308页。
④ 同上书,第1卷,第298页。

历了不同的环境,最后都扩大了欲望或者效用在对经济学的了解方面的作用。这三个不同国籍的人将他们的欲望概念或者效用概念和微分的基本概念结合起来的时候,边际效用出现了。

从1873年直到19世纪80年代的大部分时期中,边际主义进一步发展的历史是寻求人们接受和支持边际效用的历史。边际主义,作为得到人们承认的经济学的一部分,直到有人支持和接受以后才开始。杰文斯、门格尔,特别是瓦尔拉,是这种争取承认的奋斗中的主要人物。他们是新人这一事实,使得他们长期没有助手。

杰文斯和瓦尔拉不久就彼此相知,但是差不多十年后瓦尔拉和门格尔才第一次通信。有人很快向他们指出已经有过前辈。主要的前辈是赫尔曼·海因里希·戈森,他的发现在1878年杰文斯就写信告知瓦尔拉。[①] 瓦尔拉和杰文斯立即一致承认戈森走在他们前面。关于其他的前辈,他们则意见不一致。乔治·弗里德里希·克纳普于1874年提出约翰·海因里希·冯·屠能要瓦尔拉注意,[②] 罗伯特·亚当森则于1876年向杰文斯提出。[③] 瓦尔拉发现屠能这个人没有什么东西使他有兴趣,最后在一封给杰文斯的信里说:"不管怎样,我怀疑是否有好多东西可取。"[④] 杰文斯始终没有对瓦尔拉的评价表示意见;但是他在《政治经济学理论》一书的1879年版本里仅仅提了一下屠能的名字,而用了差不多七页叙述戈森。[⑤] 夏尔·勒托尔1874年在评论瓦尔拉的《纯政治经济学

---

① 雅费:《莱昂·瓦尔拉通信集》,第1卷,第581页。
② 同上书,第1卷,第401页。
③ 同上书,第1卷,第508页。
④ 同上书,第1卷,第532页。
⑤ 同上书,第35—42页,第44页。

纲要》时提出朱尔·杜普伊的名字。① 和对屠能一样（但原因不同），瓦尔拉不承认杜普伊是前辈。瓦尔拉于1874年给杰文斯关于《杜普伊先生的回忆录》作了评价，他说"杜普伊事实上已经接触到效用的数学表达方式问题，但是他什么也没有解决"。② 后来杰文斯写信给瓦尔拉说："不可能不承认杜普伊对这门学科有很深的理解，并在效用的基本概念方面比我们先走一步。"③瓦尔拉立刻复信说他不同意杰文斯"对杜普伊先生的回忆录的评价的意见"。④

卡尔·门格尔似乎不大费力就获得一些拥护者。然而，他所费的气力可能被低估了，因为人们对他的结果知道得较多，而对他的活动知道得较少。表面上他单凭他的《国民经济学原理》一书的优点就首先取得两个主要支持者欧根·庞巴维克和弗里德里希·冯·维塞尔的忠诚拥护。然而，奥地利学派的创立延迟了，因为维塞尔在1884年以前完全没有发表什么关于边际主义的东西，而庞巴维克直到1886年才开始。关于门格尔在这些著作方面的作用，人们不知道详细情况。

杰文斯认识到他必须想办法传播他的见解。因此，他于1866年发表了一篇比他原来论文长的文章，刊登在一个比较引人注意的地方——《皇家统计学会会刊》上。晚些时候，他准备了一项篇幅可以出书的精细作品，他的《政治经济学理论》，由麦克米伦公司于1871年出版。1875年杰文斯写信给他已经认为是盟友的瓦尔

---

① 雅费：《莱昂·瓦尔拉通信集》，第1卷，第458页。
② 同上书，第1卷，第456页。
③ 同上书，第1卷，第533页。
④ 同上书，第1卷，第535页。

拉说,"我毫不怀疑我们的努力最后会取得成功,但须经过一些斗争。"①在他的《政治经济学理论》的第二版中,杰文斯为边际主义提供了它最初的历史和文献目录,这两者有助于奠定这个问题的地位,并增进人们的理解。可是杰文斯忙于其他的事情,没有兴趣加以推动,并不幸于1882年逝世。他始终不知道门格尔有同样的看法。

瓦尔拉在有系统地和不断地寻求人们的承认和支持方面,是三人中干劲最足的一个。威廉·雅费编排得极好的三巨册《莱昂·瓦尔拉的通信和有关文件》中,有很大一部分叙述瓦尔拉为了确保新经济学被人接受,从1873至1909年所作的不懈努力。

瓦尔拉认为他知道必须怎么办。他有一个科学革命的计划,那不仅是宣告此项革命性的发现。瓦尔拉在1883年写给他母亲的信中说:"有了发现还不够,必须懂得如何造成一种形势,使这些发现能被人理解。"②他有足够的革命热情,肯用他自己的钱资助边际革命。1901年瓦尔拉估计他已经从继承的家财中花掉五万法郎(等于他最高年俸的十倍)宣传他的学说。③

从一开始起,瓦尔拉就想象法国的政治经济学家会忽视他的著作。瓦尔拉的想法推动了要把边际效用引进政治经济学的斗争的国际化。这种国际化是有助于斗争的最后胜利的一项因素,因而也有助于边际主义的兴起。

国际化的计划第一次出现于1873年,当时瓦尔拉告诉约瑟

---

① 雅费:《莱昂·瓦尔拉通信集》,第1卷,第474—475页。
② 同上书,第1卷,第761页。
③ 同上书,第3卷,第187页。

夫·加尼尔,如果法国人固执地把我当作"一个梦想者"而置之不理,他将诉诸"外国公众的评判"。① 他于1874年3月12日确实有系统地开始寻求外国支持者,那时候他寄了内容相同的信给"一个在英国的朋友和一个在德国的朋友"(这两个人都和他同是合作运动的成员),以及一位在日内瓦的大学教授(此人熟悉意大利的情况)。② 在这三封信中,他请对方提供一个精选的教授和主编的名单,以便他可以把他在《经济学人杂志》上发表的文章的单行本送给这些人,希望以后"和他们发生关系,这些人会深入钻研我的思想,加以讨论"。③ 瓦尔拉在一封这种信中解释为什么"在发表中略有更改",他说因为他的著作是"很科学的而且不太通俗",他不得不向远处去找即使一小批的读者。④ 他又进一步说明读者对他特别有必要,因为他的出版人只有在他的新著的第一部分的销数确实可以保证不赔本以后才会印制第二部分,这项协议把瓦尔拉的《纯政治经济学纲要》的第二部分延迟到1877年才付印。⑤ 他估计他的《纯政治经济学纲要》一书会有成功的机会——如果能在法国、英国、德国和意大利找到三十个人"阅读、评断,并公开予以支持"。⑥

瓦尔拉最初的三封信找到了两个意大利的、七个德国和十六

---

① 雅费:《莱昂·瓦尔拉通信集》,第1卷,第344页。
② 同上书,第1卷,第359—361页。
③ 同上书,第1卷,第360页。
④ 同上。
⑤ 同上书,第1卷,第381页。
⑥ 同上书,第1卷,第361页。

个英国的有希望的对象;但是只有一个意大利和两个英国的通信者对瓦尔拉的倡议作出反应。这个意大利人是阿尔贝托·埃雷拉,他使得意大利向边际主义开放。杰文斯是给了复信的第一个英国人,他说已经读过《经济学人杂志》上登载的瓦尔拉的文章。他1874年5月12日写道:"我感到满意的是,我的关于交换的理论,尽管在英国发表时不是被人忽视就是受人批评,而实际上被你的研究成果所肯定。"① 瓦尔拉和杰文斯之间这种目的一致,加强了创造边际主义的力量。关于他们在新发现方面的巧合,瓦尔拉在写给另一个通信者的信里说,他希望"这种巧合的奇特会引起您的好奇心,使您想要深入了解杰文斯先生和我两人的著作"。② 另一个写来复信的英国人是 T. E. 克利夫·莱斯利教授,他指出杰文斯有一种类似的理论,他本人和约翰·斯图亚特·穆勒都不同意。③

瓦尔拉在他的《纯政治经济学纲要》(1874 年)的第一部分出版时,为了争取和感兴趣的经济学家发生通讯关系,又采取了同样的做法,即"向欧洲差不多所有的政治经济学教授寄赠一份"。④ 这一次,杰文斯给瓦尔拉提供了六位可能有反馈的经济学家的姓名,⑤其中仅仅 G. H. 达尔文一人回了信。瓦尔拉寄出《纯政治经济学纲要》(1877 年)的第二部分时效果也不好。实际上,他争取

---

① 雅费:《莱昂·瓦尔拉通信集》,第 1 卷,第 393 页。
② 同上书,第 1 卷,第 420 页。
③ 同上书,第 1 卷,第 395 页。
④ 同上书,第 1 卷,第 424 页。
⑤ 同上书,第 1 卷,第 427 页。

读者的计划结果得到的人数一定比他预期的少得多;经过种种努力,到 1881 年他只能数出三个"值得提名的学生":奥尼斯·德·布瓦伊、冯·温特费尔德和德尔·佩佐。①

1881 年以后,前途转向光明。1881 至 1890 年,承认和支持边际效用概念的著作家几乎每年都增多。1882 年,杰文斯死后,成为瓦尔拉的主要英国顾问的赫伯特·萨默顿·福克斯韦尔,寄给瓦尔拉一张列出可能成为对象的十二个英国人。② 根据这张名单,瓦尔拉才能够和阿尔弗雷德·马歇尔及 F. Y. 埃奇沃思开始通信,这在某些方面是令人鼓舞的。1883 年,奥尼斯·德·布瓦伊使门格尔和瓦尔拉有了接触,结果边际革命的范围又增加了一个国家。门格尔在他给瓦尔拉的第一封信中说,他早已知道了瓦尔拉的一些著作,但是不清楚他自己的观点和瓦尔拉的观点相似的程度。③ 或许是没有这种认识,因为门格尔不以为有相似之处。另一方面,瓦尔拉在写信给门格尔时却强调他们的相似点,他说,"先生,我们显然遇到了同样问题,并且显然采取了同样方法来解决。"④

门格尔被介绍给瓦尔拉以后的一年,弗里德里希·冯·维塞尔发表了他的《经济价值的起源和主要规律》(1884 年)。这是一本以门格尔的观点为根据的书,也是将要出现一个奥地利学派的最初的迹象,并且书中第一次使用了"边际"一词。它流通的范围狭小。瓦尔拉在 1886 年还不知道这本书,⑤直到 1887 年才得到

---

① 雅费:《莱昂·瓦尔拉通信集》,第 1 卷,第 681 页。
② 同上书,第 1 卷,第 738—739 页。
③ 同上书,第 1 卷,第 768—769 页。
④ 同上书,第 1 卷,第 771 页。
⑤ 同上书,第 2 卷,第 152 页。

一本。① 夏尔·吉德1885年向瓦尔拉建议创办一种"接受批评意见"的法国新杂志,说明瓦尔拉早已感觉到的法国人那种冷漠态度有了一些好转。② 1886年,欧根·庞巴维克的"经济货物价值理论大纲"一文在《国民经济学与统计学杂志》上出现,这个杂志是德国关于经济学的专家意见的主要论坛。瓦尔拉立即写信给庞巴维克谈到"初步的和匆促的检查已使我意识到该书的全面重要性"。③ 就在这同一年瓦尔拉写出第二次的边际主义史,放在他的《货币论》(1886年)的序言里。1887年晚期,瓦尔拉找到一位俄国数理经济学家拉迪斯劳斯·冯·博尔基韦兹,此人成为一个受到重视的通讯者和可靠的辩护人。④

瓦尔拉曾于1884年第一次接到菲利普·亨利·威克斯蒂德来信,信中说:"我现在正以极大的兴趣阅读您的《纲要》。"⑤ 四年过去,瓦尔拉才再次接到他的信。继续向瓦尔拉提供有关英国经济学家的意见的福克斯韦尔,于1886年称赞威克斯蒂德"很能干,是杰文斯的一个热情的信徒",1888年又说他是"令人钦佩的著作家",并且"正在写一篇对杰文斯先生的《政治经济学理论》的导言"。⑥ 威克斯蒂德送给瓦尔拉一本他的《经济科学入门》(1888年),瓦尔拉回信说他"极其愉快地"拜读了佳作。⑦ 次年,他又用

---

① 雅费:《莱昂·瓦尔拉通信集》,第2卷,第187页。
② 同上书,第2卷,第42页。
③ 同上书,第2卷,第152页。
④ 同上书,第2卷,第229—237页。
⑤ 同上书,第2卷,第12页。
⑥ 同上书,第2卷,第160—161、259页。
⑦ 同上书,第2卷,第307页。

了"极其愉快"这完全相同的词句来描写他看了马费奥·潘塔莱奥尼寄来的一本《纯经济学的原理》(1889年)以后的心情。[①] 1889年边际主义在奥地利占有的地位,从那一年出现的三本其他运用边际分析的书这一事实中可以看出。这三本书是:鲁道夫·奥斯皮茨和理查德·利本的《关于价格学说的研究》、欧根·庞巴维克的《资本与利息》(第二部分)和《资本实证论》,以及弗里德里希·冯·维塞尔的《自然价值》。

六

在1862至1887年间,这种研究效用的新方法被赋予各种不同名称。杰文斯在寻求一个令人满意的名词时曾杜撰过"效用的最终程度"、"最终效用"和"极限效用"这些表达方式。门格尔用"最不重要的满足的重要性"来表示同样的概念。瓦尔拉试用了"深入的效用"、"稀罕性"和"得到满足的最后需要的强度"这三种说法来指示同一概念。到1887年的时候,似乎"最终效用"可能成为标准的名词,至少在英语中是这样。甚至弗里德里希·维塞尔在所著《起源》(1884年)中引用过的"Grenznutzen"(边际效用)一词,也被译为"Final Utility"(最终效用)。

1888年末出现一个词,它终于取代了英语中的"最终效用",并大概也将取代其他语种中以前所使用的名词。它就是"边际"这个词,由菲利普·亨利·威克斯蒂德在他的《经济科学入门》中首

[①] 雅费:《莱昂·瓦尔拉通信集》,第2卷,第331页。

先采用,在这本书的每一页上平均出现两次;就初次使用而言,这是大量出现了。别人接着采用的现象发展缓慢。例如,"边际"一词在1889年埃奇沃思对《经济科学入门》一书的评论中就找不到。① 在该年晚些时候埃奇沃思对英国科学促进会的F组发表的会长就职演说中也找不到,尽管他谈到威克斯蒂德的《经济科学入门》,并多次提起"最终效用"和"最终的无效用"。②

不难推测,这个词威克斯蒂德是从维塞尔的书里借用的。维塞尔曾于1884年首先把"最终效用"译为"边际效用",这简直不是确切的翻译。但是,在《经济科学入门》中或者在其他地方,没有证据可以说明威克斯蒂德在引用"边际"这个词方面曾受到维塞尔的《起源》或者其他著作家偶尔使用"边际效用"一词的影响。还可以加上一句说,"边际效用"是一种"非直译"。而且也是一种未必靠得住的译法,特别是因为"最终效用"这个说法曾经越来越多地作为同义词用了十七年。1890年的《美国政治与社会科学院纪事》双月刊登载了庞巴维克的文章的两篇译文,其中"边际效用"一词不出人们所料每次都被译为"最终效用"。③ "Grenze"(边际)这个词在门格尔的《经济学原理》一书里也有,但是应该并且在英文版本里确实是译为"极限"而不是译为"边际"。

埃奇沃思在他为帕尔格雷夫的《政治经济学词典》(1896年)所写的"(经济学上的)边际"一文中说,威克斯蒂德"首先使用'边

---

① 《研究院》,第35期(1889年),第71页。
② 《英国科学促进会第五十九次会议报告》(伦敦,1890年)。
③ 第1期,第244—271页、第361—384页。

际'这个词,而不用'最终效用'"。另一个可靠的报道者詹姆斯·博纳 1889 年说:"'边际效用'是 P. H. 威克斯蒂德使用的一个巧妙而恰当的词语。"①埃奇沃思和博纳都没有使人联想到和维塞尔有任何关系。奇怪的是,威克斯蒂德在他为帕尔格雷夫的《词典》所写的"效用的最终程度"那篇文章里始终没有提到"边际效用"。威克斯蒂德的文章结尾中有一句说:"杰文斯所谓'效用的最终程度'就是奥地利学派的'边际效用'。"

包括"边际"这个词的第二本书是阿尔弗雷德·马歇尔的《经济学原理》(1890 年)。马歇尔对这个词的使用不像威克斯蒂德用得那样频繁,平均每十五页使用一次。人们可能以为马歇尔从威克斯蒂德那里学到"边际"这个词。然而并没有人这样说过。在《经济学原理》的第一版中,马歇尔亲自说明了这个词的来源。他写道,"'边际'增量这个词是我从屠能那里借来的,现在德国经济学家都这样使用。杰文斯的《政治经济学理论》问世时,我采用了他的'最终'这个字眼,但是我逐渐地终于相信'边际'比较好。"②马歇尔的说明在某些方面是不确切的。屠能并没有使用"'边际'增量"一词;就这个词来说,马歇尔除了上面引述的这段话而外也没有使用过。屠能只用了"边际"这个名词一次,而这一次指的是"极限",超过这个限度雇主就不会添雇任何工人。③

马歇尔觉得自己的说明不恰当,结果在第二版里把脚注改成

---

① 《经济学季刊》第 3 期(1889 年),第 344 页。
② 阿尔弗雷德,马歇尔:《经济学原理》(伦敦,1890 年),第 x 页。
③ 约翰·海因里希·冯·屠能:《孤立国》(罗斯托克,1850 年),第 178 页。

这样：

"边际"增量这个词是和屠能的思想方法协调一致的，并且是由于受了他的启发，虽然他没有实际使用。由于维塞尔教授的提倡，奥地利经济学家一般已经使用了一个时期，而且已经被威克斯蒂德所采用。杰文斯的《理论》出现时，我采用他的"最终"这个字眼，但是我逐渐地终于相信"边际"比较好。在第一版里，这个脚注错误地意指这个词以及"边际增量"的概念可以追溯到屠能。①

这简直不是改进。他所谓"采用"是什么意思呢？马歇尔在第二版的索引中也两次引用"维塞尔首先使用了'边际效用'"这句话。此后的版本中都删掉了这可能引起误解的一句。

在庞巴维克的《资本实证论》(1889年)由威廉·斯马特于1891年译成英文时，"边际"这个新词确曾作为德文"Grenze"的英译而出现(或许是第一次出现)。在克里斯琴·A.马洛赫1893年翻译的维塞尔的《自然价值》(1893年)一书中，也是这样处理的。但斯马特，以及他的学生马洛赫一定是从马歇尔的《经济学原理》而不是从一些德英词典中学到"边际"这个词的。

"边际"这个词被威克斯蒂德应用于十个不同的名词，被马歇尔应用于十三个不同的名词。威克斯蒂德和马歇尔两人都用"边际"这个词来修饰的唯一名词只是"效用"。威克斯蒂德的其他名词是欲望、被想望性、效果、效力、有用、价值、使用价值、需要和值得。马歇尔的其他名词是资本、生产成本、需求价格、劳动的无效

---

① 马歇尔：《经济学原理》，第2版，第xiv页。

用、投入量、生产要素的效率、努力、费用、增量、产品、报酬、供给价格和货币的效用。

很可能,"边际"这个词被采用,不是作为"Grenze"的译名,而是作为"最终"一词的比较方便的代用语。"边际"这个词较为灵活。因为,除了别的以外,它还可以组合为这一类的短语使用,例如"在边际"或者"在边际上"。威克斯蒂德和马歇尔两人都利用这一有利条件。威克斯蒂德使用"边际"这个名词24次,马歇尔用了12次。这是有吸引力的,因为它使边际分析符合英国政治经济学中长期存在的一种分析类型,其内容包括把注意力集中在"耕种边际"的情况上。威克斯蒂德和马歇尔写书时,人们认为"边际"在这一意义上广泛使用。西蒙·N.帕顿1889年说,"'耕种边际'这种说法,由于长期使用,已经成为一种标准方式,表达经济学上一些最基本的概念之一。"①

"耕种边际"这种说法曾被托马斯·查默斯在他的《论政治经济学与社会的道德状况及道德前景》(1832年)一书中引用。他学习"爱德华·韦斯特爵士和马尔萨斯先生",从考虑"耕种的终极限度"开始他的探讨。② 查默斯重复了一项这种说法,然后未作解释就改用"耕种的终极边际",这另一种说法他只用了两次。③ 他也用了"最后和最远的边际"。④ "边际"这个词用了这三次以后,他

---

① 《经济学季刊》,第3期(1889年),第356页。
② 同上书,第2页。
③ 同上书,第21、45页。
④ 同上书,第32页。

又回复使用他原来用的名词"限度",频繁地使用,常常写出"终极限度"、"某种限度"、"自然限度"、"最小可能的限度"或者"存在的限度"。"限度"的一种德文译语是"die Grenze"。

仅仅查默斯一个人或许还不能把"边际"这个词引进政治经济学的词汇。在得到约翰·斯图亚特·穆勒的赞成时,引进后发生效力了。穆勒在所著《政治经济学原理》(1848年)中,把查默斯博士包括在"最著名的和有重大成就的著作家"之列,这是他通常得不到的一种地位。① 穆勒说查默斯具有善于表达意见的优点,"用他自己的语言,往往说出人们惯用的词句只会隐蔽的真理的某些方面"。② 穆勒写道,"查默斯博士说得好,政治经济学上许多最重要的教训必须在终极的耕种边际才认识到。"③穆勒在许多别的时候提到"边际",认为这个词是查默斯最先采用的。"边际"这个词被译为德语的经过很有趣。阿道夫·泽特贝尔在他所译的穆勒的《政治经济学原理》的德文本(1852年)里,把"在终极的边际"译为"auf dem äussersten Rande";④把穆勒的"终极限度"解释为"die äusserste Grenze"。⑤ 这样,"边际"这个词(以及因此"边际主义"这个词),恰好像它应该的那样,就把杰文斯、门格尔及瓦尔拉的著作和韦斯特、马尔萨斯及穆勒的著作联系起来。在这一意义上,边际主义似乎是两股分析之流的汇合。

① J.S.穆勒:《政治经济学原理》,第1卷,第82—83页。
② 同上书,第1卷,第94页。
③ 同上书,第2卷,第234页。
④ 同上书,第2卷,第149页。
⑤ 同上书,第2卷,第206页。

七

把边际分析包括在一般经济学的论文之内,标志着边际主义起源方面的最后或得到承认的阶段。为了简明扼要,这里只考虑美国的课本。

理查德·T.伊利的《经济学大纲》(1893年)是出书后40年中经济学教授们最广泛选用的一本美国课本,这本书是作为作者的《政治经济学绪论》(1889年)的修订本处理的,《经济学绪论》中原来简直没有边际主义的迹象。《经济学大纲》包含略多一些的边际主义。它在一段简短的经济学史中介绍了杰文斯、门格尔和瓦尔拉,并评论当时在美国已经有人知道的奥地利学派。此书的索引中列出了"边际主义",但是正文里只有关于边际效用这一概念的简略介绍,而且没有提到这个名词本身。

伊利的《大纲》的第一版从1893至1907年适应了当时的需要。在这15年中边际分析进入了一些其他竞争的课本,这些书的作者中有A.T.哈德利(1896年出版)、C.J.布洛克(1897年出版)、H.J.达文波特(1897年出版)、E.T.迪瓦因(1898年出版)、F.W.布莱克默(1900年出版)、F.A.费特(1904年出版)、H.R.西格(1904年出版)和E.R.A.塞利格曼(1905年出版)。这些课本多半仅仅讨论边际效用,虽然哈德利和塞利格曼的著作里也有边际生产力这个项目。

伊利的《大纲》修订本(1908年)的出现,反映了边际主义方面的变化。在修订本的编订者加上了边际生产力作为对回到劳动和资本的一部分解释以后,没有其他的课本再把它排除在外。伊利的《大纲》后来于 1916、1923、1930 和 1937 年先后印了四版,关于边际主义保持着差不多同样的内容。

从 1908 至 1936 年这一段时期的其他主要的美国课本,其内容范围都和伊利的著作基本上相同。这些书的作者是阿尔文·约翰逊(1909 年出版)、F. W. 陶西格(1911 年出版)、欧文·费希尔(1911 年出版)、F. M. 泰勒(1911 年出版)、J. R. 特纳(1919 年出版)、亨利·克莱(1919 年出版)、T. N. 卡弗(1919 年出版)、O. F. 布克(1925 年出版)、莱昂内尔·伊迪(1926 年出版)。L. A. 鲁菲纳(1927 年出版)、F. B. 加弗和 A. H. 汉森(1928 年出版)、P. F. 格米尔(1930 年出版)、F. R. 费尔柴尔德(1930 年出版)、布罗德斯·米切尔(1932 年出版)和 F. S. 戴布勒(1936 年出版)。这是一段 28 年的稳定时期,边际效用和边际生产力都已经被人接受。在这些课本中,边际分析没有其他的用处。

20 世纪 30 年代中期,边际概念被引进一些刊物和专业文献。"边际效用"已经失宠。边际代用率取而代之,部分地作为 J. R. 希克斯和 R. G. D. 艾伦的《价值论的再商讨》(1934 年)一书的直接结果。① 边际成本和边际收益,长期以来出现在个别事例中的对最大限度化的两项指标,开始在爱德华·张伯伦的《垄断主义竞争的经济学》(1933 年)和琼·罗宾逊的《不完全竞争经济学》(1933 年)中广泛使用。J. M. 凯恩斯在《就业、利息和货币通论》(1936 年)中开始把一些边际名词异乎寻常地作为常用词使用。

---

① 《经济学季刊》,第 1 期(1934 年),第 52—76 页、第 195—219 页。

这些变化在1937至1947年间影响了课本。两本教科书,一本是A.L.迈耶斯写的,第二本是A.M.麦克艾萨克和J.G.史密斯合写的,都于1937年出版,其中第一本清楚地表明爱德华·张伯伦和琼·罗宾逊的概念被人接受了。1947年出版的洛里·塔布斯写的教科书,把凯恩斯式的边际名词放在显著的地位。

代表1947年以后美国课本的新特征的一本书是P.A.萨缪尔森的《经济学》(1948年),这是当时销数日益增多的一本书。1970年修订时此书仍在风行。这个修订本包括基本上和第一版相同的边际主义的题目,但用了一倍以上的篇幅。当时流行的其他教科书中,边际主义的数量与性质大致和萨缪尔森的书中相同。

美国课本中的边际主义经历了三个逐步取得人们认可的稳定时期:第一个时期,1893—1907年;第二个时期,1908—1936年;一段变化的间歇,1937—1947年;以及第三个时期,1948— 。

19世纪70年代边际革命的经济的和社会的来龙去脉

A. W. 科茨[①]

一

　　这篇文章的中心是一个普通哲学问题的一个特殊方面,就是,历史中的解释问题。* 有争论的根本问题是这样:经济学史研究者能够从什么立场观点、用什么措辞,以及在什么范围内"解释"边际革命? 就像这个名称表示的那样,我不相信仅仅用经济理论的逻辑的内在发展这种说法就能恰当地解释。但是,另一方面,人们熟悉的环境主义各种理论中没有一种具有说服力,因为,乔治·施蒂格勒抱怨得不错,拥护这种方法的人通常都不能"根据那些确实影响或者不影响经济推理的社会环境的某些部分提出假设。当然环境有一些影响,但是在我们还不能具体说明何时与何处的时候,我们所有的只是一种犹如戏剧情节中突然出现的

[①] A. W. 科茨(A. W. Coats),诺丁汉大学经济和社会史系主任。
　　* 这篇文章是根据一项研究报告写的。报告的目的是提供一种背景以备会议讨论。因此本文着重于提问题而不提解决办法,这里重印的内容基本上和原来的一样,对所提出的许多问题的进一步评论,见后面"回顾与展望"一章。

可以解决困难的东西"。①

科学和历史中的解释问题,近几十年来一直是许多学术争论的题目。② 我们不须深入研究这场论辩的细节,可以说任何解释的先决条件是对被解释的东西要有很清楚的说明。经济思想史的探讨,揭露出对19世纪70年代中期边际革命的性质和意义的无数竞争的、重迭的和冲突的解释。因此,如果我表示支持那种普通的看法,认为尽管有许多以前的关于边际概念的说法,杰文斯、门格尔和瓦尔拉三人19世纪70年代初期的成就在经济分析的发展中确实构成一项有重大意义的理智上的突破,可以认为它们的影响是革命性的,如果不是因为它们新颖或者传播得快。③ 种种变化不仅包括经济理论的中心有了比较重要的转移——转向着重于主观的因素,着重于需求和供给,而不再着重于供给、生产和分配;

---

① 对R. V.伊格利的《重大事件、思想意识与经济理论》(底特律,1968年)一书的评论,见《经济史杂志》,第29期(1969年6月),第337页。在早些时候的一篇论文"重大事件和政策对经济理论的影响"中,这篇论文收在他的《经济学史论文集》(芝加哥,1965年)第16—30页,施蒂格勒试图明确指出环境对经济理论和经济学的其他部门都有影响的那些部分。关于他的论证以及对两种环境主义学说的评论,参阅本文末的附录。

② 参阅,例如,帕特里克·加德纳编:《历史的理论》(格伦科,伊利诺斯州,1959年);罗伯特·布朗:《社会科学中的解释》(伦敦,1963年);威廉·H.德雷编:《哲学分析和历史》(纽约,1966年);伦纳德·I.克里默曼编:《社会科学的性质和范围》(纽约,1969年),这些书里有选自大量文献的摘录。根据这一背景,人们很可以怀疑乔治·施蒂格勒反对"人们古怪地相信理智的历史可以不需要像一切科学工作那样必须尊重证据"的意思。见对伊格利的评论,第336—337页。"尊重证据"的概念是社会学的或者心理学的,而不是逻辑学的,并取决于当时人们承认的方法论的规则或者决定。关于这个问题的进一步的讨论,参阅下面第51页注②。

③ 关于晚近一种相反的意见,参阅乔治·J.施蒂格勒的"经济学有一个有用的过去吗?"一文,见《政治经济学史》半年刊(1969年秋),第225页:"……19世纪70年代的边际效用革命以追求最大限度效用的个人替代了个别的经济动因,作为社会学的或者历史学的论据。古典派学说的主要成分完全不受影响。"

它们也为经济学题材的全面系统化打下基础,包括竞争性价格论的详细阐述和最后完成,价值、生产和分配学说的一体化,经济逻辑的精益求精,以及此项分析的数学方式的扩大。正如马克·布劳格所说的:"效用论提供了70年代和80年代中新发现所引起的兴奋心情的大部分,而标志古典理论和近代经济学的真正分界线的,却是边际分析的引进。边际效用论的重要意义是:它为怎样分配一定数量的资料以取得最大效果这个一般问题提供了原型。"①

在考虑怎样说明经济分析中这项突破时,第一个问题是立场观点的选择。这主要是一种主观的事,但是在我看来,令人满意的解释必须包含现代边际主义的三位共同发现者的概念和经验的共同特性,也必须把他们的成果放在范围较广的理智的和社会经济的背景中来看。根据布劳格的意见,以前关于边际革命的一些解释可以分别归于四大类:(1)经济学这门学科范围以内自发的理智的发展;(2)哲学潮流的产物;(3)经济中一定的制度变化的结果;(4)对社会主义(特别是对马克思主义)的一种强烈抗议。② 这四种类别不是相互排斥的,晚近对科学的历史、哲学和社会心理学的研究指出一条道路,可以取得另一种类型的解释,其中包含逻辑、方法论、个性和环境因素,使它们形成富有成果的新的结合。当然,这样说并不是暗示已经有了"完美的"解释,或者将来可能会

---

① 马克·布劳格:《经济学说回顾》,第2版(霍姆伍德,伊利诺斯州,1968年),第299页。语句的次序被颠倒过来了。

② 同上书,第304—308页。既然边际革命的意义经过相当长的一段时期以后才被人们认识,严格地说,要说明这种突破,就应该包括传布过程的最初20年左右。可是,既然这一方面在理查德·S.豪伊的《边际效用学派的兴起》(劳伦斯,堪萨斯州,1960年)一书中已经有了很好的论述,我将集中于讲那些新概念的产生而不是讲它们怎样被人接受。

有；也不意味着这种新方法是完全新颖的。然而，作为有希望取得成果的假设的来源，在一部致力于研究经济学上边际主义的历史的著作中应该得到适当的考虑。

二

科学的社会学（或者科学的科学）是知识社会学的一个分支部门，这是一个研究的领域，而不是一种特殊的理论。知识社会学可以被解释为"社会学的一个部门，它研究思想和社会的关系……试图把它所研究的概念和产生并接受这些概念的社会—历史背景联系起来"；①由于这种处理方法有时候被人把它那些讲世间大事对思想的影响的严峻的定数论联系在一起，所以应该立即指出实际上有许许多多相互竞争的关于思想与社会的关系的理论，其中有一些是不严密的、理想主义的和包罗一切的（宏观社会学的），另一些是比较精确的并且有经验主义的根据（微观社会学的）。科学史和科学社会学的研究者中流行的正统观念支持这种说法，认为内源的（或者内部的）影响主要地说明科学知识的增长。确实有一位权威作家，在论述第二次世界大战以来"实际上没有人试图根据社会条件来解释科学的内容和理论"之后，又补充说：

　　历史学上对科学思想之发展的研究，以及社会学上对科

---

① 刘易斯·科塞的"知识的社会学"一文，载《国际社会科学百科全书》（纽约，1968年），第8卷，第428页；又罗伯特·默顿：《社会理论和社会结构》，第2版（纽约，1957年）；第12章；W.斯塔克：《知识的社会学》（伦敦，1958年）。默顿曾指出，"人们所说的各式知识与社会的关系都预先假设一种完整的社会学方法和社会因果关系"（第476页）。

学家的工作方法的调查,已经毫无疑问地表明,科学家们所探讨的问题绝大部分决定于科学界内部的条件,例如"技术状态"以及科学工作的组织和所需的资源。这并不是说,一般的哲学思想和社会利害关系可以完全不影响科学;而是说,科学知识的增长不能有系统地解释为这种外部条件的结果。[①]

然而,在把这一概括的说法直接应用于经济学上的边际革命以前,必须先指出两项重要的保留。科学社会学中大部分工作有关自然科学,而不是有关社会科学,后者,总的来说,在知识上自成一个体系而独立的程度远不及自然科学;并且,即使在自然科学方面,对于"内部的"和"外部的"条件的分界线应该划在哪里,也曾有许多不同的意见。第二,从20世纪的条件中产生的说法不一定适用于较早的时期,那时候"科学界"(如果有"科学界"存在的话)范围小得多,也远不如现今组织得严密。

还有一项应该预先说明的。尽管现今科学史和科学的哲学方面的研究工作赞成"根据科学界内在的条件"。来解释科学的变化,可是流行的对这些条件的解释中已经有了重要的转变。学者们一方面厌弃这种广泛的外部影响,诸如经济状况、社会结构、意识形态和阶级偏见,另一方面则倾向于强调在科学界内部起作用的各种因素的多样性和复杂性。目前的风气是,人们不再接受逻辑经验主义者对科学知识的社会学和科学的哲学两者之间截然清楚的区别,这种区别有时候以"新发现的前后关系"和"证明为正确的前后关系"两者之间的一种二分法来表示。取而代之的是,人们的注意力越来

---

① 约瑟夫·本—戴维:《国际社会科学杂志》,第22期(1970年)的《科学社会学》专号的"绪论",第19—20页。

越多地集中在真正的科学实践上,而不是集中在正确的科学方法上,后者只代表一种在实践中很少能达到的理想。同样地,人们越来越认识到,"在科学研究的各个方面,理论的和哲学的因素都是预先假定的……在观察所得的资料和理论的名词的意义方面,在一种科学所研究的问题的特性描写方面,以及在所谓对那些问题的解决办法方面,都是如此"。① 这种新型的微观社会学分析能在多大程度上有助于对19世纪70年代边际革命的重新估价,还待将来再看。

三

边际革命的社会学分析可以在许多点中的任何一点开始,例如,从科学上重复发现这个概念开始。② 由于这三位共同发现者的主观创见是毫无疑问的,他们的成就的大致相似性和同时代性把个别创新者的创造性和科学知识的主流联系起来,从而加强了所谓知识的增长有它自己的有机生命这一印象。这方面说明以前

---

① R.G.A.多尔比:"自然科学中知识的社会学"一文,载《科学研究》季刊,第1期(1971年1月),第9页。这篇文章包含对晚近的研究工作的有益的检查。罗伯特·K.默顿接受了R.卡纳普、H.赖兴巴赫、C.G.亨普尔、E.内格尔和K.R.波珀等人的著作中所包含的逻辑经验主义者的区别,而在其他的人诸如N.汉森、P.K.费伊拉本德、S.图尔明和T.S.库恩的著作中有那种较新的研究方法。在M.D.金的"理性、传统和科学的进步性"一文中(载《历史与理论》,1971年第10期,第3—32页),有对默顿和库恩的矛盾的尖锐批评。我大量引用这篇文章以及我和作者的讨论。

② 当然,重复发现的概念特别和罗伯特·默顿的著作有关。参阅所著"科学发现中的单独和重复:科学的社会学中的一章"一文,载《美国哲学学会的会议录》105(1961年10月),第470—486页;以及"对科学中重复发现的系统研究的阻力"一文,见《社会学的欧洲记录》第4卷(1963年),第237—282页。关于这一概念和经济学的关系的一些意见,参阅施蒂格勒的《经济学在过去有用吗?》,第225—227页。施蒂格勒承认重复发现的重要性,但强调很难评定时间上相距很远的各个发现的意义。

提到的观点问题:当我们从一定的距离来看科学发展过程本身的时候,共同的特征似乎相对地比较重要;但在作较为接近的观察时,个别新人独有的特色就具有较大的意义;并且不可能有一种独一无二的正确观点。当然,一种表面上的重复现象实际上真正重复的程度如何,是一个需要经过仔细的历史研究的问题;但是经济学史上重复现象的存在本身①有助于把这个领域作为一种科学的学科和那些不那么有系统的知识探讨的园地区别开来,人们的假设是,经济学和创造性的艺术不同,如果一个科学家不"发现"某一点,人们可以有理由期待其他的人会发现。② 在这个意义上,重复发现得到公认的范围和速度,可以使我们知道一点产生这种发现

---

① 阿尔弗雷德·马歇尔对重复发现的看法特别有趣,如果我们考虑到他强调经济思想的连续性以及实际上他可能曾经是边际效用概念的一个独立的(但人们对此认识不足)共同发现者。"经济思想的内容要义不大可能在很大程度上是一个人的成果。那是时代的产物。或许应该说李嘉图是例外。但在 1740—1765 年、1765—1790 年、1815—1840 年、1840—1865 年、1865—1890 年这五个时期中,人们所说的一切重要的东西,在我看来是或多或少地由许多人共同想出来的。"1892 年 8 月 19 日致 L. L. 普赖斯,见《阿尔弗雷德·马歇尔纪念录》,A. C. 庇古编(伦敦,1925 年),第 378—379 页。

② "只有一个世界可供发现,当获得每一点点认识时,那发现者必须受到尊敬,否则就会被人忘却。艺术家的象牙之塔可以是一个单人小屋;科学家的居处必须有许多房间,以便使他和与他同等的人住在一起。"见德里克·J. 德索拉·普赖斯《小科学》、《大科学》(纽约,1963 年),第 69 页。但是,近年来有人提出,科学和艺术不是像以前人们假定的那么不同。参阅 J. S. 阿克曼、E. M. 哈夫纳、G. 库布勒和 T. S. 库恩等人为《社会与历史方面的比较研究》第 2 期(1969 年)写的文章(第 371—412 页)。在一篇有名的概括研究——《边际效用经济学》中[见《社会科学全书》(纽约,1931 年),第 5 卷,第 357—363 页],弗兰克·H. 奈特争辩说,由于 19 世纪 60 年代后期古典体系的"破坏","必然要重新做起"。然而,他并不认为边际效用是一个新体系的唯一可能的基础,只是很可能的基础而已:"效用论应该被看作理性主义和个人主义的理智运动的顶点(在历史上和逻辑上),竞争的经济制度本身是这种运动的一个方面,现代科学和工艺学是其他方面。在赞赏者看来,效用论差不多是实现了 18 世纪的一个心愿,其时人们渴望找到一项原理,它对解释人类行为和社会方面的贡献会像牛顿的力学对解释太阳系那样。"

的那个研究地区在知识方面的一致性和组织的水平。随着任何一种特定的科学变得更制度化，以及越来越多的专家致力于研究同样的或者密切相关的问题，任何一种特定的发现就越是可能被人们不只一次地独立地作出。当然，一项重复发现的迅速得到公认，有赖于从事实际工作的专家之间的通讯效率；①就这里所考虑的例子来说，杰文斯和瓦尔拉之间的接触说明19世纪70年代中存在着一种初期的国际间的经济学家网。②

有了重复发现，自然会引起研究思想史的人要调查了解那产生这种现象的理智上的来龙去脉。③ 例如，他应该考虑是否这种发现是当时的人所意想不到的，或者是由人们承认的一种理智的"危机"造成的；如果是后一种情况，他就该考察那种危机的性质，以及这一发现在多大程度上代表对当时认识到的理智上的困难的真正解决。不像自然科学家，经济学家很少遭遇到由于和现有理

---

① 假如有完善的通信方法，就不会有一些分开的独立的发现；最初的创新者的成就会立即在各处得到承认，就可以防止此后的再发现。诚如默顿所说，"要不是传布迅速，就会发生重复。"见《单独的和重复的发现》，第478页。对于传布过程的一次初步讨论，参阅，例如，约瑟夫·J.斯彭格勒的"漫谈经济思想的国际传播"一文，载《政治经济学史》半年刊，第2期(1970年春季)，第135—151页。斯彭格勒区分了来源、传递手段、传递的内容和接收者。至于有关的实例研究，参阅T.W.哈奇森的"经济思想的偏狭性和世界主义(1870—1914年)"一文，载《美国经济协会报告和会议录》，1955年5月，第1—16页。一种新思想的接受率可能决定于新的、假定是年轻和善于接受的人参加这个领域的人数多寡。

② 参阅，例如，威廉·雅费编：《莱昂·瓦尔拉的通信和有关文件》(阿姆斯特丹，1965年)，第1卷，第1857—1883页。调查19世纪的这种经济学家的国际通信网的发展和科学上的重要性，是一项富有成果的研究课题。实际上，这样的一种计划可以从详细检查杰文斯、门格尔和瓦尔拉的早期著作和通信中引用的那些资料来源着手。

③ 尼尔·德·马希的对杰文斯《政治经济学》一书的英国背景的仔细研究(参阅本书下面他的"穆勒和凯尔恩斯与边际主义在英国出现"一文)很好地说明了这一点。我从阅读和讨论他的著作中受益很多。

论抵触的实验结果累积而产生的危机;[1]确实,他们的理论很少经受过严格的经验主义的测验,因而使史学家比较难于确定究竟为什么一种经济理论取代了另一种。两种或者更多种竞争的理论往往并存,[2]某一种理论在各方面——例如,普遍性、容易处理和符合现实——都超过其他理论这种情况是罕有的。[3] 从拥护一种理论转移到另一种,可能是由于知识界的风尚改变、一个雄心壮志的新学派的著作家出现或人们认为重要的一系列问题有了

---

[1] 关于对这种理智危机的深入讨论,参阅托马斯·S.库恩的《科学革命的结构》,修订版(芝加哥,1970年),第7—9章。库恩的批评者不仅反对他的范例变化的概念,认为范例概念是模糊的和使人误解的;他们也怀疑他所谓科学史上"正常的"和"革命的"阶段这一根本区别的正确性。例如,卡尔·波珀虽认为库恩夸大了这种区别,但仍认为"很有重要性"。另一方面,斯蒂芬·图尔明则相信革命的概念作为一种描写的标签是有用的,但是作为一种解释性的概念就无用了。波珀的一个信徒,伊姆里·拉卡托斯,采取一种中间态度,吸收了库恩的许多思想。参阅伊姆里·拉卡托斯和艾伦·马斯格雷夫合编的《批评与知识的增长》(剑桥,1970年),特别是第41、52和93页以次诸页,其中有关于这些问题的讨论。

[2] 库恩的一个比较强有力的批评者(伊姆里·拉卡托斯),认为敌对的理论之间的竞争在自然科学中是流行的和健康的,特别是在进步迅速的时期。他说,"快速出现的合理性"在实践中是不可能的:一种理论不是在一夜之间取代另一种,一种新理论的全部意义也不是很快就被人理解。甚至在自然科学中异常现象也不(如库恩所说)积累到不能容忍的地步,所谓"决定性的试验"并不立刻就确定某一种理论比它的竞争对手都优越,因为通常总有一段很长时期的迟延,然后这种试验的意义才有人认识到。和其他的科学思想家一样(例如,卡尔·波珀、M.波拉尼和莫里斯·科恩),拉卡托斯承认"坚韧的原则"——要保留一种已经证明有价值的理论的合理愿望。参阅拉卡托斯的长篇论文"弄虚作假和科学研究计划的方法论",见拉卡托斯和马斯格雷夫合编的《批评与知识的增长》一书,第91—195页。戴维·布卢尔写的一篇精辟的评论,发表在《科学研究》季刊第1期(1971年1月),第101页—115页。

[3] 成功的理论的这些特点,乔治·J.施蒂格勒在他的"效用论的发展"那篇精辟的文章中讨论过,这篇文章收入他的《论文集》,第148—155页。可能想到的其他特点有,例如,简明、优美、有效果、"启发的力量"。参阅拉卡托斯和马斯格雷夫合编,第132页以次。

改变。① 似乎没有理由要相信,19世纪70年代的边际革命是有人敏锐地意识到理智危机的结果;相反地,正如熊彼特所说的,这些共同发现者的许多"同辈科学家对旧的学说没有什么留恋"。②

这种事态可以有种种不同的解释。根据纯粹理智的标准来说,重点可以放在那些已经被人接受的学说的理论上和经验主义上的缺点方面——虽然这需要说明在一个理智迟钝的阶段之后人们兴趣的复生。③ 另一方面,当时之所以没有一种危机感,可能也是由于科学的经济学界的社会组织松散,特别是从事科学实践的人数少以及这个领域里的"社会音响效果"很差。

虽然我们承认边际革命中逻辑学、心理学和社会学的成分相互依赖,但仍有必要竭力对所包含的种种变化的科学性质和重要性作出精确的估计。例如,主观价值论者在多大程度上接受古典

---

① 这个关于可能的原因的清单决不是详尽无遗的。对于所涉及的范围广泛的各种因素,约瑟夫·斯彭格勒作了很有价值的说明,见所著"1870年以后经济思想的形成中外来的和内在的影响;一种关于知识门径的社会学"一文,载《事态、思想意识与经济理论、经济分析的形成中进展的决定因素》一书,罗伯特·V.伊格利编(底特律,1968年),第159—187页。关于风尚,参阅 R.D.科利森·布莱克:《经济的风尚》(贝尔法斯特,1963年)。关于根据不需要说明的改变来解释科学史,参阅斯蒂芬·图尔明:《预见和理解:科学的目标的探讨》(伦敦,1961年),第3、4章。

② 参阅他的关于庞巴维克的论文,见《经济思想的发展:展望中的伟大经济学家》,亨利·W.施皮格尔编(纽约,1952年),第570页。这种说法需要仔细的历史事实证明。

③ 约瑟夫·斯彭格勒曾提出一种"概念冻结"的想法,这种冻结可以由于出现了"难对付的政策问题、有关方面同意的解释中的缺陷、新的经验主义的研究结果,以及各方同意的解释不能有效地结合的工艺学的和方法学上的发展(例如,计算机、输入量—输出量),而被打破。"参阅其所著"经济学:它的历史、主题、方法"一文,载《经济问题杂志》季刊,第2期(1968年3月),第21页。

经济学家的"科学远见?"①古典经济学的哪些理论的和经验主义的命题被(1)全部接受,(2)修改,以及修改到什么程度,(3)抛弃,被边际主义者抛弃?把这个问题换一种说法:我们同意边际革命体现了理论上和方法上的一种突破,而不是理论的应用,但同时仍然可以究问,这是否构成在方法论上、在所使用的概念语言(例如,数学的运用)上,以及在理论与实际相一致、可以证实或者和政策有关的程度上的一种突破。试图回答这些问题,会使我们能判断在多大程度上使用着"不相应的"概念结构,以及在多大程度上边际革命包含真正科学上的意见不一致,而不是科学上新的主张往往会有的那种言辞动听的浮夸。②当然,对这些问题不能作出决定性的回答,不仅是因为没有无比正确的历史眼光,而且也因为历史家的评断本身就受到他自己的哲学的和方法论的偏见的影响。③

---

① 19世纪中,一个经济学家对价值问题的态度往往被认为可以给他的整个观点提供线索。例如,F. 冯·维塞尔的《自然价值》,W. 斯马特编(1893年),第30页:"作为一个人关于价值的意见,最后一定是他关于经济学的意见。……各个重要的政治经济学体系,到现在为止都曾阐述它自己对价值的特殊看法,作为把它应用于实际生活的理论基础;任何新的试图改良的努力都不能为这些应用奠定适当的基础,如果它不能用一种新的比较完善的价值论来支持这些运用。"J. S. 穆勒的《政治经济学原理》(多伦多,1965年),第2卷,第456页上写道:"差不多每一种关于社会的经济利益的推理……都含有一些价值理论;关于这个问题的最小的谬误也会使我们所有的其他结论都传染上相应的谬误;我们对这个问题在概念上的任何含糊不清,都会在其他一切中造成混乱和不明确。"这些话可以使人们想到,价值论在19世纪晚期的经济学中占有中心地位。
② "劝说的方法"在乔治·施蒂格勒的"科学发展中创见的性质和作用"一文中曾有讨论;参阅他的《论文集》,第4页以次。
③ 关于对这个问题的一种引起争论的探讨,参阅拉卡托斯为纪念鲁道夫·卡纳普1970年在太平洋科学协会上发表的"科学的历史及其合理的改造"一文,载《波士顿科学的哲学的研究》第8期,罗杰·C. 巴克和罗伯特·S. 科恩编,第91—136页;又附件托马斯·S. 库恩的《评拉卡托斯》,同上书,第137—146页。

我们已经注意到，重复发现使得科学的普遍发展和个别科学创新者的贡献两者之关系特别显著，我们应该逐个地考虑这些方面。人们通常认为，创新者的作用类似生物变种在自然进化过程中的作用；①从这个观点来看，科学似乎是一种特别类型的适应性社会体系——欧内斯特·内格尔曾称为"用于挑选有适当根据的信仰的一种社会机构"。这个机构把个别研究者的主观活动连接到追求客观知识的集体努力，而研究经济学史的人之所以能熟悉这种关系，主要是通过 T. S. 库恩对科学进步的所谓"正常的"和"革命的"时期中一些科学集体的行为的分析。有人说得好：库恩的所谓科学家是"这样的一个人，他从事于解释、发挥、修改，以及有时候甚至推翻一种专业性实践的传统，而不是一种自动装置，其活动最终由一种固定的毫不宽容的逻辑来检查；"②虽然库恩曾受到批评，因为过分强调心理学的和社会学的方面，并尽量低估理性因素在科学实践中的重要性（这是他竭力否认的一个论点），③他的研究方法却适合

---

① 参阅库恩：《科学革命的结构》，第 170—173 页；卡尔·波珀：《科学发现的逻辑》（伦敦，1959 年），第 108 页；又他的《推测和反驳》（伦敦，1963 年），第 52 页。

② 金：《理性、传统》，第 25 页。

③ 例如，拉卡托斯攻击库恩的重视科学界集体意见，斥为"暴徒心理"，但强调方法论的决定的关键作用，诸如判断一个特殊命题在一项特定的"研究计划"的前后关系中是否应该被作为事实或者理论的那种决定；一项科学计划的什么部分应该被认为是"无可辩驳的"核心；以及什么东西构成可以接受的标准，用以揭发一种科学理论的弄虚作假。他承认他的研究方法会模糊科学和形而上学的分界线，这种线是由实证主义哲学家慎重地划出的，不允许他所谓天真的或者武断的歪曲主义。他一方面坚持"经验"是科学争辩的无私的公断人，但又随即承认很难知道经验赞成或者不赞成什么。拉卡托斯的"弄虚作假"一文，以及波珀、费伊拉本德和库恩的评论，见《拉卡托斯和马斯格雷夫》。又参阅布卢尔的评论文章（本书第 48 页注②中提到）；和本书第 50 页注②中援引的拉卡托斯—库恩的文件资料。

一种"认识论上的不可知论",根据这种说法,科学的哲学中一些比较使人烦恼的、理论上的困难可以容许它们不再处于重要地位。

科学的社会学是关于边际革命的直接社会渊源的种种假设的一个丰富来源。例如,

谁是那些参加科学活动的人?他们的人数、教育、社会地位、生活资料、个人动机和机会、通讯工具、制度怎样?有些什么样的重要读者对象需要由它来说服,有些什么样的对象会使用、传达、发展、修改或者不接受他们的结论?科学界本身内部有什么社会压力会影响有利于新事物或者旧事物的舆论。①

显然,如果可以说一种经济学家的"科学团体"②在19世纪70年代已经存在,它也比20世纪自然科学家的团体小得多、组织松散得多、受外部势力的影响大得多,科学的社会学方面很多晚近的工作和这自然科学家的团体有关。然而,所要求的社会组织不需要精细复杂;实际上,只须承认在一种科学的学科范围以内有一个"问题区",也许就够了,因为这个问题区可以作为一种比较正式和比较稳定的组织的原型,这个组织能够产生和促进新事物。基本的需要是有一个"社会圈子"或者科学团体——一种"关键性的主体",其中包括一批人数够多和能力充分的读者,能以专业承认的形式"提供适

---

① 参阅A.C.克龙比编:《科学的变化》(伦敦,1963年),第10页。这些话引起人们注意专业化和学院化的过程,这在会议的讨论中一再提到。参阅本书下面的《回顾与展望》,第3节。

② "科学团体"这个名词是迈克尔·波拉尼采用的,用以说明科学家们怎样通过训练、鉴定出版物,以及纯粹非正式的赞成和不赞成,在高度的个人自由中实施严格的纪律。他也指出这种非正式的制度怎样和研究工作的内在特点有关。参阅约瑟夫·本—戴维的《序言》,第12页。

当的反应"。① 一旦有了这种情况,树立共同的合乎科学规律的价值、标准和目标,连同"欢乐"和"愿意出力"这些伴随而来的特征(像迈克尔·波拉尼非常生动地描绘的那样②),就为期不远了。

这些议论也许有助于指出怎样走向一种比较有系统的对边际革命的社会—理智前后关系的比较研究,这一任务在这里只能提示一下。这样的一种研究将致力于明确三位共同发现者的个人历史、科学背景,以及理智信念和目的之间的主要区别。根据广泛的标准来说,它会显示当他们发表自己的主要著作时,他们都是社会上那种中等富有阶级的比较年轻的③成员,在19世纪的欧洲可以有机会受到较高的教育,并且他们都是在欧洲各种思想的主流中成长起来的,④这些思想为现代科学的发展奠定了基础。然而,在他们的背景和知识方面还有显著的区别,例如,在经济思想的专业传统19世纪60年代中他们各人自己国家里存在的程度上,以及各个共同发现者可以被人认为(或者自己认为)偏离所继承的理智信念的程度上。毫无疑问,学术界在杰文斯的英国比在欧洲大陆上较

---

① 参阅诺曼·斯托勒的"科学的国际性与科学的国籍"一文,载《国际社会科学杂志》季刊。第22期(1970年2月),第92页;又所著《科学的社会体系》(纽约,1966年);以及沃伦·O.哈格斯特龙《科学的团体》(纽约,1965年)。1871年以后,边际主义者的"社会圈子"之发展形成,曾由理查德·S.豪伊加以叙述,见所著《边际效用学派的兴起》。然而,在现在这个问题中,比较恰当的是问:杰文斯、门格尔和瓦尔拉的论文是给什么样的读者看的?

② 特别是参阅他的《个人的知识》(芝加哥,1958年),第7、10章。

③ 杰文斯、门格尔和瓦尔拉的主要的创造性成就,和哈维·C.莱曼所分析的经济学及政治学方面的其他成绩比较起来毫无逊色,见莱曼《时代与成就》(普林斯顿,1953年),特别是第137—138、296—297、302—303页。这种成就,在19世纪比在今天会出现得慢一些,因为创新者通常得到老师们的帮助较少,而较多地依靠他们自己的知识工具的发展。再则,创新精神所得的名利报酬,大概现在比较高。

④ 参阅本书第43页注③中引用的F.H.奈特的评论。

为开放和灵活，但杰文斯面临着一套比门格尔或者瓦尔拉所接触到的较为强有力的和根深蒂固的经济思想，他们这两位在未曾发表自己的主要著作以前都苦于缺乏志趣相投的和俾人受到激励的同道。从这一点来说，那就应该查考，他们的学术背景和联系在多大程度上形成他们对经济学的研究方法，因为人们常常看到，从19世纪70年代起经济学方面大多数重要的进展是由学究式人物取得的。如果实际情况是这样，我们当然就应该考察产生这一情况的那种在变化中的大学环境，并尽力正确估计它对经济思想发展的影响。

属于所指出的这种类型的比较研究，除了考虑科学界内部的社会情况外，还需要考虑边际革命的心理学的种种方面，因为议论的这两个方面必然会互相影响。回忆上文提到的进化论的比拟，如果科学上的创新者类似一个生物学上的突变体，那么，根据心理学的说法，"学问、感性认识和个人在知识方面的其他增长，以及科学知识的精确性提高和范围扩大，是有机体适应环境的能力增加那种比较一般的情况的部分过程。"[1]任何一个特定的科学家会争取把他的专业领域内的知识增进到什么地步，当然要取决于微妙的各种情况的结合，有些是个人所固有的，另一些则反映他的特殊社会—文化环境产生的压力和机会。

---

[1] 唐纳德·T.坎贝尔的《客观性与科学知识的社会位置》，美国心理学协会会长对协会的社会和个性心理学部门的讲话（1969年），预定发表于R.S.科恩和M.W.沃托夫斯基合编的《波士顿科学的哲学研究》。关于心理学和科学的哲学之间的联系的一次扩大讨论（特别联系到科学新发现问题），也参阅坎贝尔的"进化的认识论"一文，预定发表于《卡尔·R.波珀的哲学》一书，P.A.希尔普编，当代哲学家文库（拉萨尔，伊利诺斯州，即将出版）。坎贝尔在他的科学研究中说："科学的特点是，那个从各种不同的推测中芟除莠草的选择系统，通过实验和大量的预测，和环境有细致的接触，要可能使取得的结果不受研究者的偏爱的影响。"这里坎贝尔强调"盲目—变化—和—选择—保留过程"。

科学发现的过程以往常常被人认为是一种奥秘,是某些根本无法分析的性格学上的特质统称"创造性天才"的产物。然而,后来曾有人致力于把这种现象作为社会过程来研究,并且,虽然不可能根据自然界的事实来解释精神现象的内容,[1]但还是可能清楚地显示那些比较一般的对重复发现有关系的影响。因而人们作了许多努力,想要详细说明在那具有代表性的创新者身上可能找到的性格学上的特质——诸如洞察力和主观能动性这些特质,以及个人特征中的博学、爱好意外事物、善于想象(例如,深入探想逻辑的、空间的或机械的关系)、机灵警觉和有始终一贯的目的。[2] 这一方面的研究工作还在初期;例如,关于形成主观能动性的因素,需要探索的很多,像好奇心、好胜心、自尊心、虚荣心、权力等的作用;[3]显然没有什么独特的科学的"类型",因为有许多不同的任务需要由科学界人士去完成。[4]

---

[1] 这一点在 F. A. 冯·哈耶克的《感觉程序》(伦敦,1952年),第192—193页。
[2] 参阅"伟人与科学发展"一文,载《历史、心理学与科学:埃德温·C.博林论文选集》,罗伯特·I.沃森和唐纳德·T.坎贝尔编(纽约,1963年),第29—49页。又参阅伯尼斯·T.艾杜森:《科学家:他们的心理世界》(纽约,1962年)。
[3] 沃森和坎贝尔的《编者序言》,第vii页。
[4] 正如乔治·施蒂格勒在一篇有创见的论文里所说,很多有价值的科学工作——测验假定、积累知识、精ံ阐述经济理论——需要很少的创见或者完全不需要;而且甚至可能创见太多,妨碍"科学的发酵"这个必要过程;参阅《科学发展中的独创性》,第12—14页。科学活动的比较独创性不那么高的方面,使人想起库恩的"正常的"科学解谜的概念。人们熟知,杰文斯是一个"观念"人,一个在各方面具有丰富的理智想象力的人,他急于把自己的观念快速地向世界发表,而不是艰苦费力地对这些观念作出充分的研究。在会议的讨论中,人们看得很清楚,瓦尔拉往往把注意力集中在比较有限的几个可能完全解决的问题,而门格尔的《原理》则比较开放和灵活得多,提供了许多暗示和没有完全发挥的观念,可以由他的门徒加以琢磨和详尽地阐述。

研究经济学史的人,对于传记性因素在经济学发展中的作用的重要性,各人的看法显著地不同。例如,乔治·施蒂格勒倾向于认为"传记歪曲而不是启发对科学著作的理解",[①] 威廉·雅费则认为:

> 一项重大的原始发现或一项重大的创新,无论是在经济学上,还是在科学工作或艺术工作的任何领域里,都不是一种合成的产品,而是某一个人的想象力的产物,这个人的个性以各种微妙的方式给这种成就留下痕迹,当然使它具有一定的偏见或倾向性……如果我们忽视创始人的与众不同的个性,我们就不能领会一个论点或者一种理论,甚至经济学上一段叙述的某一项基本特性。一个人不需要是十足的马克思主义者才会承认经济学家的特殊社会地位一定会直接或间接地影响他自己的思想和兴趣;也不需要是十足的弗洛伊德精神分析学的信徒才会承认幼年时期的经验和教育对他的基本态度的影响。[②]

这种说法确实需要由研究经济学史的人加以测验,例如,作为我们建议的对边际革命的比较研究的一部分。[③] 三位共同发现者都引人注目地显示了科学创新者通常具有的那些心理学上的特征,而杰文斯和瓦尔拉对于他们在科学上的贡献尤其自如。[④]

[①] 参阅他的对罗宾斯勋爵著《现代经济理论的发展》一书的评论,载《经济学季刊》,第 37 期(1970 年 11 月),第 426 页。

[②] 威廉·雅费的"传记与经济分析"一文,载《西方经济杂志》第 3 期(1965 年夏季),第 227 页。又参阅斯彭格勒的"经济学:它的历史"一文,第 26—28 页。

[③] 这一点在会议上经过热烈辩论。参阅本书下面,"回顾与展望"一文,第 4 节。

[④] 因此杰文斯在所著《科学的原理:论逻辑与科学方法》(伦敦,1874 年),第 26 章中讨论了"实验主义者的特征"。

个别科学家的主观研究方法和科学界的集体意见之间的相互依存，曾由迈克尔·波拉尼非常有眼光地加以描绘。他认为：

> 种种发现是于追踪现有知识所提示的没有疑问的可能性而作出的。并且这是科学怎样经历一系列连续的革命而能保持它的特性的道理。……只有似乎有理的概念才由科学家着手处理、讨论和测验。这样一种决定可能后来证明是正确的，但是在作出决定时所以认为似乎有理，是由于在许多微妙复杂的迹象的指引下概括地运用了直觉，因此这是完全无法论证的。这是不言而喻的。

但是，尽管不同的科学家根据不同的方法、问题和目的进行研究，

> 往往也会有两个或者更多的科学家单独地作出同样的发现——因为不同的科学家只有同样的一些潜在可能性可以使其现实化；并且他们确实一定会利用这种机会。①

四

这些话使我们回到我们的出发点——个别科学发现和它从其中产生出来的知识主体两者之间的关系。可以说杰文斯、门格尔和瓦尔拉使经济理论上"那种同样的潜在可能性"实现了吗？如果可以，这是否显示19世纪经济学方面的科学发展和自然科学的范

---

① "科学在社会中的成长"一文，载《智慧女神》季刊，第5期（1966—1967年），第539、536、542页；后来收入他的论文集《认识与存在》（伦敦，1969年），作为第5章。

例之间富有意义的类似情况呢？或者，如果说边际革命是一种突破，它可以和生物学上的突变相比，那是否我们已经意指着这种新发展完全不是科学知识有机发展的必然结果？在多大程度上边际革命可以被认为是科学工作中"认识过程"的一个典型的例子，以及在多大程度上对这种典型的解释有赖于人们假定：经济学和自然科学一样，是一种比较封闭的或者自成一家的知识体系？至少可以想象，对经济学上边际革命的研究，可以使经济学上以及社会科学其他部门中知识革新的一般过程清楚地显示出来。它甚至也能有助于人们对自然科学和社会科学两者的异同这个古老问题获得新的理解，特别是在有关它们发展的形式方面。①

附　录

如果想要把边际革命（或者，实际上，任何其他历史事件）解释为环境影响的产物，这种解释就必须明确而具体，才不至于仅是重复不休，因为"环境"一词，在最广泛的意义上，包括需要解释的那种现象的一切可能的前因。人们曾提出许多关于事件和思想的相互关系的假设，但是其中大多数是不全面的和有选择性的，很少有

---

① 在(1962年)第一版的《科学革命的结构》中，库恩一开始就强调自然科学和社会科学的区别，以后一直把社会科学说成是"原始科学——在这里面实践确实产生可以测验的结论，但在发展的形式方面仍然像哲学和文艺而不像已经确立的科学"。参阅《拉卡托斯和马斯格雷夫》，第244页；又参阅《附言——1969年》，见库恩的《结构》第2版(1970年)，特别是第207—210页，以及他的《评论》，载《社会和历史方面的比较研究》，第11期(1969年)，第403—412页。

人认真地努力说明那根本的逻辑结构。

环境主义者的研究方法所包含的困难,在沃纳·斯塔克把边际革命解释为熊彼特称为"极好的局面"的一个实例中可见一斑。在斯塔克看来,这种事态不仅仅是理智的现象,而是一种"生活状况",因为19世纪70年代是"资本主义的所谓最充分发展和最明显的健康时期,这个时期中社会的和经济的实际情况,比较地说,最接近于一种在一定程度的平衡中的一体化状态"。他承认,19世纪70年代初期没有社会均衡;确实,资本家和无产阶级之间存在着一道社会政治的鸿沟,这有助于说明何以理论经济学家"退却"到一种抽象的经济均衡概念:"在瓦尔拉的时代,竞争是理所当然地尽可能的完全……一些主要国家的经济当时发展到空前绝后地接近于实现了一种自由的、自动运行的市场。证实这种说法的章节,在任何经济史的课本中都可以看到";并且这种大胆的论断是有根据的,引证了自由贸易、自由竞争普遍存在,以及国际支付方面没有障碍或者对劳动力市场和工资契约不加控制这些方面的情况。[①]

前面这个例子也许过分极端,不能认真对待;然而正因为它有些过分,所以能使环境主义者的研究中内在的困难显得突出。斯塔克的说明用了那么含糊的和笼统的说法,以致实际上不可能决定可以引用什么经验主义的证据(如果有任何证据的话)来肯定或

[①] W.斯塔克的"政治经济学上传统的情况"一文,载《周期》第12期(1959年),第59、62、63页。参阅约瑟夫·A.熊彼特:《经济分析史》(牛津,1954年),第51、87、143、380页。

者否定他的主张。尽管他相信自己关于经济史课本的意见,人们却有大量证据和他提出的所谓效用价值论出现时社会接近于"完全的竞争"状态那种说法是不相容的。① 确实,如果"完全的竞争"是一种纯粹思想上的推断,我们是否应该寻求一个经验主义的类似的东西呢？并且,如果答案是肯定的,我们应该向哪里去找,以及什么时候去找？我们是否应该根据斯塔克的说明就推论竞争在杰文斯的英国、门格尔的奥地利和瓦尔拉的瑞士(或者法国)比在其他地方较为接近于完全呢？如果不是这样,为什么边际效用学说在其他国家里没有？严肃的经济史学者会想到在英国、奥地利和瑞士(或者法国)经济条件和社会条件基本上相似吗(如果人们知道这三个国家中的第一个在工业上是最先进的)？② 早期的边际效用理论是在几种大不相同的历史背景中阐明的,这一事实我们应该怎样解释呢？如果我们接受斯塔克的说法,认为各种思想在历史的背景中出现,不是仅仅作为"现实的限制",而且也"由现实所决定——假如我们不忘记思想的形成从来不受当时的绝对必然性的支配",③我们就必须寻求事态和思想之间的因果关系,而不仅是相互关系。可是我们应该期望在个别思想家和他的社会经

---

① 参阅 W. 斯塔克:《经济学史及其对社会发展的关系》(伦敦,1944 年),第 56 页。当然,关于什么时候"效用价值论出现"还有可以争论的地方。虽然斯塔克认为瓦尔拉的《原理》第一版出现在人们可以看出"实际上最接近于自由经济"的时期,是一种异乎寻常的巧合("传统的情况"一文),第 62 页,但值得注意的是,另一个比较敏感的环境主义者曾强调瓦尔拉的理论完全和当时的经济情况冲突。参阅利奥·罗金:《经济理论的意义和正确性》(纽约,1956 年),第 438 页。

② 当然,这里最重要的词是"基本上";就是,在什么关键性方面有"条件"的相似？

③ 斯塔克:《经济学史》,第 7 页。

济环境之间发现什么特殊关系呢？是否有任何理由可以期望就一种重要理论概念或者体系的所有的共同发现者来说，都有同样的相似之处？我们应该在个人的一生经历中、在他的家庭或者社会集团的历史中或在那范围较广的他的民族文化的背景中去寻求线索吗？还有，我们应该期望在那（缓慢地或者快速地）不断变化的社会经济环境和它所引起的理智活动的成果之间有什么样的时间滞差？

环境论者研究方法的一个比较微妙的例子是尼古拉·布哈林的说法。他认为奥地利学派的那种边际效用经济学反映了表示资产阶级一种根本特性的个人主义人生观，而强调消费者的心理却是"固定收入者"阶级的特点。布哈林的马克思主义观点包含方法论的、历史学的、社会学的和逻辑学的成分，因为他一心想要割断他自己和德国历史学派的反理论的偏见。作为一个马克思主义者，他主张要承认"社会比个人有优先权"、"任何社会结构的（基本上）暂时的性质"，以及在经济生活中，"生产所起的主要作用"，而奥地利学派的特点则是"在方法论上的极端个人主义、非历史的观点及以消费为出发点"。虽然承认经济科学中需要抽象化，但布哈林争辩说心理学是逻辑的基础，"固定收入者"阶级的心理是只顾眼前的心理，而无产阶级的观点是动态的和向前看的——大概一直看到无阶级的乌托邦。消费的"固定收入者"超然地站在生产与贸易的程序以外；他所关心的只是奢侈品的消费，例如"配有讲究毛毯的马鞍、有香味的雪茄和托考伊的酒"。这样，有利于主观价值论的发展的历史条件包括"资本主义的迅速发展、社会集团组合的变动和固定收入阶级的人数增多,这一切在19世纪的最后几十年中产生了所有必要的心理学上的先决条件,可以促使这些娇嫩的植物开花"。①

和斯塔克的论述一样,布哈林的解释用笼统的说法含糊其词;但是他至少知道边际效用论的起源、系统地阐述和传布这三者的重要区别。他在提到一些较早的和较晚的先驱者以后,评论说,"只有在19世纪70年代初期边际效用论才得到处于支配地位的科学界的"社会舆论"方面的充分支持,而迅速成为共同的权威的观点"。还不完全清楚,杰文斯、门格尔和瓦尔拉这三位人物是否被认为充分认识到他们的历史使命,虽然已经清楚,后来的著作者用他们的学说"可以说明现代社会秩序是正确的"。然而,布哈林避免了某些比较特殊的环境论者的困难,他用的方法是强调奥地利学派根本不是与众不同地具有奥地利的特色,又加上一句说它已经"实际上成为国际资产阶级固定收入者(不管他们居住在哪里)的科学工具"。②

回到本文第二句中所说的基本问题上来,我们必须再问所需要的是哪一种"解释"。是否必须包括布哈林的研究方法所有的各个方面——方法论的、历史的、社会学的和逻辑的——还是任何两三个方面就够了呢?马克·布劳格说:"要看出世纪中期前后社会的经济结构的变化和三位主观价值论者的理论创新之间的联系,

---

① 《有闲阶级的经济理论》(伦敦,1927年),第36、26、34页。此书实际上是1914年写的,有一种俄文本在1919年或1920年出现。

② 同上书,第34页。关于环境影响的作用,参阅《回顾与展望》,第4节,本书下面。

是牵强附会的,"[①]但是必须探索的究竟是一种什么关系呢？对这个问题的最有建设性的讨论是乔治·施蒂格勒的论"重大事件和政策对经济理论的影响"的文章,[②]在那篇文章里他竭力指出在哪些地方环境曾影响经济理论。他承认可能的关系是多种多样的,但是多数事情,不管是主要的还是次要的,在经济学成为"一种由专业学者从事研究的学科"以后的那段时期中,研究经济理论已经是惯常的事了(第19页)。实际上,他认为,比较不受外部影响是这门学科已经成熟的标志。然而,在1870年以前(这个日期在有关边际革命方面显然是有重要意义的),经济学家都面向当代的问题和制度,经济学则受关于政策的争论的支配(第19页)。一个问题要能影响主要的经济理论体系,它必须是普遍深入、持久存在,并对任何时候的任何经济组织都"非常重要"。否则理论(虽然不是经济学的其他部分)不会受到影响,因为"对经济理论家的工作范围的主要影响是本学科的那一套内部价值和压力"(第22页)。当然,事实确是影响经济理论家的工作;实际上"事物的递减的边际效用"这一"平凡的,甚至庸俗的"事实,也影响了杰文斯、门格尔和瓦尔拉(第22—23页);但通过经验主义的从事研究工作的经济

---

① 布劳格,第306页。关于对这个问题的评论,也可参阅 S.G.切克兰德的"杰文斯所看到的英国的经济主张"一文,载《曼彻斯特学派》第19期(1951年5月),第151—152页;以及所著《工业社会在英国的兴起》(伦敦,1964年),第428—429页。关于从思想意识方面的解释,参阅丹尼尔·R.富斯菲尔德的"新古典经济学与资本主义思想意识"一文,载《密执安科学、艺术与文学研究院学报》第43期(1958年),第191—202页。

② 收入他的《经济学史论文集》,第16—30页。以后的页码参考放在正文中(括号内)。

学家的专业知识,事实越来越多地被提供出来。另一方面,公共政策是环境的一个可以分开的部分,并不是紧密连接在一起的。再一次,只有"普遍的和持续的政策问题会引起理论方面的长期进展"(第25页),税率、货币本位、独占、商业波动的控制、政府和工会在劳动市场中的作用、捐税的负担者,以及对贫民的处理,都属于这一范畴。"有关联的各种学科的发展"也是经济理论在其中发展形成的环境的一部分,并且,人们感觉到达一点,主要是通过像数学和统计学这种专门学科的进步,以及通过关于经济学家的"科学远见"的其他独立存在的领域(例如,达尔文主义的学说和实证主义)的发展。

因此,大体上,施蒂格勒强调了"任何有成就的科学"必须显而易见地具有很大程度的自主(第29页)。但是,如果这个论点被接受了,问题仍然存在:就在边际革命之前的那段时期中经济学在理智上独立自主的程度如何?

边际主义和经济科学的界限

唐纳德·温奇[1]

一

讲到边际革命的那些人必然会认为，边际主义的引进标志着经济学作为一个有组织的知识部门在方向上甚至可能在性质上有了一个决定性的改变。例如，有一种对边际主义的解释坚决认为，由于有了边际主义，人们对个人的经济行为中以及整个经济系统的说明中所谓真正"经济的"东西，才第一次有了明确的概念。我们说边际革命改变了经济学的日程和方法，使新问题居于主要地位而老问题或是修修补补、归并在一起，或是置之不理。简言之，我们说从古典政治经济学转变到新古典经济学。

随着一代又一代的解释者从事于确定这一转变包含了什么内容的问题，旧的和新的对比之下表现的差别有许多方面。对那些主要和经济分析的历史有关而不管政治、哲学和思想意识问题的人来说，边际革命的意义在于它使科学进步成为可能。不全面的和谬误的价值理论和分配理论被另一些比较严密的和一般的理论

---

[1] 唐纳德·温奇（Donald Winch），英国布赖顿市苏塞克斯大学社会科学院院长。

所取代。在奈特、熊彼特和施蒂格勒这种历史学家看来,边际原理的引进,最初应用于消费者对经济货品的估值,后来发展到包括范围较广的经济数量,标志着一种到达法定年龄的阶段,这时候"经济理论从一种艺术(在许多方面是文学的)被改变为一种日益严密的科学"。① 经济分析方面的进步带来了某些方法学上的好处。据说,经济学家对于在逻辑上——而不是在政治上或者道德上——和说明经济现实有关系的东西获得了比较严格的认识。经济分析的范畴和哲学、政治,以及伦理的辩论所认可的那些范畴的区别显得更加清楚。科学方法应用以前的遗迹和残余被肃清,经济学家对于保持他们的分析工具方面的改进和社会问题的更有效的解决两者之间的区别变得比较自觉。因此,就这样,边际主义既反映了又有助于1870年以后发生的经济学作为一种有组织的学科的专业化和国际化的过程。

在这个领域的另一边,有那样一群乱七八糟的解释者,看上去主要是一些历史循环论者、制度主义者和马克思主义者,他们把从古典政治经济学转变到新古典经济学看成转变为退却和逃避。在这种著作家看来,边际主义"确定了李嘉图死后开始的根据生产中人们之间的社会—经济关系而抽象化的过程"。② 因此,不应该把它看作一种科学的进步,而应该看作一种意识形态的反映,目的在于避开人们对资本制度下组织生产与消费的方法的批评,以及作为一种手段借以证实所谓竞争性的资本主义构成一种合理的和对

---

① 参阅乔治·J.施蒂格勒:《生产和分配的理论》(纽约,1941年),第1页。
② 罗纳德·L.米克:《经济学和意识形态》(伦敦,1967年),第208页。

社会有益的经济制度那种神话。在边际主义的旗帜下，经济学不再操心历史上决定的阶级制度中人与人之间的社会关系，而是更加后退，趋向于成为一种仅仅关心抽象的个别原子和东西之间的拜物教似的关系。

这两个无法调和的对立的思想流派，对于作为边际主义出现的结果而实际发生的情况（作为为什么发生这种情况的对立面），以同样的观察资料为根据，在这个范围内，它们具有的彼此共同的东西比起初看上去要多一些。然而，近年来有人系统地提出一种中间的立场，把人们的注意力引向古典派和新古典派在研究经济问题的目的方面本质的区别，从而改变了情况。这种中间立场一般地对于古典经济学之关心资本积累、人口增多和经济增长这些问题都有一种比较同情的解释。因为，如果科学进步不再完全从解决相对价格的问题来看，一套不同的矛盾就处于显著地位。因此我们说重点从古典派的增长论转移到新古典派对分配和效率的关心，从宏观动态转移到微观静态。[①] 这中间立场的解释对区别比对前进或者退却讲得多，在关于这一问题的两个极端观点之间保持中立。

尽管这篇论文的标题似乎大胆，我不准备概括地研究上面所讲的这场争论的全部内容。我将主要地论述古典派和新古典派两者关于经济科学应有范围的不同意见——或者假定的不同意见——这种不同意见是从边际原理的三位重新发现者的方法论的

---

① 这种论调的最早的著作之一是 H. 迈因特的《福利经济学的理论》（伦敦，1948 年）。

看法中形成的。正如方法论往往是这样，坚定的结论主要是否定的结论。但是我希望弄清楚我认为是不合理地增加进来的这种矛盾的基本特性，从而适当地澄清那些较大的解释上的问题。再说一句引言性的话，也许是合适的。我知道本文标题中"界限"这个词的意义是模糊的，但是考虑到理智革命中方法、范围和实质之间的密切关系，我不愿意一开始就说得过于肯定。

二

论述边际革命时不像通常那样，需要为了谈枯燥无味的方法论上的问题而表示抱歉。这件大事可以部分地被看作一种"内部的"革新过程，从而使经济学家向来感兴趣的一些问题受到新的比较严格的探讨；部分地作为当时表现为对经济科学的公认的方法和范围的广泛批评这种"外部的"压力所引起的反应。除了边际原理的三位重复发现者的著作中人们比较熟悉的相似点以外，还有他们表示了一种共同愿望，想要宣告他们所取得的成就在方法论上的意义。虽然他们在这个问题上没有取得完全相同的结论，但值得注意的是，他们在本学科受到攻击的许多重要问题上坚持了同样的立场。在纯经济理论的真正领域这个问题上，他们的意见是完全一致的；在纯理论、经验证明和政策结论之间的关系这个问题上，意见也大致相同。

就纯理论来说，他们意见一致的基本观念是承认特定的手段相对于可供选择的目的而言的稀少性作为那实际存在的经济问题。根据杰文斯的说法，经济科学是一种理性的、逻辑的，以及最终是数学的工作。它的范围严格地限于"自身利益和效用的机械学";既然它涉及人类欲望的普遍法则,它也具有很大的一般性。[①]经济科学的自主权一经这样地确立,就可能建议社会研究和经济研究的不同部门之间一种可行的分工。"细分"成为杰文斯喜欢用来补救他那个时代方法论上意见分歧的对策。他说:"我们必须辨别经验主义成分和抽象理论、应用理论,以及比较详细的财务和管理技术。因此会产生各种不同的科学,诸如商业统计、数理的经济学理论、系统的和说明的经济学、经济社会学和财政科学。"[②]杰文斯毕生事业的一项值得注意的特点是他对这些不同的研究部门中的几个部门有所贡献,虽然可能因此他未能完成一项经过精细琢磨的关于经济学的论著。瓦尔拉把纯经济学局限于"在一种假设的完全自由竞争制度下如何决定价格的理论",并且说纯经济学和社会财富学说是同义的,因为"物质的或者非物质的一切东西,由于稀少(就是,有用而数量有限的)而能给它们规定一个价格,这些东西的总和构成社会财富"。[③] 和杰文斯一样(虽然讲的内容不同),瓦尔拉接下去也指出纯政治经济学、实用政治经济学和社会经济学三者的分界线,各有自己的特殊目的和优点。纯科学的特征是"完全不管结果好坏,只追求纯粹真理"。[④] 在这种纯科学的基础上可以建立起一种实用经济学,其内容是研究最有利于社

---

① 正如哈奇森教授在他的《经济学说评论,1870—1929》(伦敦,1953年,第35—38页)中指出的那样,杰文斯在他的研究的很早阶段就得到这个关于经济学的概念。他的1858年日记中有一段有关的话:"经济学,科学地说,是一种很收缩的科学;它实际上是一种数学,计算人的勤劳努力的因素,说明劳力怎样可以最佳地使用。"

② W. S. 杰文斯:《政治经济学理论》,第2版(伦敦,1879年),第17页。

③ L. 瓦尔拉的《纯经济学要论》,W. 雅费译(伦敦,1954年),第40页。

④ 同上书,第69—70页。

会财富生产的技术条件和经济条件。实用经济学,作为有关增加物质福利的一种技术或者应用科学,以实用性,而不是以真理作为它的特殊标准。社会经济学研究财产、税收和社会财富的分配。它所研究的问题是伦理性的而不是产业性的:这些问题完全取决于人的决断,而判断的标准不是真理或者实用而是正义和道德。

门格尔一生奋斗,争取建立一种理论的经济学科学,对抗德国历史学派的主张,这一点不需要强调。和瓦尔拉或杰文斯一样,虽然可能更彻底一些,门格尔根据个人交换经济货物的条件说明理论经济学的范围。只有通过寻求最简单的交换现象之间的因果关系,才可能确立作为人类经济活动的比较复杂现象的基础的根本法则。作为《方法论研究》的结果,门格尔的方法论上的立场得到很详细的阐述。这里只需要提一下他所指出的社会现象科学的不同部门之间的区别。最重要的是研究"个别(具体的)现象及其在时间和空间方面的个别(具体的)关系的科学",以及研究"类型(经验主义的形式)及其典型的关系(最广泛意义上的规律)的科学两者的区别"。[①] 历史和统计学属于前一类,而理论经济学,因为它有关大自然中真正"普遍的"东西以及经济现象之间的联系,属于后一类。政治经济学的组成内容是理论经济学结合一种第三类型科学——国民经济的实用的或者技术的科学,这种科学有关政治和财政领域中"适当行动的原则"。由于历史学派处于支配地位,

---

[①] 卡尔·门格尔:《社会科学的方法的研究》(莱比锡,1883年);英文本为《经济学和社会学的问题》,F.J.诺克译(厄巴纳,伊利诺斯州,1963年)。

历史的、理论的和实用的知识未能严格分开,这一点,门格尔认为,是经济理论所以在德国被忽视的主要原因。

虽然这些简要的说明显示人们共同意识到根据对经济问题的"稀少性"观点来确立纯科学的自主权是可取的,它们却是各种不同的哲学传统的结果,这些传统在其他问题上产生了分歧的答案。主要的分歧,从杰文斯和门格尔在纯理论对经验主义证据的关系上各自采取的态度中可以看到。门格尔不仅对在经济理论中使用数学很有疑问——对这个问题,杰文斯和瓦尔拉是热心分子——而且他将理论科学和历史—统计的科学根本分成两类,不可能在两者之间架设桥梁。没有纯理论的从原因推论的演绎用从结果追溯原因的归纳方法来查核的问题。确实,门格尔坚决认为"用完全经验主义方法检验精确的经济学理论根本是一种方法论上的谬误,是不能清楚地认识到精确的研究的基础和先决条件";这和"测量真实的物体来检验几何学原理"同样的谬误。[1]

比较符合他所受的自然科学方面的训练,杰文斯对这个问题采取了相反的看法,以不同的意义使用"精密"这个词来表示一种不仅其中的理论关系是用数学说明的科学的特性,而且表示一种其中的用词有关可测量的数量的科学。经济学在感觉的测量以前作为一种数学性的关于人类享受的科学而存在,是可能的;他又把经济理论说成"差不多肯定的真理",从直觉地确认的欧几里得原理出发。但是杰文斯的科学规划考虑到相互补充的好处,他对于把经济学从一种数学的科学改造为一种精密的科学的可能性表示

---

[1] 卡尔·门格尔:《社会科学的方法的研究》(莱比锡,1883年),第60—70页。

非常乐观。感觉的测量在原则上已经可以想象：和引力一样，感觉可以用它对运动或者人类行动的影响来测量。他在这一方面的主要希望以大量的统计证据为基础，这些证据只需要用"正确的理论"予以恰当的解释。使他特别感到宽慰的是这一事实："至于个人的似乎（并且也许确实是）相当难以确定的一些问题，在与大批群众和范围广泛的平均数有关时也许能作出精确的调查研究。"①

一方面的门格尔和另一方面的瓦尔拉与杰文斯之间方法论上的分歧，埃米尔·考德在所著《边际效用论的历史》一书中曾仔细研究。② 考德认为门格尔把伦理学和科学两者更加从根本上分离开来：不仅纯科学本身应该作为一种目的来研究，而且对享乐主义和道德两者冲突的可能性也没有像瓦尔拉和杰文斯那样广泛地探讨。然而，比这一点更重要的是，门格尔采用了哲学的唯实论的原则，从而认为头脑能够掌握或者领会物体的基本特质。根据这种看法，理论不是从孤立理想的典型和形成思想上的解释出发；它的目标是直接理解物体存在的原因，并从构造精确的典型和它们之间随时随地都有效的典型关系着手。在这样一种规划的范围内，遗传的因果关系替代相互依存的理想。这有助于说明门格尔对数学的态度以及他对那种认为经验主义的证据和理论认识有任何关系的想法的反感。例如，他决不可能接受杰文斯对一种统计的或者聚集而成的证据的价值的信念；唯一的了解社会整体的方法是依靠方法论上的个人主义，把自发的或者无意识的社会秩序作为

---

① 杰文斯：《理论》，第17页。
② 普林斯顿，1965年，第8章。

个人行动的结果。

这种意见的不同,对于英国、奥地利和瓦尔拉式的新古典主义学说的后来发展的情况可能是重要的,可是不应该让它掩蔽我们的三位创始者在一心只想到历史的那些人关于经济科学的范围和方法的攻击面前所采取的立场基本上相同之处。门格尔直截了当地反对历史学派的主张,这种态度,在实质上(如果不是在激烈的程度上)杰文斯和瓦尔拉两人都可以比得上。这样,尽管杰文斯认为"一定会出现一种关于经济形式和经济关系的发展的科学",他还是准备把社会变化和制度变化的研究交给别人,使纯经济科学可以不受这种纠缠。① 他肯定不赞成他的英国历史学派批评者T. E. 克利夫·莱斯利提出的看法,所谓"在创立真实的理论之前必须先有广泛的历史的调查研究",以及"不研究历史和社会全部结构,及两者所揭示的规律",就不可能提出关于消费的理论。② 确实,在所著《科学的原理》中杰文斯对于赞成这种研究的主张多有疑问,关于巴克尔和孔德,他坚决认为"所谓历史的科学,就其真正的意义来说,是一种荒谬的概念"。③ 然而,和他在英国的许多其他同时代人一样,似乎杰文斯把他的信心寄托在某种按照斯潘塞④指出的方向的进化论的社会学终于会出现这一点上。

瓦尔拉对于历史学派的主张也仍然不为所动,这些主张是

---

① 杰文斯:《理论》,第16页。
② T. E. 克利夫·莱斯利:《关于政治哲学和伦理哲学的论文》,第二版(伦敦,1888年),第71、72页。
③ W. S. 杰文斯:《科学的原理》(伦敦,1873年),第761页。
④ 斯潘塞(Herbert Spencer, 1820—1903年),英国哲学家。——译者

1874年由相信德国空想社会主义者所采取的立场的两个意大利信徒维托·库苏马诺和阿尔贝托·埃雷拉向他提出的。[①] 尽管接受他们对曼彻斯特学派及其法国信徒的许多批评,尽管承认财产和工业制度的人为的性质,瓦尔拉提醒他们,正如必须了解物质的自然特性而后才能构造良好的机器,所以"为了很好地组织经济社会,就必须了解社会财富的自然倾向"。转到攻击,他怀疑是不是单靠统计和历史就能弥补古典学说中的缺点。事实是一回事,它们的性质、原因和结果是另一回事:纯经验主义导致没有事实根据的教条。"是停止调弄钢琴而开始给我们奏乐的时候了。"瓦尔拉认为纯科学的普遍性和实用科学的特殊性的严格区别十分重要,这一点在他1879年为了改良法国教育制度而提出的建议中也能看到,在那里他的目的之一是避免德国人对理论与实践、科学与政治混淆不清的经验。[②]

三

杰文斯、瓦尔拉和门格尔所采取的方法论态度方面的相似点,是不是使我们能找出古典派和新古典派对经济问题的看法之间的基本不同点。这些不同点在多大程度上有助于证实一开始就提到

[①] 通信在W.雅费的《莱昂·瓦尔拉的通信集》第1卷中可以看到,第309—311、317、318、323、326和415号函。又参阅瓦尔拉对埃雷拉的评论,载《经济学家杂志》第3套,第36卷,第107期(1874年11月),第329—334页。

[②] L.瓦尔拉的"伦理学和政治学的培养与教育"一文,载《瑞士一般藏书和杂志》,1879年6月和8月。

的一些区别？例如，它们是否进一步证实某些人认为的边际主义比较清楚、比较"内行"地认识到"科学"和"文艺"的区别以及实证的命题和规范的命题的区别。

对这些问题的答案似乎是反面的。以这样或者那样的形式，想要坚持那种理论/实践和实证/规范两种区别的愿望，可以在许多古典派著作家身上看到，特别是在西尼尔、惠特利、J.S.穆勒和凯尔恩斯的著作里。[1] 同样的原因促使李嘉图在人们熟知的对马尔萨斯的抱怨中说他未能认识到政治经济学是"一种和数学一样的精确的科学"，[2]以及他倾向于过早地向"经验"求助。[3] 所谓边际主义在对经济科学的独立自主的信念中完全不必要，也可以从J.S.穆勒在所著《逻辑》第四卷中"论政治经济学的定义与方法"一文对先验的演绎法的精心辩护以及小册子《孔德与实证主义》中得到证明。尽管穆勒早先曾感到同情，他还是反抗了圣西门的信徒们和孔德想要把政治经济学归入历史或者社会学一类的企图。人们仍然需要一种实证的科学，它研究人"作为一种生物，想望占有财富，并能评断可以用来达到这个目的的各种手段的比较功效"，虽然从社会上人的许多动机中概括一项因素的要点的过程，意味着关于实际行为的结论会需要由其他知识部门予以补充。

边际原理的三位重复发现人中是否有人比穆勒研究得更深入，颇有疑问，杰文斯从来不放过任何可以驳倒穆勒的机会。但是

---

[1] 关于这一点，参阅 J.A.熊彼特的《经济分析史》（伦敦，1954年），第535—541页。
[2] 《著作和通信集》，斯拉法编，第8卷，第331页。
[3] 同上书，第6卷，第295页。

连他也没有在这些问题上提出不同的意见。① 确实,诚如 T. W. 哈奇森最近曾提醒我们的那样,在英国,伴随着边际效用论而来的"效用派主义"的复兴,经济学家们能在有关消费者估值的目的物方面保持一种中立姿态,同时提出主张,认为经济政策和社会公道的实际问题,虽然在形式上是和纯经济科学分开的,也可以用科学方法加以探讨。它往往引起人们对经济学家在政策问题上的作用产生一种比较有远见的看法——譬如,比西尼尔和凯尔恩斯那种较为严谨的看法会允许的雄心更大。② 因此,仔细划出纯经济学和应用经济学的界线,不适合古典经济学和新古典经济学这种分法的需要。

但是,或许人们应该问一个略有不同的问题:边际主义在多大程度上和经济理论的目的变得狭隘有连带关系?或者,为了采用一种倾向性较大的比较范围,人们减少以往赋予历史的、制度的和社会学的可变因素的重要性和给予这些因素的注意,在多大程度上是由于边际主义对经济问题的看法的影响?

当然,在一个重要意义上,边际主义对扩大经济学的界线是有影响的,经过改建的这门科学的主要优点是,它说明了经济情况中选择规律的一致性和普遍性这两者。边际主义的提倡者,通过把最典型的经济问题解释为一个在可供选择的不同用途之间分配有限资源的问题,以及把物质的和非物质的货品和服务(道德的和不

---

① 杰文斯在他的《科学的原理》第二版(伦敦,1877年)中,不讨论社会科学的方法论;他对穆勒的《逻辑》的批评(见《当代评论》第31卷,1877年12月和1878年1月;以及第32卷,1878年4月),不直接与这些问题有关。
② T.W.哈奇森:《实证经济学和政策目标》(伦敦,1964年),第40—41页。

道德的)都明确地包括在内,他们强调了人类选择规律的普遍适用。边际的研究方法使人们可能解释一切价格的决定(包括生产要素的价格),作为一个一般原则的特殊情况。正是边际革命的这一方面导致熊彼特讲到"争取普遍性",这是边际主义的逻辑中所固有的,并导致他断定"杰文斯、门格尔和瓦尔拉的效用和边际效用理论的历史重要性,主要地是由于这种理论起了阶梯作用,使这些经济学家能由此攀登一般经济均衡的概念"。[①] 寻求和达到在这种意义上的普遍性,不是古典著作家的显著特点;熊彼特对"李嘉图的缺点"的谴责,在很大程度上是他对瓦尔拉的一般均衡的赞赏的对应面。

熊彼特的热情使他超越了理论性概括的范围,结果说到边际主义的"超越寻常"特性。早期的边际效用论者使我们有可能认识到,一切经济问题的共同核心是一个紧张的最大限度或者最小限度问题。已经认识到这一点,我们就可以——用熊彼特的话来说——"超越经济学的范围,上升到一种不明确规定的'事物'体系的概念(这些事物只是受一定的限制),然后努力形成一种完全普遍性数学的逻辑体系"。[②] 仍然循着这条思想路线,并且在提到包罗内把数学的工具应用到集体主义状态以后,熊彼特说"把经济程序的逻辑核心提高到超过供人观察的制度外表的范围"。

在这里人们最接近于这篇论文一开始曾提到的对边际主义的

[①] 熊彼特:《十大经济学家》(纽约,1951年),第126页;及《经济分析史》,第918页。

[②] 同上书,第123—124页。

两种相反性质的解释。有很多的话可以用来表示赞同所谓边际主义使新古典派经济学家能进一步把历史的和制度的范畴从纯经济学中排除出去那种看法，因此，即使和古典经济学家同样地认为应该在纯科学和应用科学之间画一条清楚的界线，关于纯科学本身的界线应该划在哪里，仍然还有分歧。

四

　　最有名的被排除在外的东西是一项人口理论。难以想象，古典政治经济学关心增长问题和宏观分配问题，而没有任何一种人口学说。然而，尽管杰文斯承认这种学说的"真实性和巨大重要性"，他却认为"它不构成经济学的直接问题的一部分"。这个问题他的说明如下："假设，一定的人口，有各种需要和生产能力，拥有若干土地和其他物质资源，就要求使用劳动力的方式，会把产品的效用增加到最大限度。"[1]

　　古典政治经济学以抽象的形式，把工业技术主要作为外生的，但是生产要素的供给属于科学的范围以内，和各种制度性的因素一样。这里是 J.S.穆勒对这个问题的议论：

　　　　政治经济学把人类看作完全从事于取得财富和消费财富；目的在于显示人类生活在一种社会的状态中，会被推动得采取什么行动方向，假如那种动机（除了在一定程度上受到厌恶劳动、爱好及时行乐的欲望的抑制）是他们的一切行动的绝

---

[1] 杰文斯：《理论》，第289页。

对主宰者。在这种欲望的影响下,它显出人类在积累财富,并使用这个财富来生产其他的财富;通过彼此同意而认可财产的制度;建立法律以防止个人用暴力和欺诈行为侵犯他人的财产;采取各种方法来提高他们的劳动的生产力;通过协议来解决产品的分派,在竞争的影响下……;以及使用某些手段(如货币,信用等等)来便利分配。①

没有疑问,由于把稀少性问题和交换问题作为纯理论的中心,结果做到了一种决定性的简单化。例如,根据瓦尔拉把经济学的题材分为三部分的办法,社会财富的生产和分配都不属于"自然科学"的范围以内。分别地,它们论述人与物的关系和人与人的关系,因此是有关"人类现象"而不是有关"自然现象"。换句话说,它们讨论那些完全受制于人类意志和社会状态的问题。纯科学只讲交换价值,这种价值"一经确立,就具有一种自然现象的特性,在它的起源、表现和本质各方面都是自然的"。稀少性可以和机械学的速率相比;交换价值是一种可测量的数量,因此是一个适合于作数学探讨的题目。因为"如果经济学的纯理论或者交换和交换价值的理论……是一种像机械学或流体动力学那样的物理—数学科学,经济学家就不应该怕用数学的方法和语言"。②

---

① J.S.穆勒的"关于政治经济学的定义;以及关于对它适合的研究方法"一文,见所著《关于几个来解决的问题的论文》(伦敦,1844年),第138页。然而,也许值得注意,穆勒尽管把重点放在人口学说上,却认为它是一种插入物——"为实际效用的缘故而略微偏离严格的纯科学的格局"。同上书,第140页。他可能不会过分反对杰文斯那样的把它排除在外。

② 瓦尔拉:《要论》,第69—71页。

把纯经济学的范围缩小到集中在交换价值上面,使它可能更加无情地把经济的调节机构从它们的社会的和历史的表面分开,从而加强它们自称具有跨文化和超时间的效力的那种说法。这里存在着和古典政治经济学的区别,但不是像起初可能显得那样的坦率。我们知道 J. S. 穆勒对于孔德和圣西门派著作家所提出的对政治经济学的批评是敏感的,他们的批评实际上假定了"社会的安排是不可改变的,其中许多情况具有波动的或者进步的性质"。[1]他的《政治经济学原理》一书是为了尽可能调和一种演绎的科学内含的普遍性和历史的及社会的相对性。因此有那些关于习俗和竞争以及关于社会主义和其他可供选择的财产制度。因此也使用孔德对静力学和动力学的区别,以及他对"也具有自然真理的特性"的生产规律和"完全是人类制度问题"的财富分配规律的划分。[2]

穆勒和瓦尔拉在分配问题上表面的意见一致,经不起比较仔细的检查。穆勒继续又说,人们往往忽视了一个现象,任何特定的一套用于分配社会产品的规则或者制度的后果"是和生产规律同样的尽可能不武断,并具有同样多的自然规律的特性"——这是瓦尔拉不可能同意的一种说法。分歧也是术语上的,由于人们对于一种分配理论应该说明什么有各种不同的理解而产生。当然,边际主义者对古典著作家的主要指责之一是他们未能提出一种完整的分配理论,在那里这一点被看作意味着高级物品和服务的价格

---

[1] J. S. 穆勒的《关于经济学和社会的论文》,见《选集》(多伦多,1967年),第 4 卷,第 225 页。

[2] J. S. 穆勒:《政治经济学原理》,阿什利编,第 199—200 页。

是从它们的共同产品的价值中衍生出来的。换句话说,他们没有认识到一种单一的(而不是分成三部分的)分配理论只有通过一种适当的交换价值和生产的理论才可能得出。

上面提到的这种中间形式的解释,为了反驳这种指责而强调准动态的古典派的对宏观或者阶级分配的兴趣和静态的、微观倾向的新古典派的分配理论的区别,后者把重点放在一个经济组织的组成生产单位内部生产要素之间有限的代用可能性上。[①] 并且,为了缓和那种粗暴的判断,认为古典著作家只是一阵一阵地看到交换价值和消费之间的重要联系,可以使人们注意到劳动价值论也曾准备作为一种福利的指示器或者尺度,用以测量国民收入和交换价值方面不同时期的变动(这一问题,新古典派经济学家对它的看法不同)。采用这种方法时,实质的区别变得清楚了,同时人们是否可以说古典派或者新古典派著作家已经提出分配论这个问题成了一个仅仅是定义的问题。但是,我们可能断定理论经济学的范围缩小是边际革命的结果,因为,在新古典派的意义上,分配被看作仅是最后货物价格论的延伸,另一方面古典派对分配问题的理解,由于它意味着和制度形式及规则的关系,被认为不属于所谓纯科学的范围以内。

这一论断必须加以补充,要记住初期的边际主义的重复发现者,特别是杰文斯,并不是总能放弃古典派对分配的看法,并且在纯经济科学的范围以外还有证明使用新古典派这个词是合理的其

[①] 早期边际主义者对这些生产单位或者商行给予仅仅虚幻的存在,这一事实更加支持了熊彼特的"超越寻常的"解释。

他的连续关系。例如,在英国,人们对贫穷的衡量标准以及收入和财富的阶级分配的兴趣,是19世纪最后二十几年中社会、经济和统计研究的一项显著特征;以致,即使边际主义意味着这种问题在纯粹经济学的范围之外,也没有一种被人们广泛接受的学说可以阐明宏观分配,有关分配公道的种种问题在应用科学的日程上占着重要地位。

早期的边际主义者也共同接受了他们的古典派前辈曾经接受的许多默认的关于制度的假设。熊彼特所谓他们"除了从亚当·斯密那里继承下来的对经济变化的解释而外没有任何其他的解释",以及"对于环境、集团态度、集团评价等的影响的考虑方法还是和J.S.穆勒完全一样"这种说法,具有很大的真实性。[1] 在这方面古典派和新古典派经济学家都是那些社会学批评家的攻击目标,他们指责经济学的许多结论,由于假设一定的癖好,和未能深入探讨各种市场选择之间的关系以及马歇尔后来在努力建立这种关系中用"活动"一词总括起来的东西,而受到损害。[2]

但是,连续关系不应该过分强调。在对抗政治经济学的历史学派和社会学派的批评者方面,穆勒比紧在他后面的新古典派经济学家中任何人都走得更远。一方面穆勒主张适合于政治经济学的研究方法是可以普遍应用的:"正如一个曾经解答若干条代数方程的人能没有困难地解答其他的方程一样,一个通晓英国的或者

---

[1] 熊彼特:《经济分析史》,第889、892页。
[2] 这个问题由塔尔科特·帕森斯在《社会行动的结构》(伦敦,1937年)第4章中作了详尽的说明。

甚至约克郡的政治经济学的人就能懂得一切实际的或者可能的国家的政治经济学。"①另一方面他后来承认"只有通过竞争的原理，政治经济学才说得上具有一种科学的特征"。②埃奇沃思引起人们注意这一矛盾，指出只要穆勒"开始怀疑他曾认为是经济推理的基础的利己主义原则的普遍性"，他就不可能仍然真正相信一种演绎的推论方法。③

穆勒采取的这种妥协姿态，使人们有机会可以破坏那种认为具有普遍性的说法。这一点后来变得明显，由于巴奇霍特想要为旧的政治经济学保留一个适当的领域，在这方面又前进一步，把这门科学局限于"一种单一的社会——一种成熟的竞争性商业的社会，像我们在英国的社会这样"。④巴奇霍特的答案为一种自主的政治经济学提供了仅仅暂时的和不牢靠的基础，虽然它也许意味着当其他国家"成长"时其适用范围会扩大。至少有可能，穆勒的答案同样有害于这门科学的普遍适用性：他曾提示过，在未来的社会中，合作会代替竞争，以及一种舒适的"静止状态"可能消除经济努力的必要。

政治经济学的一些进化主义批评家利用了这些让步所提供的机会。他们不满足于接受一种分工，那使得经济学家只是放弃了研究社会的和制度的变化的权利。穆勒和巴奇霍特曾承认政治经

---

① J. S. 穆勒：《关于经济学和社会的论文》，第 226 页。
② J. S. 穆勒的《政治经济学原理》，阿什利编辑，第 242 页。
③ 参阅 R. H. I. 帕尔格雷夫编：《政治经济学词典》(伦敦，1893—1899 年)，第 2 卷，第 757 页。
④ W. 巴奇霍特：《经济研究》(伦敦，1886 年)，第 16—20 页。

济学不适用于受习惯束缚的社会;但它是不是比较适用于复杂的工业社会呢？从含糊不清的心理学前提推论出来的单一原因的解释,未能说明经济行为预先假定的并且被一个越来越复杂的制度性秩序所更改的那种情况。[①]

考虑到19世纪后半期中普遍存在的对进化的和学科之间相互解释的方式的热情,早期边际主义者想要在缩小了的范围之内建立一种纯粹演绎科学的自主权的愿望,就格外值得注意。在这种背景下,数学的运用,连同一种以理性的最大利益计算为一切事物的中心的经济学,只能被看作反抗当时理智主义潮流的一种决定性运动,在这个运动面前,穆勒以及后来马歇尔作出了重大的让步。但是,也许不如把这种运动说成是为了跳得更好而先作的退缩,当一种新的经济理论结构正在建立时尤为重要。对某些远离中心的和不合适的领域的责任,可以否认或者表面上很委婉地移交给其他学科。界限分不清的争论继续存在,但新的部署结果减少了专业上种种顾虑的烦恼,同时并不排除侵入邻近领域的可能性,像杰文斯的统计的和政策的著述以及瓦尔拉对自由—社会主义路线的社会改革的兴趣所表明的那样。

正是这种调节作用使福克斯韦尔于1887年在他对英国经济学的研究中能称赞数理的边际主义,他说：

> 它第一次把连续性和精确性引进了经济学的理论;它显示了旧的理论怎样毫无希望地达不到通常的科学标准;它仔

―――

① 参阅 T.E.克利夫·莱斯利的《政治哲学和道德哲学方面的论文》;以及 L.斯蒂芬的"政治经济学的范围",见所著《社会权利和义务》(伦敦,1896年)。

细检查了整个定义和假定的体系;它的内容充满了提示和启发,既说到尚未观察到的真理,也说到那些已经观察到的真理的确切的范围和最好的表达方法;它使经济科学获得有机的统一;并且,最有价值的贡献是,它使得受过教育的经济学家从此以后差不多不可能弄错理论和实践的界限……。[①]

这也是马歇尔的意见的基础,他说"一般原则和一般定理退让的倾向所带来的不是减低而是增高它们的实际权威";[②]同时是他区别"真正的具体真理"和"一种用来发现真理的手段"两者的根据。

五

因此,即使在考虑到种种限制和连续性以后,仍然确实是边际主义的出现引起了经济学内部普遍的重点转移,而且这种转移带来了经济学范围的缩小,这可以被理解为——并且那些最直接有关的人中有许多确实是这样理解的——需要比较密切地注意用演绎法可以知道的,并且因此从"专业的"观点比较容易辩护的东西。这种不能使人兴奋的结论留下一个问题未曾解决,近年来一直由哲学家和科学史研究者详加讨论,所讨论的内容是关于从古典派到新古典派经济学的转变是否最好把它看作一种波珀式的逐渐揭

[①] H.福克斯韦尔的"英国的经济动态"一文,见《经济学季刊》,第2期(1887年),第88页。

[②] 马歇尔的"老一代经济学家和新的一代"一文,载《阿尔弗雷德·马歇尔纪念集》,A.C.庇古编(伦敦,1925年),第297页。

穿虚假和科学进步的过程的一部分,或者比较更符合库恩所谓革命的间断性那种概念。[①] 它也不意味着例如熊彼特和马克思对边际革命的看法之间的矛盾的任何简单的解决。也许会看得清楚,我坚持上面说明的那种中间态度,认为两种极端的观点都不是完全使人信服的;两者都似乎含有很大一部分不能证实的辩解和一厢情愿的或者目的论的思想。熊彼特把边际主义说成一种纯粹的技术创新,他的"在分析经济现象中,范畴——不是社会的阶级结构所提示的范畴——在逻辑上证明比较有用,也比较令人满意"这种想法也许是正确的,但需要有比关于"分析前进的必然结果"那种古怪说法高明一些的东西予以证实。[②] 同样地对某些马克思主义的解释来说,所谓李嘉图—马克思类型的分析,不是只靠内部的引证就能确立的,也不能只靠暗暗地利用经济学范围以外的标准或者试图用任何其他方法来创立一种可以用经验主义来证实的社会的科学。

在经济思想史研究者看来,目前一些人对古典的—马克思主义的分析方式重新感到兴趣这种情况的一项与预期相反的后果是,他们往往需要我们赞赏古典经济学家那种着眼全面的研究方法的特征,这些正是当代的批评家以及边际主义的后继者谴责他们不该忽视的。从古典转变到新古典的结果是强调——而不是发明——经济的个人主义。还有另一种嘲弄意味围绕着这一过程,

---

[①] 关于波珀—库恩辩论的详细记述,参阅 I. 拉卡托斯和 A. 马斯格雷夫合编的《批评与知识增长》(剑桥,1970年)。

[②] 熊彼特:《经济分析史》,第551页。

从而使基本上是新古典主义的乐观化的方法近年来一直被放在马克思主义学说的范围之内,这一发展本来会受到熊彼特的欢迎,作为对他的关于边际主义和"制度外衣"的理论的证明。为了这个目的而被接受的是奥地利学派对边际主义的看法,把它作为人类行为学,或者合理行动的原则。根据这种看法,经济学不是一种经验主义的科学,而是若干必要的真理。奇怪的是,实际上奥地利学派成为马克思主义的最难和解的反对者,并且是新古典主义的各个流派中唯一的一个不承认社会主义的经济合理性的派别。我很肤浅地谈了这些较大的问题,本来感到十分负疚,幸而下面还有罗纳德·米克教授在所著"边际主义和马克思主义"一文中对这些问题作了更广泛的和令人信服的探讨。

穆勒和凯尔恩斯与边际主义在英国的出现

N. B. 德·马希[①]

一

人们知道,边际主义的概念1871年以前就在经济文献中出现。就英国来说,边际效用递减的概念在19世纪30年代首先被提出,后来在19世纪50年代又讲到。杰文斯在《政治经济学理论》出版以前整整十年才偶然想到并扼要地陈述他对政治经济学的特别看法。

此后陆续提出的对效用理论的说明,多半都被那些奉行当时占优势的李嘉图传统的经济学家所忽视。这种传统的两位重要信徒——约翰·斯图亚特·穆勒和J. E. 凯尔恩斯,却不完全是这样,他们在某些方面公开地反对它。我们已经承认他们的反对是完全自然的。但是他们何以要反对,却不是自明的。实际上熊彼特曾说过,穆勒受萨伊和西尼尔两人的影响之大,超过他自己察觉到的或者准备承认的程度,结果他的理论体系提供

[①] N. B. 德·马希(N. B. de Marchi),杜克大学经济学副教授。

了"马歇尔将要建立的那种完全模式所有的要素"。① 当然穆勒的时期早,而且(大概)独立地掌握边际主义理论的一些孤立的要素——例如,算计的概念、经济人和边际成本定价的原则——我们往往会把它们和西尼尔以及 W. F. 劳埃德联系在一起。② 再说,穆勒,就他受的教育来说,至少和杰文斯同样适合于创立一种"快乐主义的计算法"。③ 还有,穆勒和凯尔恩斯也熟悉所谓法国学派的著作;根据杰文斯的看法,(关于分配的)真理实际上在法国学派的学说里。④ 凯尔恩斯甚至是伦纳德·考特尼的亲密朋友,后者明白地相信这个"学派",并且是——弗莱明·詹金和乔治·达尔文以后——英国国内可能领会瓦尔拉的著作的两个人之一(杰文斯认为)。⑤

---

① J. A. 熊彼特:《经济分析史》(纽约,1954 年),第 529—530、569—570 页。
② 比较穆勒的《地租的性质、起源和发展》(1828 年),收入《约翰·斯图亚特·穆勒著作集》(多伦多,继续出版中),第 4 卷,第 163—180 页,特别是第 166—167 页;以及《论政治经济学的定义,和对它适当的研究方法》(1836 年),同上书,第 309—339 页,在第 323 页上;又《战争支出》(1824 年),同上书,第 3—22 页,在第 16—18 页,附 B. J. 戈登的《W. F. 劳埃德:一项被忽略的贡献》,载《牛津经济论文》,第 18 期(1966 年),第 64—70 页,在第 69—70 页,以及熊彼特,第 575—576 页。
③ 参阅 R. D. C. 布莱克:W. S. 杰文斯的《政治经济学理论》(1871 年)的企鹅丛书版(1970 年)序言,第 30 页。
④ "法国学派"这个名称,杰文斯以及穆勒和凯尔恩斯都使用,杰文斯用它来指把商品和要素服务作为受同样交换价值法则的支配那种习惯,上文中就是在这个意义上使用的。关于被杰文斯列入属于这种习惯的著作家的名单,参阅所著《政治经济学理论》第 2 版(1879 年)的序言,第 xlix 页。
⑤ 参阅布莱克:《序言》,第 32—33 页。伦纳德·考特尼是伦敦的大学学院的政治经济学教授(1872—1875 年)。他发表的关于经济理论的著作很少,但是他对"法国学派"的信念从两篇匿名的文章中完全可以看出:"现代经济学家",载《伦敦评论报》第 5 卷(1862 年 7 月 12 日),第 35—37 页和第 5 卷(1862 年 8 月 2 日),第 106—108 页;以及"桑顿先生论劳动",载泰晤士报,1869 年 10 月 16 日,第 4 页。

那么,为什么穆勒和凯尔恩斯未能按着和杰文斯相同的方向发展他们的理论结构呢?对这个问题提供答案,就是本文的任务。①

二

为了方便起见,我们从列举杰文斯的政治经济学中包含的理论开始。

第一,它说到总效用和"最后"效用的区别,并阐明对购买者来说一种商品的效用随着这种商品的连续增加和消费而递减的规律。②

第二,明确地假设增加到最大限度的行为,并说明它的含义——对消费者来说,购买应该适当地安排,使得从所消费的每种需要的商品的最后那些单位中获得的效用的比率和它们的价格的比率相等。③

第三,它认识到交换价值是经济程序的支柱,价值法则同样地

---

① 这种研究不像这样提问题的方式所暗示的那么容易着手。我们从这里说起,就是,我们知道穆勒及凯尔恩斯所有的一套经济概念大致与萨伊、西尼尔、朗菲尔德、詹宁斯和杰文斯的相同。(特别是,他们熟悉边际这个概念和一般的饱足观念。)那么,在很大程度上,问题的要点不是为什么穆勒和凯尔恩斯未能发现这些人以及其他当代人士想到的一些概念,而是什么东西使得他们没有能完全像他们的同时代人士那样地扩大、应用,或者把共同的观念结合在一起。具体地说,既然有边际观念,他们为什么未能辨别清楚总效用和边际效用?以及,既然熟悉饱足,他们为什么没有阐明(边际)效用递减原理?

② 杰文斯:《理论》,第 2 版,第 49—57 页。
③ 同上书,第 63—66、198—201、205—209 页。

适用于商品和生产要素,因为各种生产要素从它们共同负责的产品的价值中取得报酬。就生产要素和商品两者来说,"一般生产能力和需求的平衡,以最后的效用程度为衡量标准"。①

当然,杰文斯的《政治经济学理论》的内容还有其他的新颖之处——特别是他对资本和利息的探讨——但以上扼要说到的三项对我们的目的最有关系。

我们的两位李嘉图思想代表人物在什么意义上以及在什么程度上了解这些观念?并且,就这些思想有人知道和理解的范围来说,什么东西妨碍它们在李嘉图传统的范围以内被发扬光大?

三

我们首先就有关总效用和边际效用的区别以及边际效用递减律来处理这些问题。

马歇尔愿意从李嘉图把"价值"和"财富"区别对待中得到启发,看出他曾经"谨慎小心地研究边际效用和总效用的区别"。马歇尔接着说:

> 因为他所谓财富就意味着总效用,并且他似乎总是要说价值相当于仅仅恰好值得购买人买进的那一部分商品所产生的财富增益;以及当供给短缺时……以价值衡量的财富的边际增益加多,同时商品所产生的总财富、总效用减少。

马歇尔认为,李嘉图所缺少的是可以用来把这一点表达

---

① 杰文斯:《理论》,第 2 版,序言,第 xlix—lii 页,以及第 204、295—296 页。

清楚的语言——"那种精练的微分学的语言"。①

马歇尔的评价过分宽大了。如果这确实是李嘉图的思想的方向，以及微积分计算法是缺少的一项工具，那就有理由认为他的能干的信徒约翰·斯图亚特·穆勒已经讲清楚这种区别。因为穆勒知道价格通常和提供销售的数量成反比例地变动。再则，他比李嘉图更明确地阐述这种想法：在一个特定时间市场上流行的价格，表示购买者认为恰好值得购买按这个价格供应的最后一个单位。② 还有，他具有李嘉图所没有的有利条件，曾读过西尼尔对边际效用递减原理的解说（尽管是简单的）。③ 最后，虽然他自己承认他在微积分方面的基础不如在代数和几何方面充实，但是他受的数学教育足够使他看出级差增益和总数之间的区别可能怎样应用。④ 然而，穆勒在讨论贸易利得时，写得好像总利得是以贸易条件衡量

---

① 马歇尔的《经济学原理》，第9版（集注版），C. W. 吉尔博编，两卷本（伦敦，1961年），第1卷，第814页。

② 关于这些论点，参阅穆勒的论文"关于国家之间相互交易的法则；以及商业世界各国之间商业利得的分配"，见《著作集》第4卷，第232—261页，在第237—238页；他的评论文章"德·昆西的政治经济学的逻辑"（1845年），同上书，第393—404页，在第399—401页；以及他的"政治经济学原理，及其在社会哲学上的一些应用"（1848年），见《著作集》，第3卷，第465—468页。

③ 穆勒关于西尼尔的《政治经济学大纲》（1836年）的评注，转载于《经济学》季刊，第12期（1945年），第134—139页。

④ 关于穆勒承认的情况，参阅 J. 斯蒂林格编的《约翰·斯图亚特·穆勒自传的初稿》（厄巴纳，伊利诺斯州，1961年），第42页。所承认的是关于他从8岁到12岁这一段时期内的教育。关于他在这段时期中读的数学书（包括一些讲流数的作品），参阅弗朗西斯·E. 米内卡编：《约翰·斯图亚特·穆勒早期的通信，1812—1848年》，见《选集》的第12和13卷，在第12卷第7—8页。然而，穆勒的数学训练在1820年访问法国时范围扩大了，当时他部分地在 M. P. 朗特里教授的指导下工作。到他这次结束的时候，穆勒已经读完拉克鲁瓦的《微分和积分论》（1814年）、拉格朗热的《函数分析理论》

的——这显然是把边际效用和总效用混淆起来，为此他受到杰文斯尖锐的批评。①从根本上说，穆勒始终没有想要制定消费者行为的法则，更不用说关于可以分解为感受一定数量的快乐和痛苦的法则。

穆勒之所以犹豫不决，其中一项重要因素很快就说明了。他知道，不同的个人经历一种特殊的快乐时各人感受的强度不同。这种感受的不同，也许可以说是由于环境上的不同；但是，他说，即使环境相同，它们也会产生不同的效果，因为有关人物的性格不同。确实，决定人类性格的原因"如此之多和各色各样……以致总的说来决没有任何两个人是完全相同的"。因此，即使在特定的环境下，"关于人类会怎样思考、感觉或者行动的情况，无法作出正确而又普遍符合实际的论断。"②

(1813年)和拉普拉斯的《世界体系的阐述》(1813年)。当时他"一遍又一遍地"演算拉克鲁瓦著作里所有的问题。关于其他细节，参阅琼·穆勒编：《约翰·穆勒童年时期对法国的访问》(多伦多，1960年)，第29、82、86、88、90页。（以上所列的法文著作的年份，是牛津大学萨默维尔学院中穆勒的藏书室所藏版本的年份。）穆勒的藏书室存有上述几位著者的这几种书和其他著作，以及威廉·休厄尔的《极限值的理论》(1838年)。我们也知道穆勒熟悉德·摩根的《微分与积分》(1842年)，见穆勒的论文"伯克利的生平和著作"一文，载《双周评论报》，第10期（1871年11月），第505—524页，在第521—522页。总的说来，穆勒所受的数学教育大概不比19世纪20年代剑桥的大学生差；关于这一点参阅 W.W.劳斯·鲍尔：《剑桥大学数学研究的历史》(剑桥，1889年)，第7章。但是，显然，对一种学科有充分训练，并不能保证就会认为它的方法可以适用于解决另一学科的问题。相反地，这种观念可能会有的，如果一时没有方法来利用它。马尔萨斯在1829年承认"从来不很熟悉现今的代数记号"，但是看出"政治经济学中许多结果跟最大限度和最小限度的问题有一些相似之处"。见马尔萨斯写给威廉·休厄尔的信，1829年5月26日，载《休厄尔文件》，剑桥大学三一学院。

① 穆勒：《原理》，选集第3卷，第615页；杰文斯：《理论》，第2版，第154—156页。
② 穆勒：《逻辑体系，推论和归纳》，两卷本（伦敦，1843年），第2卷，第494、506—507页。在后一段中穆勒提示，"心理的敏感性"的差异可能是"最初的和最终的事实"，或者"……以前心理历史的后果"，或者和各人的性格或生理的差异有关。

应该强调，穆勒在方法上的谨慎小心，是准备用于详细阐述明确的和普遍的行为法则；这些法则可以被认为是规律或者教训，适用于各种情况而不须考虑到可能的特殊性。① 然而，这仍然给它留有很多的发挥思想的余地。因为，正如穆勒意识到不同的个人对同一商品的欲望的强度可能变化，他也认识到价格和各种不同商品的需求量之间没有同样的关系。因此，

> 一些东西受影响的程度超过(特定的)多余或者不足的程度，另一些东西通常受影响的程度较小，因为在通常的需求情况下，欲望所求取的是东西本身，它可能比较强烈或者比较淡弱；人们愿意用在这方面的钱，在任何情况下总是一个有限的数量，可能由于得来的难易不同而受到影响的程度大不相同。②

他说，在所有的商品中只有货币被人想望作为"普遍适用的购买手段"；它的价值会和它的数量成反比例地变化。再则，穆勒在他的关于国际交换的讨论中虽然说过贸易的条件适应"双方消费者的爱好和环境"，他并未详细说明准确的结果。因为，"既然消费者的爱好和环境不能归纳为任何定律，所以对……[贸易的]商品交换的比例也不能这样做。"③

---

① 参考穆勒对某些政治经济学家的反驳(他把罗伯特·洛放在这些人之列)，因为他们似乎愿意把政治经济学看成"一套时髦话，这些话他们误认为原理——自由贸易、契约自由、竞争、需求与供给、工资基金、个人兴趣、财富的欲望等等——这代替分析，并且可以应用于各种情况，毋须思考"。见《莱斯利教授论土地问题》(1870年)，载《著作集》，第4卷，第671—695页，在第671页上。
② 《原理》，《著作集》第3卷，第512页；参阅第467页。
③ 《论国与国之间交换的法则》，见《著作集》，第4卷，第239—240页。这一节又被收入《原理》，见《著作集》第3卷，第598—599页。

按照这种说法,穆勒在1871年不赞成杰文斯试图用数学方式表示消费者行为的法则,是不足为奇的。被变成符号的是一种需求表或者是效用变化表,那没有关系。在随便哪一种情况下,穆勒都可能会说,一项关于如何使用科学语言的原则正遭到破坏。因为穆勒认为代数的关系是普遍的技术定律,只有在所研究的内容是弄清楚仅仅是数字之间的关系的场合才可以适用,不管那些符号的意义或者各个事例的特殊情况如何。在他看来,消费者行为的法则显然不是属于这一种;在研究这种问题时,他说:"我们据以推理的事物,应该具体地加以想象,并'说明其环境情况'。"① 穆勒暗示,杰文斯有"爱好麻烦问题的狂热……往往夸大资料的精确性,超过问题本身所能容许的程度。"②

穆勒的信徒凯尔恩斯和克里夫·莱斯利抱有同样的见解,他们对杰文斯的《政治经济学理论》表现了大致相同的反应。③ 相信机械的推理不该应用于消费者行为这种思想,无疑使得这三个人都看不出杰文斯的数学把"边际"这个概念说得很清楚。但是,数学对边际效用的概念或者对(边际)效用递减的原理都不是不可缺

---

① 《逻辑体系》,第2卷,第292—298页。
② 穆勒致凯尔恩斯函,1871年12月5日,穆勒—泰勒收藏品,第55卷,英国政治和经济科学图书馆。
③ 在1871年10月23日的一封信里,凯尔恩斯在关于杰文斯的书方面写道:"我承认我对于用数学发展经济学说这一点没有信心。你在《逻辑》第2卷中所讲的关于术语问题的话,我认为似乎对这一点有决定性。"见穆勒—泰勒收藏品,第56A卷。又参阅凯尔恩斯对这个著作的评论——"政治经济学方面的新理论",载《双周评论》,第11期(1872年1月),第71—76页,在第76页上。莱斯利的观点,见他对杰文斯的《理论》第2版的评论,载《研究院》,1879年7月26日,第59—60页。

少的。因此我们必须寻求一些补充的理由来解释为什么穆勒和他的信徒们未能得到这些概念。这里将提出四点。

第一,穆勒从李嘉图那里继承了一种成见,不肯在经济科学的布局中把消费放在和生产与分配平等的地位。穆勒断言,"政治经济学家从来不为了消费本身而研究消费,而总是为了要研究各种不同的消费怎样影响财富的生产和分配。"① 部分地看,这是一种守势,似乎是为了对那些相信可能发生普遍供应过剩的人作出让步。② 而部分地反映了李嘉图派的集中注意长期的、竞争性的价值,作为与短期的或者市场的价值不同。李嘉图派认为,只须有足够的时间,一种供给能够增加的商品的价值会符合所需求的特殊数量的成本或者供给价格。他们说,相反地,一种巨大的需求,而同时没有"供给方面的某种限制原则",则不足以导致高价格。③

第二,在穆勒看来,不应该仅仅通过研究消费和享受的法则来理解边际效用理论。这种说法,由于受到所谓需求可以主观地按照欲望(或者预期的满足)的强度来衡量的概念的支持,而更觉振振有词。这个概念曾在西尼尔的《政治经济学大纲》一书中出现。西尼尔曾说,如果发生小麦短缺,燕麦和大麦的消费者不会因此而

---

① "关于政治经济学的定义"一文,见《著作集》,第 4 卷第 318 页,注;参阅他关于价值论的地位的意见,见《原理》,收入《著作集》第 3 卷,第 455 页。

② 虽然关于这一点的主要论争在 1830 年以前已经进行过,穆勒坚持反对那种"空想的假设"(这是他在《原理》中的提法)。参阅《著作集》,第 2 卷,第 66—68 页和第 3 卷,第 570—576 页。凯尔恩斯,迟至 1874 年,显然感到有必要重申这种反对的理由。参阅凯尔恩斯:《政治经济学的几项主要原理,重新说明》伦敦,1874 年,第 17—34 页。

③ 穆勒:《原理》,见《著作集》第 3 卷,第 475—476 页;《地租的性质、起源和发展》一文,见《著作集》第 4 卷,第 164 页。

拥有较大的购买这些替代品的能力，被购买的数量也不会增多，因为供给是特定的。然而，在有一种意义上可以说对这些替代品的需求增加，就是，它们现在被想望的程度比以前大了。①穆勒在评论这种说法时答辩说，按以前的市场价格会有较多的购买者，在这个意义上需求增多了。再则，人们应该比较喜欢这种意义，因为如果我们要讲到供求法则，供给和需求二者就必须用可以比较的名词来表示：

> 既然通常的惯用法使得我们除了指商品的数量而外不可能用供给这个词表示任何其他的意义，而所谓商品的数量就是实际已在市场上的或者准备投入市场的数量，我认为需求必须也用在商品数量的意义上，并且在这个意义上只能作为商品按市场价格可以找到购买者的数量。②

穆勒在所著《政治经济学原理》(1848年)中重复了这个论点。③

第三，可能穆勒的方法学的信念产生了重要影响。我们回忆一下他的看法，所谓精确的和普遍的人类感觉或者行动的法则是不可能发现的。同时穆勒也承认这种看法对许多实际用途来说是不必要地严格。他说，人们常常发现，一些一般的原因，和大批人（虽然不是全人类）共有的特质，会产生一些"几乎总是真实的"定理。穆勒把这些近似的概括，或者观察结果，叫作"经验的规律"。然而，在它们没有被归纳为它们所说明的那些现象的基本原因以

---

① 西尼尔：《政治经济学大纲》(1938年重印)，第15页。
② J. S. 穆勒的"对 N. W. 西尼尔的《政治经济学》的评论"一文，载《经济学》季刊，第12期(1945年)，第134页。
③ 《著作集》，第3卷，第465页。

前,不能认为是真正科学的法则。① 边际效用递减法则是属于这纯经验的一类。② 那么,根据穆勒的看法,用这个法则来解释需求曲线的形状,就等于提出一种不加解释的一致性来解释另一种。③ 除了在最大限度化行为的意义范围以内,这样的一种代替一定会显得特别不起作用。

如果"经验主义的"边际效用递减法则本身需要解释,这种解释就必须根据心理学的法则来进行。穆勒所采用的心理学是所谓联想心理学。它有一项法则说,"[两种]印象的任何一种或者两种一起,在使得它们能相互激动方面较大的强度相当于一种较大的结合频率。"④ 这并不意味着一种比较强烈的愉快感可以被化为对一项所想望的目的物的更多的感觉的对峙。这样的假定就会和"饱足"的常识含义相反。我们心目中的东西是刺激—反应机制的效率。我们有理由可以想象,如果一种特殊的刺激—反应联合常常重复,刺激就会效力较大。但是,严格信奉这种心理学的人,对所谓边际满足未能得到明确的概念,也许是可以原谅的。他们不

---

① 《逻辑体系》,第 2 卷,第 494—496 页。

② 西尼尔和理查德·詹宁斯把这个法则作为一种普通经验问题来陈述。西尼尔,第 11—12 页;詹宁斯:《政治经济学的自然成分》(伦敦,1855 年),第 98—99 页。杰文斯实际上称为经验的法则,见《理论》,第 2 版,第 159 页。

③ 杰文斯自己把边际效用递减法则当作一种研究探索的手段。他怀疑是否能提出对效用法则的"任何准确的解释",并且说它们好像"许多自然科学中使用的经验主义的公式——仅仅是数学符号的集合体,用以替代表格式的说明"。见《理论》,第 2 版,第 159 页。

④ 穆勒:《逻辑体系》,第 2 卷,第 501 页。参阅詹姆斯·穆勒的《人类思想的现象的分析》(1829 年),新版本,附有亚历山大·贝恩·安德鲁·芬勒特和乔治·格罗特的注释,说明问题并提出意见,此外又编附约翰·斯图亚特·穆勒的注释,两卷本(伦敦,1869 年),第 1 卷,第 82—90 页。

仅把注意力较多地用在各种感觉的结合上而不是用在这些感觉的本身,而且,虽然有时候说到"愉快感觉的程度",但没有把感觉本身和随同它一起产生的快乐的程度分别清楚,迟至1896年约翰·穆勒在他研究他父亲的《人类思想的现象的分析》时所写的一段谨慎小心的笔记中,还能写道:

> 快乐或者痛苦(特别是快乐)是否不是一种加到感觉上去,并且能够从感觉里分开的东西……常常可以观察得出,一种感觉在某一个时候远不如在另一个时候令人愉快,虽然对我们的意识来说它似乎在各方面(除了快乐)是完全同样的感觉。在饱足或者由于失去新颖而对一种感觉失去爱好的情况下,这是明显的事实。①

穆勒推断说,在原则上可能把伴随着一种感觉的快乐或者痛苦从感觉本身抽出,单独考虑快乐或者痛苦。然而,他并未试图深入探讨这种可能性或者说明它对于研究人类的享受具有什么意义。

联想心理学并不绝对妨碍人们获得明确的对边际满足的概念。理查德·詹宁斯在联想心理学的基础上开始研究,但是他非常清楚地说明了从消费一项商品中产生的"满足的程度"随着每次对感觉提供的此项商品而减低。② 然而,很有意义的是,詹宁斯长期以来就不满意于李嘉图的价值论,在细心寻求一个假设,要能够同样地解释像生产成本论所不能解释的种种现象,例如,为什么

---

① 见詹姆斯·穆勒,第2卷,第185页。
② 詹宁斯,第96—99页。罗斯·M.罗伯逊对詹宁斯的观点作了有益的说明,见所著"杰文斯和他的先驱者"一文,载《经济计量学》双月刊,第19期(1951年),第229—249页,在第234—237页。

光、空气和水一般地得不到价格;为什么丝绸在特定的数量变动下,价格比马铃薯变动得少;以及为什么一份《泰晤士报》早晨值四便士,到晚报出来时就降低到两便士。[①] 对比之下,穆勒没有觉得想要仔细研究乐趣的法则。

对乐趣的法则缺乏兴趣,导致知觉迟钝。所以,凯尔恩斯,穆勒门徒中唯一的一个评论詹宁斯的著作的人,草率地说詹宁斯在生产、分工和交换方面没有提出什么新颖的见解,虽然他试图揭示这些财富现象的心理的和生理的基础。[②]

总而言之,穆勒有些特殊理由,不想把人类欲望的研究和乐趣的法则引进经济科学。这些理由和他认为供给的力量最为重要这种信念有关。根据这一点,他坚决认为在讲需求与供给时必须采用一种跟它一致的需求计量标准——即,数量——这是人们通常理解供给的标准。因此他认为一种主观的需求计量标准是不能令人满意的。再则,大概穆勒也不会接受边际效用递减法则作为对需求曲线的一种真正解释。可是,不管怎样,他对联想心理学的信仰,使得他甚至不愿意为他自己说明这种"经验主义的法则"。

这几个理由的相对重要性,留待仔细研究穆勒和凯尔恩斯对杰文斯的《政治经济学理论》中其他新因素的态度以后,再作评估。

[①] 詹宁斯,第 84、97、210—211 页;同前,《关于财富和欲望的社会错觉》(伦敦,1856 年),第 70—71 页。

[②] 凯尔恩斯:《政治经济学的特性和逻辑方法》(1857 年),第 2 版(伦敦,1875 年),附录 B。凯尔恩斯也反对詹宁斯提示的意见,所谓"像数量与价值的关系这种关系……可以用公式表示,并且用代数和流数的各种方法来分析"。詹宁斯,第 259—260 页;凯尔恩斯:《特性和逻辑方法》,第 2 版,第 110—112 页(注)。

四

杰文斯的快乐与痛苦计算法中的中心人物是那使效用最大限度化的个人。穆勒自己的政治经济学的基础认为人是"决定于他的本性的必然性,比较喜爱较大的一部分财富,而不情愿拿较小的一部分",并且也比较享受自己努力的成果,只是他不喜欢劳动。穆勒又说,人为了取得财富是有"比较不同手段的效力的判断能力的"。换句话说,他假定人是被"想要用最少的劳动和牺牲来取得最多财富的愿望"所推动的。[①] 我们已经看到,穆勒熟知"饱足"这一概念,但并未因此而朝着边际效用递减法则的方向发展。他愿意根据人渴望财富并在追求财富中善于计算这一前提推论出经济法则,但这也没有导致他确切地阐述这样的定理:如果要从任何能满足各种不同欲望的货品(包括劳动或者货币)中取得满足,这种货品被分配的各项用途必须要能使它在所有的用途中的边际效用相等。[②] 但是,穆勒的思想在这一点上最接近于杰文斯。

由于穆勒所关心的是使实际成本或者牺牲减到最低限度,而不是使效用增加到最大限度,以致他们两人看法的接近被搞得模糊了。可是,以下这些例子说明,他已经牢固地掌握最佳化程序的要素——依次排列资源的可供选择的各种可能用途,先后的标准是它们各自对某项要求它最高的东西(例如产量)或者要求它最低的东西(例如成本)的影响。所以,穆勒反对谷物法,因为,他说,在

[①] "关于政治经济学的定义"一文,见《著作集》第4卷,第321—322、323页。
[②] 参阅熊彼特,第910—911页。

谷物法的影响下,"国家的一部分劳动和资本从一种利益较大的用途转移到一种利益较小的用途:一定数量的劳动力被用于生产谷物,这一部分劳动力否则会不仅生产棉布或者金属器具,这足以在国外市场上购进同样数量的谷物,而且多得多。"[①]同样地,穆勒判断圣西门式的合作制度比罗伯特·欧文建议的那种制度优越,因为他认为前者可能效率较高。根据圣西门的计划,每个人应"按照他的能力"加以使用,其报酬则"尽可能和他的服务相称"。但是,欧文主张个人"可以从社会的总存货中分得他们所需要的一切",不管他们的特殊贡献的价值多少。这种政策,穆勒认为,一定会削弱那促使人们工作的诱因;结果,"生产的力量"不能被充分地发动。[②] 这两个例子都讲社会怎样分配它的资源。正确的社会政策确实是穆勒关心的主要问题。[③] 但是个人把效益增加到最大限度

[①] [穆勒]"谷物法"一文(1825年),见《著作集》,第4卷,第47—70页,在第51—52页。参阅《原理》,见《著作集》第3卷,第847—848页,关于差别征税的讨论。

[②] 欧文的"给新拉纳克郡的报告"(1820年),见G. D. H.科尔编:《罗伯特·欧文:一种对社会的新看法和其他作品》,人人丛书(伦敦,1963年),第245—298页,在第289页;又穆勒的"关于合作制度的结束语",在1825年合作社的辩论会的一次发言,重印时作为"再答关于人口的辩论",载《社会科学和社会政治文献》,第62期(1929年),第225—239页,在第232页;以及他的匿名文章"圣西门主义在伦敦",载《考察家》周刊,1834年2月2日,第68页。

[③] 在一种意义上,穆勒之集中注意力于社会政策,可以说是已经使他不需要发展一种详细的关于个人把效益增加到最大限度的行为的理论。各种选择,只须经过行动,就会在看得出的行为中产生结果,那么,社会矛盾,如果出现,可以按照一套较高级的标准加以解决,那就不再需要提出任何关于个人自己把效益增加到最大限度的假设,而只须说每个人知道可以有不同的选择,就会知道自己需要什么和追求什么。另一方面,即使发展形成一项关于个人把效用增加到最大限度的理论,它也许被认为不适用于社会的领域,因为在许多人之间对满足作出比较是很困难的。这一点,我们知道,是穆勒非常理解的一个问题,参阅,例如,休·S. R.埃利奥特编辑:《约翰·斯图亚特·穆勒的通信》,两卷本(伦敦,1910年),第2卷,第116页。

这种行为的作用没有完全逃过他的注意。在他和凯尔恩斯的通信中,穆勒简单地说了一种情况:一个消费者没有钱把他要买的两样商品都买足,因此他不得不在两样东西之间"分摊他的需求"。穆勒提示,这个消费者的"自我克制的分配比例"会随着有关商品的相对价格而变化,并且——根据穆勒的说法——结果会把所放弃的满足减少到最小限度。①

这最后一个例子指引我们去看把穆勒和杰文斯分开的那些因素。穆勒的议论中所缺少的是他没有说明消费在各个方面应该进行到什么程度才可以取得最佳的结果。② 他所以未能把这一点说清楚,是由于他没有边际效用(在这个例子中是"无效用")的观念,或者不知道那个(对一个最高限度或者最低限度解决办法是必要的)原理——边际效用随着每种商品被消费的数量继续增加而递减(边际无满足,随着每种商品可供消费的数量减少而递增)。

为什么穆勒没有这些观念,某些可能的原因,在上节中已经研究过。同样的原因足以说明为什么他不能把关于人作为一个斤斤计较的财富追求者的假定改变为杰文斯从(把效用)增加到最大限度的原则中得出的那种准确的行为法则。只需要加一句,根据现在的观点,穆勒的禁止使用数学,也许和他的不愿意直接研究乐趣法则,对最后结果有同样重大的影响。可以用来详细阐述(使效

---

① 穆勒致凯尔恩斯函,1865 年 1 月 5 日,载穆勒的《原理》的附录 H,见《著作集》第 3 卷,第 1089 页。来往函件的其他部分也载入此项附录。

② 在所举的其他两个例子中,完全采取可供选择的行动方针之一,意味着这个问题与生产方面没有类似之处。

用)最大限度化行为的假设的明显工具,是微分学。假如穆勒曾运用微分学,也许会使他在解释他的数学结果的过程中认识到总效用和边际效用的区别。

五

现在我们来看杰文斯的见解,认为价值法则同样地适用于商品价格和生产要素的报酬。在所著《政治经济学理论》第二版的一篇长序中,他写道:"我们必须把劳动、土地、知识和资本看作全部产品的共同条件,"以及这产品中每一项因素的份额"完全受价值原理和供求法则的支配"。[①] 他说这句话是为了说明"一种真实的工资理论"一般地必须向哪一方面去寻求。杰文斯没有自称已经阐述了这些话里暗示的分配理论的细节,但是他看得很清楚,这个理论一定会和李嘉图的分配论的几点特征相反。例如,所谓各项生产要素共同决定最后产量以及各项要素必须争取"市场情况允许它可以分到的产品的最好的一份"这些想法,打乱了所谓地租不构成价值的一部分,并完全不受"正常的"工资和利润的影响的学说。

杰文斯在概略地陈述他自己研究分配问题的方法时表示,他认为自己不过是复述从孔迪拉克经过萨伊到巴斯夏和库塞尔—塞纳伊尔等一系列法国著作家的意见。穆勒和凯尔恩斯知道这些著作家中大多数人的著作,但远不如杰文斯那样地尊重他们。

---

① 杰文斯:《理论》第2版,序言,第1—11页。

从他们的——特别是凯尔恩斯的——批评中,我们可以指望了解一些为什么他们认为他们自己的关于价值和分配的关系的看法比较可取。

这些批评完全是方法论的。穆勒非常强调科学中小心处理命名与分类的重要性:就是,处理好各种事物的名称以及把那些"种"分为较大的类别。他评论这后一种程序说:"科学分类的目的最能达到,如果事物被分成组,关于这些组可以作出较多的一般命题,比对同样的事物可能被分配进去的任何其他的组可以作出的命题,更为重要。"①凯尔恩斯接受了穆勒的见解,并根据这个观点提出了对库塞尔—塞纳伊尔和巴斯夏的评价。

关于库塞尔—塞纳伊尔的《政治经济学的理论与实践》(1858年),凯尔恩斯写道:

> 我发现它的主要缺点是容易作出错误的概括——这一点,我认为是法国学派的特征……这种概括,不能说明问题,反而使得问题模糊。所以他把禁欲看作一种劳动的形式,把地租看作一种利息的形式。资本被说成是包括土地以及一般财富……当然只有靠牵强附会地利用语言,他才可能使他的事实配合他的框框;所以全部解说都笼罩着一种迷雾……②

---

① 穆勒:《逻辑体系》,第2卷,第302页。
② 凯尔恩斯致穆勒函,1870年1月13日,见《穆勒—泰勒集》,第56A卷。穆勒以前曾写信给凯尔恩斯说,他认为法国政治经济学家也有一般法国哲学作家的许多缺点,就是,"在思想的严密和精确方面远远不如最好的英国著作家。"穆勒致凯尔恩斯函,1869年11月16日,见《穆勒—泰勒集》,第55卷。

对巴斯夏的著作也可以作出类似的评论。[1] 实际上,在1870年发表的一篇论文中(这篇文章曾得到穆勒的同意),凯尔恩斯说巴斯夏的中心结果是建立在"变动不定地使用一个意义不明确的名词"上。[2] 这个名词是"服务"。巴斯夏在著作中曾说过:"价值是被交换的两种服务的关系"。他把这一理论应用到一切有用的事物和行为,包括土地的产权,以及劳动和资本。凯尔恩斯所指责的意义不明确,在于"服务"也许意味着(而且巴斯夏有意要它意味着)价值中的一些根本不同的因素,诸如有用的程度、稀少性和一项商品或者行为中所体现的努力,加上消费者的主观判断以及由于别人供给了他所想望的商品或者行为而使他免受的痛苦。[3] 凯尔恩斯坚决认为,没有任何单独的一个名词可能包括这些多种多样和各自不同的情况,而仍然具有说明问题的能力。他根据这些理由把巴斯夏的理论和李嘉图的理论进行了不利于巴斯夏的比较。这样,

李嘉图,想要研究出交换价值在各种表式中都符合的法则,分析了这种现象会出现的各种条件,按照它们的主要区别加以分类,用不同名称标出这些区别[垄断价值、(竞争的)"市场"价值和"自然"价值、国内和国际价值],所以能够说明怎样以及在什么情况下每一类对最终结果——价值的现象——作出贡献。

---

[1] 比较所引的这段话里选出的论点和巴斯夏的《经济协调》的第178、179、182、277页,W.海登·博耶斯译,乔治·B.德·于斯扎尔编(普林斯顿,1964年)。

[2] "巴斯夏"一文,见凯尔恩斯《政治经济学论文,理论的和应用的》,(伦敦,1873年),第312—344页,在第337页上。

[3] 巴斯夏:《经济协调》。

凯尔恩斯继续说：

> 仅仅告诉我……价值代表"服务"并随着"服务"而变化，这是什么也没有告诉我，除非进一步告诉我在特定事例中起作用的那些"服务"的组成部分。这是李嘉图的理论实际上做到的；这是巴斯夏的理论未能做到的。①

在别处，凯尔恩斯对杰文斯之使用"效用"这个名词作了完全同样的批评。② 当伦纳德·考特尼在一篇关于桑顿的《论劳动》的评论中想要了解在供求法则的一种扩大形式下的生产成本价值论时，凯尔恩斯显然觉得一项重要区别因此被弄得模糊，于是他写文章陈述他截然不同的意见。③

所以，并不出人意外，当凯尔恩斯面对着这具体的建议，认为

---

① "巴斯夏"一文，见凯尔恩斯：《论文集》，第338、340页。在一篇未署名的对凯尔恩斯的《政治经济学论文》的评论中，杰文斯不同意作者对巴斯夏的评价。"总的说来，我们认为凯尔恩斯先生或许可能在巴斯夏身上发现较多的优点。……他说最近的关于政治经济学的重要著作，例如，库塞尔—塞纳伊尔的著作，很少提到巴斯夏，以致他没有追随者；但是，如果我们认为库塞尔—塞纳伊尔在这个问题上的一般倾向（墨尔本大学赫恩教授在所著《普路托论》(*Plutology*) 一书中始终追随的）不是起源于巴斯夏，那就大错特错了。穆勒先生非常错误地否认财富的消费是政治经济学的一部分，巴斯夏却合乎逻辑地从人类的欲望说起，并以结果对商品的需求和消费作为人类财富科学的自然基础。很可能，到了这门科学的各种学说的真正合乎逻辑的研究程序需要仔细地重新考虑的时候，穆勒先生所采用的程序将被放弃，而巴斯夏的程序比较接近于被采用。"载《曼彻斯特导报》，1873年4月10日，第6页。

② 凯尔恩斯：《几项主要原则》，第11—16页。

③ 凯尔恩斯致考特尼函，1869年9月1日，见《考特尼选集》，第1卷，英国政治和经济科学图书馆。考特尼曾写道："任何商品的正常的或者自然的价值，以及暂时的或市场的价值，在同样程度上决定于供给与需求的平衡；因为，虽然它是完全以在最不利的情况下进行生产的生产费用为衡量标准，这种情况的有效范围只有在所生产的和投入市场的数量（供给）等于从市场取出和消费掉的数量（需求）时才达到。"《泰晤士报》，1869年10月16日，第4页。

工资、利润和地租这些现象可以由说明商品价值的同一理论来解释时,他严肃地表示怀疑是否可能找到一种内容广泛的公式来完成这项任务。他同意,相对的报酬当然可以运用价值法则加以确定。但是,一方面商品价格问题和另一方面对生产要素的实际报酬问题,在他看来是"根本矛盾的"。凯尔恩斯特别反对所谓只须认为这两个问题都可以服从供求法则,就能把它们变成一个问题那种想法。他自己仅限于谈工资问题,主张商业的动机能调节商品的供给以适应需求,但不适用于劳动的供给。他说,要使单独一个公式应用于这些不同的情况,结果就会产生一些解决方法,或是只靠强辩说得似乎是真,或是不符合真正事实。① 同样地,凯尔恩斯暗示,试图在用于"普通工业品"的同一基础上来看待土地及其报酬,就会违反那基本真理:直接或间接地使用土地作为一种输入的产品——但只限于它们——受着起限制作用的报酬递减原则的支配。②

在这两种实例中凯尔恩斯都引入支配商品和生产要素的供给的条件,作为他规定供求法则不适用于平均工资率问题和地租的决定。当然,他细心地注意供给的力量,是正确的。但是他错在不认真地问问是不是在需求方面可能找到一种可以把价值法则应用于生产要素报酬的根据。为了说明这一错误,回忆一下穆勒的所谓好的分类标准,是有帮助的。这种标准有两条:要能表现出被研

---

① 凯尔恩斯:《几项主要原则》,第 173—179 页。
② "巴斯夏"一文,见凯尔恩斯《论文》,第 327—328、343 页。关于穆勒对报酬递减原则的重要性的看法,参阅《原理》,见《选集》,第 2 卷,第 173 页。

究的各种东西所具有的最多的和最"重要的"特征。穆勒承认所谓"重要的"东西可以随着心中的目的物而改变;"因此,同样的目的物可以适当地容许几种不同的分类"。① 现在凯尔恩斯的兴趣主要地在于整个阶级的工人或者资本家所获得的平均报酬,以及影响各个阶级合在一起的平均福利的种种原因。他的兴趣在于诸如这些问题:为什么对资本和劳动的报酬在一个国家里要比在另一个国家里高?以及,为什么这种报酬在一个国家里要比在另一个国家里增进得快?② 他对这些问题的兴趣,加上他的李嘉图主义,使得他渴望有一种分类能表现出,例如,那些支配劳动供给的动机和支配农业以及有关工业中报酬率的势力两者的区别。假使凯尔恩斯曾较多地注意不同的劳动者和资本家本身之间相对的报酬问题,并且不是那样的反对"供给和需求"的分析,他也许会(像马歇尔那样)已经看出,对要素服务的需求是一种衍生出来的需求,至少在短时间内价格支配成本,以及特殊类型的劳动和资本的报酬可能包含一种准地租的成分。实际情况是,他完全未能体会到,有了所谓价值受边际效用的支配这个新原则的帮助,起因于一项生产要素的产品价值以及它对消费者的价值,可以"适当地"重新分类,并开始加以研究,作为一个单独问题的各方面。

那么,根据这种解释,正是凯尔恩斯对问题的选择,加上对他

---

① 穆勒:《逻辑体系》,第 2 卷,第 305 页。
② 凯尔恩斯:《几项主要原则》,第 174 页。

选择的问题的解答所依据的因果要素的顺序,把他和杰文斯以及用同样的一般法则来对待价值和分配的那种法国传统分开。

六

以上已经提出一些不完全的解释,说明为什么穆勒和凯尔恩斯没有能采取必要的步骤,达到杰文斯的主要论点。这些步骤有三种:

1. 造成新的工具:例如,边际效用,以及边际效用递减法则;
2. 改变兴趣的方向并重新描述行动的规则,使得新工具似乎是切合实际的和适当的(例如,把重点从供给方面转移到欲望和需求方面,以及决定使用数学);
3. 设想一种合成一体的经济科学,以效用最大限度化的概念为中心。

上面扼要陈述的这些理由的相对意义,根据所考虑的是哪一种步骤而变化。①

我们没有多注意新发现,因为边际效用的概念和(边际)效用递减法则是穆勒和凯尔恩斯都可以接触得到,并且实际上是知道的(穆勒通过西尼尔的著作,凯尔恩斯则通过詹宁斯和朗菲尔德两人的著作)。在所提到的那些因素中,唯一影响新发现的因素是观念联想论心理学;这就使得穆勒不大可能把饱足和递减的边际效

---

① 这些步骤的分开是不完全的,先后的次序也不固定。这样,边际效用的概念是在新的想象之前形成的,但是,没有后者,这个概念不会被认为可以如此广泛地应用。

用的概念联系起来。

那些妨碍穆勒和凯尔恩斯利用这一概念的因素怎么样呢？这里两种情况是切合的。一方面有穆勒的方法论的信念，我们可以据以推论他一定会说，人们讲递减的满足，这比说如果要诱引潜在的购买者多消费一些某种商品，通常就必须降低价格，完全不能多说明什么。另一方面，事实上穆勒和凯尔恩斯的兴趣主要在那种不须特别注意享受法则就可以回答的问题。无法知道这些因素中哪一些在他们的思想中是比较重要的。然而，穆勒之所以不承认一种主观的需求计量标准，很自然地是由于他对东西的供给方面的兴趣不浓，因此他才不承认需求的主观计量标准。

就希望有一种统一的经济科学来说，在这里也是方法论的因素和倾向于这些因素的利益这两者在限制穆勒和凯尔恩斯所采取的观点方面起了作用，虽然在这一情况下方法论的因素是次要的。没有疑问，他们的方法论的意见认为数学的推理不该应用于欲望和享受，这使得他们不能理解杰文斯的效用最大限度化作用的重大意义。但是真正使他们不把价值和分配作为一个单独问题的不同方面看待的，是他们坚决认为土地的性质不同以及劳动不单纯是一种商品。其所以这样坚持，则是由于和典型的李嘉图式问题有关——粮食的价格，以及劳动阶级舒适生活的平均标准（在此项标准的决定中假定劳动者是有能力选择的）——以及拘执于李嘉图式的对那些问题的解决方法。

总的说来，可能是穆勒和凯尔恩斯受自己最初选择的研究课题以及对于什么东西构成适当答案的特别看法的束缚，超过他们的方法论见解的束缚。因为杰文斯深切地意识到他这样做会造成的方法论的陷阱,他对这方面表示了跟穆勒和凯尔恩斯大致相同的疑问。① 然而,他并没有因此就不敢探讨那些根本未能引起他们任何兴趣的思想倾向;他认为这些思想可能对人有所启发。②

---

① 参阅杰文斯的《理论》,第1章。
② 撰写这篇论文时,作者正受着纳菲尔德基金自治领旅行奖学金的资助。奖学金组织和A.W.科茨教授对本文初稿提出了有益的意见,一并致谢。

W. S. 杰文斯和现代经济学的基础

R. D. 科利森·布莱克[①]

> 我们希望星期一赴贝拉焦,在那里大约住三夜,然后到卢加诺去……
>
> 哈里特·杰文斯夫人写给她妹妹萨拉·泰勒的信
>
> 米兰,1874年3月28日

一

假如我能够记录说1871年不仅看到杰文斯的《政治经济学理论》出版,而且也看到该书作者访问贝拉焦,那么这次盛会就会更好了。然而那两件大事之间曾有一段大约三年的乱七八糟的间隙这一事实,可以有助于显出本文所根据的观点。杰文斯第一次对英国学术协会陈述他的理论的一百周年纪念活动于1962年准时举行;[②]现在我们正集会庆祝另一个百年纪念,但人们也许会说在1979年举行纪念是有理由的,因为1979年是杰文斯的《政治经济

[①] R. D. 科利森·布莱克(R. D. Collison Black),贝尔法斯特皇后大学经济学教授。
[②] 参阅《曼彻斯特学派》杂志,第30期(1962年9月),第203—273页。

学理论》第二版问世的一百周年(在某些方面第二版比第一版更明确和更有意义)——或者在 70 年代中差不多任何其他年份。

  换句话说,尽管 1971 年可以形成一个方便的焦点,以便庆祝边际主义的出现,但是我认为把 1871 年作为"边际革命年"是不正确的。"边际革命"一词是引人注意的,并且,如果相当慎重地使用,是有益的;但是,这样地理解时,它指的是一种过程而不是一件可以和(例如)巴黎公社的建立相比的大事。这个过程不是在 1871 年开始或者结束,虽然肯定受到了有重大意义的推进。这一切是人们都知道的,并且我认为简直没有什么可以争论的,可是"革命"一词的通常用法往往会把它局限于惊人的和激烈的事件,因此也许值得强调指出,字典的释义包括"根本的改造",这可能是一个漫长的过程;我们在一个世纪以前的经济思想史中所关心的,正是这一点。

  把政治经济学改变为经济学的那种根本改造的过程具有许多方面,在一种意义上可以把它看作涉及一种从主要是宏观经济学转移到主要是微观经济学的研究。因此我们在粗略地观察那全部过程时,同时注意一下微观的方面,并且从主要参加者之一 W. S. 杰文斯的观点来看这个问题,可能也是合适的。

  我们不缺少对杰文斯的生平和工作以及他在经济思想史上的地位的评价,并且这些评价是由当代一些最著名的经济学家作出的,[①]因此,假使我再重复一遍,结果可能会造成一种负效用,根据

---

  ① J. M. 凯恩斯:"威廉·S. 杰文斯,1835—1882;关于他作为经济学家和统计学家的一生和工作的评价,为纪念一百周年而作"一文,载《皇家统计学会会刊》第 99 期(1936 年),第 516—548 页;转载于他自己的《传记方面的论文》(1951 年)第 255—309 页;L. C. 罗宾斯:"杰文斯在经济思想史上的地位"一文,见《曼彻斯特学派》第 7 期(1936),第 1—17 页。

杰文斯自己的说法,这种负效用"在于产生痛苦"。[①] 我现在不这样做,而是准备在本文中致力于三项比较具体的和有一定范围的工作:

(1)检视杰文斯给政治经济学的研究带来的特质;

(2)考虑这些特质在形成他研究这个问题的方法上可能有的影响以及他对这个问题的贡献,特别是他在1871年作出的贡献;

(3)比较杰文斯关于经济学的未来发展的期望和中间这个世纪中实际上已经发生的情况。

二

杰文斯写道:"我想人们有些担心政治经济学的权威著作家的影响太大。我反对容许对任何人的崇拜来阻碍研究,不管这个人是约翰·斯图亚特·穆勒,还是亚当·斯密,还是亚里士多德。"[②] 这一段有名的话,特别是和它前面的那句话所谓"在科学界里扰乱人心的言论甚至无政府状态在长期内对最大多数人的最大幸福是有益的"结合起来看,曾产生这种印象,觉得杰文斯带给政治经济学研究的特性之一是作为局外人和革命者的性质——一个容易被激怒的好斗的人,因为他发现很难使自己的主张被人接受。

这种理论的必然结果是,当杰文斯在发展他的思想时另有一些知道内情的人;或者把问题说得比较正式和比较准确一些,用现

---

① 杰文斯的《政治经济学理论》,R.D.科利森·布莱克编,鹈鹕丛书(哈蒙兹沃斯,1970年),第114页;所有的页码编号都是指这个版本而言。

② 杰文斯:《理论》,第261页。

今人们熟悉的T.S.库恩教授的术语来说,[①]在英国政治经济学方面有一个科学界,它的中心在J.S.穆勒身上,这个科学界曾树立一个范例(采取古典的价值论和分配论的形式),它支配了他们对经济世界的看法,使他们能用普通科学解答难题的方法来应付它的问题。然而,人们察觉到了矛盾情况,这就造成本学科中一种危机状态,为革命性理论的出现提供机会,为发生根本性的范例转变做好准备。

杰文斯的经验在多大程度上符合对情况的这种解释呢?在某些地方它颇为符合,在另一些地方却很差。实际上我觉得它表明库恩的科学革命论本身就是一种不足以解释一切事实的例子。

第一,库恩的一些概念和一个科学界有关,它的研究领域不是局外人一般地可以进去的,并且它的成员们主要地是在彼此之间互通消息。[②] 但是,正如斯彭格勒教授和伊格利教授所说,[③]经济学直到1870年以后的时期才达到这样的专业化阶段。照库恩的说法,这会使这门学科处于一种"范例前"的状态;然而我们大多数人都倾向于承认古典的政治经济学曾树立一种范例。

事实上,大约从1850至1870年,英国经济思想的状况使人想

---

① 库恩:《科学革命的结构》(芝加哥,1962年)。参阅A.W.科茨的"经济学上有一种'科学革命'的结构吗?",见《周期》第22期(1969年),第289—296页。M.布朗芬布伦纳的"经济思想方面'革命的结构'"一文,见《政治经济学史》半年刊,第3卷,第1期,(1971年春季),第136—151页。

② 库恩,第20—21页。

③ J.J.斯彭格勒的"1870年以后经济思想形成中外生的和内生的影响"一文,见《重大事件、思想意识和经济理论》,R.V.伊格利编(底特律,1968年),参阅第159—160、189—190页。

到,一种学科可能已经差不多达到创立范例的阶段而并未完全专业化。那么,一个局外人,想要引进一些新思想,最后会导致范例的改变,他就有两个问题——怎样使他的思想能用一种规范的形式发表出来,以及怎样使这些思想被人接受。似乎是,当主题没有被专业化的时候,这两项任务中的第一项至少应该是比较容易的;因此,发现那个时期的一个局外人经济学家的看法恰恰相反,是有趣味的。

威廉·卢卡斯·萨金特在1867年出版的《晚近的政治经济学》中,抱怨英国没有一种专业性的经济学期刊可以比得上法国的《经济学家杂志》:

> 必然的结果是使个人研究者完全失去信心,因为,如果没有办法获得公众的注意,谁会苦心完成一种新理论呢?一个著作家越是有创见,广大的读书界越是不喜欢他;读者不能理解他,并且由于怕麻烦而不肯舍弃自己原先学到的东西;因此这样的著作家就越是依赖那些愿意估量新书优点的人的帮助。
>
> 英国在愚昧无知地轻视政治经济学上的创新方面已经堕落到这样的地步,以致新的原理不仅是受人谴责,甚至不给它为自己辩论的机会,除非这些新原理是评论家的一个朋友提出来的;个人偏爱和成见代替了明辨是非的公道。一个著作家,他的胡子的式样不讨人喜欢,就可能要自费出版他的作品,并且连被人骂一顿的那种可怜的痛快之感也得不到。[1]

---

[1] W. L. 萨金特:《晚近的政治经济学》(1867年),序言。萨金特(1809—1889),教区的牧师,是伯明翰的一个轻武器制造商。他写了一些经济学作品,见解颇有独到之处,即使不是什么伟大的创见。

杰文斯也是一个由于这种事态而受苦的人吗？关于这一点的证据是混杂不清的,但值得注意的是：他的最初的成功不是来自他的《评述一种全面的数理政治经济学理论》,而是由于他的经验主义的著作——他的统计图解和《黄金价值一次关系重大的下降》。这颇有意味地适合萨金特的议论,因为《全面的数理理论》这一作品只能以专业经济学家为读者对象,而其他的著作是外行(特别是商人)所能了解的。

确实,杰文斯的统计图解和《黄金价值一次关系重大的下降》都不得不由他自己花钱出版,并且起初因为人们对这两种书不感兴趣而心灰意冷；[①]也是确实的,他的图解在《经济学家》周刊上得到的第一批评论中有一篇可以说是出于"个人偏爱",因为那是理查德·霍尔特·赫顿的手笔,此人和杰文斯有姻亲关系。[②] 但是,对杰文斯的著作的最好的评议有些是笔者主动写来的,并且不久他就获得超出自己意料之外的赞赏。[③]

[①] 杰文斯：《W.斯坦利·杰文斯的书信和日记》(1886年),第162、175页；并参阅罗扎蒙德·克内坎普的"威廉·斯坦利·杰文斯(1835—1882年)：一些传记资料"一文,见《曼彻斯特学派》第30期(1962年9月),第262—263页。

[②] 这篇评论登在《经济学家》第19卷第1267期上(1862年11月15日)。理查德·霍尔特·赫顿(1826—1897)是杰文斯的外祖父的孙女婿。赫顿是《旁观者》报的著名编辑,并且此时他和梅雷迪思·汤森在该报的长期合作刚开始。然而,他仍然保持和《经济学人》的关系,自1858年起直到1861年为止他是该刊名义上的主编,先后受詹姆斯·威尔逊和沃尔特·巴奇霍特的领导。参阅A.巴肯：《多余的大臣》(伦敦,1959年),第127页。

[③] 例如,《书信和日记》中(第178页)提到的《交换杂志》上对统计图解的评论。又参阅凯尔恩斯和福西特对《黄金价值一次关系重大的下降》的注意和公开赞美。R. D.科利森·布莱克的"杰文斯和凯尔恩斯"一文,载《经济学》季刊,第27期(1960年8月),第214—232页。

因此情况似乎是,不仅"一个著作家的胡子的式样"在19世纪60年代的伦敦文学界很有关系;编辑和评论家对一个有值得说的东西要说的年轻的不出名的人,不一定抱敌对态度。然而,如果最初要使他的著作能以一种合于规范的形式发表出来的困难对杰文斯来说并不过于严重,要使他的一些理论为同辈们所接受,则是另一回事。以后我在本文中还要提到这个问题;① 在这里我只要强调,被承认为这门学科方面一个受人尊敬的著作家,和本人所有的理论都被人接受,两者之间是有区别的。杰文斯自己的说明,以及别人对这些说明的解释,会把这一点弄得含糊不清。

还有杰文斯给经济学研究带来的另一种特质,完全没有得到这么多的注意,但是我认为它具有大得多的重要性。照凯恩斯的说法,杰文斯是"第一个理论经济学家,能够用自然科学家的深入刺探的眼光和丰富而有控制的想象力来考察他的材料"。② 在这方面他真正是那种"新人"之一,他们的知识背景和在政治经济学上已经有一定地位的人物显著地不同,并且,人们预料,他对这门学问的研究方法因此可能是新颖的和会引起争论的。

我认为,不从和科学的经济学界的关系(在大约1860—1870年那个时期是否有这一实体存在,我觉得有疑问)来研究杰文斯,而从和那些被人比较清楚地认识到的以及可以看得出的自然科学方面(特别是化学家、天文学家和气象学家)的团体的关系来研究,可能比较切合和更有价值。杰文斯于1858年作出结论说:"有很

---

① 本文,第3节末。
② 凯恩斯:《传记文集》,第268页。

多人从事自然科学,实用科学和艺术则可以听其自然发展,可是彻底了解社会的原理,现今在我看来是最切实的工作。"①这时候他的锻炼和经验主要地在应用化学方面,虽然他的个人研究曾把他引入气象学,"一种困难的科学练习而不是科学本身。"②在化学方面杰文斯有一些有名望的师友。他曾在悉尼当过试金化验员,就是由于他的老师托马斯·格雷厄姆的推荐(格雷厄姆是伦敦的大学学院化学教授,后任造币厂厂长)。杰文斯从澳大利亚回来时,格雷厄姆对他说本来还准备推荐他到气象台去工作;1862年格雷厄姆又提出要推荐杰文斯在格拉斯哥的安德森研究院担任自然哲学讲师。③

杰文斯也受了他的表兄哈里·罗斯科很大的影响,④此人是邦森在海德尔堡的研究生之一,后来成了曼彻斯特的欧文斯学院的化学教授。是罗斯科的榜样引导了杰文斯走向科学研究,是罗斯科为杰文斯安排了早期论文的宣读和出版,也是罗斯科由于他的表弟决定要成为一个政治经济学家而感到失望。

杰文斯早期的这些论文都是关于云的形状这种问题;他1861年把论文的抄本送给伟大的天文学家约翰·F.W.赫谢尔时,得

---

① 《书信和日记》,第101页。
② 同上书,第89页。参阅凯恩斯的论点,认为杰文斯"作为气象学家,既是确实地又是隐喻地,研究了现实世界中复杂的经济事实"。见《传记文集》,第267页。
③ W.S.杰文斯致F.B.米勒函,1859年10月5日;杰文斯致亨里埃塔·杰文斯函,1862年3月3日,以上均系《杰文斯文件》中未发表过的书函。
④ 亨利·恩菲尔德·罗斯科爵士(1833—1915年),曼彻斯特市欧文斯学院化学教授,1857—1885年;伦敦大学副校长,1896—1902年;代表曼彻斯特(南区)的国会议员,1885年;枢密顾问官,1909年。

到了好评,此后两人之间书信往来继续了十年。① 因此,似乎很清楚,杰文斯作为一个"普通科学"工作者在化学或者气象学方面至少也可能做出一番受人尊敬的事业。他始终没有丧失对自然科学的兴趣,实际上他最后发表的一些研究报告中有一份的题目就是关于气象学的——"反射的虹"。②

在这种对实验科学的基本训练的基础上,杰文斯慎重地积累了进一步的逻辑学和数学方面的训练,结果他终于获得又深又广的关于科学方法的知识。这一点在他的内容丰富的《科学的原理》(1874年)中有大量证明;此书主要是被经济学家所忽视,没有疑问,正如欧内斯特·内格尔教授所提示,这是因为它完全没有明确的对社会科学方法的议论。③ 但是,沃尔夫·梅斯博士说过,"杰文斯的自然科学的哲学和他的社会科学方法学有密切关系",我认为人们必须承认他已经明白他的问题。④

梅斯指出的具体两点,我觉得联系到杰文斯的经济著作来看,具有特殊意义。第一点是,"遵循布尔和德·摩根的意见,他认为任何合理的思想系统可以编成符号形式。然后那系统可以按照逻辑法则被用来产生一连串的推论。在讨论准备在经济学里使用的逻辑方法中,杰文斯因此强调它的演绎的特性。"梅斯继续强调说,

---

① W.S.杰文斯致约翰·赫谢尔函,1861年7月21日,存《赫谢尔文件》中,皇家学会,伦敦。
② 《野外博物学家》杂志,1882年8月。
③ 内格尔为杰文斯的《科学的原理》(多佛版,纽约,1957年)所写的《序言》,第12—13页。
④ W.梅斯的"杰文斯的科学方法的概念"一文,见《曼彻斯特学派》第30期(1962年9月),第223页。

指责杰文斯是一个懂得很少数学的数理经济学家那种常见的批评,没有懂得"就他的正式研究来说,杰文斯本质上是一个逻辑学家,想要以逻辑为数学的基础"。第二点是,"杰文斯无疑是在气象学工作的影响下……在经济学上十分重视统计数据的研究"[1]。

这两点都可以用杰文斯作为一个科学人的早期训练和兴趣来说明;这两点在说明他在对经济学的一般贡献以及对经济思想的特别贡献等方面极其重要。

三

杰文斯说,"整个交换论和经济学的主要问题的要旨,在于这一定理——任何两种商品的交换比率是交换完成以后可供消费的若干商品的最后效用程度的比率的倒数。"[2]

这确实代表了在经济理论方面开辟一条新路的改变;正如斯彭格勒教授所说,问问"那开辟新路的人为什么他要开辟某一条路线",也许是有意义的[3]。斯彭格勒教授又说,要回答这种问题,我们需要适当的传记性的资料,并且,在试图代杰文斯回答这些问题时,我想我们将又一次体会到雅费教授的话:"如果我们仔细考虑一种真正创新的概念,即使是暗含在朴素的数学符号中的一个概念,我们发现它必然是由错综复杂的各种因素的结合所构成,这些

---

[1] 梅斯,第233、236、228页。
[2] 杰文斯:《理论》,第139页。
[3] 斯彭格勒,第179页。

因素不仅是由于发现者的社会、知识和自然环境而产生,而且也由于他自己的个人特性、态度和禀赋。"①

在处理上面提出的问题中,经济学的核心和外壳的区别(这一点我们又是靠斯彭格勒教授的启发),②成为一个有用的出发点。今天没有几个经济学家对于经济节约的行为是经济学核心的主要部分这一概念会有疑问,但在古典经济学家看来却不是这样。我在别处说过,③从1860年起杰文斯要做的事就是阐述和提出"真实的经济理论"作为"一种很简略的科学"——这一点他本人叙说得很清楚,作为《政治经济学理论》的目标。"但是,正如所有的自然科学的基础或多或少地显然在于力学的一般原理,所以经济科学的各个分支部门一定渗透着某些一般原理。本文就是为了要研究这种原理——为了找出利己主义和效用的动力作用。"④

因此,我的论点是,杰文斯确实是着手建立经济学作为一种经济节约行为科学的核心,他所以这样做的原因可以在他的知识环境和个人环境中找到。首先,这显然是一个受过自然科学训练的人的研究方法,是我强调说过的杰文斯的知识背景中的成分。还有,第二,这种研究方法是从杰文斯在澳大利亚的孤寂岁月里开始萌芽的。查阅他的个人日记和通信(特别是1858—1859年中的),可以看出他当时根据"以真正的经济和效果使用生命"的原则对自

---

① W. 雅费的"传记和经济分析"一文,见《西方经济季刊》第3期(1965年夏季),第224页。
② 斯彭格勒,第187页。
③ 布莱克为杰文斯的《理论》(鹈鹕丛书版)所写的《序言》,第12—13页。
④ 杰文斯:《理论》,第50页。

己的地位和前途作了长期的和深刻的思考;①他把政治经济学作为"计算人们勤勉的原因和效果的一种模糊数学,并显示怎样可以最好地应用"这种概念,也是从那时候开始的。

许多著作家曾觉得,正如布劳格所说,"像边际革命那样激烈的一种重点的变动……必然同时带来社会的制度结构方面的变化,并出现新的实际问题。"②在杰文斯准备他的理论那个时期所处的环境中,不容易找到这种东西;但是,如果这里提出的解释是正确的,那就不必要去找。因为,像斯彭格勒教授说过的,如果它的根据是一些以假定为基础的概念,就会比一种以由于直觉的概念为基础的思想体系更感觉不到外来的影响——这恰恰是杰文斯在建立的那种合乎逻辑的思想体系。③

如果杰文斯想要测定经济行为(作为一种取得最大限度效用的过程),那么似乎这种过程的数理逻辑对他来说应该比心理学的快乐主义的假设更加重要,并且我认为杰文斯自己的话和这种看法是一致的。任何时候凡是他阐述他对经济研究中正在发生的种种变化的概念,以及他自己对这些变化的贡献,他总是把重点主要地放在效用概念的数理方面,作为包含各项可变因素之间的一种函数关系。④

① W.S.杰文斯致露西·杰文斯函,1858年1月11日;见《信函和日记》,第99页。
② 马克·布劳格:《经济理论回顾》,第二版(1968年),第5页。
③ 斯彭格勒,第165页。斯彭格勒通过假定把概念解释为"理解、想象、感知的概念,这三者中任何一种的意义,全部或者部分地由某种特别推论出来的理论的假定来指明,它在科学的和哲学的分析中的使用,必需运用形式逻辑推理、演绎和数学"。参阅 F.S.C.诺思罗普的《科学的逻辑与人性》,第5章和第13章。
④ 参阅"数理的政治经济学学说"一文,载《皇家统计学会会刊》第37期(1874年),第478—488页,特别是第487页。

罗斯·罗伯逊实际上曾指出"杰文斯透彻了解功利主义的方法并巧妙地把它抛弃掉",沃尔夫·梅斯又进一步说,"杰文斯的所谓经济学讲的是快乐与痛苦那种说法,似乎只是一种形式上的辞令。……杰文斯是……用我们的经济交易的字眼给快乐与痛苦作一种运用上的定义。"[1]假如我能接受这些观点,就会加强并完成我自己在这里的论证;但是我不认为杰文斯在《政治经济学理论》中"巧妙地抛弃了"功利主义者的方法。他的经济学可能会好一些,——在大得多的程度上接近于实现他的关于一种数量的经济学科学的理论,例如他仅仅研究"需求的法则",而不是想要确定"效用的法则"。[2]

　　执著于功利主义很可能是一项主要原因,可以说明为什么杰文斯常常受人批评,认为他未能创立一种完全的和前后一贯的关于价值和分配的理论。然而,其所以如此,也有其他的原因。杰文斯在准备《理论》的第二版时告诉瓦尔拉:"现在我的打算是搞出一本内容丰富的书,其中有充分的引证、叙述以及从关于数学方法的著作中引用的资料,也包括库尔诺的和你的著作的译文,并载有我能弄到的关于戈森学说的最好的摘要。"他没有能实现这一计划,

---

[1] 罗斯.M.罗伯逊的"杰文斯和他的先驱者"一文,载《经济计量学》双月刊,1951年7月,第233—234页;梅斯,第240—241页。比较诺思罗普坚决认为"杰文斯的经济理论预先假定一种特殊的哲学理论"(即边沁的理论)。诺思罗普,第350页。

[2] 参阅我在杰文斯的《理论》的第174页上的评注。我在伦敦的大学学院发表的《杰文斯百年纪念报告》中,曾试图进一步发掘杰文斯的经济学和边沁的功利主义两者之间的关系,见"杰文斯、边沁与德·摩根"一文,载《经济学季刊》,第39期(1972年5月),第119—134页。

瓦尔拉也丝毫不隐讳他对此感到失望。①

早些时候,在1875年,杰文斯曾答应瓦尔拉那年他要向"政治经济学俱乐部"和"英国学术协会"的F组提出关于数理经济学的研究报告。1875年,他对这两个团体都作了演讲,但第一次是关于铁路管理,第二次是关于煤的问题。这使人想到为什么未能满足瓦尔拉的期望的一个原因——杰文斯完全不是一个专攻一门学问的人。他已经完成并发表了自己关于基本的"效用和利己主义的动力作用"的一些想法以后,一心要前进一步,对于他认为经济学必须分成的许多其他分支部门中的某些部门有所贡献。

本文的目的不是要讨论或者评价杰文斯在价值理论和分配理论以外对经济学的分支部门的贡献。可是,不参考这些,就不可能对他对边际主义的发展所作的贡献有恰当的看法。因此,应该记住,在他最初陈述的"真实的经济理论"未能得到人们注意以后,杰文斯转变方针,进行对货币问题的统计分析方面的研究,取得很大的成功,尽管同时他还用很多时间在钻研他的逻辑体系。

到1871年的时候,杰文斯在他选定的社会科学家这个专业中已经有了相当的地位——这位曼彻斯特的教授专程去伦敦向〔皇家〕统计协会宣读论文,在议会的一些委员会作证,受财政大臣的咨询。② 当时,他是作为应用经济学家受到同时代的人的尊敬,而不是作为理论家;瓦尔拉在他们开始通讯时写给杰文斯的信里写

---

① 雅费:《莱昂·瓦尔拉和有关文件》(阿姆斯特丹,1965年),第1卷,第599、645页。瓦尔拉写道:"我坦率地向您承认,我不觉得您已经完成那个可以做到的著作。……"

② 参阅《信件和日记》,第241、245、246页。

道:"我知道您的大名,但仅仅是作为受人重视的几本关于价格变动以及关于货币贬值的书的作者。""我知道您是数学家,但是我想象您对数学的应用,更确切地说,是统计的而不是经济的。"[1]这个评论提出一种对杰文斯的看法,它本身在一定程度上可以说明为什么《政治经济学理论》没有能很快地被人接受。不仅它的内容完全是新的,而且是来自一个意料不到的方面。随着边际主义者的思想逐渐流行,杰文斯作为一个理论家的声誉不断扩大;但是,他尽管尽了一分力量来宣传那些观念,却不能把自己的全部不懈的精力和丰富的思想都用在这方面。在1875年他已经开始研究"太阳时期和谷物价格",并且还需要撰写后来被选入《社会改良的方法以及通货和财政方面的研究》文集中的许多论文。

假如有时间的话,杰文斯很可能已经又回到理论的核心。我们可以问,在他可以利用的时间内,他把自己的努力公布得范围那样广泛,是否曾使他从自己的努力得到最大限度的报酬呢?假如他曾比较严密集中力量于这一方面,也许边际主义会进展得比较快;但是,总而言之,这样的空论肯定完全不适当。每一种科学的历史都是部分地受到推进这种科学的那些人的性格的影响,杰文斯的性格中没有那种条件可以使他用其他方法来推进经济学——他用的方法是接二连三地向许多方面进攻。成为边际主义的创始者之一,只是他的许多成就中的一项;在评断那些成就时必须记住,从杰文斯作为一个无名之辈向英国学术协会提出他的第一篇论文到他去

---

[1] 瓦尔拉致杰文斯函,1874年5月23日,见雅费编的《莱昂·瓦尔拉和有关文件》,第1卷,第397页。

世为止这一段时期,仅仅二十年不到。没有几个经济学家,实际上很少有任何一种科学家,能在这样短的一生中完成这样多的工作。

四

现在我们也许能够从杰文斯在经济学方面整个工作的比较广泛的范围以及从一个世纪以来经济思想发展的比较长期的观点来看他的《政治经济学理论》。当我们回顾整个这一世纪时,考虑一下杰文斯作为"边际革命"的参加者之一认为经济学的未来发展应该是怎样以及他的期望已经实现到什么程度,可能是有启发的。

正如人们熟知以及有文件证明的那样,19世纪70年代是一个在经济思想方面清查存货和疑问很多的时期,①杰文斯参加了这个过程。他对"政治经济学的未来"的一些看法,在他1876年以此为题的开学讲话和《理论》第二版序言中均有说明。② 根据这些来源,杰文斯对经济学的未来形态的详细规划不难被整理出来;显然,按照他的见解,这个规划的内容远远超过仅仅制订边际的原理。

杰文斯常常陈述他对"完全的归纳法"的信念,这种方法包含演绎推理和经验证明的结合。因此,他完全不怀疑"社会现在的经济状态不可能单独由理论来解释",③但是同样明显,单是经验主

---

① 参阅 T. W. 哈奇森:《经济学说评论,1870—1929年》(伦敦,1953年),第1章。
② 杰文斯的"政治经济学的未来"1876—1877年在伦敦的大学学院文法系举行的会议的开幕式上的致词。《双周评论报》第20期(1876年12月),第617—631页,转载于《经济学原理》(1905年),第187—206页。
③ 同上书,第195页。

义和历史的研究,而没有演绎法的帮助,也一定没有价值。根据这一信念,他提出了有名的医治"经济学目前混乱状态"的处方:"细分是补救的办法。我们必须分别依据经验的成分和抽象理论、应用理论,以及更明细的财政与管理的技术进行分类。这样就会产生各种不同的科学,例如商业统计、数理的经济学理论、系统的和说明的经济学、经济社会学和财政学。"[①]

基本的经济理论——《政治经济学理论》中所要做的不过如此——必须基本上是数理的性质,而经验的研究一定会包含统计方法的应用。斯彭格勒教授曾指出,"统计的和数理—经济的理论的结合直到19世纪后期或者更迟一些才快速进展,"[②]但是杰文斯在1871年肯定就重视这一点,并且他强调说,"经济学作为一种精密的科学一定在很大程度上依靠我们对理论中有关的可变数量获得更准确的概念。"[③]所以杰文斯可以被认为已经把经济学看作正在发展为一种精密的科学或者多种科学的合成物,具有数理的核心和统计的外壳。

在一个世纪以后回顾《政治经济学理论》,我们可能想要附和凯恩斯的慨叹:"要把经济学变为以数理来运用边沁的快乐主义计算法,本是一种很有希望的计划,但是我们现在得到的结果多么令人失望啊!"[④]我们可以合理地指出,杰文斯这样过分地把经济学理论和基本力学视为相同,是危险的。这种事难道不是现今流行

[①] 杰文斯:《理论》,第2版序言。
[②] 斯彭格勒,第173页。
[③] 杰文斯:《理论》,第174页。
[④] 凯恩斯:《传记方面的论文》,第155页。

的和最近马丁·舒比克评述的那种令人遗憾的事态的原因吗？在这种情况下"由于我们这行专业特有的傲慢，我们习惯于把起因于平凡的、随便的、功利主义的心理推论的构想的一套相当模糊的做法，作为'消费者选择论'"。①

也许是这样，但是为了对杰文斯公平，我们应该记住他竭力在做的事只是率先说明他认为是一种高度复杂的科学的一个基本部分。不管我们对边际革命可能有什么意见，没有人会否认我们在以往二十年中经历了经济学上的又一场革命；而如果有人问我们这场革命有什么内容，我们大概会指出理论越来越严密，也越发强调对理论的计量经济学测验。假如人们可能请杰文斯发表他对1871年的经济学的意见，我猜想他只会表示诧异，我们竟然用这么久的时间才进展到这个地步；因为现在我们难道不是正在运用他所教导的需要逻辑学和计量法的那些道理吗？我坚决认为这些教导，比任何关于边际效用理论的阐述更能真正证明他的创造性，更是科学家杰文斯对现代经济科学基础的贡献的真正来源。②

---

① 舒比克的"一个吝啬鬼的微观经济学指南"一文，载《经济文献报》第8期(1970年6月)，第410页。

② 在一篇很有趣味的、报道1971年举行的各种"边际效用经济学诞生"百年纪念活动的文章中，P.J.乌伊特马克博士曾指出，这里提出的对杰文斯的评价的一些主要特征在S.J.查普曼的《政治经济学大纲》(1920年新版本)中已经先说到(第448—449页)。查普曼在那里指出，杰文斯"充分认识到功利主义在技术上可能做到的事"，并"使实证经济学方面的研究工作和自然科学方面的研究工作变得相似"。这种很精确的和很有分寸的关于杰文斯对经济学的发展的贡献的说明，在查普曼的《大纲》(1911年)初版中没有，直到乌伊特马克寄给我一份他的论文"经济学史，1871—1971"，载《经济学家》第119期，第6卷，1971年11—12月，第719—739页，我才知道。

莱昂·瓦尔拉在19世纪70年代的"边际革命"中的作用

威廉·雅费[1]

一

在百年纪念的时候,把一个已经讲过两次的故事再讲一遍……以免我们忘记,绝不是一种错误。虽然到现在为止已经有人写出——并且写得很好——那么多关于"边际革命"的东西[2],以致很难想出什么新鲜话可说,然而我们有可能忘记经济学说史上一百年前发生的事,因为"这个革命"自从开始以来已经有了根本的变化,结果它原有的特性在我们的记忆中会完全消失。

对19世纪70年代的"边际革命"一再的而且常常是相互矛盾

---

[1] 威廉·雅费(William Jaffé),多伦多市约克大学经济学教授。
[2] 也许不如称为"边际起义"或者"边际造反",因为标准经济学中的"革命"在19世纪70年代以后几十年还不是一种已经完成的事实。边际主义本身,被认为是一种用数学方式表示的增量的概念,但是应用于生产力而不是应用于效用,它曾经较早地出现于屠能的《孤立国》第2卷(1850年)中;参阅屠能(1930年),第584—587页。但是我在这篇论文中将继续使用"边际革命"作为一个受习惯尊重的名词,无论如何,它和"牛顿的革命"一词在科学史上同样地恰当。如果我把这个名词放在引号里,那只是为了强调我对这个名称不负责任。

的重新估价,使得20世纪70年代中研究经济学史的人感到为难,不知道怎样处理比较合适:忧郁地把"边际革命"作为一种灾祸来纪念,或是高兴地庆祝这件事,认为它预报经济学发展中的一次大跃进。然而,如果这位历史学家想起自己的正确的作用,他就会都不这样做,而是以莎士比亚的明智的意见为指南,对杰文斯、门格尔或者瓦尔拉作出评断;莎士比亚说:"所以我们的价值在于解释时代。"

然而,在"边际革命"仅仅被解释为劳动价值论或者生产成本价值论被边际效用论所推翻的时候,评估莱昂·瓦尔拉的"优点",是一回事;后来"边际革命"被解释为在宏大规模上建立模式的开端,其中均衡被解释为一套边际的相等量在理想的竞争条件下普遍存在于整个交换、生产、资本形成和货币的系统,再来作这种评估,就又是一回事。这现代的概念基本上是数理的,19世纪70年代的革命也被看作经济学从直觉推理的文艺论述的一个部门演变为一种严密的数理科学的过程中的转折点。

既然事后可以给予"边际革命"的种种解释没有明显的限制,那就让我们来研究这件事本身,把它看作一种边际效用新事物,看看莱昂·瓦尔拉怎样发展到参与这场革命的。然后,在说明他的时代中,我们也许比较能够对他的"优点"作出合理的评价。

二

莱昂·瓦尔拉于1873年8月16日和23日开始作为一个革命论者登场,他在巴黎向"伦理和政治学会"宣读自己的论文《数理的交换论的原理》。[1] 从头到尾是一篇大胆的论文,一声响亮的号召,要人们用新的方法来研究价值论,把政治经济学改造为一种数理的科学;而且发出这个号召的人不过是一个新手、一个"局外人",第一次作为经济理论家出场表演。[2] 这个号召虽然响亮而明确,但是听者既怀有敌意又不能理解。瓦尔拉愤然离开会场。

当时他没想到自己还有一些志同道合的反抗者,他们实际上已经悄悄地走在他前面。当他不久以后得知自己并不是真正第一个发表边际效用宣言的人,他感到很不高兴;但是他不必如此,因为他的《数理的交换论的原理》具有一项说得非常显著的极其重要的特征,这一点在 W. S. 杰文斯的《政治经济学理论》或者卡尔·门格尔的《经济学原理》中简直没有提到,这两者都是1871年问世的书。这个特征是什么,在下面对莱昂·瓦尔拉1873年的处女作(研究论文)的概述中可以看到。

这篇论文一开始是陈述纯经济学对应用经济学的关系,指出我们必须先研究交换和生产方面自由竞争的"自然的和必然的"后

---

[1] 在1883年的再版中,瓦尔拉的表示边际效用(即:稀少性)函数的曲线被改变了。它们原先被画成直线,并且在《纲要》第一版(瓦尔拉,1874年)中又作为直线出现,但是在1883年版本和以后各版中,都以曲线的形式出现。参阅雅费(1954年),第567—568页,对第8课的"提要说明〔b〕";以及雅费,(1965a),第2卷,第574页,第412号函,函中声明了此项改动。

[2] 在"伦理和政治科学院的会议和专题讨论"中(瓦尔拉,1874年),这篇论文被列入"外国学者的学术交流"一组,这对瓦尔拉来说是难以忍受的,他和那些院士们同样是法国人,虽然他确实是作为一个外国教授从洛桑来宣读论文的。关于听众对这篇论文的反应情况,参阅雅费(1965a),第1卷,第334—336页,第232号函的注7;关于瓦尔拉的反应,参阅同上书,第332—334页,第232号函,以及第370—374页,第256号函。参阅雅费(1954),第44页。

果,然后才能根据效率和公道来衡量放任主义的相对优点。首先,假设若干预先决定的一定数量的生产性服务,由于竞争的自由发挥作用,经过一个时期必然会出现这样的结果:(1)一定数量的各种产品会被生产出来;(2)每一项产品在各个瞬息时间有一定的价格;(3)每一生产性服务在每一瞬息时间也都有一定的价格。那么,纯经济学的目的就是探讨"自由竞争"的这三项自然效果是怎样决定的。这个问题的答案通过解答一套方程式可以找到——在这些方程式中"自由竞争"的这三项效果作为未知数出现。

问题这样来看,诚如瓦尔拉所说,是"极端广泛和复杂"的,但是作为两个阶段来考虑,就可以使其简单化。在第一阶段,假定不谈生产,结果问题被缩小到像瓦尔拉所说明的这样:"假设一定数量的各种商品,列出一套方程式,其中商品的价格是根数。"这是数理的交换论的全部内容。第一阶段一经完成,走向第二阶段的道路就畅通。现在生产被考虑,在交换理论中数量预先规定的商品,被用于以适当的配合购买生产性服务而产生的产品所替代。因此,在第二阶段,问题变为(用瓦尔拉的话说):"假设一定数量的生产性服务,列出一套方程式,它的根数是(1)所生产的产品的数量;(2)这些产品的价格;以及(3)生产性服务的价格。"

这样,在瓦尔拉的手里,纯经济学采取了他所谓"物理—数理"科学的形式。他没有自称这是什么真正新的东西。它长期以来就是那一种科学,像在重农主义者的著作中以及从李嘉图到约翰·斯图亚特·穆勒这些英国经济学家的论文中可以看到的那样。麻烦的是,这些经济学家用日常语言进行数理的思维,所以笨拙而不适当。根据瓦尔拉的意见,库尔诺是把数学明确地和适当地应用于经济学的第一个人;并且为了给他指明途径,瓦尔拉表示他对库尔诺深切感激。同时瓦尔拉坚决认为,在他自己的工作中他遵循了自己的路线,和库尔诺的路线大不相同。他的经济学之所以不同,因为他以"自由竞争"——他认为这是一般情况——作为出发点,对于垄断则仅仅作为一种特殊情况来研究;另一方面,库尔诺却以垄断为出发点,从那里一步一步地进而分析无限的竞争。瓦尔拉也指出他的数学之所以不同,是因为他的形式上的证明主要地依靠解析几何学的基本原理,而库尔诺完全依靠微积分。

在这里瓦尔拉宣布在他的论文的其余部分中他将仅仅以最简单的形式谈谈交换的理论,假设只有两种商品互相交易。向学会宣读的那篇论文的第二至第四节,不过是《纲要》第一版中第9—13课的一种生动的、非常清楚的摘要,[1]在这一部分里瓦尔拉十分详细地论述了在一个只有两种商品交易的完全自由竞争的市场上价格决定的问题。虽然《纲要》第一版的第一部分还未出版(直到1874年7月才出书),[2]在1873年7月的时候瓦尔拉手里已经有了六十页的校样,其中包括他的数理的交换论。[3] 至少在一个方面那摘要比《纲要》高明:只有在1873年的论文里他明确地从事于"准确地说明那调节我们市场的自由竞争的作用"。在摘要里比在《纲要》里表达得清楚,瓦尔拉所谓理想的完全竞争的市场指的是一个在讨价还价过程中完全没有阻力的市场,这个过程一直发展

---

[1] 相应于瓦尔拉的最后版本(1874年b)的第5、6、7课。
[2] 雅费(1965a),第1卷,第410—411页,第284号函。
[3] 雅费(1965a),第1卷,第319页,对第218号函的注(3)。

到一个中心点，在这里过多的或者过少的需求先被消除，然后达成契约。这些契约按一种独特的当时流行的均衡价格来执行。消除过多的或者过少的需求这一道程序，在组织得最好的市场里通常委托经纪人办理，他们处理的手续非常机械，一台"计算器"（计算机）或许也能处理得同样的好，虽然——瓦尔拉在1873年推测——不能同样的快。①

假如莱昂·瓦尔拉在他的第一篇分析的论文中只说了这些话，也许会获得我们的称赞，因为在库尔诺的需求函数中看到了可以对人们熟悉的旧的供求理论进行革新的根据，但是那不会使他在经济学史上的"边际革命"的创始人中获得一个席位。幸而，那篇论文并未以一种仅仅讲竞争性市场结构的理论结束。它继续讲了两节，在这两节中瓦尔拉详细说明他的稀少性的理论，或者，我们应该称为，他的边际效用的理论。第五节的标题是"需求曲线怎样从效用和占有的数量中产生的"；第六节的标题是："两种商品相

---

① 瓦尔拉对竞争性市场的业务性定义，在后来一篇以"交易所、投机和投机买卖"（1880年）为题的文章里又进一步加以解释，并且，1966年在洛桑州和洛桑大学图书馆的一个被人遗忘的碗橱里发现一份没有注明日期的手稿，放在一个存有瓦尔拉的长期不知去向的杰文斯的《政治经济学理论》的法文译稿的文件夹内（参阅雅费，1965a，第1卷，第570—572页，第410号函；以及第644—648页，第495号函）。那发表出来的文章描写巴黎交易所的经营方式，认为不仅预防价格不一致，而且也预防任何按"虚假价格"买卖的行为。"如果需求的数量和供给的数量相等，就有一个现行的价格和按照这个价格的交易；所有权从卖方的手里转移到买方的手里，或者无论如何这件事总是做成了，即使不是合乎规则的。否则就不会有这笔交易。"正是因为一个有组织的市场的经营方式的这一特点，所以瓦尔拉认为没有理由在他的纯粹交换的理论中采用"票证"（临时契约），而不是因为他在这种理论的分析中忽略了按"虚假价格"做买卖，像我以前认为的那样（雅费，1967年）。在瓦尔拉所说的那种完善的市场里，没有这种现象需要考虑。参阅莱昂·瓦尔拉（1898年），第407—409页。

互交换的分析说明。稀少性:交换价值的起因。"瓦尔拉认为,稀少性构成根本的动力,它驱使竞争的市场机构发生作用。既然论文的第五和第六两节只是概述《纲要》第一版的第 14 和第 18 两课,①这里就不必要重复其中的论证。

但是,有必要注意莱昂·瓦尔拉怎样引进他的边际效用原理以及在所著《数理的交换论的原理》一文和《纲要》一书中指定给它的任务。特别是这一点使得瓦尔拉和同时代的革命者有所不同,也使他(而不是杰文斯或者门格尔)成为 20 世纪 30 年代以来经济理论最近的发展中最受推崇的前辈。R. G. D. 艾伦 1956 年写道:"关于交换平衡的分析,经过瓦尔拉研究以后,还需要补充的只是一些次要的注解和润饰而已。"②

从一开始起,莱昂·瓦尔拉立刻就把边际效用论引进他的关于市场价格如何决定的分析,而不从和任何其他问题有关的方面来考虑。他的全部注意力集中在市场现象上,而不是在消费上。这是显而易见的,因为,在假设递减的边际效用时,他在 1873 年的论文以及《纲要》第一版中仅仅说了"我认为"或者"人们必须承认"③对一种商品的增多的一个单位或者一个单位的一部分的欲望的强度,随着那种商品的消费增加而减少。然而,消费只是偶然被提到。像瓦尔拉认为的那样,交换论中的推动力是所有的买卖者都力求取得最大限度的满足,但那是市场上的满足,而不是瓦

---

① 相应于瓦尔拉的最后版本(1874 年 b)的第 8、9、10 课。
② 艾伦(1956 年),第 314 页。
③ 莱昂·瓦尔拉(1874 年 b),第 14 课的第 74—75 节,相应于最后版本的第 8 课,第 74—75 节。

拉所想的餐室里的满足。① 他偶然也提起消费,仅仅有助于表明他完全知道一切买卖的目的是最终的消费,以及消费方面的一般经验影响买卖者的市场决定。瓦尔拉说到这样为止,因为,实际上,他根据交换科学来解释整个经济学的领域。② 假如他不仅把他的稀少性或者边际效用函数作为由外因决定的变数来考虑,他就会超越交换的科学的范围。经济学家手里可能运用的资料,并不能使他比较适合于从消费经验中推论出这些函数,但也胜于从它们所假设的生理学的、心理学的或者社会学的决定因素去推论。

我认为,这种看法不仅《纲要》所有版本中瓦尔拉的议论的一般要旨可以证明,而且从辞句中的一些巧妙之处可以看出。例如,他在1873年论文中把稀少性解释为"占有的一定数量的一种商品所满足的最后欲望的强度"。③ 在《纲要》第一版中他更专门性地把稀少性解释为"和占有的数量有关的有效的[就是,总的]效用的产物"。④ 奇怪的是,在《纲要》第二版中没有提供任何说明,也没有更改任何其他的内容,他把这些解释中的"占有的数量"改为"消费的数量"。⑤ 我推测,他这样做多半是作为一种适应或迁就,而不是出于原则,为了使他的解释符合杰文斯和门格尔的解释,对他

---

① 参阅施蒂格勒(1965年),第124页。
② 大主教理查德·惠特利用来称呼"交换的科学"的名词。参阅熊彼特(1954年),第911页。
③ 莱昂·瓦尔拉(1874年a),第5节,着重点是原有的。
④ 莱昂·瓦尔拉(1874年b),第14课的第75节,着重点是原有的。
⑤ 同上书,第二版(1889年)的第75节。参阅雅费(1954年),第568页,对第8课的提要说明〔C〕。

们两人的著作,他在自己的《纲要》的第一版和第二版先后出书相隔的期间已经熟悉了。我们无论研究《纲要》的哪一个版本,都能看出瓦尔拉认为他的买卖两方要做到稀少性(或者边际效用)和价格之间的相称,只有通过竞争的市场中的交换,假定只有两套由外因决定的变数:(1)买卖者的边际效用函数,以及(2)他们原有的最初基础(或者最初"占有的数量")。

瓦尔拉把边际效用理论放在这样的地位,作为他的关于竞争的市场价格如何决定的理论的一个组成部分,这就铸造了一种很清楚的把边际效用和市场价格结合起来的环节。分析地来看,门格尔以两个孤立的交换者以马易牛为例,仅仅做到了证明一定程度的"满足需要"和所交换的数量之间的关系。[1] 虽然门格尔显然想要扩充他的边际效用论来解说竞争的市场中价格怎样形成,当他最后推论到"双方同意"的实例时,他的边际效用程度和价格形成之间的关系却经不起分析。[2]

杰文斯在这方面的成绩是否超过门格尔,决定于人们对杰文斯据以推究出他的有名的"交换方程式"的那种论证怎样解释。[3] 杰文斯利用他的"效用的最后程度"理论来说明竞争的市场上价格怎样决定,但是他的方法非常模糊,以致瓦尔拉留下的印象是这样的利用根本没有发生。在他那封有名的 1874 年 5 月 23 日的信里,他承认杰文斯在以数学的准确性陈述边际效用的概念方面比

---

[1] 门格尔(1871年),第 163—167 页,相应于丁沃尔与霍泽利兹(1950年)的第 183—187 页。

[2] 同上书,第 201—205 页,相应于丁沃尔与霍泽利兹(1950年)的第 216—220 页。

[3] 杰文斯(1871年),第 4 版的第 100 页,相应于鹈鹕版的第 143 页。

较居先;瓦尔拉说杰文斯错过了机会,未能从关于最大限度效用的考虑中推论出"有效需求的方程式",这种成果,瓦尔拉坚决认为,对于解答怎样决定均衡价格的问题是不可缺少的。①

如果说瓦尔拉对杰文斯不够公道的话,埃奇沃思却对他评价太高。人们怎么能像埃奇沃思那样地说杰文斯清晰地说明了一个完全竞争的或者"公开的"市场的运转情况,其结果是建立一种标准价格呢?再则,杰文斯为了引进他的关于"效用的最后程度"和价格相称的定理,以便确定"交换的结果"所用的例证,即②

$$\frac{\phi_1(a-x)}{\psi_1 y} = \frac{\phi_2 x}{\psi_2(b-y)} = \frac{y}{x} = \frac{p_1}{p_2}$$

看上去完全像一个孤立的物物交换的例子,尽管是在"买卖团体"之间进行的。③ 埃奇沃思否定这一点,引用了毕晓普·伯克利的"代表性的情节"来说明虽然杰文斯所叙述的买卖是由一对个别经营者进行的,却有"预先假定的一班竞争者在幕后"。埃奇沃思的解释仍然不能使人信服。完全看不出杰文斯曾察觉到埃奇沃思后来赋予他的论证的含意。我们所能说的只是:杰文斯把他的关于在一个完全竞争的市场中价格如何决定的说明和"效用的最后程度"的理论并列。④ 要在这种并列中看出一点像我们在瓦尔拉身上看到的那种分析的结合,需要作非常勉强的解释。

---

① 实际上,正如塞缪尔·霍兰德向我指出的那样,"杰文斯在他的交换分析中把价格作为数据,所以根本不能说是他已经研究了价格决定,虽然他自己似乎认为已经那样做了。"S.霍兰德致 W.雅费函,1971 年 7 月 27 日。
② 布莱克(1970 年),第 22 页和第 204 页。
③ 杰文斯(1871 年),第 4 版的第 88—90 页,相应于鹈鹕版的第 135—136 页。
④ 同上书,第 4 版的第 114—118 页,相应于鹈鹕版的第 152—155 页。

三

研究经济分析的历史的人特别感兴趣的是这个问题：莱昂·瓦尔拉怎样得到他的特殊的边际效用的概念，它的与众不同的特性——我们已经看到——在于对这个概念的使用，而不在于对它怎样系统地讲述。幸而，莱昂·瓦尔拉遗留给后代大量文件，显示了他个人思想发展经过的很大一部分。[①] 这些记录除了进一步说明"边际革命"的起源而外，也提供了极好的资料可以用来对科学发现的过程进行典型的研究。

这样叙说的发展经过，可惜，不具有十分引人注意的特质。这里我们没有那种情况，一项根本上新颖的理论突然灵光一闪地在发现者的头脑里出现；也没有那种情况，发见者似乎天赋过人，具有特大的发现新事物的本领。相反地，莱昂·瓦尔拉走向解决交换价值问题的道路是漫长的和令人厌倦的。这条路最初曾由他的父亲奥古斯特·瓦尔拉于1831年大声宣布而没有效果，后来由莱昂本人一再努力继续走下去，他于1859年开始，直到1872年还毫无收获。莱昂·瓦尔拉对"边际革命"的贡献，实际上是瓦尔拉家两代人努力的成果。

奥古斯特·瓦尔拉最初注意到价值论和一般经济学，是在他早年经历中一段短暂时间内于19世纪20年代后期着手研究法律的时候；当时他对民法中所解释的那种法理学的财产概念感到不

[①] 关于这些文件的保存情况的说明，参阅雅费(1965年a)，第1卷，第12页。

满意。① 他具有哲学头脑，而且毫无疑问受了当时社会主义者对私有财产权的合法性进行攻击的影响，想要寻求一种比社会主义者所提出的在逻辑上更有条理的根据，以便划分公有财产和私有财产的界线。他于是参阅了主要的经济论著，法国的和英国的都读过，他又失望了。② 困难在于他们的那些缺点很多的价值理论，因为没有一种令人满意的关于价值的理论，就不可能有一种恰当的关于财产的理论；因为没有任何东西会被占有——不管是为了公用或者私用——除非它有价值。③ 英国的劳动价值论或者生产成本价值论，或是法国的效用论都不行。奥古斯特·瓦尔拉说，价值的真正起源不是劳动或者生产成本或者效用，而是"稀少性"。只有那些稀少的东西（就是，数量有限并具有效用的东西），才有价值，只有这种东西附有财产权。④

为了使"稀少性"这个名词的常识意义有一种精确的意味，他把它解释为想要这种物品的人的数目对现有物品的总数量的比率，并假设每人想要仅仅一个单位。⑤ 经过一个时期，奥古斯特·

---

① 莱昂·瓦尔拉(1908年)，第2—3页。关于两种用英文写的奥古斯特·瓦尔拉的财产论和价值论的出色的记述，参阅格雷(1931年)，第333—336页；和豪伊(1960年)，第28—32页。又参阅《序言》，奥古斯特·瓦尔拉(1831年)，第 i—xxiv 页，相应于勒迪克的著作(1958年)的第53—65页。

② 奥古斯特·瓦尔拉请教过的主要法国经济学家是 J. B. 萨伊、德斯蒂·德·特拉西、夏尔·加尼尔、尼肖拉斯·马西亚斯和西蒙德·德·西斯蒙第；英国经济学家，亚当·斯密、大卫·李嘉图、詹姆斯·穆勒和约翰·拉姆赛·麦卡洛克。参阅勒迪克(1938年)，第303页，注1；以及第308—309页，注54。

③ 奥古斯特·瓦尔拉(1831年)，第10—13页，相应于勒迪克(1938年)书中第57—59页。

④ 同上书，第4章，相应于勒迪克(1938年)，第99—112页。

⑤ 同上书，第151页，相应于勒迪克(1938年)，第176页。参阅豪伊(1960年)，第31页，在那里比率颠倒过来了。

瓦尔拉察觉到他给稀少性下的数理的定义中有一个根本缺点。他在1861年5月18日写给他儿子莱昂的信里说,事实上个人往往需要不仅一个单位的物品,这取决于他们的爱好、年龄、性别、财富等等。[1]既然这些个人在许多方面彼此不同,我们就不能依靠把一个人需要(例如)两个单位的物品作为两个人看待这种方便办法。奥古斯特·瓦尔拉现在看出了他起初以为可以用来解释和计算稀少性的那个比率的第一项没有意义,因为它是由一些不能比较的、不能加在一起的实体的总数组成的。既然这一"困难"(他是这样称谓它的)使得人们不可能确立一种标准的欲望单位,奥古斯特·瓦尔拉断言在这种困难被克服以前经济学不能成为一种数理的科学,像力学、物理学、音响学和光学那样。

正是他父亲的结论中暗含的要求激励着莱昂从事于漫长的辛勤工作,终于取得了边际效用论这一结果。正如莱昂第一个承认的,他多亏父亲勾画出这个问题的轮廓,[2]可是,假如只靠遵循奥古斯特·瓦尔拉的理论路线,他显然根本不可能得到边际效用的概念。甚至奥古斯特·瓦尔拉把稀少性比作速度的说法,作为一种可能有成果的提示也受到损害,然而他又说了"正如速度是所走距离除以所用时间那样,所以稀少性是需要的总和与可以用来满足需要的全部物品的比率。"[3]

---

[1] 奥古斯特·瓦尔拉(1913年),第147—150页。关于奥古斯特公开发表的写给儿子莱昂的信的较为详细的传记性资料,参阅雅费(1965年a),第1卷,第19页,对函1的注(3)。参阅豪伊(1960年),第31页,勒迪克(1938年),第306页,注24。

[2] 例如,在莱昂·瓦尔拉(1908年),第172页。

[3] 奥古斯特·瓦尔拉(1913年),第148—149页。

假如不是奥古斯特·瓦尔拉直接激励了莱昂·瓦尔拉终于发现边际效用,又是什么其他的人呢?肯定不是库尔诺,他谨慎小心地避免作任何关于效用对需求的关系的分析。[1] 可能是让·雅克·比尔拉马基(1694—1748年)吗?此人是日内瓦的一位法律学教授,他的名字被莱昂·瓦尔拉放在和老父奥古斯特同等的地位,作为曾提供关于价值起源问题的正确解答。[2]

我提到这位不出名的比尔拉马基(他的名字在熊彼特的渊博的《经济分析史》中未列入),而不提起在关于边际效用出现以前的历史中常见的许多其他的人,因为比尔拉马基是我们相信莱昂·瓦尔拉作为一个经济学家在他成长期中已经熟悉的少数关于这个问题的早期著作家之一。奥古斯特·瓦尔拉曾广泛引用《自然法的基本原理》里的话,这是在比尔拉马基死后根据他的讲稿编成的,[3]1754年先用原来的拉丁文出版,后来于1820年出了法文译本。这个法文本进入莱昂·瓦尔拉的私人藏书室,[4]大概是1866年继承的遗产。

《自然法的基本原理》具有特别意义,不仅因为奥古斯特·瓦尔拉曾说过比尔拉马基的价值学说在各方面都像他自己的,[5]而

---

[1] 库尔诺(1838年),第1章,第3节;第4章,第21节。
[2] 莱昂·瓦尔拉(1874 b),第7课的第155节,或最后版本第61课的第157节。
[3] 比尔拉马基(1821年),未具名的编辑者的《序》,第 xvii—xix 页。
[4] 比尔拉马基(1821年),被列入莱昂·瓦尔拉的藏书目录(是莱昂的女儿艾琳·瓦尔拉在她父亲死后编出的)。全部目录分列于两本习字簿中,遗赠给加斯顿·勒迪克教授,他又慷慨地转赠与我。参阅雅费(1965年a),第 xii 页。
[5] "比尔拉马基的学说……是我的。"奥古斯特·瓦尔拉(1831年),第212页,相应于勒迪克(1938年)的著作中第220页。

且从追溯那些思想的渊源的观点来说,更重要的是因为比尔拉马基的"论所买卖的东西和服务的价格"那一章(紧接着他的关于财产的讨论),①是有系统地复述萨米埃尔·冯·比方道尔夫1675年在《人与市民的义务》中说明的价值理论。② 这样,比方道尔夫的"效用和稀少性"价值和价格理论,通过比尔拉马基对奥古斯特发生的影响,跟它通过格肖姆·卡迈克尔和弗朗西斯·哈奇森对亚当·斯密所发生的影响大致相同,就我们根据亚当·斯密的《关于法律、警察、岁入及军备的演讲》所能判断的来说。③

奥古斯特·瓦尔拉显然不知道比方道尔夫更早就期待着他的关于价值和财产的学说,他把比尔拉马基看作自己的真正先驱者。在《自然法的基本原理》中他看到对他的稀少性理论的肯定,因此更有信心地用这个理论来揭露他认为是英国学派的亚当·斯密和李嘉图以及法国学派的孔迪拉克和J.B.萨伊的一些错误。④ 奥古

---

① 比尔拉马基(1821年),第3部分,第11章,第209—219页。第8、9和10章关于财产的论述预示奥古斯特·瓦尔拉的议论。比尔拉马基在价值问题上多么接近地预料到奥古斯特的看法,在以下这段话里可以看出:"但是仅仅效用……不足以决定物品的价格,必须再考虑物品的稀少性,就是说人们取得这些物品的困难,以及每个人不能同样容易地取得这些东西"(同上书,第212页)。

② W. L. 泰勒(1965年),第63页所引用的比方道尔夫的以下这一段话存在于比尔拉马基的学说的起源(参阅本书第131页,注⑤):"因此价值的增加倾向于特别由稀少性所造成……至于日用品,特别是在稀少性和必要性或者需要结合在一起的时候,它们的价格被提高。"

③ 参阅泰勒(1965年),第2章,第63—72页。在亚当·斯密的《演讲》中发现的简短的讨论"论人类的自然欲望"一文里,他似乎也理解到效用递减原理,关于这一点他是这样说的:"没有变化的东西不能使我高兴。……千篇一律使人厌烦。"斯密(1896年),第159页。参阅本书第134页注①西尼尔关于这种思想的类似的表示。

④ 奥古斯特·瓦尔拉(1831年),第12、13和14章;以及奥古斯特·瓦尔拉(1849年)。

斯特·瓦尔拉承认他所攻击的这些英国和法国著作家有时候也曾讲到稀少性(尤其孔迪拉克是这样),①但是他认为他们这样做仅仅作为附带的说明或者说得太没有系统,这就使他们不能明确地看出价值的最终来源在于稀少性,没有其他的来源。

尽管他们锐利的眼光能看到稀少性对价值和价格的关系,所有比尔拉马基、杰诺韦西、杜尔哥、孔迪拉克或者纳索·西尼尔这些莱昂·瓦尔拉在早期阶段显然读过他们的著作的作者,②都不能说是曾提供适当的线索,可以导致人们系统地阐述一种精确的

---

① 奥古斯特·瓦尔拉对孔迪拉克不是完全公道的。虽然在一处孔迪拉克写道,"物品的价值因此是建立在它们的效用上"(孔迪拉克,1798年,第10页)。他差不多立刻就接着这个推论,"物品的价值随着稀少性的增加而增加,并随着丰富程度的增加而减少"(第11页),完全是奥古斯特·瓦尔拉的论点。再则,孔迪拉克提出了正是后来奥古斯特·瓦尔拉用来攻击英国学派的论点,"一种物品不是因为它值钱而有价值,像人们假定的那样,而是因为它有价值所以值钱"(第14页)。孔迪拉克进一步又谈到"效用与稀少性"对买卖行为的关系,先讲那种孤立的双方实物交换中的行为,然后讲到市场交换中的行为,在市场上价格是由供求决定的。同上书,第2章。虽然孔迪拉克在这方面不指出杜尔哥的名字,他的全部论证像是企图阐明杜尔哥的未完成的作品《价值与货币》(1769年),在这篇文章里杜尔哥非常接近于以文字表达边际效用与交换比率相称的理论。参阅杜尔哥(1844年),第1卷,第85页。既然人们知道莱昂·瓦尔拉的私人藏书室曾存有孔迪拉克的《商业与政府》和《杜尔哥的著作》两书(参阅本书第132页,注①),这些著作可以被认为瓦尔拉父子两人的成就所受到的鼓舞的直接来源。然而,莱昂·瓦尔拉继续反映他父亲的看法,认为孔迪拉克和J. B.萨伊一样,以效用为价值的基础,而不是以稀少性为基础。参阅莱昂·瓦尔拉(1874年b),第155节,相应于最后版本的第157节。

② 莱昂·瓦尔拉提到安东尼奥·杰诺韦西(1712—1769年)时同时提到纳索·西尼尔的名字,把两人都作为阐述稀少性理论的前辈。参阅莱昂·瓦尔拉(1874年b),第159节,相应于最后版本的第161节。西尼尔在1836年曾写道,"在价值的三项条件,效用、可转让性和供应的有限性中,最后一项是最重要的。它对价值的影响的主要来源是人性的两项最有力的原则,喜爱多样化〔参阅本书第132页,注⑤〕以及爱好特性〔对不起凡勃伦!〕。……不仅任何一种商品能提供的快乐都有限度,而且早在达

关于边际效用的理论。他们始终没有把他们的论证琢磨到一种精细分析的程度;他们对价值的研究甚至比奥古斯特·瓦尔拉的还要杂乱无章。对于我们有理由相信莱昂·瓦尔拉在1874年以前曾经参考的旧文献资料,除了说它提出了问题而外,不能说它有更多的贡献。其中对于莱昂·瓦尔拉最后解答问题的方法,没有任何预见性的提示。因此,我们没有其他办法,而只能在莱昂·瓦尔拉的草稿和工作记录中搜寻这种资料。

四

我们从他的标题为"数学应用于政治经济学"并称为"1860年第一次试验"的稿本说起。① 这是一次令人遗憾的试验,他由于有自知之明,始终没有把试验结果拿出来发表。全部气力集中于试图使所谓"东西的价格和提供的数量成反比例,并且和所需求的数量成正比例"这一定理具有意义,这里提供的数量被解释为被考虑的世界内各个人占有的现存的总量,而需求的数量被解释为他们

到限度以前这种快乐就以迅速递减的比率在减少。"西尼尔(1938年),第9—10页。正如勒迪克教授告诉我们的,奥古斯特·瓦尔拉于1836年发表了一篇文章,评论该年出版的一种西尼尔的作品的法文译本,书名为《政治经济学基本原理,摘自纳索·西尼尔的已出版和未出版的作品》,由琼·阿里维贝恩伯爵主编。参阅勒迪克(1938年),第38页和第309—310页,注61。奥古斯特的文章发表在《政治经济学月刊》,1836年,第359—368页。在杰诺韦西的著作里稀少性理论比较含蓄而不是明确的,议论没有系统,一点不严密。参阅杰诺韦西(1769年),第2部分,第1章。

① 这个稿本,分类的标记是 F. W. V,1,瓦尔拉基金组织,洛桑大学和区立图书馆;在雅费(1965年 a),第1卷,第216—217页,对第148号函的注(33)中有关于这个稿本的概述。

的欲望或者需要的总额。他使用了画得精确的立体图解来说明他的函数 V＝F（qd,qo），而陷入简单代数的迷雾，只是为了要驳倒库尔诺。他的论证所根据的奥古斯特·瓦尔拉对稀少性的准数学的定义，使他完全走错了路。那"第一次试验"根本没有能使他朝最后目标前进一步。

在这以后的一件分析的文稿，标题也是"数学应用于政治经济学"，但是被称为"第二次试验，1869—1870 年"，[①]情况大不相同，这说明在两次相隔的期间他一方面先后从事于几种工作和办企业，以致没有空余时间研究理论，另一方面还是在形成他的一般均衡模式的结构方面取得很大的进展。他提出一种交换的方程式，[②]后来在他的《纲要》中使用了。[③] 然后又着手发展关于交换机构的理论，首先讲的是"两种商品"市场的情况，接着又讲"多种商品"市场，再次预兆《纲要》一书。[④] 这并未打消他从"第一次试验"起就产生的误解，决心要证明库尔诺在认为一种商品的需求量对供给量的比率没有意义这一点上是错误的。[⑤] 莱昂·瓦尔拉仍然抱住他父

[①] "第二次试验"的稿本，和"第一次试验"的稿本一起，用同样的分类标记保存在上述图书馆，并在雅费(1965 年 a)，第 1 卷，第 217—221 页，关于第 148 号函的注(33)"续"中有所说明。这"第二次试验"的第二和第三部分显示着可以看出莱昂·瓦尔拉后来的关于生产、资本、货币、经济发展、国民收入和税收等各种理论结构上的特征，这些在这里对我们没有关系。

[②] 方程式 $mv_a = nv_b$ 大概是从"伊斯纳尔"推论出来的。参阅雅费(1969 年)，第 25—28 页。

[③] 莱昂·瓦尔拉(1874 年 b)，各种版本中第 44 节。

[④] 同上书，第 44 节和第 108—114 节。参阅雅费(1965 年 a)，第 573—574 页，对第 11 课的提要说明〔h〕。

[⑤] 库尔诺(1838 年)，第 4 章，第 20 节。

亲的稀少性观念，用一种商品对所有的消费者合在一起的效用和现有的这种商品总数量的比率来表示，虽然现在似乎信心较小。想到他父亲晚期的疑虑不安，像他1861年已经知道的那样，莱昂承认既然这个比率的第一项是第二项的一个非线性函数，就不可能有一种固定的相对稀少性的计量标准。他那种被曲解的代数学完全无用。

这一包混杂、粗糙的数理经济学和富有成果的、看到一般均衡模式的眼光，就是莱昂·瓦尔拉1870年12月间抵达洛桑就任经济学教授时随身带来的东西。其中肯定没有任何东西会暗示他作为一个边际革命者的最后任务，除了他顽强地力求了解他父亲所讲的"稀少性"。

在研究莱昂·瓦尔拉走向边际效用的进程中，我们感兴趣的最后手稿是他为了预定1872年1月间在日内瓦作一系列学术报告而在洛桑准备的一些笔记。[①] 这里我们可以看出，即使在那样晚的时期他仍然距离目标甚远。为了眼前的用途，我们只需要考虑他用于第三、第四和第五讲的笔记，其内容讨论交换论中的效用。

在一处他讨论一项特定商品的需求曲线的地方，他列举了决定这曲线的一些因素如下：(a)"广度的效用"，它决定需求曲线在数量轴上的截距；(b)"强度的效用"，据他说，这决定需求曲线的斜度；(c)商品现有的总数量；以及(d)总数量在商品持有人中的分布。他说这些因素中第二项是不可量的。

他在与所谓"价格曲线"有关的讨论中，又谈到了效用。这些

---

① 这个稿本，标题为"经济现象分类法"，分类的标记是F.W.V,1,洛桑图书馆；在雅费(1965年a)，第1卷，第293—296页，对第293号函的注(2)中有关于此稿的概述。

"价格曲线"表示需求价格,作为在市场上按可能得到的无论什么价格求售的固定的总数量的函数。当这些固定的总数量被赋予各种不同的值的时候——就是,当数量参数被改变的时候——不同的价格就发生,这样瓦尔拉得出一种特别的曲线,他把它叫作"价格曲线"。后来他把这个概念引进了《纲要》,[①]但是在那里很少利用它,而在1871年末他的日内瓦讲学笔记中,他却据以作出一些关于效用与"价格函数"的关系的古怪的推断。他把这种曲线下的总面积(图1中的QOP,照瓦尔拉的样子画的,把价格表现在横轴上)叫作"实际效用";他把曲线以内任何长方形的面积(qOpm)叫作"有效效用",它的一个角在曲线上,是和起点处成对角线的相对的那个角;他认为在长方形外面并一边以价格轴为限界的混合线形三角形(mpP)是"那些付出一定价格(Op)的人在必要时会愿意在他们实际牺牲的财富以外放弃的财富的数量"。

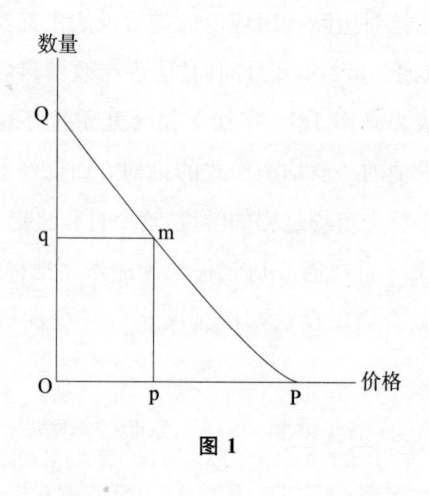

图1

[①] 莱昂·瓦尔拉(1874年b),第152节,相应于最后版本中第153节。

这里我们所有的不过是杜普伊的解释，包括杜普伊的消费者的剩余在内，而完全不提起杜普伊的名字！这是奇怪的，如果我们记得在《纲要》第一版的1877年一部分中，瓦尔拉用了很大气力来推翻杜普伊的理论，斥责它是"最严重的谬误之一"。[①] 在以后若干年中，莱昂·瓦尔拉和帕雷托始终念念不忘于诅咒杜普伊、马歇尔、奥斯皮茨和利本，指责他们把需求曲线和效用曲线混为一谈。[②] 在瓦尔拉和帕雷托看来，这就是对圣灵犯罪。但是，正如我们刚才看到的那样，瓦尔拉在1871年还没有获得新生的日子里，在还未真正理解这个问题以前，也犯了同样的罪孽，把效用曲线不是和个人的需求曲线，而是更糟，和一种市场需求曲线等同起来。那时候他似乎完全忘记了这意味着个人之间效用的比较，以及假设拿出来交换所需求的商品的无论什么东西具有不变的边际效用。这些含义在瓦尔拉对边际效用理论的最后说法中都没有地位，这种说法不久后在他于1873年8月间向"伦理与政治科学院"宣读的论文中第一次发表。确实1872年初莱昂·瓦尔拉还在犹豫不定，虽然他在通盘考虑他的一般均衡模式的机构方面已经取得进展，包括他的数理的关于整个市场过程的学说，这个过程决定均衡价格。

瓦尔拉似乎一直在痛心地觉得他未能做到把稀少性结合到他的模式里去。只有当他设法摆脱他父亲的稀少性概念，用微分系

[①] 莱昂·瓦尔拉(1874年b)，第368—370节，相应于最后版本的第385—387节。
[②] 雅费(1965年a)，第2卷，第343—347页，913号函；第421—423页，对990号函的注(3)；第485—487页，1051号函；和第488—489页，1052号函。又参阅帕雷托(1906年)，第585页，附录的第56节；以及帕雷托(1960年)第1卷，第373页，162号函；和第3卷，第60—63页，561号函。

数来重新解释的时候，一种令人满意的结合才成为可能。那时候并且也只有那时候才可以说他已经进入"边际革命"。

转折点是在1872年某个时期达到的。瓦尔拉很知道自己数学方面的修养不够，习惯于和他的精通数学的同事作长谈，硬要他们答复问题。这些同事中有一位保罗·皮卡德(1844—1920?)，当时是洛桑学院的力学教授。我们不完全了解莱昂·瓦尔拉是怎样提出问题的，但是从他事后写给皮卡德的一封信来看，[1]似乎那个问题和根据对效用和数量的考虑而推论出需求曲线有一些关系。很可能是这种情况，这一点根据从一扎1872年以后瓦尔拉的文件中发现的、由保罗·皮卡德签署的没有日期的草稿，可以看得很清楚。[2] 这份草稿包含一项恰好是对这样一个问题的答案。

皮卡德的贡献是为莱昂·瓦尔拉提供最简单的分析工具，用来确立一个商人得到最大限度满足的条件。皮卡德的解说属于极其初步的水平，大概是照顾到当时瓦尔拉有限的数学修养。所有的证明实际上都是几何图形的，只有一些结论改为用符号表示。从两条负倾斜的边际效用曲线开始，皮卡德把它们叫作一个特定的商人分别对商品(A)和商品(B)的"需求曲线"，并指定给这个商人一定数量的(A)而没有(B)，他假设有一个用(B)计算的(A)的特定价格在市场上流行，并问我们这个商人在这种情况下会如何改善他的处境，以这些曲线下面所有限界以内的面积之和为计量

---

[1] 雅费(1965年a)，第1卷，第345—347页，第239号函。

[2] 雅费(1965年a)，第1卷，第309—311页，对第211号函的注(4)，其中有关于草稿的说明，内容全部发表。

标准。皮卡德指出这些限界以内的面积之和达到了最大限度,但必须服从现在叫做预算限制的这一条件,这时候交换被进行到那样的地步,商人对商品(B)的边际效用曲线下面的面积最后的少量增加等于这个商人对商品(A)的边际效用曲线下面的面积相应的最后少量减少。皮卡德,把那些在商人的满足达到最大限度的临界点上被放弃和取得的小面积的尺寸改用符号表现以后,接着就说明什么是对商人真正头等重要的平衡条件,就是,所取得的(B)的数量的边际效用,和所保留的(A)的余量的边际效用乘以用(B)计算的(A)的价格的倒数,两者相等。为了把方程式化成一种只包含两个变数的方程式,所取得的(B)的数量被表现为所放弃的(A)的数量乘以它的用(B)计算的价格之积,这样:[①]

$$\psi(A_o p_a) = \frac{1}{p_a}\phi(Q_a - a_o)$$

所以,至少,这一方程式似乎是瓦尔拉亲笔写进这个草稿,以纠正皮卡德的证明中的一点错误。皮卡德断言:"这个方程式正是那所需要的曲线的方程式,因为其中仅有的变数是 p_a 和 A_o。"实际上,他已经得出一种供给曲线;但是,既然在只有"两种商品"的情况下,一种商品的供给曲线是从另一种商品的需求曲线推论出来的,这没有什么重大关系。

毫无疑问,莱昂·瓦尔拉是从皮卡德的数理的证明中提取出他的精练的和可以用分析方法处理的边际效用概念的理论。皮卡德的从边际效用曲线推论出个人的需求曲线的方法,给瓦尔拉提

[①] 在这个方程式中,Q_a是商人在(A)方面的原来投资,A_o是在交换中被让出的(A)的数量,p_a是(A)的以(B)计算的价格;ϕ 和 ψ 分别是商品(A)和(B)的边际效用函数。

供了必要的线索,导致他发现关于商品的稀少性和它们的市场价格成比例的根本定理,

$$r_a : r_b : r_c \cdots\cdots : : p_a : p_b : p_c \cdots\cdots$$

然而这确实是莱昂·瓦尔拉的新发现,[1]因为皮卡德的意见很难对他有什么帮助,假如不是他根据他父亲最初的提示早就为自己选定了"效用与稀少性"和决定市场价格的关系这个问题。难怪瓦尔拉坚持要用他所继承的"稀少性"一词来称呼边际效用,甚至在他已经知道文献中其他的名词以后仍然如此——即使仅仅为了标志这一发现的起源。

这一新发现受奥古斯特·瓦尔拉的影响究竟多大,从莱昂保留他父亲的口号"稀少性是价值的起因"中可以看出。现在莱昂能使这个口号似乎具有使人信服的力量,因为瓦尔拉氏父子都是根据两项必要的(但显然是不充分的)条件来观察因果关系:[2]普遍的并存和准确的比例。瓦尔拉的定理在稀少性和市场价格之间建立了正是这样的一种关系。

五

在莱昂·瓦尔拉走向边际效用的曲折道路的故事即将结束的时候,还给人们留下一个讨厌的问题:为什么莱昂·瓦尔拉必须等

---

[1] 参阅沃克(1970年),第688页。在我看来,沃克教授在这一新发现方面,倾向于低估莱昂·瓦尔拉的功劳而过多地归功于皮卡德。

[2] 奥古斯特·瓦尔拉(1849年),在勒迪克(1938年),第330页。参阅雅费(1954年),第512页,有关第10课的注(3)。

到一个力学教授、根本不是经济学家的皮卡德出来指路? 我认为, 答案在于莱昂·瓦尔拉的数学修养不够。虽然他在青年时代曾学过特别数学课程, 为参加著名的巴黎工艺学校的入学考试做好准备, 以及虽然他在两次未被录取之后终于考进了巴黎矿业学校, 关于函数的最大值和最小值却仍然一无所知。[①] 他的中等学校教育曾给了他一般的代数和解析几何的知识, 而对微积分学只有极其模糊的观念。在这以后, 像他自己后来承认的那样,[②] 他花费时间读微积分学的历史而不演算它的习题。在矿业学校他不可能学到更多的东西, 在那里他只是一个名义上的学生——为了使自己在父母的眼睛里具有一种可以过得去的资格, 同时他肤浅地尝试小说写作。

然而, 这不完全是他的过错。在莱昂·瓦尔拉的青年时代, 微积分学的教学还没有充分展开。我们知道, 例如在 19 世纪 30 年代, 当库尔诺应邀在里昂作一个教程的关于微分的讲演时, 题目显得非常新颖, 很多的听众成群地赶往演讲厅, 可是后来陆续讨论的课题越来越深, 没有学习过的人不能理解, 听众逐步减少到最后不过十人。[③] 这也难怪, 因为当时仅有的有关书籍尽是关于微分和积分的高深论文, 以专家为对象, 不重视对基本原理的证明。没有以初学者为对象的教科书, 对这个科目的有系统的教学完全不可

[①] 这一点从我近年来(1966 年)已经鉴定为莱昂·瓦尔拉的一份手稿(日期为 1853 年 12 月 4 日)中显然可以看出, 虽然在瓦尔拉基金组织方面被错误地列为奥古斯特·瓦尔拉的文件, 标记是 F. W. VI。这是他正在为准备参加入学考试而攻读的时期撰写的, 是一种关于"把有理函数分解为部分分数"的细致的练习, 但不能显示他对最大数和最小数的理论了解得很清楚。

[②] 参阅莱昂·瓦尔拉的《自传概述》, 见雅费(1965 年 a), 第 2 页。

[③] 库尔诺(1913 年), 第 155—156 页。

能。直到 1860 年第一本微积分学入门教科书①才在法国出版，有助于那些主要兴趣在于应用的研究者。

这使人想到一种假设或者推测，在我们还没有掌握关于在法国以外其他国家中微积分学的教学情况的进一步的事实证明以前，这种假设或者推测可以有助于说明不仅为什么经济理论家需要用那么久的时间来系统地讲述边际效用原理，而且为什么在 19 世纪 70 年代初期三位发现者各自单独地找到对同一个老问题的大致相同的解答。那时候牛顿和莱布尼茨的新发明才开始慢慢地流传到教室。当微积分学的知识已经不是纯数学家和纯物理学家的一种秘传特征的时候，当这种知识普遍地成为受过教育的人的文化修养项目之一的时候，受过数学训练的较大范围以内的经济学家，仔细思考着过去人们为了要弄清楚效用和价格的关系而作出的那种杂乱无章的努力，可能会不知不觉地看出微积分学这条摆脱混乱的道路。至少，这是杰文斯和莱昂·瓦尔拉找到的道路。

在我们对于卡尔·门格尔所受的教育或者至少他是否曾受微积分学的影响，还一无所知的时候，我们不能肯定他提供一个反例。冯·哈耶克使我们相信："没有理由认为他〔门格尔〕缺乏技术知识或者〔对数学的〕爱好。"②除非我们准备立即排除理知渗透的可能性，我们就不能忽视卡尔·门格尔的兄弟们都对数学有强烈

---

① 阿东·德·拉·古皮利叶尔（1860）。参阅雅费（1965 年 a），第 1 卷，第 528 页，有关第 372 号函的注(3)，其中有引自古皮利叶尔的《序言》的一句话。

② F.A.冯·哈耶克，对门格尔（1871年）L.S.E.重印本的传记性序言，第 ix 页。然而，卡尔·门格尔在原则上反对在经济学上使用数学作为研究工具或者作为一种基本方法，虽然他承认它可能作为一种方便的证明或者说明方式。参阅雅费（1965 年 a），第 1 卷，第 768 页，第 566 号函；和第 2 卷，第 2—8 页，第 602 号函。

的兴趣这一事实。因此，就门格尔来说，边际效用的发现也是由于微积分学的启发，不是完全不可能的。

六

以上只是关于"边际革命"的一孔之见，仅仅显示全部丰富内容的一个角落，从这里我们能得出什么结论呢？对这里详述的瓦尔拉的生活细节这样重视，是歪曲而不是阐明对他的科学工作的理解，像施蒂格勒教授似乎要我们相信的那样吗？[1] 当人们理解

---

[1] 施蒂格勒（1970年），第426页。施蒂格勒教授问了这个问题，"一个人的私人生活和他的科学工作的性质有什么关系？"他回答说，"个人的经历歪曲而不是阐明对他的科学工作的理解"，并且，大概是暗指我的那篇《个人经历和经济分析》（雅费，1965b），说我最近曾提出"相反的答复"。假如施蒂格勒教授是谴责针对对方性格、境况等的议论，毫无疑问他是正确的，我们的观点也没有对立的地方。正如"高斯的个人经历和他说的每个方程式有一个根数的证明是否恰当这个问题完全无关"（科恩和内格尔，1934年，第380页），所以K.威克塞尔在婚姻、亵渎神明和国防这些问题上的个人意见和行动，对他的资本与利息理论的正确性毫无关系。使用一个发现者的传记资料来肯定或者否定他的新的理论模式的逻辑一贯性或者它在经济计量学上和现实相符，那是不能承认的。可是，经济学史研究者，作为历史学家，一定是玩忽职守的，如果他仅以一般的分析和经验主义的理由去评价过去的学说，而不调查这些学说的起源，不从过去考虑过去，并批判地利用一切有关的文件证明。至于如何回答传记性资料对经济学史研究者执行特殊的历史任务的关系这个问题，施蒂格勒教授根本不需要到远处去求教。他的同事，米尔顿·弗里德曼教授，在我之前早已提供了一种简明的和无可争论的回答；他写道："实证经济学的发展将不仅要求对现有各项假设进行试验和精细阐述，而且要求建立新的假设。关于这个问题，在形式上没有什么可说的。创立假设是一种创新的行为，需要灵感、直觉、创造力；它的实质是在熟悉的材料中看到一种新东西。这个过程必须在心理学（而不是逻辑学）的范畴内来讨论；在自传和传记中研究，不是在关于科学方法的论文里；用格言和范例来促进，而不是用演绎推理或者定理。"弗里德曼（1953年），第42—43页；着重点是我加的。

瓦尔拉怎样使他新发现的边际效用原理适应他的慢慢展开的一般均衡计划时,难道它不可以使人更清楚地看到瓦尔拉的贡献的重大意义吗?难道这不是使边际效用原理(不管有什么弱点和缺点)更明显吗?我们对主观推动是有坚定的信心还是放弃它而相信它的表面上看得出的迹象,莱昂·瓦尔拉在边际革命中的任务显然是说明一般均衡模式中需要[①]这样一种发动机来刺激市场机构,以及它在模式中的地位吗?关于莱昂·瓦尔拉发现用微分系数表示的边际效用那种艰苦航程的传记式的记述,难道不是把这个航程表现为一种学术冒险,很受当时教育风向的影响吗?同时,难道这不是通过把莱昂·瓦尔拉的发现和当代的知识条件(包括当代对以往事物的怀念),以及外界大事联系起来,从而放宽 W. 斯塔克的和马克·布劳格的相对论—绝对论二分法的内容吗?[②] 这同一记述,从奥古斯特·瓦尔拉要寻求一条途径,从早期社会主义者斥责财产的激烈风浪通向某种坚实的有助于社会主义目标的分析基础开始,难道不能解决所谓边际效用发明出来是特别为了驳倒劳动价值论那种荒谬的神话吗?莱昂·瓦尔拉1873年的论文暗示把边际效用原理扩大应用于生产的理论,这一点他后来在《纲要》中实行了(随着扩大,最后又应用于资金形成和货币持有);重新检阅这份论文,难道不有助于使我们看出"边际革命"的一项显著成就(不管好歹)是它把

[①] E. J. 米香一定会说没有这种需要。参阅米香(1961年)。
[②] 斯塔克(1944年),第 1 页;布劳格(1968年),第 1—8 页。

重点从生产作为一种增加财富的过程转移到生产作为一种交换的现象,从一心注意分配的份额转变为注意资源的部署吗?确实,莱昂·瓦尔拉的"功绩"正是在这一方面。这种"功绩"是否值得钦佩,那是另一个问题。①

---

① 在有关这篇论文的研究工作中曾受到国家科学基金组织(补助金 GS—1516 和 GS—1997)以及西北大学的支持,谨此致谢。又承托马斯·T.塞金教授、塞谬尔·霍兰德教授、唐纳德·A.沃克教授提供宝贵意见,在此一并致谢。

维尔弗雷多·帕雷托与边际主义

文森特·J.塔拉西奥[①]

潘塔莱奥尼曾说过,科学史不是一台我们知道其构造和作用原理的机器:"历史是人写的,因此我认为支配科学史的标准是可以争论的。当然,标准一有变更,评判就会改变。"[②]潘塔莱奥尼的思想对有关"边际革命"的讨论特别有关系。我们这个学科里边际主义的出现是否能称为革命性的,在很大程度上取决于人们怎样看待它的起源,以及它对经济科学和经济思想的影响。

起源问题极其复杂。似乎曾有许多潮流和反潮流——经济学内部产生的和外生的——都在不同程度上影响边际主义的发展。[③] 那么,边际主义可以作为一个很好的例子,说明历史研究中非常普通的一种情况,认清和叙述一件大事,比说明它何以会发

[①] 文森特·J.塔拉西奥(Vincent J. Tarascio),美国北卡罗来纳(在查佩尔希尔)大学经济学教授。

[②] M.潘塔莱奥尼的"维尔弗雷多·帕雷托"一文,载《经济学季刊》第33期(1923年9月),第431页。

[③] 布劳格教授在《经济学说回顾》(霍姆伍德,伊利诺斯州,1968年),第304页,曾指出"人们提出的历史的解释大致属于四类:(1)经济学科范围以内自发的理智发展;(2)哲学思潮的产物;(3)经济组织中一定的制度变动的产物;以及(4)对社会主义(特别是对马克思主义)的强烈抗议。"

生,要简单得多。①

"边际革命"这个名词可能会产生一种印象,以为边际效用的概念很快就被人接受。这样的印象会是错误的。豪伊教授说过:

> 这个概念非常缓慢地渗入经济学家的思想,并且不得不一次又一次地克服惰性和有时遇到的积极反对。边际效用学派二十年后才出现,可是在整个这一时期(1870—1890年)以及此后的一段很长时期中〔着重点是我加上的〕,边际效用概念和那些较老的见解并列,作为经济思想的一种新的可是次要的变体。②

似乎,边际主义的出现之所以带有革命性,不是从时间(就是,边际主义取得立足点的速度)来说,而是从它对经济学的关系来说。边际主义不仅表现在分析的方法上,而且也表现在经济学的范围和含义方面。在这个意义上,边际主义无疑是使经济思想革命化了。但是,这个过程包含一段很长的时间,其中各个著作家的贡献彼此不同。最初的几炮是杰文斯、门格尔和瓦尔拉在19世纪70年代放的,但这个战役到1897年帕雷托还在打,当时他觉得有必要保卫"经济学的新理论"。他说:"对我最近发表的一项作品(《政治经济学教程》)的几种批评已经使我看出了,可以用来考虑一些新经济理论的某些观点还没有被人透彻理解。"③

---

① 除了内在的复杂性以外,在分析一种特殊现象时会发生另一类复杂性。用以考虑要分析的问题的方法有许多。例如,上页注③提到对边际主义的四点历史的解释,实际上讲的是边际主义的完全不同的一些方面——客观的、哲学的、制度的和意识形态的。这些解释中哪些最为适当,决定于此项研究的目的。即使把所有的这些方面都放在一起来研究,也不能说明整个情况,因为我们总是论述一些抽象的东西。
② R. S. 豪伊:《边际效用学派的兴起》(劳伦斯,堪萨斯州,1960年),第 i—ii 页。
③ 维尔弗雷多·帕雷托的"经济学的新理论"一文,载《政治经济学杂志》第5期(1897年9月),第585页。

帕雷托在边际革命中的任务不是仅仅为前人的学说辩护。他自己对经济理论的贡献是人们熟知的,在这里没有复述的必要。①但是一般被人忽略的是,他的贡献发源于有意识的努力,这反映了他对方法学和方法的见解。实际上,帕雷托在他一生中同时对几个方面作斗争:(1)对德国历史学派,为了保卫理论;(2)对"从事著述的"经济学家,为了保卫数理经济学;(3)对"马歇尔的信徒",作为一般均衡分析的提倡者;以及(4)对那些仍然眷恋形而上学的人。这些斗争中有些涉及边际主义阵营内部的个人,在差不多每一种情况下,争论的基础多半是方法论的,而不是理论性的。

本文的目的是考察帕雷托的方法论中和边际主义有关系的那些部分。虽然我在其他地方曾讨论过帕雷托从方法论着手来研究经济学,我并没有把他的见解特别和他的经济理论联系起来。②

效用和价值

在经济学方面,帕雷托进行研究所用的材料只有一部分是他自己的。他受到库尔诺、杰文斯和瓦尔拉的影响。再则,根据潘塔

---

① 或许关于帕雷托的最不著名的作品是一批论文,发表在《经济学人杂志》第64期(1924年1—2月),第1—143页,各篇论文的作者分别为M.潘塔莱奥尼、E.巴罗内、V.里奇、L.阿莫罗索、A.德·彼得里—托内利、G.德尔·韦基奥、M.凡诺、V.戈比、G.博尔加塔、R.贝尼尼、G.普拉托、R.米凯尔斯、E.奇科蒂、G.莫尔塔拉、F.芬奇、P.祖加罗等。

② 文森特·J.塔拉西奥:《帕雷托的从方法论来研究经济学:经济思想的一些科学方面的历史的研究》(北卡罗来纳州,查佩尔希尔,1968年)。

莱奥尼的看法,假如没有埃奇沃思和欧文·费希尔,他的关于效用论的著作可能不是现在这样。① 但是,这些"新的经济理论"的意义,在帕雷托看来,比通常"边际效用学派"的意义广阔得多。用学说的观点来看,可以认为边际效用论是对生产成本价值论的背叛。在这个意义上,边际革命是价值论方面的一种革命。另一方面,边际效用也代表经济分析一般使用的最大限度化的方法。学说的和分析的方面以及它们的含义在逻辑上是不同的。帕雷托坚决支持"新的经济理论"是有条件的,就是,他认为这些理论的分析方面比学说方面更为重要。

关于学说方面,他往往爱好批评同时代人物的见解。首先,有"价值的起因"问题,这是以前论战的结果,深入许多他的同时代人的思想。例如,根据帕雷托的说法,瓦尔拉断言"应该肯定,稀少性是交换价值的原因"。② 帕雷托相信,瓦尔拉说稀少性是交换价值的原因,就是犯了方法论的错误,类似那些支持生产成本价值论的人。帕雷托的意见不同,他对两者都不支持。他用职能相互依赖这个概念来看待价值问题:

> 如果人们根据爱好来考虑,生产是既定的,交换价值就完全决定于爱好;因此,价值的起因是效用。另一方面,对一个从障碍或困难〔生产〕来考虑的人说,价值的起因是生产成本。如果在障碍或困难方面人们只考虑劳动一项,价值的起因就

---

① 潘塔莱奥尼:《维尔弗雷多·帕雷托》,第584页。
② 维尔弗雷多·帕雷托:《政治经济学手册》(米兰,1906年),第3章,第227节,第235—236页。

完全在于劳动。这就是马克思怎样考虑的——在他的价值论中其他条件都被排除,结果价值仅仅决定于劳动。①

那么,"价值"可以被加上任何意义,这决定于人们愿意考虑哪些条件。在帕雷托看来,流行的"交换价值"的定义"有严重的缺点,因为它使人想到交换价值是客观的东西,是事物的一种特性……"②这一切使人回忆到一切科学的一种形而上学的阶段:

> 在每一种科学的早期阶段,往往会有很多关于名词的推论,而不谈事物本身。然而,这种进行的方法不是完全错误的。文字常常是人们的经验的贮藏所,只要一种新诞生的科学还没有能自己累积起大量的直接经验,借助于由文字(比较模糊地)表示的共同的经验贮藏,也许是有益的。③

但是,也有"由于日常语言说不清楚这些经验而带来的缺点"。④ 习惯了以后,脑子里的概念成为"真正的实体",以致一些个人会错误地认为它们具有重大意义,远远超过它们对科学的重要性。"价值"问题就是一个这样的例子。一个结果是,经济学上有关这个名词的许多争论都是浪费时间。为了这个原因,帕雷托试图避免使用这个名词:"我讲授关于政治经济学的全部课程而不

---

① 维尔弗雷多·帕雷托:《政治经济学手册》(米兰,1906年),第3章,第225节,第234页。

② 维尔弗雷多·帕雷托的"数理经济学"一文,载《数理科学百科全书》,第1卷,第4册,第4分册(巴黎,1911年)。英译为《数理经济学》,载《国际经济论文》第5期(1955年),第59页,注6。

③ 帕雷托:《经济学的新理论》,第497页。

④ 同上。

用'价值'这个词,只有在讲经济学说史时提到它。"①

根据以上说到的关于帕雷托对"价值"的一些见解来看,可能显得他不过是模棱两可地议论经济学里使用的名词的形而上学的性质。在某种程度上这是对的。另一方面,并且更重要的是,这一番讨论可以作为一种绪言,导致关于"新的经济理论"的一项很重要的结论。用帕雷托的话来说,"有人认为新的经济理论是提出来解释价值的。绝不是这样!我在寻求和价值的那种形而上的原因大不相同的东西。"②如果那些"新理论"的用途不是解释价值,又是什么呢?帕雷托的回答是简单的:"我寻求一种可以包括和呈现经济事实的理论。就我来说,我仅仅知道一套纯经济学的方程式能够达到这个目的,正像那一套天体力学的方程式解释和表现天体的运动那样。我没有其他原因要接受纯经济学的理论。"③整个"价值"问题,如果用一套说明一般均衡的方程式来看,就呈现一种不同的意义。得到数学的帮助,人们就能创立一些方程式,可以表现出他们所要考虑的一切表面上没有关系的现象的相互依赖。④不仅证明关于"价值"的起因的一些讨论会使人迷惑,而且所谓"新理论"是专门为了解释"价值"的这种说法,反映出一种相当狭隘的

---

① 维尔弗雷多·帕雷托的"论经济原理"一文,载《经济学家杂志》第 22 期,(1901年 2 月),第 131—138 页。英译为"论经济原理",载《国际经济论文》第 3 期(1953 年),第 207 页。
② 同上。
③ 同上。
④ 维尔弗雷多·帕雷托的"论经济现象。致贝内代托·克罗切函",载《经济学家杂志》第 21 期(1900 年 8 月),第 139—162 页。英译为《论经济现象》,载《国际经济论文》第 3 期(1953 年),第 184 页。

对于新理论的适用范围和意义的看法。

总之,在帕雷托看来,经济学的"新理论"的重要性不是主要在于它们能解释"价值",而是在于能用一项颇为简单的假设——享乐主义的假设——把很多经济现象联系起来。纯经济学,通过和其他科学的类比,用演绎法从一项或者很少几项原理得出许多结论。① 据帕雷托说,边际效用学派的享乐主义的假设已经过了试验,效用论的结果倾向于符合人们观察到的行为。因此它是一种有用的假设,即使是应用功利主义者的一般意见,所谓人类想要以最小限度的痛苦取得最大限度的快乐。② 虽然帕雷托在价值问题上和许多同时代的人意见不同,他能认识到边际效用论对经济分析的重要性。然而,即使在这里他也觉得还有"改进"的余地,下面我就要讲这一点。

享乐主义的假设和帕雷托的选择原理

关于帕雷托对边际效用理论的贡献的那种比较普通的看法是,通过使用单调的(换变指数函数),他能避免必须使用基本的效用计量单位。③ 因此"边际效用学派"的基本效用论被一种序数效用论所取代。这种看法仅仅显示有关帕雷托的一个比较一般的问

---

① 维尔弗雷多·帕雷托的"论经济现象。致贝内代托·克罗切函",载《经济学家杂志》第21期(1900年8月),第183页。
② 同上。
③ 例如,关于帕雷托对效用论的贡献,参阅约瑟夫·熊彼特的"维尔弗雷多·帕雷托(1848—1923年)"一文,载《经济学季刊》第63期(1949年5月),第162—163页。

题的一部分。作为一个起点,让我们从多少有点熟悉的东西开始,然后再说到比较不熟悉的。

如众所周知,享乐主义的假设,从经验主义科学的观点来看,受到一项重要的限制——它要求效用可以计量。这个要求,帕雷托认为特别麻烦:

> 因此我觉得人们可以再前进一步。我为那需要计量的快乐和痛苦担忧,因为实际上没有人能够测量快乐。①

此外,享乐主义的假设中也含有一个定义上的和逻辑上的问题:

> 这里有两条推理的路线:"(1)某人从 A 那里得到的快乐多于从 B 那里得到的。他因此选择 A,并根据这一事实而得出一定的方程式。(2)某人选择 A,并由此得出一定的方程式。"②

第一种说法包含一个意义不清楚的名词,就是,快乐:

> 人们必须或者给它一种与选择无关的定义(并且在这种情况下必须证明那第一项命题,我不知道这一步是否做过……),或者,像实际上已经做的那样,人们使那个快乐取决于选择。在这种情况下,第一项命题是同义反复。所以,在无论哪一种情况下,人们都应该排除它;或者因为它是有疑问的并且引起困难……或者因为它无用。③

为了上面引文中含有的理由,帕雷托用"具体选择的事实"④代替享乐主义的假设。只需要有选择的原则;快乐和痛苦的考虑,

---

① 帕雷托:《论经济现象》,第 183 页。
② 同上书,第 190 页。
③ 同上书,第 191 页。
④ 同上书,第 190 页。

就他的目的来说,是多余的。

用选择的原则代替享乐主义的假设来进行研究,还有其他的利益。第一,它扩大(效用)理论的范围,而同时避免关于动机的考虑:

> 我选择了它〔莱茵河酒〕是不是因为我喜爱莱茵河酒,或者因为医生的规定以及我不爱喝普通的酒,或者因为我要陪一位喜爱莱茵酒的朋友喝一杯,或者为了任何其他的原因;这一切都不要紧。我只管〔选择的〕事实。[1]

第二,两种酒之间的选择不需要是一种精心计划的选择,像享乐主义的假设所要求的那样。[2] 它所需要的只是前后一贯性,在这种情况下,选择"只有在如果人性、爱好和习惯要改变时才会改变"。[3]

选择的原则不一定排除有关一种选择情况在其中发生的环境的主观考虑。"不稳定"是一个例子。哲学家克罗切批评帕雷托的选择的原则,因为在一种选择的情况下个别行动者会面临各种不同的自然状态。他说一个人不可能想象自己在同一时刻处于几种不同的情况之下,最后断言,"想象有它的规律,不允许想象不能想象的东西。"[4] 帕雷托对克罗切的批评的答复是:为了作出一项可能的选择,不必要想象自己在同一时刻处于几种不同的情况之下。通常的情况是,选择的情境包含一再的比较,直到作出一种选择为

---

[1] 帕雷托:《论经济现象》,第191页。
[2] 同上书,第189页。
[3] 同上书,第191页。
[4] 贝内代托·克罗切的"答复帕雷托教授"一文,载《经济学家杂志》第22期(1901年2月),第121—130页。英译为《论经济学原理》,载《国际经济论文》第3期(1953年),第201页。

止。例如,以物品 A 和 B 比较,然后以 B 和 A 比较,一再地比下去,直到做出实际的选择为止。更重要的是,帕雷托争辩说,可能的选择总是以预期的效用为根据,以将要被消费的物品的概念为根据,而不是真正消费的事实,那是在事后。因此随机的因素是存在的,但是由于经验(反复的尝试),这种因素的影响减少:

> 当我吃橘子的时候,我会感觉到我曾经想象的快乐和我现在经历的快乐两者有所不同,并且,对这样一种感觉的回忆将是一项会改变未来选择的因素。这是种种原因之一,可以说明为什么经济理论只有就常常重复出现的事实而言,才接近于实际情况,绝不是指(单独一次的)选择或者一些例外的、特殊的事实。①

帕雷托的关于预期效用的讨论,使人联想到后来那些以学习论为基础的"动态的"效用理论:在刺激—反应分析的范围内(刺激—反应分析在选择论中被表现为接连发生的一些重复的静态决定情况),假定个人会趋向于取得最大限度快乐的行为。②

在以上关于可能的选择的讨论中,帕雷托借助于包含效用的例证。这似乎包含一种矛盾,因为他的议论会有利于选择的原则,而不是有利于享乐主义的假设。然而帕雷托区别了主观的和客观的考虑。他想要用选择的原则替代享乐主义的假设,是以客观的考虑(就是,科学的理由)为基础的;而他从来没有否认主观的效用

---

① 帕雷托:《论经济学原理》,第 206 页。
② 哈特、马沙克、沃尔德和卢斯的比较晚近的著作代表这种理论路线。参阅詹姆斯·墨菲和文森特·J.塔拉西奥的"变化无常、学问和动态的效用论"一文,在计量经济学学会的冬季会议上提出(底特律,1970 年)。

因素的重要性(就是,包括个人行动者)。① 由于不能了解这一特点,以致一些著作家认为帕雷托在"完全摆脱老的效用学说"方面碰到困难。② 要点是帕雷托从来没有要使自己"摆脱"效用学说的主观方面。这一点在他的社会学里十分清楚。③

在他的纯经济学里,帕雷托的主要兴趣是在客观方面。所以他强调"选择"。实际上他甚至把纯经济学解释为选择的科学:"我一点没有困难,可以证明这种说法是正确的,就是,纯经济学只研究对那些数量可变并可以测量的东西的选择。"④这种解释仅仅适用于和应用经济学完全不同的纯经济学,前者包括制度的因素。帕雷托的纯经济学的概念是它包含对客观因素的研究,就是,研究各种经济数量之间的关系,而不管个人(主观的因素),不论是从动机还是从规范的含义来说:"个人可以消失;我们不再需要有他才能确定经济平衡。"⑤从边际效用论者的个人主义的(和主观主义的)倾向来看,这是一种相当值得注意的说法。但是帕雷托承认,在现有的边际效用论的范围内,个人是多余的,因为人们用这个名

---

① 关于帕雷托对一个命题的客观、主观和效用方面的区别,参阅文森特·J.塔拉西奥:《帕雷托的从方法论来研究经济学》,第95页。

② 熊彼特,第163页。

③ 在他的社会学中,帕雷托指出,在变化无常的情况下,个人在选择方面就采取主观的盖然性。即使在许多情况下客观的盖然性是不可能的(像在含有冒险的情况下),这并不排斥主观的盖然性。后者不一定包括基数,只要序数排列就够了。帕雷托的《社会学通论》(佛罗伦萨,1916年),英译本为《思想与社会》(纽约,1935年),译者是阿瑟·利文斯顿,见第1卷,第553—565节,第334—342页。拉姆齐、冯·诺伊曼和摩根斯顿、萨维奇、德·菲内蒂的著作在不同程度上仿效这种理论。

④ 帕雷托:《论经济现象》,第188页。

⑤ 帕雷托:《数理经济学》,第61页。

词指的是一个人而不是一个系统里的一个元件。乔吉斯库—罗根对这种情况说得很恰当,他指出:

> 一种关于人的科学完全把人排除在局外,显然是不合适的。但是,标准的经济学对于用一种无人的场面来运行,特别感到得意。帕雷托公然声称,只要我们已经确定个人所掌握的手段,并取得"对他的爱好的逼真的印象——个人就可以消失"。个人就这样被化为仅仅是效用功能的一个微点 $\phi_i(X)$。逻辑是完善的:人不是一种经济动因,只是因为没有经济的过程。只有一种拼合益智图式的活动,用特定的手段配合特定的目的,这需要计算机,不需要动因。[①]

在上面这一段引语中虽然乔吉斯库—罗根似乎是批评帕雷托,问题的实际是,用乔吉斯库—罗根的话来说,帕雷托敏锐地看出"边际革命"把纯经济学改变为一种"无人的科学"。帕雷托不过是搬掉正面的遮板,暴露纯经济学的所谓"经济人"的真面目——既不是经济的,也不是人的。换句话说,边际效用论的一项合乎逻辑的含意是一种比较普遍的数理的边际主义,具有种种优点和缺点。这些优点和缺点将在下面各节中提出。

爱好和障碍

"边际革命"使均衡观念被提炼得比较精密,并且在经济分析

[①] 尼古拉斯·乔吉斯库—罗根:《分析的经济学》(坎布里奇,马萨诸塞州,1966年),第104页。

中广泛运用。精练的内容主要地是用数理测定静态均衡和一种对稳定性条件的研究。这个观念被扩大了,可以包括个人、商行、市场和最后的一般经济均衡。

有许多方法可以用来进行经济均衡的研究。人们可以从根据直接(主观的)经验得出的概念开始。这些概念可以包括"价格"、"资本"等等,以及据说这些"现象"在那里出现的制度环境,就是市场等。这些概念也可以由各种不同的经济程序(例如,消费、生产和分配)组成。在瓦尔拉的《纲要》中,我们看到对交换、生产和资本化的研究,后两项是在限制性的假设放松时加到第一项上面去的。① 中心的焦点是个人,作为物品的需求者和要素服务的供给者。企业家也在那里,但是在幕后;他购买要素服务和生产物品。就消费者和企业家而言,"客观的作用"分别是取得最大限度的效用和取得最大限度的利润。

进行均衡研究的另一种方法是用一些比较单纯的、不那么复杂的概念替代那些从直接(主观的)经验得到的概念,以便比较精密地研究均衡。这种抽象的方法,为了取得较大程度的普遍性,向来是一切自然科学的特征。或许对帕雷托所说的那种一般均衡的最简明的介绍,是包含在下面这一句话里:"科学前进,是通过以物与物之间的关系代替人的概念与概念之间的关系(这些关系是我

---

① 莱昂·瓦尔拉:《纯政治经济学纲要》(巴黎,1926年)。威廉·雅费的英译本为《纯经济学纲要》(霍姆伍德,伊利诺斯州,1954年)。这样在瓦尔拉身上的重复叙述,对于关心数理说明超过关心经济内容的人,可能显得累赘。另一方面,一个学生在瓦尔拉的《纲要》中比在帕雷托的《手册》中大概可以学会较多的经济学。《手册》对那些已经精通《纲要》的人比较有用。

们首先想到的)。"[1]所以,如果人们想要了解那种决定经济均衡的相互关系,"通常推理"中所用的概念有许多可以不需要,只须研究出一套完全有普遍性的数理逻辑系统。这样的一种系统可以处理那些没有说明的、受到一定限制的"东西"。像熊彼特指出的那样,瓦尔拉和所有的边际效用论者都在"致力于解答最终归结为仅仅一个问题的那些问题:所有他们的问题——不仅生产的问题——都是经济数量转变中的问题,并且形式上相同,区别只在于经济行动在不同方面所受的限制不同"。[2]

就帕雷托来说,他想象中的均衡是"爱好"和"障碍"对比的结果,通过他的这个概念可以取得较大程度的普遍性。[3] 爱好是推动个人采取行动的"力量"。障碍是加在系统上的束缚。这些束缚可以用不同方法来解释。对这些束缚的研究不仅产生关于交换、生产、资本化等理论,而且,更广泛地,产生几乎任何形式的"可能想象的关系"。[4] 然而,帕雷托作为一个实际问题指出:"我们必须通过观察正确的事例,选择其中我们特别感兴趣的那些例子。"[5]

在帕雷托的系统中,生产、交换、消费和分配不再作为有区别的东西而存在。阿莫罗索指出:"在现实生活中不存在着事物的区别,相应于这种文字上的区别……一切经济问题都包括在一般的

---

[1] 帕雷托:《论经济现象》,第196页。
[2] 熊彼特,第158页。
[3] 参阅帕雷托:《手册》,第4和第5章。
[4] 帕雷托:《数理经济学》,第65页。
[5] 同上。

均衡条件之内。"①帕雷托用数学的语言,制定出一种很普通的经济均衡理论。事实上,那么普通,以致结果得出的方程式体系他觉得并不新颖:

  让我们回到那些决定均衡的方程式上来。看到这些方程式时,有人——也许是作者——说了这样的话……"这些方程式在我看来似乎不是新的,我熟悉它们,它们是老朋友。它们是理性力学的方程式"。这是何以纯经济学是一种力学或者类似力学。②

  和理性力学的类似,不仅在于方程式本身。边际效用的概念相当于力学中的"力"。按照帕雷托的说法,假定选择的原则,"那某种东西就已经不在那里。然而,丢开力的概念,力学也能研究"。③在纯经济学中,人们依赖方程式本身;因此,据阿莫罗索说:"函数(指数)一经知道,均衡的位置立刻就被测定,这个函数,以它的导数的迹象,会表示运动的方向。"④就均衡论来说,帕雷托对"边际革命"的贡献是通过使用指数函数扩大边际主义,而同时用数学方法证明边际效用经济学家最终在试图解答的那些问题和力学中的问题很相似。所以纯经济学是研究经济学的一些力学的方面,这一点还值得进一步澄清,因为,关于边际革命的所谓机械的特性,一直存在着很多的误解。

---

  ① 卢吉·阿莫罗索的"维尔弗雷多·帕雷托"一文,载《计量经济学》第6期(1938年1月),第6页。
  ② 帕雷托:《论经济现象》,第185页。
  ③ 同上。
  ④ 阿莫罗索,第5页。

纯经济学、应用经济学和政策

到现在为止,讨论了帕雷托对理论或者帕雷托和他的一些同时代人物称为"纯经济学"的贡献。在帕雷托看来,纯经济学处理"经济学的很小一部分",就是,那可以分析的一部分:

> 这就是经济学怎样部分地变成数学的;自从它开始讨论数量并确立这些数量变化之间的关系,它就进入数学的领域。①

纯经济学中所研究的那种数量和关系,有几分代表"机械的现象"。纯经济学,和其他科学比拟,是经济学中研究机械方面的一部分:

> 解剖学研究许多东西,其中有通过肌肉的作用而产生的骨结构运动。讲到这项特殊的研究时,一个懂得力学的人会说:"但这是关于杠杆的理论。你们解剖学家要改造千百年来人所共知的一种理论,是没用的。"解剖学的这一部分——我们叫它 X 解剖学,更清楚一些——是一个机械的部分。②

纯经济学和力学的相似之处,不是仅仅在于方程式体系。也有规范的和方法论的含意。就规范的含意来说,一个对纯经济学有兴趣的经济学家不需要为经济学的规范方面操心。再和其他的科学相比:

> 一个人踢另一个人。在这一现象中,有一部分不仅是类

---

① 帕雷托:《论经济现象》,第 182 页。
② 同上书,第 186 页。

似,而且实际上和一种机械的现象相同,就是说,脚的运动、人的平衡或者架势等,完全是机械的现象。然而它们最终导致一种行为,那没有疑问会受到赞许或者反对。因此,为什么经济现象中类似机械现象的那一部分不应该同样地导致一种会受到赞许或者反对的事实呢?①

帕雷托承认,在上面他的举例中,除了纯粹机械的事实以外还有一些东西;在经济现象中,除了纯经济学所研究的以外,也有一些其他的东西。情况会总是这样,由于具体经济现象的复杂性,我们在主观的困难下吃力地工作。所以,我们"把它(具体的现象)分为多少有些武断的部分,并且这样的区分,或者分析,是各种科学的基础"。②

因为纯经济学只讲到经济现象的机械的方面,它解答具体问题的能力是很受限制的。再和其他的科学相比,应用经济学考虑纯理论中所忽视的复杂情况:

> 某些数理经济学家可惜不免要犯的一种很深的错误,是想象数理经济学家能直接解答实用经济学的问题。情况并不是这样。数理经济学只是许多部分之一,这许多部分合在一起能提供实际问题的解决方法。它对这些实际问题的关系和理论力学对应用力学的关系一样……③

帕雷托常常用"不完全的合成"这个词来指经济学家们喜欢完

---

① 帕雷托:《论经济现象》,第 186 页。
② 同上。
③ 帕雷托:《数理经济学》,第 88—89 页。

全在纯理论的基础上设法解决具体问题。① 在帕雷托看来,纯理论处理具体问题的能力总是有限的,因为这是由于它的本性:

> 在创立经济学方面的理论时,如果认为从供求法则出发,比从早期经济学家的"效用"出发,或者从时代较近的经济学家的"边际效用"或者"稀少性"出发,更接近于具体情况,那是幻想。无论我们干什么,我们总是依靠抽象作用,没有其他办法。②

对我的目的有重要关系的是,帕雷托要求人们注意边际主义在解决具体问题方面作用有限。这种局限性主要地是它的机械性质的结果。纯经济学的机械性质,帕雷托不把它看作一种"缺点"(和边际主义的许多批评者相反),而只是作为一种局限性,可以用以下这些方法解决:(1)通过连续不断的近似值的过程,考虑错综复杂的情况,(2)考虑制度因素的影响,就是,考虑市场结构等(应用经济学),以及(3)各个社会科学的一种综合(社会学)。帕雷托在上面提到的所有的这些领域里进行工作,但是他肯定认为(3)最重要:

> 十年来我总是一再地说,为了研究一种现象,人们必须首先分清它的成分,进行分析,然后,为了解决一个问题,人们必须把各种科学的一些结论放在一起,作出综合。③

---

① 菲利普·威克斯蒂德是帕雷托引证的一个这种例子。他认为他曾经在简单的数理"证明"(就是,边际生产力论)的基础上解答了具体的分配问题。后来威克斯蒂德认识到他的"不完全的合成"的谬误。参阅威克斯蒂德的《政治经济学常识》(伦敦,1933年),第 815 页,注。
② 帕雷托:《思想与社会》,第 4 卷,第 2409 节,第 173 4—1735 页。
③ 帕雷托:《论经济现象》,第 186 页。

他认为,人类的行动基本上是综合的性质;所谓经济人、道德人、宗教人仅仅作为概念而存在,因为具体的人的行动包含他们的某种结合。[①]

帕雷托在纯经济学方面进行研究所用的工具是静态均衡的理论。所出现的运动是趋向均衡状态的运动或者倾向。外部的力是爱好和障碍,这些是《手册》中明确考虑的仅有的力。帕雷托认识到,实际上,这个系统在内部和外部的力的作用下不断地运动。内部的力,主要地是非经济的,影响外部的力,结果经济动力学真的并入社会学。[②]

帕雷托的社会学

帕雷托的社会学极端复杂,我不打算作详尽的分析,连概要也不讲。[③] 我将集中注意力于那些从边际革命来说是特别重要的部分。[④]

帕雷托,像以上提到的那样,强调"纯经济学"在解答具体问题

[①] 帕雷托:《手册》,第1章,第15节,第11页。关于一种比较详细的有关帕雷托对范围的看法,参阅文森特·J.塔拉西奥的《帕雷托的从方法论来研究经济学》,第4章。

[②] 这种动力学的定义和今天的所谓机械动力学不同,在后者中人们研究从一个均衡到另一个均衡的时间路线。

[③] 帕雷托的社会学理论包含在《通论》中。关于这一理论的改编和说明,参阅《事实与理论》(佛罗伦萨,1920年)和《民主的改革》(米兰,1921年)。

[④] 这样做的时候要有些保留,因为在仅仅讨论帕雷托的社会学的一部分(实际上是一小部分)的时候,我对一部很复杂的著作只能做到很不全面说明。希望读者注意这一点。

方面所受的限制。他的社会学可以作为他在处理具体问题时心目中所有的那种"综合体"的一个范例。帕雷托的社会学可以被看作一种"经济社会学",并不是因为其中包含很多的经济学,而是因为它代表一种从纯经济学到政策的必然发展。因为政策包含政治,他的社会学是一种政治作用的社会学。再则,帕雷托是由一个经济学家转变为社会学家的,他把他的经济学所特有的许多概念带给了社会学。最好的例子是他的社会学的"效用"理论。[①]

在他的社会学中,帕雷托把"效用"解释为从各种来源(经济的和非经济的)得到的满足,和稀少性对比的区别是后者仅仅代表从经济来源得到的满足。他然后假设社会系统中的个别行动者对于什么东西对他们自己以及系统中其他的人有益,是有一些概念的。换句话说,每个人有一种主观的福利函数。系统中每个人根据他自己的想象估定别人的效用的重要性。就每个人而言,存在着一种理想状态,那使得他的主观福利函数达到最大限度。既然个人关于什么东西对他们自己和别人有益的概念彼此不同,就是,个人的概念不一样,那么,一种可以满足本系统中全体成员的社会状态存在的可能性极小。换句话说,系统中的内部束缚很多,以致对那一套微分方程式无法解答。然而,社会具有一定程度的凝聚性。其所以能这样的原因,是个人情愿服从一个高级权威——例如政府。

帕雷托一开始就假设政府的政治福利函数是特定的;政府指定系数给全体个人的效用函数,一些人受益而另一些人受损。换

[①] 参阅帕雷托:《思想与社会》第 2 卷,第 2105—2155 节,第 1452—1500 页。

句话说,帕雷托是叫人注意一切政策的差别的影响。后来,帕雷托把政府纳入这个系统;他从事于对政治作用的分析。政治作用被看作政府和个人(以及集团)相互地试图把对方的福利系数变为他们自己的。系统中的动力因素是思想意识(衍生物)。[1]

帕雷托接着就说明一种包括一切的帕雷托式社会最佳状态。双重福利标准的一项重要含义是,帕雷托式社会最佳状态的条件也许和帕雷托经济最佳状态的条件不一致。[2] 实际上,假如不是这样,反倒奇怪,因为在具体现实中,除了对影响目标和政策的效率的种种考虑以外,还须考虑其他的因素——例如,公平。

帕雷托的社会学的"效用"和福利论代表一种先驱性的努力,把"边际革命"扩大到经济学的范围以外。通过他这样把边际原则应用于政治作用的分析,他证明了这个原则的普遍性。他又说,曾经被假定为基本上是质的现象,也可以对它们作量的分析。用帕雷托的话说:"像通常认为的那样,根据我们已经说明的道理,也可以说效用问题(在社会学中)是量的,而不是质的。"[3]

帕雷托的社会学也代表一种对他的纯经济学的机械性质的平衡力。在纯经济学里,个人被约束得按一种特殊的方式行动。个人一级的变数是价格、爱好(假定的效用函数)和工艺技术(假定的生产函数)。其中任何一项有所改变,结果就会产生一种新的均衡

---

[1] 以上简叙的帕雷托的效用论另有一种详细的和比较有力的陈述,参阅文森特·J.塔拉西奥的"帕雷托的福利论,某些被忽略的方面"一文,载《政治经济学杂志》双日刊,第77期(1—2月号,1969年)。

[2] 因此帕雷托预期所谓"第二个最好的"理论。

[3] 帕雷托:《思想与社会》,第4卷,第2155节,第1500页。

结构。个人能相互影响或者能集体行动来改变系统中的变量(就是,通过人与人之间的相互作用)的能力被假设不存在。实际上,个人确定集体地行动来改变条件,以便把他们的利益(例如工资和利润)增加到最大限度,或者在私人方面或者在政治方面。这种倾向,以及它的经济后果,不仅在帕雷托的社会学中得到承认,而且成为中心话题;用非常普通的方法考察政治作用,结果社会学的一个重要部分成为对人与人之间相互作用的分析(和作为纯经济学的特征的那种与个人无关的相互作用大不相同)。前一种类型的相互作用包含主观的和动态的考虑,而后者把注意力集中在客观的静态的方面。① 在帕雷托的纯经济学里,经济人和机械人相似。这就是帕雷托要达到的目的,所以他说:"为了测定均衡,个人完全可以用曲线替代。"② 在他的社会学里,帕雷托讲的是合成的人,他的行动从经济的、政治的、伦理的……各种动机出发。那些动机代表一种心情和利益的复合物。

边际革命的一项重要后果是经济学的范围缩小。帕雷托在他对纯经济学的范围狭小感到忧虑方面,不是孤独的。在借助于社会学这一点上,帕雷托多少承袭了经济社会学家的传统,像马克思、韦伯、凡勃伦和后来的熊彼特一样。他的同时代人物中一些其他的人,例如瓦尔拉和马歇尔,用了有点不同的方法。瓦尔拉的三部曲由纯经济学、应用经济学和社会经济学组成。马歇尔的《原

---

① 确实在经济学里我们说"主观的"效用,但这仅仅意味着假设个人知道什么对他自己最有益。这个假设的一项含意是它避免主观易变性,这是帕雷托在他的社会学中勇敢地对付的一个问题。

② 帕雷托:《数理经济学》,第62页。

理》是一种应用社会学。以上提到的这些著作家的作品或者含蓄地或者明确地承认(如果不是担心)纯经济学在处理具体问题方面所受的限制。

结 论

在帕雷托看来,"边际革命"代表经济学上一种进步,不是因为边际效用经济学家的学说,而在很大程度上,是因为他们所用的分析的(边际的)技巧。关于前者,他说明某些概念——"价值"、"边际效用"等等——对这门科学是多余的。再则他提高了经济均衡概念的普遍性,以便检查这种系统的特性。所有这些努力表示边际主义原理在经济学内部的扩展,而同时在抑制他认为是形而上学的成分。他也把边际主义引进社会学。总之,帕雷托对"边际革命"的贡献的重要意义是他超越了它特有的学说的范围,以及,由于这样做,他把经济学引向较大的理论上的普遍性。因此,他的理论工作代表早期边际主义者(边际效用论者)和现代经济理论之间的联系环节。

在他的社会学中,帕雷托辨别了被研究的问题的主观的、客观的和效用的方面。第一方面是关于个人行动者和他的知觉作用的;第二方面是根据实证科学的观点;第三方面包含在主、客观这两方面什么东西是"有益的"或者"好的"。这些区别也适合于"边际革命"的讨论。在这篇论文里我主要地谈了主观的因素,即帕雷托的作用。

"边际革命"的客观的考虑可能使人联想到经济学感觉不到外

部的影响,尽管承认外部影响有一定的重要性。[1] 最后,边际主义的效用方面包含一种判断:作为"边际革命"的结果,是不是经济学受了益或者受了害。似乎是,经济学增添了精密性,但是范围缩小了。帕雷托强调需要"综合"的时候,他是很知道这一点的。

在"边际革命"影响了我们对世界的看法的范围内——我认为它已经影响了——它包含一种伦理学和一种神秘主义。像克罗切认识到的那样,"边际革命"的基本特性可以归结为四种概念:"机械的、享乐主义的、工艺的和利己主义的"[2]。今天,在"边际革命"的一百周年纪念日,微观经济学理论的基本特性仍然和"边际革命"的基本特性一样。

---

[1] 参阅 J. J. 斯彭格勒的"1870 年以后经济思想形成中外源的和内生的影响"一文,载《重大事件、思想意识和经济理论》,R. V. 伊格利编(底特律,1968 年),第 167—169 页;乔治·施蒂格勒:《经济学史方面的论文》(芝加哥,1965 年),第 22 页。

[2] 克罗切,第 173 页。

奥地利学派在多大程度上是边际主义者？

埃里希·施特赖斯勒[①]

T.W.哈奇森这样的一位权威曾强调说："'边际效用'这个词里重要的部分是形容词，而不是名词。"[②]讲主观价值的理论家首先是边际主义者，第二才是效用的经济学家。按照马克·布劳格的说法，[③]在1870年以后的边际主义者（或者不如称为新古典主义者）看来，"经济问题的本质"是寻求可以使特定的生产服务在竞争的各种用途中分派得能产生最佳的结果，所谓"最佳"的意义是使消费者的满足达到最大限度。这就排除了对资源的数量增多和质量提高，以及动态的欲望扩大的影响的考虑——这种影响，古典经济学家曾认为是经济福利增进的必要条件。我还要说，正是根据最大限度化问题的逻辑，一切真正的新古典经济学是必然可靠的经济学；静态的分析结构和暗含的关于丰富知识的假设之似乎有理，有密切关系。最后，边际主义本质上是一种决定论；用数学

[①] 埃里希·施特赖斯勒（Erich Streissler），维也纳大学经济学和计量经济学教授。
[②] T.W.哈奇森引自 M.布劳格的《经济理论回顾》，第2版（霍姆伍德，伊利诺斯州，1968年），第299页。
[③] 同上。

程序表的语言来说,它首先集中在客观作用上,其次集中在选择的可变数上,而对于种种限制则完全不讲。

在所有这些意义上奥地利学派不是边际主义者。或者把本文的这一主题说得比较慎重一些,边际主义不是他们努力的要点;它仍然是——对不起哈奇森——一个形容词,不是名词。边际主义是在门格尔的《原理》的中间部分引进的,但正是为了这个原因它不是这种逻辑结构的中心,不是根本原理。① 或者用门格尔自己的话来说,它"不仅仅[!]是他努力创造一种统一的价格理论"。②

门格尔的书是对亚当·斯密的《国富论》的一种有意识的补充,因此它不是静态的,而是有关经济进展的。它的目的是要说明物品的范围和质量方面的变化。它研究对经济行动的抑制,或者不如说是研究那通过选择变数方面的变化而发生的抑制方面的变化(主要不是对经济学上客观作用的研究);这种研究达到这样的程度,以致门格尔认为有必要强调这一方面作为经济理论研究的唯一目的。③ 最重要的是,它基本上是一种信息论,在靠不住的状态而不是在靠得住的状态下的经济理论。因为这些方面,奥地利派总是强调(我认为强调得对)说他们是主观价值学派,单独自成

---

① 正如 T. W. 哈奇森所强调的(我认为是错误的),尽管他在实际研究的基础上抱有同情的理解。《1870—1929年经济学说研究》(牛津,1953年),第141页。

② C. 门格尔:《国民经济学原理》(维也纳,1871年),第10页。英文译本是《经济学原理》,译者 J. 丁沃尔和 B. F. 霍斯利茨,编辑 F. H. 奈特(格伦科,伊利诺斯州,1950年)。

③ 门格尔的《原理》,第 ix 页:"这种理论上的国民经济学说……研究这样一些条件,人们在这些条件下开展预定的为了满足需要的活动。"

一派。

要反驳我的这种说法并不难,只须指出来自奥国的很大一批经济学家中许许多多的反例就行了。因此我们必须先解决这个问题:"那些奥地利人"是谁?谁是他们的最重要的著作家?有些人把这个荣誉归于弗里德里希·维塞尔,或是因为他的社会学的深邃眼光,或是因为他最能符合一般的新古典主义(或者边际主义的)传统。① 有些人把庞巴维克列在其他人之上,因为他在经济理论的一个方面留下了永久的标志。② 但是那些在丰富的产生结果的思想中,甚至在一种首创的和独特的对经济的看法中,看到对经济学最显著的贡献的人,会把卡尔·门格尔放在远远高于别人的地位,像哈耶克③或者我自己也会做的那样。

这不仅仅是一个个人爱好问题,而是一个事实问题。门格尔——当然,作为他这样的特定人物——具有那种身份、制度上的地位,可以使人不得不至少同意他最初的意见,因而成为这个学派的中心。他于1873年成为维也纳大学的副教授,1879年升任正教授。从那时起,按照当时流行的大学制度,他应负的主要责任不仅是讲授经济理论,而且最重要的是添聘理论经济学方面的教师。他的差不多无限的权威,只有那位担任经济政策讲座的同事能加以抑制。幸而这位同事起初是他父亲的朋友洛伦茨·施泰因,比

---

① 我认为,罗宾斯勋爵在他的《现代经济理论的演化》(伦敦,1970年)第204页上,倾向于这样的估价。维塞尔的成本法则被称为"主观价值论的整个建筑的基石",这种说法,在内容和认定创始人身份两方面都有点过分。

② 这似乎是约翰·希克斯爵士对等级制的尊重。

③ 哈耶克论奥国学派:"它的基本思想完全属于卡尔·门格尔。"见《卡尔·门格尔全集》序言,全集编者 F.A.哈耶克,第2版(蒂宾根,1970年),第1卷第v页。

他年长 25 岁,将近退休,而且无论如何他对政务的兴趣总超过对经济学的兴趣;后来他甚至有权可以挑选他的同事,在两次短暂的空缺以后他选中了一个亲近的学生,并且当然是极端崇拜者,欧根·菲利波维奇·冯·菲利普斯贝格。作为奥地利首都的讲座(因此是奥地利的首席讲座)的主持者,他和其他奥地利大学的经济学教授在理论上分享准许奥地利人加入经济学方面的学术研究专业的权利,但实际上分享的程度不大。并且,此项权利所需要的东西由当时仍然有效的(虽然现今已不存在)德国弗赖布格大学的规章表示得很清楚,此项规章宣告教授先生只接受"他的最亲密的朋友和真正的学生"参加博士课程;如果对博士学位是这样,那么,对"留校授课"这最后的"学位"一定更是这样!因此,在争取留校授课的论文中通常是大量引用这位大师的话,解释他的学说以及他是否喜欢那些根据他的主题而衍生的变化,甚至把已完成的著作献给门格尔作为纪念。① 人们可以想象"他这位大人物"②研讨了人们对他的伟大表示的敬意,并发现他不费多大气力就显示出正确的

---

① J.冯·科莫琴斯基以《孤立经济中的价值》(维也纳,1889 年)献给"维也纳大学国民经济学教授"门格尔。(很有意味,他后来 1903 年的那本书《信贷国民经济学》被献给庞巴维克,那时候他在学术集团中的地位已经超过门格尔。)同样,R.许勒尔的《古典国民经济学及其反对派》(柏林,1895 年)也献给门格尔。G.格罗斯的《企业利润论》(莱比锡,1884 年),在第 1 页上引用门格尔的话。H.冯·舒勒恩—施拉滕霍芬在《关于地租的概念以及本质的研究》的第 4 页上(莱比锡,1889 年),引用门格尔的话,然后又大量地引用。这很能说明问题,因为舒勒恩和庞巴维克一起在因斯布鲁克度过"争取留校授课"时期。(庞巴维克第一次在第 8 页上出现,然后又在其他十一处注解中出现,距离远的门格尔只得到五处。)还可以加上许多其他的例子。

② 这里称门格尔为"大人物"有一些夸张,因为他直到 1900 年才当上"机密顾问",已经在他拥有最大的眼前势力时期以后了。

判断,那"青年人"很有眼光地引用了别人的话,因此他有资格入伙。最好不要和他这位大人物发生争论,即使在已经成了一名(没有薪给的!)大学讲师以后;因为各大学在选任教授时很可能要征求他的意见。而且,一个人本身一旦成了教授,还是不能独立自主;因为他作为副教授开始,在升到正教授这个尊严的级位以前,上司也许还要再征询这位大人物的意见。因此问题不仅仅是普通的社会背景——这又是制度的结果,所有的奥地利人都是法律家(或者不如说是法理学家),其中大多数人和文官制度有密切关系,并且其中大约有一半是贵族——不一定是这种社会背景把奥地利人团结起来;而是门格尔的直接"影响",或者也许不如说是门格尔的掌握加强了结合力。门格尔,甚至不仅是一个学派的创始人,而且是一种社会制度的顶点!奥地利人必然是门格尔学派,像哈耶克强调的那样。[①] 因此我将简略地叙说奥地利学派在门格尔的统治下对边际主义的态度,这一段统治时期从 1879 年持续到 1903 年。我的评议主要以门格尔的著作和那些争取留校授课者的论文为根据——后者在国际上很不出名——这些,特别在 19 世纪 80 年代中,是在他的直接监督下或者至少是在他的密切指导下写成的。因为门格尔体现了独特的奥地利传统,并且他是所有的奥地利人中最不重要的边际主义者。他的学生避开他的影响越远,就越是边际主义者,恰恰因为他们避开了他,恰恰因为他们吸取同化了其他的传统。

---

① F.A.冯·哈耶克,参阅"维也纳学派"条目,载《社会科学袖珍辞典》(斯图加特—图宾根—哥廷根,1962 年),第 12 卷。

在一种着重谈这些其他传统各自的贡献的讨论会上,我认为我有责任要特别强调奥地利的传统。在19世纪,盛行的是门格尔的一套,完完全全是门格尔的东西;现在门格尔在很大程度上被人遗忘,正是因为他的后继者在维也纳得势的时期——维塞尔(1903—1924年)和庞巴维克(1904—1914年)两人的共同势力,后者在世时比较占优势——很大一部分真正门格尔的传统消失了。在门格尔看来,他的后继者在他们一生的晚年是没落分子,尤其是庞巴维克,他的有名的资本和利息理论被门格尔认为是"人们犯过的最大错误之一"。① 长寿的门格尔甚至在他的讣文传略中还责备庞巴维克,他说:"庞巴维克把过去学说里许多东西放进他对价值论的解说!"②正如庞巴维克有一次对熊彼特说的,这很能说明当时大学制度的特征:"科学通过那些将要一个个去世的老教授而进展。"③可惜,就门格尔来说,我认为,这是一次后退。因为门格尔在奥地利发动边际主义,同时走得比边际主义更远。并且,在他以及在我们看来,他的那些超过边际主义的观念是最宝贵的。门格尔是无比伟大的,因为他在创始边际主义的同时就胜过了它;因为,作为一个纯边际主义者,他肯定不是瓦尔拉的对手。④

我曾经说过,门格尔的《原理》试图概述一种关于经济发展的理论。这全部纲领性的说明,归结到第一章的第五节,题为"人类

---

① J.A.熊彼特:《经济分析史》(纽约,1954年),第847页,注8。
② 《卡尔·门格尔全集》,第3卷,第303页。门格尔在那里用贬义的旁白形容庞巴维克为主观价值论所起的传教士的作用,结尾用的是感叹号。
③ 熊彼特:《历史》,第850页。
④ 正因为他非常崇慕瓦尔拉,所以熊彼特不是一个能够说明奥地利学派真正成就的好指导,这些成就总是和瓦尔拉完全不同。

福利进展的原因"。在那里门格尔陈述了,我认为,真正是该书中心主题的东西:不一定劳动的分工就是生产过程的一项特点,能增加福利,而是物品范围的不断扩大和质量的提高,就是,生产出品方面的变化。甚至劳动分工本身也是商品范围扩大的一种结果,使得分工更加"必要和经济"。① 这是门格尔的"技术进步"、商品的变化(在比较狭隘的意义上,也是欲望的变化)②、产品革新,不同于马克思的"技术进步"(古典主义概念的充分发展),一种不变产品的程序革新。所以,熊彼特对技术进步的论述比马克思或者比新古典主义的论述所包括的内容多得多,是符合门格尔的传统的。再则,要注意,门格尔常常说到物品的"质量与数量",并在很长的两节中广泛地讨论质量。③ 甚至这第一种说法就显示门格尔的物品是三方面的:它们具有数量、质量和多样性,作为动态变化的各个方面。

免得"他这位大人物"要从坟墓里骂我们倒退到一种客观的理论,我们切不可把门格尔的所谓技术进步理解为物的变化;它首先是一种知识内容的变化,我们的理解方面的变化。"它是不断增加的对物和人类福利之间的因果关系的理解",④它独自构成正确的"主观价值的"对进步的看法。门格尔写了这个值得注意的句子:"可供人类使用的消费物品的数量只受人类知识范围的限制。"⑤

---

① 门格尔:《原理》,第28页;英文译本,第73页。
② 这种看法也许是由于门格尔自己的一位老师的影响,或者不如说是由于他自己参加"留校授课"考试时的监督洛伦茨·冯·施泰因的影响,此人不久就成为他的前辈同事。
③ 门格尔:《原理》,第114—119页,第66页以次。
④ 同上书,第25页。
⑤ 同上书,第29页。

例如，农业化学方面的进步使得农产品不像从前那样稀少，并且，另一方面，使以前认为没有价值的矿产品有了价值，自从19世纪60年代在图林根开始采钾，一次客观的教训在德国人心上留下了强烈的印象。① 这种"认识或理解的进步"②也增多我们的欲望；因此门格尔明确地说到"人类需要无限增长的能力"。③

关于门格尔不断地强调知识的问题，可以再举出许许多多的例子。早在第3页上，物品就用对它们的有用性的知觉作用来解释，并且效用是知觉到的效用——加了着重点的！企业家的活动是由什么东西构成的？第一和最重要的是传播。"关于经济局势的知识"。④ 难怪这种知识论的方法常常导致门格尔用创造人类资本的例子来证明他对生产过程的意见，例如，早在教育需要之前就培训教师。最后，门格尔坚决认为在企业中创造好感，增加了一个经济组织的财富，不仅是私人的财富，而且是社会财富的总和；虽然在这里他只有这一次没说这是因为经济"摩擦"减少，在作决定方面用的气力减少，创立了稳定的知识或者情报渠道。⑤

因此，在到现在为止所讨论的三个方面——数量、质量和多样性——以外，我们还须加上知识内容，随着时间而变化，在特定的时刻则随着不同的个人而变化。因为个人与个人之间知识上的差

---

① 门格尔：《原理》，第25页，提到农业化学中的矿物盐。
② 同上书，第62页。
③ 同上书，第38页，英文译本，第83页。
④ 同上书，第137页；英文译本，第162页；德语原文没说清楚他们是否必须通知其他的人或他们自己。
⑤ 这是他认为庞巴维克的资本概念太客观的一个方面。见《理论》，第5页以次。

异,门格尔对一切集合体都慎重处理,①特别是对于资本。他一定会彻底欣赏戈尔曼的证明,②认为正是因为这个原故,所以资本实际上不能服从完全的集合体。

强调知识内容是门格尔很现代化的一些方面之一,但是在这方面他的信徒最少。当然,熊彼特在奥地利学派的中间一代中,利用这个基石,结合着马克思的进步企业家的观念,建立了他的有名的革新论。哈耶克在奥国学派的第三代中是最接近于门格尔思想的经济学家,1945年③以后越来越转向知识传达和知识内容这些经济问题。但是第一代忽视了门格尔思想的这一方面。例如,庞巴维克驳斥了所谓公司行号的信誉增加了财富这一说法,为了这一点,门格尔在庞巴维克死后的传略中还责骂了他。④ 门格尔明确地说个人所掌握的知识——他对于业务生活的知识⑤——增加他的讨价还价的能力,因而能改变最后的价格,使之对他有利。维

---

① 他在很出色的一节中(第75页)讨论国民财富的集合体,因为"对立的利益集团"和其他没有指明的理由而反对它。但是,他承认国民财富(从而集合体)作为可以用于有限目标的概念。

② W. M. 戈尔曼的"测量固定要素的数量"一文,载《价值、资本和增长:纪念约翰·希克斯爵士的论文》,J. N. 沃尔夫编辑(爱丁堡,1968年),第141页以次。

③ F. A. 冯·哈耶克的"知识在社会中的用处"一文,载《美国经济评论》双月刊,第35期(1945年)。

④ 参阅《卡尔·门格尔全集》,第3卷,第301页,在那里门格尔责备庞巴维克的"理论结构的明显做作"和"关于经验本身所处的矛盾"。门格尔关于信誉的看法,正如科茨教授提醒我的那样,和J. R. 康芒斯的看法接近。参阅康芒斯:《制度经济学》(1934年;再版本,麦迪逊,威斯康星州,1959年),第2卷,第668页以次。值得注意的是,门格尔是那些新古典学派之一的创始人,却和制度学派的人物很接近,并且不仅在这一点上是如此。

⑤ 门格尔:《理论》,第177页;英文译本,第195页。

塞尔则十分顽固,在他的一段重要的话里坚持说,尽管企业家比消费者知道的消息多,他们对价格还是完全没有影响![1]

门格尔式的人对目前的知识知道得这样少,十分有趣,虽然他在不断地努力增加自己的知识,创立社会团体来搜集资料,授权越来越多的中间人集团代表他自己活动。关于未来,他所知道的比关于目前的还要少。门格尔一再强调物品的时间方面以及这方面带来的不稳定程度。正如凯恩斯对纯理论的动机深感兴趣那样,门格尔则按照实物的[2]和货币的说法大讲其"预防性的余额"。"确实,即使在最穷的人所有的物品中,我相信也会有一些东西预期只有在预料不到的意外事件中才使用。"[3]门格尔认为,甚至货币也是留着以备用于实际上并不实现的机会。[4] 最后,缺乏关于未来的知识,由于商品的高度相互补充性而充分显出它的意义,这种相互补充性使得人们很难协调各项计划。[5] 未来是基本上靠不住的这一想法,很容易地就被门格尔的后继者接受了,比对现在有

---

[1] F.冯·维塞尔的《经济价值的起源和主要规律》(维也纳,1884年),第169页:"当然……除了垄断以外,(生产者不具有)任何超越价格的力量……价值不是由生产者预定,而只被他们所预知。"把这一段话和门格尔《原理》中第211页的注对比。关于维塞尔的这种态度的历史估价的次要作用。参阅 E.施特赖斯勒的"结构性的经济思想:论奥地利学派在今天的意义"一文,载《国民经济杂志》第29期(1969年),第237页以次,在第5节,第256页以次。

[2] 门格尔的《理论》第37页,指出药箱和灭火器作为预防性物品的例子。

[3] 同上书;英译李,第82页。

[4] 门格尔在他的"货币"一文中说:"实际支付中使用的货币数目,构成一个人必须有的现金的只是一部分,并且确实是比较小的一部分,……另一部分是以各种储备方式被持有,作为预防靠不住的偿付的保证(为了使经济组织可以顺利地运行),这些偿付在许多情况下实际上从来不履行。"门格尔的"货币"一文,见《全集》第4卷,第109页。

[5] 门格尔:《原理》,第14页以次,第40页以次,特别是第43页。

缺陷的资料的强调容易被接受得多。是庞巴维克——而不是凯恩斯，像人们有时候说的那样——在他1881年取得留校授课资格的论文中提出了一项成熟的可靠性等值①的理论，并提出诺伊曼—莫根施特恩效用计量标准，一件肯定发生的事和一种彩票的比较。② 然而，是门格尔（而不是庞巴维克）强调了对未来欲望或者需要的没有远见的估计，人类的有缺陷的望远能力。③ 门格尔的关于"靠不住"的思想在20世纪30年代和40年代的奥地利著作家中仍然有力量。莫根施特恩的有名的舍洛克·霍姆斯/莫里亚蒂例证，一定会很受"这位大人物"的赏识。并且，门格尔也提出第一个试验性建议——附有许多例如引自城市设计的用图解的例子——证明联系到未来需要的远景的设计法是适宜的。或者是否人们甚至可以说，连续的设计这一概念，④正如人们知道的那样，是由亚伯拉罕·沃尔德引进统计学的？

如果时间这方面使他思想上这样忧虑，为什么他对庞巴维克的关于资本的理论又那样气恼，斥为"空前的最大错误呢"？我认为一方面因为庞巴维克的分析在门格尔看来过分一元了，在门格尔自己的眼光里每一事物立刻分成大约五个到十个方面。门格尔

---

① 庞巴维克：《法和国民经济商品学说观点的关系》（因斯布鲁克，1881年），第88页。他有一句名言是："一句话，我们把所有效益的可能性归结为可靠性，我们从可能性的范围或价值中扣除为了使这些可能性变为可靠性而我们必须添加在预期效益的可能性上的东西，我们用这种办法，来建立补偿。"

② 同上书，第86—89页。

③ 门格尔的《原理》，第122页："人类自我迷惑……只看到及时行乐的享受，而不重视隽永的幸福。"

④ 同上书，第39页。

会把资本积累说成资本物品的范围增大和相互补充网的日益复杂,而庞巴维克则用生产周期概念把资本统一起来。(另一方面,所谓奥地利学派的周期论完全来自门格尔,他研究出这一理论,是为了解说需求方面的偶然变动,虽然不是为了解说正常的变动。①他得到科莫琴斯基在一篇甚至更全面的论述中对他的支持。)②庞巴维克想要决定利率,门格尔却有一种关于劳动、地租、资本物品的价格的决定因素的理论,但没有关于利息的价格的理论:在他看来,利息不是一种均匀的数量。虽然他没说过,但可能有一种"自己的率"的理论,以及肯定有一种利润学说。并且在门格尔看来,非常肯定地根本不存在利润的一般水平或者利息的一般水平。③利润和利息依赖主观影响的程度太大,以致所谓这两者的水平这种概念没有意义。再则,门格尔认为利润在很大程度上决定于不同的垄断程度——并且他看出到处都有垄断。另一方面,庞巴维克曾根据完全的竞争提出一种利息的理论。实际上,在读门格尔的著作中可以看得很清楚,门格尔是把这个世界作为一个不完全竞争的世界来描写的第一个伟大经济学家。我不需要再次提醒你注意他不断地强调物品的质量方面的变化,这是不完全的竞争论中一项主要的观念。还有更重要的,他的关于价格论的整个一章

---

① 门格尔的《原理》,第 15 页以次,附有美国南北战争期间棉花供给危机的一个实例。
② 科莫琴斯基:《孤立经济中的价值》,第 32—50 页。
③ 参阅特别是门格尔在庞巴维克的主要著作出版以前所写的那篇文章,为了先发制人,要挡开庞巴维克即将发出的攻击。见门格尔的"目前的资本学说"一文,载《全集》,第 3 卷,第 135 页以次,特别是第 182 页。

把垄断理论作为一般理论来引进,争辩说垄断比人们指着一个村庄里独一无二的工匠或者杂货商为例时通常所体会的那样普遍得多,①并明确地说甚至竞争者也有有限的决定价格的能力,②就把这样的一种竞争者放到不完全的竞争那边。哎呀,在这种看法上,也没有人支持他,尤其是维塞尔醉心于完全的竞争。③

在门格尔看来,庞巴维克的关于资本的理论不仅是过分强调一个方面,而且技术性也太重了。引用专门术语,意味着用一种不可原谅的方式和魔王打交道。门格尔根本不相信生产法则和经济学有任何关系,即使有这种法则存在的话;④庞巴维克本人曾假设一种迂回的技术生产力递减法则(据我们现在知道,这是一种没有完全想通的观念)。有些著作家甚至赞扬门格尔本人曾假设一种迂回程度递增法则。⑤但这是不正确的。实际上,看看门格尔在这方面和庞巴维克有什么不同,是有益的。门格尔在一处说,在生产中选用的一种比较迂回的技术,其生产力必须超过所放弃的那种不这样迂回的技术。⑥可是这是在一定的利率条件下的一种选择的原则(这一段里讨论到),而不是技术上的规律。大体上他讲

---

① 门格尔:《原理》,第201页。
② 同上书,第206页以次,特别是第211页的注。
③ 和门格尔相反,在维塞尔看来,垄断是一种无足轻重的例外。参阅《关于起源》,第169页和散见各处。
④ 门格尔的《原理》,第120页说,"在实际生活中没有人会追究商品形成的历史。"
⑤ 哈耶克在他的《卡尔,门格尔全集》的"序言"里(第1卷,第xv页),只是确切地说门格尔的功绩"在于明显地预料到庞巴维克那种低估未来需要的学说"(第122页和第127—128页)。
⑥ 门格尔:《原理》,第136页。

到把设计的眼界不断地扩展到未来,①这是一种主观的概念,和那种讲生产周期增加主要是技术性的观念,完全不同。

最后,我们必须考虑门格尔和人们一般接受的经济思想的最根本的分歧:他不认为同样一种物品在一个特定的时刻在各处都是同样的价格;更不会在邻近的时刻卖同样的价格。门格尔写了长长的一章论述商品的可销售性(现今我们会说是不同程度的流动性),这一章是货币学说的绪言,在那里货币作为流动性最高的商品被引进。②(在流动性概念和强调预防的余额方面,实际上在他的整个货币学说方面,门格尔很接近于凯恩斯。并不奇怪,门格尔和凯恩斯两人,到凯恩斯撰写《通论》的时候,都已经从证券交易所得到了组织的经验。)门格尔强调,在秩序不好的市场中,价格往往变化大,③如果一种商品的价值必须首先用耗费时间的方式来估计,像对不动产和工厂那样,这一问题就变得特别明显。④ 但即使秩序很好的市场也只能决定价格的限度。在这些限度以内——并且据提示,在从量的例证中这些限度是宽的⑤——价格由讨价还价的程序来决定。门格尔喜欢用来说明价格决定的一个词,是

---

① 门格尔:《原理》,第 127 页。
② 门格尔把流动性叫作"商品的销售可能性",用整个一节书(第 7 章,第 2 节,第 233—249 页)讨论它。这一节在它的第一页(第 233 页)上就证明是正确的,就像下面所说的:"这种迄今还有争议的关于货币——所有物品中最有销售能力的物品——起源的学说,只能在这些与此有关的研究中得出其完整的令人满意的论证。"
③ 门格尔:《原理》,第 241 页。
④ 同上书,第 248 页。
⑤ 同上书,第 177 页以次,80—100;第 184 页上 30—80;在以下连续各页上更多的个人被引进,需求有关的商品,总是高于百分之十。甚至在竞争的例子中,见第 204 页上 50—60!

价格矛盾。[1] 他强调说,需求价格和供给价格之间的分歧是"经济中一项普遍存在的特征",[2]这是他从交易所词汇中借来的一种说法。最后,他明确地说像这样的交换不是没有代价的,[3]这一事实又和独一无二的均衡价格相矛盾。

所谓没有完全的价格决定,在门格尔的思想上处于很显著的地位,这一点通过19世纪80年代的取得留校授课资格的论文也看得出。例如,格罗斯[4]提出一种复杂的讨价还价的利润决定论,特别强调利息谈判[5]——他认为工资谈判人们很了解,简短的论述就够了;[6]舒勒—施拉滕霍芬[7]写了关于地租决定中的谈判因素的著作等。在这些书里门格尔的价格矛盾这个词被广泛地用作

---

[1] 门格尔:《原理》,第177页。G.格罗斯和舒勒—施拉滕霍芬常用这个词。
[2] 同上书,第174页。
[3] 同上书,第170页。
[4] G.格罗斯:《企业利润论》(莱比锡,1885年)。格罗斯的关于多方面讨价还价过程中多种利润决定因素的解释,肯定比庞巴维克的理论接近于门格尔的所谓符合于"公共生活的看法"得多。庞巴维克的理论——很有意思——理论家门格尔认为理论性太重了,实际上门格尔接近历史学派的最佳传统的程度比他自己认为的高得多,也比他的信徒们高得多。格罗斯身任铁路督办,当然说话是有分寸的。
[5] 格罗斯,第132—136页。门格尔和他的信徒们关于讨价还价的理论观念在很大程度上来自赫尔曼和舍夫勒,后者是紧挨在门格尔之前在维也纳大学担任讲座的。F.B.W.冯·赫尔曼在他的《国家经济的企业》(慕尼黑,1832年;第2版,1870年)中,(他仅有舍夫勒这一个信徒)说得很明确:"价格绝不是仅仅由价值所决定……正如李嘉图和他的学生所说的"(第429页)。他提出一种价格理论,认为价格决定于各种供求因素。据认为,需求与供给决定价格升降的限度。例如,相对于需求而言,他在第428页上讲到"它不可能超越这种上限(就是,形成价格的物品数量)"。
[6] 格罗斯,第145页:"这种决定工资最低和最高限制的根据,得到多次彻底的讨论,这使我们相信我们在此完全可以很快地领会。"接着他用二十页论述这个题目,他特别注意合格的白领劳动的报酬,并研究管理人员的报酬。
[7] 舒勒—施拉滕霍芬:《研究》,例如,第31页或者第93页上他的结论。

一种说明的词语。

现在可以把我们的思想线索集中起来了。门格尔在他那本奠基的著作里已经包罗了差不多所有的使得边际主义计算法的运用困难和模糊难懂的那些观念；由于他明确地不承认一种独一的和决定性的市场价格，他甚至抛弃了支持边际主义的主要支柱。市场法则在后来的奥地利学派中很适当地被称为维塞尔氏价格均等化法则，甚至这一名词也会使人想到一种导致均衡的过程，而不是想到均衡本身。门格尔，在另一方面，甚至不能想象均衡是可以完全说清楚的东西。[1] 他心目中的经济学实质上是无均衡经济学。[2]

如果门格尔不相信均衡，那我们怎么可能在他的奠基的论文里看到关于决定价格的一切法则，特别是关于生产性输入的价格的决定呢？门格尔一定会回答说，他不得不说明那些决定生产过程的根本原因。或许最好是用准确的数学语言来表达这种对照：

---

[1] 我不同意 F. 马克卢普的"均衡与无均衡：放错地方的具体性和伪装的政治"一文，载《经济学季刊》第 68 期（1958 年），第 1 页以次，特别是第 4 页以次，那里说每一种经济模式都必须从均衡状态出发并以均衡状态结束。实际上，马克卢普暗暗地假设一切经济程序可以由很特殊的数学模式表示，而且调节速度容易高。我使用"无均衡经济学"这个词，确切的意义是价格被认为不是点的变数，而是受一种分配的影响；以及，尽管有走向价格一律的趋势，也有分歧的趋势，足以保持价格变化的系数在一段时期中大致不变。这样的模式也许可以叫做均衡模式，和价格的变动或者价格变动的系数有关，而无均衡经济学和价格本身有关。

[2] 由于受了 E. 考德误解的影响（所著《边际效用论的历史》，普林斯顿，1956年，第 100 页），我以前认为门格尔曾通过写信给瓦尔拉宣布他和瓦尔拉的主要看法不同："我们之间不存在着意见一致。在少数几点上有些概念相同，但不是在决定性的问题方面。"然而，门格尔 1887 年 1 月 27 日写给瓦尔拉的信里的一段话的（随便的）译文被考德曲解了。它指的戈森（!），有关门格尔，而不是有关瓦尔拉。参阅 W. 雅费的《莱昂·瓦尔拉的通信以及有关文件》（阿姆斯特丹，1965 年），第 2 卷，第 176 页，第 765 号函。

门格尔不想简略地陈述那些平衡点,一套微分方程式的解答;他试图简略地说明整个的实力阵营。在形式上,一套微分方程式的两种说明当然是同样的。它们的用途、它们的解释是不同的。门格尔要简略地说明引向均衡的那些力量,而对于平衡多快才可能接近到以及接近到什么程度,则仍然没有解决。他写对人很有启发的一句话:个人"会努力做到明了……(只做到那种)准确的程度,足以使他们的活动取得实际上的成功"。① 如果个人不需要过分精细,为什么经济学家在说明他们作出决定的过程时要这样呢?并且,如果门格尔对生产中最大限度化问题的论述被批评为有点简略,我相信那是故意这样的。科莫琴斯基明白说,对商品的生产性投入作精确规定,一般是不可能的。② 门格尔不相信投入—产出关系,即使在生产函数是一个固定数据的意义上;不如说,投入与产出之间的关系是微妙的和偶然的。

诚然,门格尔也知道一种摸索过程。但把他的摸索和瓦尔拉的摸索对比一下,是非常有益的。门格尔那样的人首先必须收集大量的关于世界情况的资料,特别是商人和实业家要在这方面做一些工作。③ 但甚至这些人也减少他们花在这方面的气力。这种工作会变得无法忍受地困难,如果物品不是标准化,如果没有创立收集资料的机构(像证券交易所),以及如果一个人数众多的中间人阶级没有产生,这批人的唯一作用就是改进那摸索过程。因此,

---

① 门格尔:《原理》,第 39 页;英文译本,第 84 页。
② 科莫琴斯基:《孤立经济中的价值》,第 9—11 页,第 14 页。
③ 门格尔:《原理》,第 46 页。

拍卖人这一种方式也在门格尔的心目中出现；而在这里拍卖人是真实的，是一个广大的社会阶层。渐渐地我们越来越看得更清楚那真正的均衡状态（这里门格尔有一种乐观主义的意味），虽然摸索过程的真正益处的一部分据说是在于真实地表现出真正的冒险程度。① 这样，门格尔的摸索是一种社会过程，而且是一种非常吃力的过程，也许，我们可以把门格尔和瓦尔拉的对比归纳为这样：瓦尔拉的摸索需要一分钟；②门格尔的摸索需要一个世纪！不用说，在门格尔看来，我们大部分时间没有均衡，因为均衡价格还没有被发现。

门格尔不相信均衡分析是适当的，这一点也说明他为什么不相信使用数学是便利的方法。必须强调，他出身于一个有数学头脑的家庭，因此用缺乏数学训练来解释他的行为，并不合理。倒不如说，当时流行的数学（微积分学）仅仅在说明均衡情况方面有用，而门格尔对这些不感兴趣。只有在今天我们才有数学的工具来处理门格尔给自己提出的问题：拓扑学、图解的理论、微分方程式理论中一些比较复杂的观念，以及，最重要的，明确地引用盖然性分布，像在随机过程中那样。

熊彼特曾写道，"如果要产生具体结果，'主观的'理论必须总是借助于'客观的'事实（数据）。"③门格尔严正地面对这种为难的

---

① 门格尔：《原理》，第 241—249 页。
② L.瓦尔拉的《纯政治经济学纲要》（洛桑，1874 年），第 69 页："可以看到，在甚至不用经纪人和拍卖员的大型市场中，均衡的时价是在几分钟内决定的〔！〕，并且在两三刻钟内大量的商品按这种价格成交。"
③ 熊彼特：《历史》，第 911 页。

局面。他写出一种完全主观的理论;这意味着他避免了得出具体的结果。他满足于说明经济领域里所有的各种各样的因果关系方面。在他看来,所有的这些力量起作用的最后结果是不可能充分描写的。这是他的理论的基本缺点:他到最后还是一团疑问,没有发现任何积极的定理。

例如,有一个他没有着手处理的根本的决定问题:如果没有利率水平或者利润率水平这种东西,向企业工作补充力量的问题将怎样解决呢?人们怎样知道某一种工业比另一种更有前途呢?[①]大概门格尔认为职业纯粹按社会传统来选择,犹太人天生是作为企业家或者医生,低级贵族的天主教徒是作为文官或者军官。但即使对他自己的奥国来说,这也不是一种完全令人满意的景况。像瓦伊纳指出的那样,[②]门格尔的分析实际上完全没有一种长期的供给功能,并且在一定程度上也没有短期的供给功能。他从来不考虑一个特定的家系中会发生职务的变化——例如,劳动服务的供应。因此,如果我们现今愿意继续他的建议,我们就必须自己加一把劲,要略微超过门格尔的那种使人麻痹的怀疑主义。例如,我们可以使用那些本身不是均衡的事件的一种均衡分布概念。然后,利用我们所掌握的今天经济学家的精细得多的工具,我们能够从门格尔留给我们的许多建议中得出一些有用的定理。

---

① G.J.施蒂格勒在《生产和分配学说》(纽约,1949年)的第148页,很细致地讲到门格尔的这个最大弱点:"门格尔全神贯注于直接消费品,这大概是他学说的根本缺点的一部分——完全忽视成本——但一种更重要的解释在于他未能做到连续不断的生产。"

② J.瓦伊纳的"熊彼特的经济分析史"一文,见所著《长期和短期的看法:经济理论和政策的研究》(格伦科,伊利诺斯州,1958年),第363页。

边际革命与英国古典政治经济学的衰落

T.W.哈奇森[①]

一

"边际革命"是一个内容广泛的名词,包含一些非常复杂的不同成分:三个这种成分,如果我们从杰文斯、门格尔和瓦尔拉这个有名的三位一体出发;或者两个根本不相同的成分,如果我们只是对比经济学说在英国的遭遇和欧洲大陆上的情况。在维也纳和洛桑,出现的情况是边际观念有系统的展开(虽然不是第一次原始的发现),接下去的二三十年是一段重要的建设性发展的时期,但没有根本推翻或者抛弃以前在那些地方流行的主要的价值学说和分配学说。因此,似乎把这说得过火的"革命"一词引申得太远,不能应用于在维也纳或者洛桑(或者欧洲大陆上)发生的情况。另一方面,在英国,那里长期受正统派学说的支配,其中包括方法和政策以及理论,特别是关于劳动、价值和工资的理论,这些理论长期以来一直未受来自国外的理智势力的影响。20世纪60年代后期和

[①] T.W.哈奇森(T.W. Hutchison),伯明翰大学经济学教授。

70年代初期,这些主要的价值理论和工资理论遭到杰文斯和新的一帮或者新的一代经济学家中其他人的反对,同时他们对正统派方法和政策原则提出了比较普遍的疑问;这种反对来得颇为突然和迅疾。我们很可以说这是一场"革命"的破坏性的一面,而建设性的一面进行得迟缓,并且经过长时期的间隔才实现。

这些是我们要在本文中详细阐述的论点。

二

为了叙述、评价或者解释(在可能"解释"的范围内)在1871年及其前后几年中所发生的关于经济理论的情况,似乎有必要区别清楚:一方面19世纪60年代和70年代初期主要的欧洲大陆国家中含有当时流行的正统观念的经济理论的情况,和另一方面在英国的那种特殊的和大不相同的地位。19世纪的前半叶或者3/4的时期中的经济思想史,常常仍然根据很浓厚的以英国为中心的说法来描写,好像长期在英国取得这样异乎寻常的优势和权威的那些理论——或许在经济思想史上是独特的——在欧洲其他地方也享有同样的权威似的。实际上不是这样。杰文斯的《理论》、门格尔的《原理》和瓦尔拉的《纲要》表现出重大的分歧,无论如何杰文斯和其他两人之间有分歧。当然,用最广义的和最普通的说法,这三个人都面临价值、价格和所得的决定性因素这些同样的根本问题,并且都继承了起源于从亚里士多德到亚当·斯密的一种共同的西方传统的一些同样的答案。但是,19世纪中价值理论和分配理论在英国的发展,和西欧的其余国家对比起来,已经颇有不同之处。再则，在19世纪中期，例如从40年代后期到60年代后期，英国的经济学家和大陆的经济学家之间关于经济理论方面的交往很少。[①] 没有世界市场，甚至在经济理论研究中连一个"西欧共同市场"也没有，而英国市场受着一种具有垄断主义倾向的正统观念的支配——确实，一度差不多受单独一个垄断主义者的支配。杰文斯、门格尔和瓦尔拉，由不同的路线取得他们的成果，在不同程度上各人受益于一班不同的前辈。尤其是，他们不得不和一些很

[①] "经济思想上的偏狭性和世界主义，1870—1914年"一文，载《美国经济协会的论文和会议记录》，1955年5月，第1页以次。20世纪40年代后期和60年代后期之间，在进口和出口两方面都没有值得注意的关于经济理论方面（对英国）的思想交流，也许除了60年代后期孔德主义和历史主义思想的流入，这方面的思想流入具有方法学的而不是理论上的意义。关于英国的偏狭性或者英国反对外国货物输入，J.E.凯尔恩斯，作为最后一个"古典"经济学家，提供了一个范例。正如S.G.切克兰说的那样："凯尔恩斯相信政治经济学基本上是英国人的事，当代法国和德国的一些观念简直不值得注意。"见《曼彻斯特学派》1951年5月，第149页。切克兰引证凯尔恩斯的话，"经济科学发展中每一个重大步骤都是英国思想家领先（我认为指不出任何重要的例外）。"见《关于政治经济学的论文》(1873年)，第232页。又关于没有输入英国的进口货，F.W.陶西格写道："十九世纪中期英国的社会和政治思想的孤立或偏狭状态，特别是经济思想的停滞，使任何影响的气息无法达到英国思想家。德国人独自行事，他们的说英语的同时代人不加注意。……法国人始终没有受到李嘉图多大的影响。"见《工资与资本》(1896年；重印版，1932年)，第266页。

关于来自英国的输出，巴奇霍特说："政治经济学，像李嘉图教导的那样，……一直是偏狭的或者孤立的。我不是说它不常常有人阅读和理解；当然常常有人阅读和理解，虽然往往是误读和误解。但是它根本没有在国外居于统治地位，像在这里那样。"见《经济研究》(1879年；新版本，1895年)，第4页。马歇尔在1897年也说古典的理论多数是"拙劣的水手，如果在国外被人遇到，他们一般地总是一副没精打采的神气，好像他们晕船还没有复原似的"。见《阿尔弗雷德·马歇尔纪念集》，A.C.庇古编辑(1925年)，第295页。在这以前(1876年)杰文斯在英国对法国的输出问题上曾注意到："外国经济学家，例如德拉弗莱、库塞尔—塞内伊尔、库尔诺、瓦尔拉和其他的人，走了一条完全和占优势的英国学派无关的路线了。"见《经济学原理》(1905年)，第190页。在本书下面他的论文中，皮耶罗·巴鲁齐教授在说到十九世纪后期意大利时指出："经济的古典主义仅仅有一小撮信徒，李嘉图的著作仍然很少有人读并且不甚理解。"

不相同的当时流行的理论学说或者正统观念作斗争。因此在杰文斯和门格尔两人的著作同一年发表这一点上有一种值得考虑的巧合成分。另一方面,可以认为,边际观念和边际效用设想具有根本性的意义,这两者到某一个时候必然会出现,在不同的国家,在彼此没有关系的著作中边际概念越来越多的出现,以及把这个概念应用到效用上,使得时间上的巧合迟早是不可避免的。然而,这些苹果不是在单独一棵国际的树上逐步成熟,而是在各自一国的树上成熟的,并且在它们已经各自被采摘以后才开始有一些重要的交流——实际上,国际交流是1874年在杰文斯和瓦尔拉之间开始的。1870年或者1871年之所以是杰文斯的《理论》在英国发表的适当时机,如果它要产生影响或者以后被看成标志着一种突破,确实有一些重要原因(我们以后再讨论)。但这不能适用于门格尔的《原理》,这部书在某种意义上可以在前十年左右中任何时候在德国或者奥国发表,像戈森的《发展》或者曼戈尔特的《基础》。①

门格尔的《原理》确实标志着一个重要的开始,在同样的程度上不像杰文斯的《理论》,那可以说是也标志一种结束。门格尔的著作很明确地标志奥地利学派的基础,具有长久的值得注意的历史。虽然奥地利学派不是一种纯一的和铁板一块的实体,像人们有时认为它是的那样,也可以说它具有某些共同的亲属之间相似的特征,主要地可以追溯到《原理》。为门格尔以及他的《原理》引发这种惊人的进展,使这部著作变为不仅仅是又一种对边际效用观念的非常出色而孤立的说明,其原因是两位富有才华和创造力

---

① 曼戈尔特的《基础》确实应该和1871年及1874年的三种出色的著作并列,并且或许列在其中两种之上。

旺盛的弟子维塞尔和庞巴维克差不多立即表示拥护，虽然到十多年后才作好准备，发表他们的主要著作。

在门格尔的《原理》中（虽然没有使用这个词），那种很细心的和准确的对边际概念的详尽阐述，是主要的专门性的或者分析性的贡献，从一开始就应用于消费品和服务以及生产资料和服务，建立了（至少大体上）边际的微观经济分析的完全形式的一大部分。但尽管门格尔曾有一两段话用了类似于杰文斯的有名的论"往事"，用来抨击生产成本论，他确实不是像杰文斯在英国那样，反对一种根深蒂固的正统的价值论和分配论，这些理论对效用、需求和消费者的欲望只给了它们很少的（确实是太少了）用武之地。关于分配论方面，门格尔也没有遭遇到工资基金论和自然工资论这些学说；这些是杰文斯当时面临的正统观念，杰文斯把它们和劳动价值论以及生产成本价值论放在一起来攻击。门格尔甚至认为没有必要提到工资基金论和自然工资论。工资基金论曾于1832年被赫尔曼推翻，始终在德国没有得到值得注意的支持。[①] 李嘉图的自然工资论也没有得到。所以工资或者分配和生产力以及（最终）消费者的需求之间的联系，在德国没有受到抑制，像在"英国"理论中受到的那样。因此门格尔对最终消费品以及生产要素的估值的那种基本上统一的方法，实质上不是一种根本上创新的或者非正统的新发展，而是和当时流行的方法是一致的。所有新颖的以及具有最大的技术上重要性的东西，只不过是引进、分析和应用边际概念。

不管怎样，门格尔，正如他自己原来在1871年的序言里声明的那样，是在把德国教授们最近发挥的一些观点继续研究下去。他确

---

① F.W.陶西格：《工资与资本》(1896年；重印本，1932年)，第266页以次。

实提供了一个根本的和极其重要的概念,它决定性地推进了从效用或者人类欲望出发的价值理论的传统。这可以追溯到亚里士多德(门格尔在所著《原理》和后来的《研究》中常常引用亚里士多德的话为根据)。[①] 因此,当他对于德国对他的那些开路的思想兴趣很有限感到气愤的时候,这不是因为有一种根深蒂固的关于价值(以及工资)理论的权威的正统观念,或者因为人们认为,用约翰,斯图亚特·穆勒的著名的话来说:"恰巧,在价值法则方面没有什么问题留待现在的这一位或者任何未来的著作家予以澄清;关于这个问题的理论已经完善了。"[②]再则,如果(尽管他立即得到那样出色的信徒和阐述者)

[①] 门格尔在他的《原理》的序言里强调说:"这里试图实行的对我们这门科学的最重要的原则的改革,因此是建立在以前差不多完全由德国学者奠定的基础上。"见《经济学原理》英译本,J.丁沃尔和 F.霍斯利茨译(1950年),第49页。对《原理》的索引包含自亚里士多德以来欧洲效用传统中的重要人物,包括伟大的18世纪理论家加利亚尼、孔迪拉克、杰诺韦西和贝卡里亚,加上19世纪法国的 J. B. 萨伊和奥古斯特·瓦尔拉,以及距离门格尔比较近的德国先驱者之中的 K. H. 劳、赫尔曼和曼戈尔特。

后来维塞尔,也是在《自然价值》的序言里强调在多大程度上"门格尔得益于德国学派的政治经济学家。……可以,大致说,德国学派很久以前就提出那些概念,留给我们的任务只是根据适当的资料予以充实。……新的价值理论……实际上是实现德国理论长期以来所要求的东西。"维塞尔引证"所有那些从效用引申出价值的人"作为边际效用分析,或者它的奥地利式或者门格尔式说法的前驱者,列举了上面提到门格尔的索引中的那些人,并加上丹尼尔·伯努力这个很有趣味的名字。见《自然价值》英译本,C. A. 马洛赫译(1893年),第 xxxii—xxxiv 页。

[②] 《政治经济学原理》,W. J. 阿什利编(1909年),第436页。确实,在门格尔的儿子为他父亲死后《原理》第二版(1923年)所写的序言中,有一处引证老门格尔的话(未注明日期),强调说他本人已经"负起驳斥亚当·斯密的理论的责任,这些理论他认为是谬误的",至于他自己和杰文斯,"我们两人都完全反对斯密的理论。"(第 vii—viii 页)。这是门格尔的著作中一项难解的问题——在《研究》中也有许多难题——很难解释,因为人们弄不清楚门格尔早期的智力发展以及在他身上起作用的一些主要影响。19世纪60年代在德国和奥地利出来反对斯密的学说,和今天在芝加哥出来反对凯恩斯的学说,同样地没有多大意义。

他还是未能取得很大的进展,或者未达到他所希望的程度,那是因为当时在德国大多数地方,人们对于提出以及琢磨任何一种经济理论,已经兴趣很小(这是门格尔12年后在他的《研究》中激烈抨击德国历史派经济学家,以及后来又写出《方法论》的原因)。

三

英国学派的一些理论在19世纪中期在法国的影响,不比在德国和奥地利的影响大。莱昂·瓦尔拉从法国经济理论的传统出发,它强调效用和稀少性在"决定价值"中的作用。这追溯到孔迪拉克,特别是J.B.萨伊(熊彼特说萨伊是瓦尔拉的"真正的前辈")。萨伊不仅强调效用在价值中的作用,而且他根据生产要素的生产能力来说明要素的所得。更直接地,瓦尔拉受益于他的父亲和库尔诺。诚如熊彼特所说:"他按照惯例尊重亚当·斯密。其余的伟大的英国人,在他看来,都没有什么意义。"[①]

瓦尔拉确实多少有点反叛的性质,觉得他自己差不多是一个被排斥的人。但是他所反对的不是正统派的价值理论和分配理论,而是,第一,在法国流行的那种特别的极端放任主义政策的教条,以及,第二,他称之为法国经济学正统派的"老爷们"拒绝运用数学,在这些人的堡垒里他没有找到用武之地。瓦尔拉确实没必

---

① J.A.熊彼特:《经济分析史》(1954年),第828页。G.J.施蒂格勒这样说:"萨伊的研究方法比他的英国同时代人的方法现代得多。"见《经济学史方面的论文》(1965年),第304页。

要一开始就和一种根深蒂固的关于价值和分配的正统派理论作斗争,像在英国由工资基金论、劳动和生产成本价值论,以及自然工资论代表的那样。瓦尔拉正确地把这些理论作为"英国学派"的理论。这些既不是他用作基础的那种传统的一部分,也不是他的斗争对象的那些正统观念的一部分。但是他在《纲要》里有时岔开正文用一两页批评它们。实际上他承认"英国学派致力于研究形成一种地租、工资和利息学说,比各个法国学派用的功夫持久得多并彻底得多",强调"英国理论发展的有条不紊和连续性以及持久性"。① "英国"的一些学说很可能是持久、彻底和有条不紊的,但是,瓦尔拉认为,它们似乎有一种根本的谬误,如果和传统的法国(以及德国)方法比较起来。

在价值这个问题上瓦尔拉写道:

> 经济学这门科学对价值的起源问题提供三种比较重要的解答。第一种,亚当·斯密、李嘉图和麦卡洛克的解答,把价值的起源追溯到劳动。这个解答过分狭隘,因为它没有把价值归因于实际上确是有价值的东西。第二种,孔迪拉克和J.B.萨伊的解答,是法国学派的解答,它把价值的起源追溯到效用。这种解答过于广泛,因为它把价值归因于实际上没有价值的东西。最后,第三种,比尔拉马基和我父亲A.A.瓦尔拉的解答,它把价值追溯到稀少性。这是正确的解答。②

---

① 《纯经济学纲要》,W.雅费译(1954年),第398页。
② 同上书,第201页。"稀少性"传统和"效用"传统一样都起源于亚里士多德的思想,通过"自然法则"学派,以及显著地通过比方道尔夫直到卡迈克尔和哈奇森。瓦尔拉引证比尔拉马基的话,他的思想是直接从这个重要学派传下来的。

瓦尔拉之所以对第一种和第二种解答加以区别，在很大程度上是由于他一心要把自己的见解和法国正统派的见解区别清楚，后者主要地由 J. B. 萨伊继承。因为法国和欧洲大陆的两种答案，尽管瓦尔拉加以区别，却都承认效用和需求的作用，这在"英国"理论中没有适当地说到。

关于分配方面，瓦尔拉在阐述了边际生产力理论以后，转而攻击"英国的"理论。通过对比，他认识到"J. B. 萨伊对于生产过程中三项生产服务的结合有一种相当清楚和准确的概念。他使用的术语是恰当的；因此我们自己也采用了"。① 这几乎是可能从瓦尔拉笔下得到的最高的赞扬。当他简略地讨论像 J. S. 穆勒所讲的"英国的工资理论"时，他轻率地说它"不过是一种冗长的和使人厌烦的诡辩"，是穆勒的主要的根本命题之一，大意是说购买产品不是使用劳动。另一方面，瓦尔拉后来称赞杰文斯"在他的第二版的序言的结尾处写了值得注意的十页（第 xlviii—lvii），其中他明确地说英国学派或者无论如何李嘉图和穆勒一派的那一套公式必须

---

① 《纯经济学纲要》，W. 雅费译(1954 年)，第 425 页。这种对照在瓦尔拉对 J. B. 萨伊的分配论和对 J. E. 凯尔恩斯的分配论的论述之间特别显著，后者代表"英国人的"观点："这样他(J. B. 萨伊)告诉我们，地租、利息和工资都是完全相似的；每一项提供生产媒介在生产中增进的效用若干（各项分别是生产媒介的报酬）。根据这个理论，地租不是决定于农产品的不同成本，利润也不是决定于劳动成本，工资也不是决定于供求，而是各项决定于土地、资本和劳动在最终产品的创造中分别执行职务的效用。因此在这三种生产要素的所有者之间调节财富分配的性质不同的经济法则被弄得混淆不清，以便引进一种精神上的理由为现有的社会结构辩护，把地主、资本家和劳工这三类放在同样的社会便利和公道的地位。"见凯尔恩斯的《政治经济学的性质和逻辑方法》，第 2 版(1875 年)，第 14 页。

颠倒过来",因为各项生产服务的价格决定于它们的产品价格,而不是恰恰相反。①

四

反对占优势的正统观念的主要理论(杰文斯称之为"李嘉图—穆勒经济学"②)的那种挑战和反抗的语气,在他的《理论》中始终都很突出,同时在他原先的序言的头几页上也被强调。我们刚才已经看到这种针对着当时流行的主要的价值论和分配论的反抗语气,假如门格尔和瓦尔拉采用,就会是多么不恰当,因为他们两人并没有遭遇到占优势的、权威性的教科书宣布一种对价值的论述已经"完善"(没有什么东西需要现在的或者任何未来的著作家来澄清),这种关于价值的论述对需求和最终消费者的作用说得是不够的。

其次,必须强调,杰文斯之号召反抗不是一种孤立的、个别的对当时流行的学说的挑战,虽然这是杰文斯第一次在他的公开著

---

① 瓦尔拉:《纲要》,第45页。又参阅第385页,在那里瓦尔拉把杰文斯在他的《理论》第六和第七两章中边际生产力分析的"萌芽"归因于杰文斯。瓦尔拉只准备同意马尔萨斯理论的一种很委婉的说法,而坚决反对从这种理论中引申出来的那种比较强硬的政策结论。

② 《政治经济学理论》,第4版(1931年),第 li 页。在这里,杰文斯"坚持"一种观点,它"将推翻李嘉图—穆勒经济学的许多重要学说"。对被"推翻的"敌人("重商制度"、"李嘉图—穆勒经济学"、"古典学派理论"),这是试图取得"革命"成功的一个重要因素,也许比简单地说明一些崭新的思想更重要。当然,杰文斯1862年论文并不曾包括对占统治地位的理论的抨击,因而没有受到重视。类似的是,凯恩斯的《通论》革命地所作的东西,并不是他自己的思想自论文发表六年来有了重大的新发展。而是对"古典学派的"理论,作为一个可怕的、无处不在的被推翻的敌人,作了论述。

作中宣布这种抗议（他 1862 年的论文仅仅陈述了"一种经济学理论"，没有对其他学说提出任何批评或者挑战）。实际上，杰文斯在 1871 年强有力地推动了两三年前已经开始的那股反抗的潮流。在 1862 年他的论文没有产生影响，但是到 1870 年他看出时机已经成熟，可以对当时流行的正统观念发动根本性的反抗，这种反抗实际上已经在进行。因为在 20 世纪 60 年代后期，人们对正统学说的主体已经开始了一系列的进攻，显著地针对着工资基金论，但更广泛地是针对着占优势的英国学派思想的关于方法和政策的一些结论。

事实上，在 20 世纪 60 年代后期和 70 年代早期，李嘉图—穆勒理论体系的可信性和自信心非常突然地和非常快地崩溃了，就它在英国占优势的时期那么久以及权威那么大而论。由于思想方面的变化迅疾而重要，在英国发生的情况也许不是没有理由被看作一种"革命"，虽然主要地是在破坏性的和消极的意义上，[①]因为

---

① 从 20 世纪 70 年代初期和中期的经济学著作中可以引证经济学家和广大有兴趣的公众中对当时流行的正统学说的信心总崩溃的许多迹象。关于许多这些迹象，参阅 T. W. 哈奇森的《经济学说评论，1870—1929 年》(1953 年)，第 6 页。例如，沃尔特·巴奇霍特在 70 年代中期论述政治经济学时有这几句有名的话："它在公众的心里简直是死了。它不仅不能像以前那样引起兴趣，而且对它没有完全同样的信心。"见《经济研究》，新版本(1895 年)，第 3 页。1876 年杰文斯发现"人们对李嘉图和穆勒的名字的尊敬似乎已经不能保持一致……我们发现这门科学处于几乎是混乱状态"。见《经济学原理》(1905 年)，第 190—191 页。1877 年弗朗西斯·高尔顿爵士正在带头活动，企图把政治经济学从英国学术协会中排除出去。参阅"反对保持 F 组的理由"一文，载《皇家统计学会季刊》，1877 年 9 月，第 468 页。关于对政策的态度，有 L. 米尔纳勋爵关于 1872—1876 年的牛津大学的意见可以为证，"这几年的特点是该校的社会和政治哲学方面的显著变化，这种变化后来在广大的世界舞台上再现。在我成长的时候，放任主义理论还占据着阵地。人们公认的权威都是旧学派中的'正统'经济学家。但是在十年内那些仍然紧紧抱住旧学说的少数人已经被看作古董。"托因比的《工业革命演讲集》(1908 年)的序言，第 xxv 页。

这些反抗分子之间,在什么东西应该替代正统派理论,比在这些理论应该抛弃这一点上,不同的意见更多。在英国有一段将近二十年的有点混乱的空白期。但是在这种消极的意义上"革命"这个名词也许是有道理的,即使正统体系的某些方面或者某些组成部分经受了攻击仍然存在,有些则始终没有受到攻击,并且后来由马歇尔进行了一种忠实的反革命性质的工作,恢复或者保留了某些"古典的"术语和概念。

信心丧失,在少数能够对经济理论有所贡献的人和比较广泛的具有一般见解的"受过教育的阶级"这两种人中间似乎是共同的,并且是差不多同时的。20 世纪 60 年代后期开始的大动荡以及 70 年代的分界线,当然有关政策和方法以及理论。显然,在 1867 年选举权扩大以后,政策方面根本的新方针大概迟早必须加以考虑。但是,关于方法,历史上的和孔德主义派的攻击(虽然逐渐地大体上都被挫败了),增加了不稳定和丧失信心。至于中心的理论结构,一些主要支柱似乎已经失去承担作出概括的重任的能力(如果它们曾经有过这种能力的话),这种责任,人们以前曾假定它们是能够承担的。

这时候在英国关于政治经济学的情况的主要轮廓,亨利·西奇威克在所著《原理》(1883 年)的开始部分说得很清楚,并且似乎很准确。他写得相当公正,细致地把一种正确观察事物的眼光和一些第一手知识结合起来,同时他的判断严谨和公正不应该再需要强调。西奇威克的开头几句话就叙述怎样在英国(大约 1863 年),"大约二十年前,政治经济学在主要原则和最重要的实际运用方面都被英国的大多数受过教育的人认为已经最后固定下来了。"[①]他接着就强调"比较起来人们不大注意"60年代中期的攻击,例如,弗雷德里克·哈里森的孔德主义的讽刺、麦克劳德的批评和朗格对工资基金论的驳斥(1866年),然后结论说:"然而,在1871年这些政治经济学的平静的日子已经过去了。当然它们不是突然结束的,但如果可以给它指定一个日期的话,我应该以穆勒在1869年3月的《双周评论报》上发表他对桑顿的《论劳动》一书的书评为标准。"所以,正如西奇威克说的那样,当"杰文斯教授的《政治经济学理论》的出版给以第二次打击"的时候,古典的正统观念已经在崩溃。

西奇威克认为正统派理论在50年代和60年代早期的最高权威和信心是由于两个原因:(1)谷物法废除以后有一个时期出现的繁荣,以及(2)J.S.穆勒非常高明地对这个问题的原理作了清楚的和令人信服的阐述。

[①] 西奇威克:《政治经济学原理》(1883年),第1页。在引证了麦卡洛克早些时候的信念,认为"这门科学以往染有的那些谬误正在很快地消失",以及托伦斯的预言,即所谓"二十年后对它的比较根本的原则将没有什么疑问"以后。西奇威克援引了《爱丁堡评论报》(1861年)上一段值得注意的话,表示60年代初期正统派学说的权威多么牢固:"政治经济学是世界上已经产生的唯一的伦理科学,其中根本术语的定义十分准确,可以在一切熟悉这门科学的人中间普遍流行。结果是理解这门科学的人的结论被人们接受和实行,对它的信心超过对有关人类事务的其他推理的信心,政治经济学家只能运用真正衡量一门科学的真理的唯一标准——成功,和天文学家的信心同样大。他们之所以成功,是由于做到了对某些名词赋予一种准确的意义,这些名词,长期以来千百万人一直在使用,并且给了它们生动的可是不明确的概念,例如工资、利润、资本、价值、地租,和这一类的许多其他术语。"见《爱丁堡评论》(1861年10月),第465页。

关于第一个"原因",在50年代肯定没有多少关于重要政策的异议或者疑问——不像在19世纪的前几十年那样。自由市场、自由贸易经济的格局在30年代和40年代已经确立。这似乎为以后的50年代和60年代初期带来了一定程度的相当普遍的繁荣,无论如何在广大的公众看来,似乎可以下结论说,政治经济学的一些主要政策问题已经获得解决(如果不是永远解决的话,至少就可以预见的将来而言是这样)。①再则,这个问题的一些理论,既然已经在这些成功的政策中产生了成果,就可以认为它们已经得到使人信服的证实。

第二,关于 J.S. 穆勒和所著《原理》的权威地位,人们并不总是认识到他的思想多么接近于真正垄断着当时经济思想方面的英国市场趋势。马克思关于穆勒的卓越地位的暗讽的评语,认为这是由于周围景物的平淡无奇;这种说法含有一定的冷酷无情的真理,如果我们看一下19世纪英国一些主要的或者近于主要的经济学家们出生的日期。有一批人数比较多的、出色的经济学者在穆勒之前大约15年出世,其中包括麦卡洛克、托伦斯和西尼尔,他们到50年代中期自然要逐渐消失。但是,在此后的大约25年中,也

---

① 这种假定也许引起了20世纪70年代中所表现的看法,认为在政治经济学中"重大的工作已经完成",像罗伯特·洛(1876年)说的那样;或者像凯尔恩斯的说法(1870年):"人们不否认这门科学曾做了一些好事,只是有人认为它的任务完成得很好。"见《关于政治经济学的论文》(1873年),第240页。切克兰德写文章谈论"显然已经应用到极点。他引证乔伊特的信念,认为"除了分配的领域,'政治经济学,像边沁主义一样,已经完成了它自己的工作'",以及格拉德斯通的看法,"经济学在公共政策方面的应用差不多已经全面了。"见"杰文斯时代英国的经济评价"一文,载《曼彻斯特学派》,1951年5月,第417—418页。

就是,在穆勒前后各十几年中,新出生的却很少。①

然而,在60年代中期和晚期,新的一批著作家,在1865年都还不到40岁,是在穆勒后大约20年或者更晚些时候生的,正开始有所表现。这新的一批中最重要的分子是克利夫·莱斯利、弗莱明·詹金、巴奇霍特和杰文斯,他们都不接受主要的李嘉图—穆勒的关于价值和分配的理论。一些对经济理论有重大贡献的人之

---

① 在他的引人入胜的最早的论文《经济思想史方面的统计研究》里(载《经济学史方面的论文》,1965年,第31页以前),施蒂格勒列出1712年至1861年之间出生的"重要的英国经济学家"56人,也就是,平均每十年将近4人。所以人们在试图区别经济学上的变动和转变时是和相当少的人打交道,在研究对经济理论或者分析的贡献时所涉及的人数更少,因施蒂格勒的名单包括相当一部分历史的和统计的经济学家。显然,也可以提出一些颇为边缘的包括和省略,但是我们将严格依照施蒂格勒的名单。这显示我们所关心的这个时期有关的出生率方面值得注意的波动。

(1) 1787—1797年,这十一年间是极为多产的,有13人出生,尽管"平均数"应该是大约4人。这些人是霍吉斯金、惠特利、麦卡洛克、西尼尔、托伦斯、琼斯、贝利、乔普林、劳埃德、韦克菲尔德、斯克罗普、波特、巴贝奇,占全部名单的几乎四分之一。

(2) 接着有22年(1798—1819年)的"大不景气",总共只有3人出生——朗菲尔德、J.S.穆勒和W.T.桑顿,而"平均数"是9人左右。

(3) 从1820年起出生率又恢复,有7人,其中二十年代出生的有凯尔恩斯、巴奇霍特和莱斯利;三十年代又有4人——吉芬、F.詹金、杰文斯和西奇威克。他们都是很著名的。

这些数量的资料之所以提出来,不是为了说明穆勒的极端杰出的地位,而是为了强调这个事实本身。大概在1852年,只有三位"重要的"英国经济学家年龄在32和55岁之间——其他两人是朗菲尔德和W.T.桑顿。朗菲尔德在这以前早已完成了他的主要贡献,而桑顿还将于1869年和穆勒有一次关系重大的会晤。

施蒂格勒也用了一栏说明他的经济学家们在经济学方面主要著作的年份,或者他们的一系列著作的平均年。19世纪30年代的数字常常有十项记录,到1844年的时候多了四项。从1845年到1865年仅有的记录是J.S.穆勒(1848年)、纽马奇(1858年)和W.T.桑顿(1860年)。但是在1866年我们得到莱斯利和凯尔恩斯,在1868年得到巴奇霍特,以及在1870年得到詹金和杰文斯。

中,只有出生比较略早的 J. E. 凯尔恩斯还留在那一边,[①]而且他为李嘉图—穆勒的正统观念辩护的努力可以说是徒然削弱了它的地位,不是因为他作的让步太多(在工资基金学说上以及由于"非竞争的集团"的分析),便是因为他那种令人难受的马尔萨斯派的极度悲观。[②] 这一群新的经济学家的出现,对经济理论有重要的批判性或者建设性的贡献,他们都反对"李嘉图—穆勒经济学"的关于价值和工资的主要理论。这使得 60 年代后期和 70 年代初期这一段比较短的岁月成为英国经济学说史上一个非常重要的转折点。

五

我们要强调,杰文斯在所著《理论》中攻击李嘉图—穆勒的分配论的主要支柱和价值论;并且,无论如何,因为这两者之间有逻辑上和观念上的联系,对其中一项的攻击就意味着对另一项的攻击。在《理论》第一版的前言中,杰文斯立刻就参加对工资基金论的攻击(60 年代后期已经由朗格、桑顿、莱斯利和詹金发动的一场攻击)。[③] 在第二版中他继续要求我们"摆脱工资基金论、生产成

[①] 在凯尔恩斯之外还可以加上亨利·福西特,作为一个仍然存在的英国"古典"正统观念的捍卫者;但施蒂格勒认为"容易"把他从"重要"英国经济学家名单上"排除"掉,我们接受这个意见。

[②] 参阅陶西格的《工资与资本》,第 263—265 页,可以看出凯尔恩斯在工资基金论上的退却。

[③] 关于克利夫·莱斯利对工资基金论的意见,参阅他的《政治和道德哲学方面的论文》(没有标明日期),第 43 页,在他对凯尔恩斯的《主要原理》的评论中。关于弗莱明·詹金对"这种谬论"的否定,参阅他的 1870 年的论文"供给与需求的法则",载《供给与需求法则的图解说明以及其他关于政治经济学的论文》,重印本(1931 年),第 94 页,还有他的关于工会的研究报告(1868 年),同上书,第 8—14 页。

本价值论、自然工资率,以及其他一些使人误解的或者谬误的李嘉图式的学说"。①

人们常常坚决认为,不像它们在充分发展了的边际分析中紧密结合在一起那样,在英国派或者"古典派"体系中,价值论和分配论是"分开的"或者不是分析地联结在一起的。确实,它们不像那样紧密地结合。但是李嘉图式的劳动—成本价值论和自然工资论以及(在一种比较不严格的意义上)工资基金论,通过一些共同的假设或者简单化把它们紧密地联系起来。如果这些简单化结果显得不那么似乎有理或者正当,可能部分地是因为不断变化的经济条件或者"环境的"因素,那么李嘉图—穆勒的价值论和工资论或者分配论两者都在被抛弃,作为一般的对实际商品市场和劳动市场的作用的说明,正如这些理论实际上已经成为那样。

杰文斯清楚地看出他唤起人们反对当时占优势的正统观念的号召中这种相互依存的关系。再则,他虽然没有详细阐述边际生产力的分析,却强调其中的基本原则,坚决主张对各项生产要素的分配必须以它们对生产的贡献为根据,这是在"古典的"或者无论如何在李嘉图—穆勒的理论中受到压制的一种想法。杰文斯在《理论》第一版中的"结论"里表示了这种想法,并且,像瓦尔拉看出的那样,在第二版序言的结尾处又特别加以强调。他也看到,虽然这种生产力型的说明或者"真实的工资论"就法国学派来说"不是新的,但对我们英国的一些经济学派来说,它是新的,或者,无论如

---

① 杰文斯:《政治经济学理论》,第 4 版(1931 年),第 vi、xiv 页。

何,面貌一新"。①

工资基金论和自然工资论两者都未能把工资和生产力联系起来——这一联系应该会转过来走向更加强调最终的消费者需求。有一个共同的假设,在劳动—成本价值论、自然工资论,以及(在较小程度上)工资基金论中都是一样;这个假设是:根据经验人们有理由假设"劳动"广义地和一般地是类似的,或者不同类型或不同性质可以用某种稳定的标准把它们简化为一种普通的类似的"劳动"。这是必要的基础,在这个基础上才可以说劳动成本论是合理的以及一般的"自然工资"或者甚至一种有效的一般平均工资是一种相当合适的近似值。穆勒在他的"论工资"一章(Ⅱ.xi.1.)的一开始就采用了这种简化方法,在那里他一开始就说"方便的"办法是"首先这样地着手,好像只有一种普通的非熟练的劳动,其工作的难易和辛苦麻烦的程度均属一般"。②

李嘉图在他的一段重要的话里(所著《原理》第一章第二节开始处)曾写道:

然而,在我讲劳动是一切价值的基础以及劳动的相对数量几乎能完全决定商品的相对价值时,人们切不可以为我不

---

① 杰文斯:《政治经济学理论》,第 4 版(1931 年),第 269—270 页和第 xiv 页。像 R.D.C.布莱克教授指出的那样,人们对杰文斯的思想似乎有些误解,如果要在他的《理论》中关于地租、劳动和资本各章里找寻一种统一的研究分配的方法,其中毫无疑问"讨论方法有一定的不对称现象"。没有理由根据这种不对称现象就断定杰文斯没看清楚边际生产力原则,虽然他没有加以发挥。在《理论》的后来几章以及第二版的序言中,都可以看出一种广泛的边际生产力研究的轮廓,像瓦尔拉坚决认为的那样。参阅 R.D.C.布莱克编辑,W.S.杰文斯著:《政治经济学理论》(鹈鹕丛书),1970 年版,第 17—19 页。

② 穆勒的《政治经济学原理》,阿什利编(1909 年),第 343 页。

注意劳动的不同质量，以及对一种工作中一小时的或者一天的劳动和另一种工作中同样时间的劳动进行比较的困难。人们对劳动的不同质量的估价，很快就会在市场中得到切合实际的十分精确的调整，并且在很大程度上决定于劳动者的比较技能以及所从事的劳动的强度。标准一经形成，不容易有什么变化。如果一个宝石工匠一天的劳动比普通工人一天的劳动的价值高，那就早已得到调整，被放在价值尺度中的适当地位了。[①]

这是杰文斯在他的关于"交换的理论"那一章的常常被人引用的结尾一节中强调驳斥的东西：

> 但是把劳动作为价值的调节者来考虑时很容易做得过分；应该同样地记住劳动本身的价值是不相等的。李嘉图通过歪曲的假设，把各种数量的劳动作为一种同样的东西。他知道劳动在质量和效率上差别很大，所以各种劳动得到的工资报酬有的较高而有的较低。他认为这些困难是一些干扰的情况，只好听其自然；但他的理论是以假定的劳动等同为基础的。这种理论所根据的基础完全不同。我认为劳动是基本上

[①]《政治经济学及赋税原理》，见《大卫·李嘉图全集》（1951年），第1卷，第20页。又参阅穆勒的《原理》，第3卷，第4章，以及J.E.凯尔恩斯的《政治经济学的一些主要原理》（1874年），第87—88页。像施蒂格勒说明李嘉图那样："劳动的工资也是多种多样的，随着技能、教育费用这一类因素而有所不同。然而，职业的工资结构是很稳定的，因此我们可以把一个熟练工人作为（例如）三个非熟练工人看待，如果前者的工资是非熟练劳动的三倍。这样，工资方面的支出可以作为和"相等的非熟练工人"的数目是相称的。（李嘉图应该也指明工人的职业结构是稳定的）。"见《经济学史方面的论文》，第188页；又参阅第330页。

可以变化的，因而它的价值必须决定于产品的价值，而不是产品的价值决定于劳动的价值。①

杰文斯此时在攻击李嘉图—穆勒的价值论和分配论的这一主要的简单化方面，不是孤立的。沃尔特·巴奇霍特，在他的关于生产成本那一章里恰恰引用了上面所引的李嘉图的这一段话，并且接下去就强调为什么这种简单化在李嘉图写下这些话以后的 50 年中已经变得不那么似乎有理了：

> 50 年前，当时制造业只是慢慢地发展，并且技术比较地固定不变，这样的说法可能不是完全不正确的——无论如何不是完全谬误的。但是今天不同工作中使用的不同技能不断地变化；它会随着质量的改进而增加；它会随着机器的改进而减少。甚至在不同时期的同一工作之间也难进行比较；在两种不同工作之间则不可能比较。②

实际上，J. S. 穆勒（似乎由于没有充分认识到此中的含义）和凯尔恩斯（比较明确地）在他们的"非竞争的集团"这一概念上对李嘉图关于劳动的同一性的简单化引进了一种致命的限制。确实凯尔恩斯承认，在"像我们这个国家进行的所有的交换中有不小的一部分"其中价值不能用生产成本来解释，必须动用需求这一面，采取相互需求原则的形式（像在 J. S. 穆勒的国际价值论中那样）：

> 因此，生产成本在调节价值方面的作用，决不会像目前的理论会使我们想象的那样普遍存在，即使在同一国家的范围

---

① 杰文斯：《理论》，第 165—166 页（着重号是原有的）。
② 巴奇霍特的《经济研究》，R. H. 赫顿编辑（1895 年），第 262 页。

内也不会。同样的商品在一些交换中按照生产成本法则,而在其他一些交换中并不按照;所谓任何商品的价值在一切交换中都遵循成本的原则,也不符合事实。①

实际上对李嘉图—穆勒理论的例外,现在正变得比一般的情况和一般的解释更重要。正如杰文斯后来写信给福克斯韦尔(1879 年 11 月 14 日)所说:

> 凯尔恩斯自称拥护这个(工资基金)理论,但他的论点实际

---

① 凯尔恩斯:《政治经济学的几项主要原理》(1874 年),第 80 页。在我的这一部分论理中,我很得益于 K.J. 阿罗和 D.A. 斯塔雷特的"成本和需求——对价格决定学说的理论研究"一文,这篇论文是 1971 年 6 月在维也纳大学举行的庆祝卡尔·门格尔的《原理》百年纪念大会上宣读的。阿罗和斯塔雷特写道:"除了资本的问题,古典的结构逐渐面临新的挑战,部分地由于更详细的对现实世界的研究,部分地由于这个现实世界中的变动。到 19 世纪中叶,实际工资的趋势确实和任何最低生活工资论不符合。市场给予劳动的价值不能由生产成本来解释;最自然的另一种办法是用劳动的生产力来解释工资,这一种解释只有在劳动是本质上稀少的时候有用。简言之,必须把劳动作为土地看待。还有,对古典模式中相对工资的唯一解释是斯密的平衡差别论,这种差别是由于工作讨厌、有危险性等而产生的。人们假定所有的个人具有相等的能力,而在不同的工作中不是不计较工资差别的。但这已经是一种"多因素"模式;不仅不经训练的劳动,而且愿意做讨厌的工作或者愿意承担危险,也是稀罕的基本因素。再说,世界上最随便的观察也会看出平衡差别不能适当地解释相对工资;人们常常说,报酬最高的位置是那些最受人喜爱的岗位,而不是最不受喜爱的岗位。凯尔恩斯开始谈到'非竞争的集团'时,古典的模式已经完全有了缺陷。多种基本因素的复杂性需要一种新的理论。新古典学派的伟大创始人,卡尔·门格尔、W.S. 杰文斯和莱昂·瓦尔拉,以及他们的前辈 A.A. 库尔诺和 H.H. 戈森,了解古典模式中突出的对需求的遗漏。他们采取了一种和古典派完全不同的模式——纯交换的模式——作为出发点来进行解释。"阿罗和斯塔雷特断言"导致古典派学说衰退"的原因是"它既不能解释绝对工资,又不能解释相对工资"。我们还要加一句,这一点缺陷很快地在 20 世纪 60 年代后期和 70 年代初期就达到严重关头。阿罗和斯塔雷特提出的关于改变"环境"条件的意见可以注意,尽管我们会认为那衰落的"结构"的理论,可以被描绘成是"李嘉图—穆勒"的理论,而不是"古典的"理论。

上对它极其不利。他不能说到任何非竞争的集团为止,而他的一些想法,如果探究到底,就会导致完全否定这一理论。①

六

让我们较为仔细地检视李嘉图—穆勒分配论的两个主要支柱(1)工资基金论和(2)自然工资论是怎样倒塌的。我们要强调这些工资理论的缺点和李嘉图—穆勒价值论的缺点中的共同成分。

(1)人们对当时占优势的正统观念的信心崩溃得范围之广和来势之骤,在60年代后期和70年代初期的工资基金论中表现得最显著。F. D. 朗格1866年发表的《反驳》太早了一点,未能产生影响。但是克利夫·莱斯利和弗莱明·詹金(两人都是1868年)之后继者有W. T. 桑顿,他逼得穆勒投降,这一点西奇威克认为是人们对"古典的"或者李嘉图—穆勒政治经济学的信心崩溃中的大事。我们要强调,我们不是一定坚持工资基金论是完全站不住脚的或者早应该全部被抛弃,像它被穆勒和其他一些人抛弃那样。人们认为当时的舆论不正确。但是当时舆论所指的方向是没有问题的,而且那是一种由当时的或者任何其他时期的一些最有能力的经济学家引发的舆论。② 在70年代,如熊彼特所说,"消灭工资基金成为人们喜爱的一种游戏。"③我们曾看到杰文斯继续这方面

---

① 《W. S. 杰文斯的书信和日记》,哈里特·A. 杰文斯编(1886年),第408页。又参阅S. G. 切克兰,载《曼彻斯特学派》,1951年5月,第164页。

② 马歇尔在1885年这样说:"十二年前英国拥有也许是以往曾有过的最能干的一批经济学家。"见《阿尔弗雷德·马歇尔纪念集》,庇古编,第152页。这似乎把古典时期或者它的各个阶段放到了适当的地位。

③ 熊彼特:《经济分析史》,第671页。

的攻击,同时还进行着他对李嘉图—穆勒价值论和自然工资论的全面挑战。凯尔恩斯(1874年)似乎认为他自己在试图作一种辩护,但在这样做的时候把原来这种学说早先所有的内容差不多完全抽空,结果被杰文斯把他和那些已经抛弃这种学说的人列在一起。① 克利夫·莱斯利,在评论凯尔恩斯的《主要原理》时,强调了李嘉图—穆勒工资论和价值论两者之间的相互依存关系:

> 生产成本学说包含工资与利润的全部理论:建立在凯尔恩斯先生会称为正统派理论上面的一种巨大的上层建筑,一定随同那个理论屹立或者倾倒。这个问题不难着手研究,只须检查"工资基金"理论和一种"平均工资率",凯尔恩斯为这两者辩护。②

后来有F.A.沃克的著名的著作(1876年),以及由那么多地位不同的经济学家(例如,英格拉姆、托因比、罗杰斯、亨利·乔治和西奇威克)继续进行的攻击。在凯尔恩斯作了一番没有把握的努力以后,工资基金论仅仅维持着先后出了几版福西特的《手册》。确实没有什么很精辟的东西可以代替它,除了坎南称之为"产品减去各项扣除"的工资理论,③然而这种说法确曾指向边际生产力分析。

(2)李嘉图—穆勒分配学说的另一部分,即杰文斯要求经济学家们"摆脱"的三种基本的李嘉图—穆勒理论的第三种,是"一种自然工资率的理论,这种工资仅够养活劳动者"。杰文斯补充说:"我

---

① 杰文斯:《理论》,第4版,第xliv页。
② 莱斯利:《论文集》,第43页。
③ E.坎南:《经济学说评论》,1929年,第356页。

完全怀疑这样的一种'率'的存在……因此我倾向于完全否定目前流行的关于工资率的理论。"[1]

自然工资率的理论直接含有马尔萨斯人口论的那种悲观的说法。当然，说到马尔萨斯的人口论，很会使人弄不清楚。马尔萨斯关于人口的理论有一种整个的范围，马尔萨斯本人在这个范围以内来回移动。在最温和的一端是完全空洞的概括，只是预言任何事情可能发生——"同义反复语伪装为一种理论的一个极好的例子"。[2] 在那严峻的、悲观的一端——从这里衍生出自然工资论——就是经济学说史上人们第一次提出的最广泛的、重大的和后果严重的经验主义的概括，一个对工资、生活标准，以及经济政策和社会政策具有非常严峻的意义的问题。

马尔萨斯人口论的严峻的和温和的两种说法，在它们的意义和内涵上完全不同；不把它们辨别清楚而想要讨论对马尔萨斯的这项理论支持到什么程度，或者讨论这一理论的衰落，是会把问题弄糊涂的。[3] 不同的说法在不同时期（虽然一部分是同时期的）受

---

[1] 杰文斯：《理论》，第269页。杰文斯继续说："即使这个理论单独地适用于任何一种劳动者，还有一项困难是我们必须解释不同行业中流行的大不相同的工资率。不可能说我们应该永远承认李嘉图对这个问题的那种总括的简单化，不可能有一种适用于普通劳动的自然的一般工资率，也不可能认为一切较高的工资率只是例外情况，需要用其他理由来解释。"杰文斯后来坚持说，"工资率和地租一样受同样的正式法律的控制"（第xlvii页）。

[2] M.布劳格：《经济理论回顾》，第2版（1968年），第73页。

[3] 沃尔特·巴奇霍特总结严峻的和温和的这两种马尔萨斯理论之间关键的和广泛的区别，用了这句名言："以它最初的方式，《人口论》作为一种论证是有说服力的，只是所根据的是不真确的事实；在第二个方式下，它根据的是真确的事实，但作为一种论证是没有说服力的。"

到不同的人的支持。在严峻的与温和的这两个极端之间还有一系列内容不同并且相当模糊的说法,这取决于人们对各个著作者所采用的各种不同的具体条件作出的准确解释。有时候很难准确地肯定任何一位作者(根据他对马尔萨斯学说的说法)所理解的究竟是什么。要根据"这个"马尔萨斯人口学说作出关于作者的分类或者关于支持方面的一般变化的一般性结论,几乎是不可能的。

李嘉图和J.S.穆勒采取的路线大大地偏向于那严峻的一端,他们的分配模式所有的内容只能从一个严峻的、经验主义的马尔萨斯人口论的说法得出。① 因此,虽然严峻路线已经被西尼尔、麦卡洛克和托伦斯以及许多其他的这种"古典的"温和路线的人所抛弃,它仍然稳固地存在于60年代的正统理论中,存在于J.S.穆勒的权威性著作以及他的门徒凯尔恩斯和福西特的著作中。② 杰文

---

① 熊彼特强调严峻的马尔萨斯学说在李嘉图模式中的主要作用:"地租的理论完成了它的唯一任务,消除了我们的方程式中另一个变数以后,使我们处于生产的边际,有着一个方程式和两个变数——仍然是一种没有希望的事。但是,李嘉图想到,工资也不真正是变数,至少在那个方程式范围以内不是。他认为,他根据客观的考虑,知道在长期内工资将是怎样:在这里旧的魁奈学说起了作用,得到了马尔萨斯人口法则的支持。"见《经济分析史》第569页。又参阅施蒂格勒的论文《李嘉图的价值和分配学说》,见《经济学史方面的论文》,第156页及后文,特别是第157、169和172页。施蒂格勒强调生活水平必须稳定,如果这个理论要有任何意义的话,确实可以争辩说,穆勒对人口学说的论述不是像李嘉图的论述那样一贯地严峻。当然穆勒在各处表示较多的是相当模糊的对遥远未来的希望。但李嘉图模式的逻辑,像他复述的那样,要求严峻的马尔萨斯学说,根据穆勒本人的说法,"劳动阶级方面的改善很少会超过暂时的余裕,而且很快就会被他们的人数增加所抵消。"见《原理》,阿什利编,第161页。关于J.E.凯尔恩斯的严峻路线的讨论,参阅他的《政治经济学的几项主要原理》,第332—348页。

② 马克·布劳格这样说:"在约翰·斯图亚特·穆勒的《原理》(1848年)中,马尔萨斯的人口论又一次成为李嘉图分配论的关键。穆勒在努力恢复马尔萨斯的论点时,

斯以及60年代后期和70年代初期那新的一批经济学家中一些其他的人不是在攻击一个已经不存在的目标。但在他们的攻击以后,除了来自凯尔恩斯和福西特的短暂的攻击以外,没有什么有名气经济学家试图使严峻路线的马尔萨斯理论再引人注意,无论如何,在英国是这样。① 比较温和的马尔萨斯人口论的一些说法,继

确实实现了一种反革命似的东西。"见"李嘉图经济学的经验主义内容"一文,载《政治经济学杂志》双月刊,1956年2月,第48页。布劳格认为,19世纪30年代中第一次全面反对那严峻的一种马尔萨斯学说之所以未能持久,是由于没有人有其他的工资学说可以代替它。诚然,在三十年代中英国没有人提出任何其他的工资学说来代替它,虽然在都柏林有朗菲尔德以及欧洲大陆上有J.B.萨伊和赫尔曼。但到七十年代的时候就不是这样了,甚至在保守的英格兰也是如此,当时那严峻的一种马尔萨斯学说(第二次)被抛弃,被差不多所有的主要经济学家所抛弃。在这个时候,虽然代替的理论还没有研制出来,杰文斯却十分清楚地指出了轮廓,在这个基础上可能根据边际生产力研究出一种新的分配论。到70年代的时候也有一堆重要得多的经验主义的证据,它们否定严峻路线的学说(十分重要,虽然可以说,那种证据四十年前已经有了)。

① 有一个重要的"环境的"原因(A.W.科茨教授在贝拉焦会议上提出),可能很有助于在1870年左右最后消灭严峻的(不是温和的)马尔萨斯学说。这是在这种从欧洲以外大量输入粮食的时候第一次的迅速增加。严峻路线学说不仅决定于经常的人口压力,而且决定于扩大粮食供应所受的狭小限制。W.H.B.考特教授曾著文谈到,"英国粮食贸易方面的一场革命。这是意外地突然发生的。在1868年到1878年的十年中,联合王国停止生产本国消费的小麦的大部分,并开始从国外购买它所需要的肉类的将近一半,而不是七分之一,这是大量输入粮食的开始,全国的生活水准将来要依赖此项输入。"见《简明英国经济史》(1964年),第201页。R.S.塞耶斯强调同一点:"美国在南北战争(1861—1865年)后安定下来的时候,那个国家成为英国市场的廉价小麦的一个主要来源。输入英国的总额从50年代后期的大约一百万吨增长到80年代初期的三百万至四百万吨,其中半数来自美国一国,就是说,差不多等于国内的生产量。"见《英国的经济变化》,1880—1939年,(1967年),第108页。

正是这一发展,J.S.穆勒在《原理》的先后各版中继续不承认它会出现,甚至到它开始发生时仍然这样说。关于澳大利亚和美国,穆勒辩说:"它们的农业必须供给自己国内日益增多的人口,以及输入国的人口。因此,理所当然地它们将很快就不得不耕种肥力较差的土地或者耕种比较僻远的和不方便的土地,并采用像老国家所用的那

续有人坚持。虽然极端形式的马尔萨斯人口论的温和路线的说法没有经验主义的或者预言性的内容，仅仅等于用一套名词和概念，但也有一些温和的（虽然不是那么极端的温和）马尔萨斯人口论的说法，在经验主义方面不是完全空洞的，它包含一些相当模糊的一般准则或者告诫，要求人们谨防人口增长太快。由于对这种脆弱无力的结论以及对某些马尔萨斯主义的术语和概念的恋恋不舍，所以有人继续对"马尔萨斯人口论的学说"在口头上说好听的话。

杰文斯坚持说他对"人口论"的"真实性和巨大的重要性"没有疑问，但不予考虑，因为"它不是经济学的直接问题的组成部分"，

些耕种方式，在劳动力和费用方面比较不经济。"（第1卷，第13章，第3页）。又（第4卷，第4章，第8页）："目前用来使国家可以每年增加粮食输入的主要经费，是美国每年储蓄中迄今用于增加美国工厂的那一部分，这一部分是谷物方面的自由贸易可能使它改用于为我们的市场生产谷物的。这种有限的来源，除非农业方面发生重大的改进，不能指望它跟得上像英国那样的增加得很快的人口的不断增加的需求。"

在阿什利编辑的穆勒的《原理》的版本中，他在评论穆勒的比较悲观的预言时，列了一个很有趣味的表，算出用本国生产的谷物养活的人口的百分比：1831—1835年，96%；1856—1860年，71.9%；1881—1885年，26.4%。如果假设，经济学家们，从70年代初期起，对于国外粮食供给的重大发展以及对李嘉图—穆勒模式的基本假设的结果的歪曲，都一无所知，那就奇怪了。事实上，到70年代中期，巴奇霍特正在认识到政治经济学"不讲随着时间的发展，供给人口增多的需要就越来越困难。……困难的增大不会发生，第一，因为老国家的居民一部分可以迁移到新国家去，在那里人们可以尽可能地增加；第二，因为那些移民生产的东西超过他们在简单生活中的需要，能够把多余的部分送给那些留在本国的人；第三，因为，即使在老的国家中，生产技术方面的改进也会至少抵消逐渐利用条件较差的和比较贫瘠的土壤的不可避免的困难。"见《经济研究》，第124页。到1881年—1882年，托因比在他的《演讲》中承认马尔萨斯"预见后来会发生的大量食粮输入。……现今，我们输入所消费的食粮的一半，用我们的工业品偿付"。见《关于工业革命的演讲》（1894年），第112页。

这时候他所漠视的显然是一种温和路线的理论。① 人们很容易排除一种完全不谈工资或者任何其他问题，并确实没有经验主义内容的理论。当然杰文斯想要把注意力集中于分配问题作为经济学的中心内容，并集中于（用他的说法）在"特定的人口"条件下的分配。但是，马尔萨斯人口论的严峻路线的说法，广泛地涉及工资、生活标准和政策上可能发生的变化，经济学家不可能不关心，除非它被认为可以证明是谬误的，完全没有以经验为根据的正确性。杰文斯要求经济学家们"摆脱"李嘉图—穆勒的自然工资论的束缚，有助于使严峻路线的马尔萨斯主义终于被英国的经济学家否定和抛弃。

西奇威克和马歇尔后来保持了一种确实有点温和意味的马尔萨斯主义的理论，它虽然受到广泛的和不明确的限制并且难以实验，也不是完全没有一点预言性的内容。② 实际上，似乎迟了一些，马歇尔（1893年）认识到曾经和早些时候的严峻路线理论发生过一种决定性的破裂。他说到"一种把这一代的经济学家和以往的经济学家分开的变化"。和杰文斯差不多属于同一代的马歇尔，当时认为把本世纪前几十年的经济学和后几十年的经济学分开的

---

① 杰文斯：《理论》，第266页。弗莱明·詹金（1870年）写道，显然是温和的描写："马尔萨斯的规律，如真是那样，对确定资本家预期的利润，或工人预期的舒适生活将毫无益处；因为，事实上，它对确定生产和劳动费用或其他的费用，都毫无益处。"杰文斯可以镇定自若地漠视人口理论，因为它对确定生产、工资"或其他"的费用"毫无益处"。但是他不能从经济学角度漠视某种有益处的理论。F.詹金：《供求规律的鲜明代表及其他文集》，1931年重印本，第98页。

② 参阅西奇威克的《政治经济学原理》，第147—157页；以及A.马歇尔和M.P.马歇尔的《工业的经济学》，第5章。

东西(这一转变,他认为,甚至那时候还没有渗入当时关于济贫法的文献),是人们接受了这种理论:"如果你向富人征税,而把钱给工人阶级,结果会是工人阶级的人数增多,因而你将使下一代的工资降低。"①

马歇尔曾竭力缩小价值论方面的变化,以及杰文斯所发动的对正统观念的挑战。至少我们会同意,关于工资(以及人口)理论的"变化"在某些方面意义比较广泛,无论如何从政策方面来说是这样的。但必须强调的是,在英国工资理论方面的"变化"和价值理论方面的"变化"是有密切联系的,在时间上和逻辑上或者分析地来看都是这样。在时间上,杰文斯对自然工资论的挑战,和他的最终效用价值论同时发展起来,此外还有和杰文斯属于同一新阵营或者新时代的经济学家在60年代后期和70年代初期的其他攻击;这一挑战构成了对严峻路线的马尔萨斯学说的最终的和决定性的打击,从此它没有能像以前那样地恢复过来;在这以前它一直牢固地扎根在J.S.穆勒的《原理》中,并受到凯尔恩斯和福西特的支持。从逻辑上和分析地来看,李嘉图—穆勒的自然工资理论和人口理论以及劳动生产费用价值论中都含有同一的过分简单化的"劳动"和"工资"的概念。为了替代这个共同的薄弱环节,杰文斯主张消费者需求和效用在价值论中应该居于重要得多的地位,以及生产力在工资论和分配论中也应该如此,这两者在法国和德国

---

① 《正式文件》(1926年),第225页。马歇尔说明社会环境方面的变化否定了当时合适的旧的看法:"我觉得,每当我阅读今天的济贫法文献时,总好像回到世纪初;所说的关于经济学的一切,有着那个旧时代的气味,当时是确实的关于工人阶级的情况和财富状态的说法,被重新提出,作为那些我现在认为不正确的议论的根据。"

的主要著作家中向来都是承认的。在欧洲大陆上,不需要推翻什么原有的理论,关于价值和分配的一些理论由于有了新的边际概念而更加精练,并且在门格尔和瓦尔拉所领导的两个研究中心开始了一段长时期的建设性的发展。

英国的"古典"政治经济学受到经济思想史学者的研究,比任何其他时期或者事件受到的研究深入细致得多。但是它从一种几乎独一无二的权威和优势地位衰落下来的情况,很少有人查问。这里是经济学说史上几乎无与伦比的一种情况,一个主要的理论核心作为一种人们确认的正统观念,在长期地和权威性地流行以后,比较突然地被人抛弃。那说得过火的"革命"一词,用来描写60年代后期和70年代初期在英国的这种过程,并不牵强。但是,如果"革命"这个词只能在一个权威的制度相当迅疾地被另一个权威的制度所取代的场合应用的话,我们就不能说1871年或者1871年前后在英国发生了一场革命,并且确实也似乎很难把欧洲大陆上发生的情况说成是革命性的。但是,如果最初的否定或破坏阶段单独地可以说是革命性的话,那就很难在经济思想史上指出一个更清楚的和更重要的例子。

杰文斯在所著《政治经济学理论》中所号召的,是英国经济学家应该抛弃他们的自然工资论、劳动生产成本论和工资基金论这些狭隘的怪癖的东西,并重新加入西欧思潮的主流。当然英国古典派正统观念的一些主要思想遗留下来进入新的时期,不过仅仅是它向来和法、德两国理论家们共有的那一部分。例如,演绎法经受了历史学派和实证论者的攻击而仍然存在,虽然这些攻击曾造成70年代的不稳定和大动荡。认为竞争是一般的、"正常的"情况的假设,仍然保持下来,虽然新的边际分析具备较好的条件可以研究非竞争的市场,它的发展曾经受到那些有关公营垄断事业的日益增多的问题的刺激。① 杜尔哥—斯密的储蓄和投资分析以及 J. B. 萨伊的关于总需求和总供给的一些概念大部分仍然存在。地租分析也能说是在一定程度上仍然存在;但是它的边际生产力方面的概括实际上包含了它的全面改造。当然,马歇尔还将进行一种好像是恢复一些英国"古典的"概念和名词的工作,虽然这最多不过是一种表面文章。如同熊彼特说的:

> 凡是没有偏见的读者都不会不看出……马歇尔的理论结构,除了它在技术上的高明之处以及各种细节的发展而外,基本上和杰文斯、门格尔,尤其是瓦尔拉的理论结构相同,只是这所新房子里却不必要地堆满了李嘉图式的传家宝,对这些东西的重视完全和它们所能起的作用不成比例。②

当然还应该补充一句,根据马歇尔自己的纪录,他的关于价值理论和分配理论的主要见解,在库尔诺和屠能的帮助下,实际上是 1867 到 1870 这几年中形成的,那正是在我们要说它是紧要关头的革命时期的初期,虽然被延迟了将近二十五年才发表。③

然而,人们至少可以同意,马歇尔学说占优势的时期,尽管他发现了欧洲大陆上的著作家并且向他们学习到一些东西,在几十

---

① T. W. 哈奇森:《经济学说评论,1870—1929 年》,第 16—17 页。
② 熊彼特:《经济分析史》,第 837 页。
③ 《阿尔弗雷德·马歇尔纪念集》,庇古编辑,第 416 页。因此马歇尔可以被认为是新的经济学家阵营的一员,这个阵营在 60 年代晚期引人注目,他们否定了李嘉图—穆勒正统观念的某些主要理论(除了那位似乎比较老的凯尔恩斯)。

年中成功地恢复了一点早些时候英国的狭隘性以及那单独一本书的正统势力。有一个时期,在这个世纪的最初二十几年中,各个"学派"(其中著名的是剑桥、维也纳和洛桑)依然存在,保留着各自特有的术语和假设;然后在第二个二十几年中逐渐消失,被一个总的世界性的北美和西欧熔锅所吞没。当然,在马克思主义的经济理论中,英国"古典"正统学说的某些旧的思想和概念继续了一种形式的存在。确实,在东欧的经济制度中——这些制度有点儿令人怀疑地自称是彻底实行马克思的经济学说——对消费者需求、效用和早期英国学说的精华的忽视,有一种二十世纪的实际上、政治上极其相似的东西。①

---

① 这篇文章表现在贝拉焦会议上提出的那篇论文经过全面改写后的面貌,由于会上的讨论,作者获益良多。

边际革命及其与经济增长的关系

约瑟夫·J. 斯彭格勒[①]

19 世纪中支持各种科学的主导思想是发展的思想。
　　　　　　　　　　　　——沃尔特·尤肯

我们生活在一个发展的时代。
　　　　　　　　　　　　——J. R. 希克斯

现在我们一起来唱穆勒的话，
　　斯图亚特·穆勒的话；
如果你有一个灵魂要拯救，
　　他还能拯救。
　　　　　　　　　　　　——斯蒂芬·利科克

　　本文论述 1860 年以后的边际主义者在关于经济增长和发展、关于经济结构的按人口平均产量发生作用的情况方面所要说的话。既然人们假设边际主义不代表和过去完全决裂（在库恩的作为例证的意义上），[②]那就可以简略地讲一下在边际主义者得势以前流行的

[①] 约瑟夫·J. 斯彭格勒（Joseph J. Spengler），杜克大学詹姆斯·B. 杜克讲座经济学教授。

[②] 参阅 T. S. 库恩的《科学革命的结构》（芝加哥，1962 年）；A. W. 科茨的"经济学中有一种'科学革命的结构'吗？"一文，载《周期》，第 22 期（1969 年），第 289—296 页。

研究经济发展的一些方法。这些方法可以分为四类：(1)古典的，(2)早期边际主义的，(3)历史的，(4)马克思主义的。我们阐述经济增长的关系，因为所说的东西不能称为经济增长的理论。

参加构成这四种方法的要素可以分为以下几类：[1](a)在集体的或者个别的一级上影响增长或者发展的要素(即，人口移动、物质的和非物质的或人身的财产两者的形成和分配，加上劳动分工和递增的报酬)；(b)对增长的物质抑制的来源(即，可以利用的土地和天然资源的有限性)；以及(c)某些因素，虽然有时候阻碍增长，也可以使其比较有利于增长(即，一个社会的制度参数，这些可以说是属于经济的、政治的或者社会的性质)。因此增长的过程表现为决定于(a)可能超过仅仅抵消(b)的程度，有时候作为一个社会的社会参数改善的结果——包括在(c)项下——这加强了(a)。对(c)怎样处理，反映了作者的哲学倾向，特别是重要的制度是否被否定，像被信仰无政府主义的著作者所否定那样，[2]或者国家被看作只是社会的代理人，[3]或者作为一种包括一切的社会有机体。[4]

科茨只相信凯恩斯主义的革命是无与伦比的。要看透彻的说明，可参阅埃米尔·考德的《边际效用论的历史》(普林斯顿，1965年)；还有他的"比较老的奥地利学派的知识的和政治的根源"一文，载《国民经济杂志》第17卷，第4期(1958年)，第411—425页。又参阅G.J.施蒂格勒的《生产和分配的理论》(纽约，1948年)，以及T.W.哈奇森的《经济学说评论，1870—1929年》(牛津，1953年)。

[1] 洛德·罗宾斯勋爵研究经济发展的方法有些不同，他把它分为以下几个项目：人口与统计、积累与有效需求、教育与知识的增长、组织与政策，以及货币的作用。参阅所著《经济思想史上经济发展的理论》(纽约，1968年)。

[2] 例如，参阅威廉·戈德温的《政治公道论》(伦敦，1793年)。

[3] 例如，参阅R.M.麦基弗的《政府的一套组织》(纽约，1947年)。

[4] 例如，参阅F.W.科克尔的《国家的有机体理论》(纽约，1910年)。

一、1860年以前的增长理论

下面简略地叙述1860年以前古典派、早期边际主义者、早期历史学派和早期社会主义著作家们的代表性著作中关于经济增长的讨论。

(1)古典派。尽管李嘉图关心功能的分配,古典学派成员们的主要重点还是在于经济发展,这个重点起源于亚当·斯密的《国富论》,这一著作的部分目的是说明重商主义作家们提出的增长政策的缺点。[1] 他们的研究主要是从供给方面出发。部分的例外是马尔萨斯的《政治经济学原理》一书,本书的作者在影响经济增长的各种因素中包括了需求可能不足这一项,这是亚当·斯密含蓄地否定,而J.B.萨伊和詹姆斯·穆勒以及其他那些完全相信经济组织的基本性质是自动平衡和最佳地自我调节的经济学者,则是明确地否定的。但是,我们可以把约翰·斯图亚特·穆勒的观点看作代表古典学派的最后观点,已经不能完全称为"宏伟的动力学"。他是(除了亨利·福西特和凯尔恩斯以外)古典学派中最后的而且是(根据希克斯的说法)"消灭旧的'增长经济学'并为即将到来的'静态时代'铺平道路的人"。[2] 约翰·斯图亚特·穆勒的《原理》

---

[1] 参阅我的"亚当·斯密的经济成长论"一文,载《南方经济杂志》季刊第25期(1959年),第397—415页;第26期(1959年),第1—12页。关于重商主义的增长理论和古典的增长理论,见《经济增长的理论》方面的论文,伯特·F.霍斯利兹编辑(格伦科,伊利诺斯州,1960年);又洛德·罗宾斯勋爵。

[2] 参阅J.R.希克斯的"增长与反增长"一文,载《牛津经济研究报告》第18期(1966年),第260页;威廉·鲍莫尔的《经济动力学》(纽约,1959年),第2章。又参阅H.迈因特在所著《福利经济学的理论》(剑桥,1948年)第一篇中的解释。

有很多的部分讲到经济发展。① 在第1卷中他叙说了生产的必要条件、劳动分工和合作,以及劳动、资本和土地产量增加的"法则"。在第4卷中他陈述了作为社会在财富、资本、人口和改进方面的发展基础的情况。他促使人们注意那种造成亚洲不景气状况的非经济的落后的根源(例如,专制政府、不合宜的习俗和制度)。他很担心,唯恐不加控制的人口增长会消耗进步的果实,但他不把移民出境作为暂时的缓和方法。和斯密以及穆勒的意见一样,土地是终极的限制因素,只能部分地由资本替代,资本自身常常也供给不足;因此一种舒舒服服的静止不变的状态代表可能得到的最佳选择——也许是这样,即使当时有条件可以买到外国产品,像在马歇尔的时代那样。穆勒认识到教育、科学和文艺状态的重要性,虽然他相信国家在经济发展方面只能起次要的作用。穆勒要说的话有些像现今某些著作家说的东西,虽然他还没有预期一种理想静止状态作为人们可以希望的最好的境况。

(2)早期边际主义者。除了W.F.劳埃德部分地是例外,早期边际主义者没有把他们的分析十分有力地集中于研究一种东西的价值怎样起源于它的服务的边际效用,像奥地利的和其他后来的边际主义者那样。然而,早期的著作家曾根据边际主义的说法来推论。② 我选择了M.朗菲尔德(1802—1884年)和H.冯·屠能

---

① 我已经叙说了斯彭格勒的"约翰·斯图亚特·穆勒论经济发展"一文中穆勒的见解,见霍斯利兹编的《经济增长的理论》,第113—154页。又参阅罗宾斯勋爵的《理论》,以及"论静态均衡概念中一项意义不明确的地方"一文,载《经济杂志》第40期(1930年),第194—214页;A.马歇尔的《经济学原理》,C.W.吉尔博编(伦敦,1961年),第2卷,第50—51,59页;第1卷,第xv页。

② 关于早期边际主义者,参阅考德的《历史》;R.S.豪伊的《边际效用学派的兴起,1870—1889年》(劳伦斯,堪萨斯州,1960年);G.J.施蒂格勒的《经济学史方面的论文》(芝加哥,1965年),第5章。

(1783—1850年)来代表那些较早的19世纪边际主义者所提出的关于增长的观点,而不用西尼尔、杜普伊、戈森、劳埃德或者库尔诺,虽然戈森及(在某种程度上)劳埃德的研究方法,比这里点名的其他的人,和19世纪70年代的边际主义者有较多的共同之处。冯·屠能被认为促进了J.B.克拉克和A.马歇尔,并引起了定位理论。库尔诺对边际分析的使用,很慢才得到正确的评价。①

在构成朗菲尔德关于经济发展的意见的各项因素(例如,劳动分工、改良)之中,最引人注目的是资本形成和作为结果的利率降低的影响,其中有计划时间范围的放长、耐用的投入资金的东西的扩充、农业方面的改进,以及对改善管理、教育和清洁卫生的激励。②由于人口增长而越来越多的劳动分工增加了产量,特别是"穷人消费的"工业品的产量,这就部分地抵消了食品费用的增加。③ 对外贸易也可以缓和人口的压力,部分地替代了移民。④ 总之,许多合作的环境条件,包括良好的规章制度在内,能够导致经济发展。

屠能和当时的以及后来的边际主义者不同,他比较强调空间的而不是时间的作用——在一个主要用马运输的农业经济中经济活动的组织方面,因此不同于阿尔弗雷德·韦伯所讲的那种主要是工业的经济。他所关心的是在典型条件下经济活动(主要是农

---

① A.A.库尔诺最著名的一点是他的关于在各种不同程度的竞争下的定价的边际主义的研究方法,他在早期的著作中不讲经济增长,虽然在所著《财富理论的原则》(巴黎,1863年)一书中也曾谈到一些相关的问题,见第4篇,以及第311—350、386—396页。

② M.朗菲尔德:《政治经济学讲演集》(1834年;1931年重印本,伦敦),第228—235页。"节储的原则"是"一种比花钱的欲望强得多的推动人们干劲的力量"。同上书,第266页。

③ 同上书,第V讲以及第233、235—239、252—253页,又第236—239页关于制度的各节。

④ 同上书,第239—241页。

业的)的最适宜的场所;这种典型条件,他指出,和实际条件有些不同,特别是对贸易的限制所引起的"减少财富"的后果。① 在一种静止的孤立的状态中,对农业的征税吸收了资本,从而抑制了农业和人口的增长;在一种缓慢地进展着的状态中,它使进展的速率慢下来。② 在他死后遗留的日记里,③屠能指出了"人"这种资本的作用,指出了谷物价格和地租的增加怎样跟工业、城市,以及运输的发展有关,还有铁路系统的发展怎样正在增加经济的相互依存和内地产品的价值。他还指出工业进展、农业、城市的秩序和分布状态,以及工业的性质之间的相互关系。他谈到教育能提高生产力,并引起人们注意凝聚的经济组织和高工资引起的对人口增长的刺激以及高利率对资本形成的刺激这两者,像在美国那样。在他著作中的其他地方,屠能论述了教育的贡献和资本的形成以及对它自己的边际产量和劳动的边际产量的影响。他也努力要说明"自然"工资(就是,一个工人的生活必需品和他的出产的几何平均值)符合许多标准并最大限度地增加国家收入。④

---

① 《孤立国》,C. M. 沃坦堡根据冯·屠能的德文原著《孤立国》(1826、1850、1876年各版)翻译,彼得·霍尔编(伦敦,1966年),第7—160页论述模式,第161—196页讲"孤立国和现实的比较"。
② 同上书,第197—214页。
③ 同上书,第261—298页。
④ 同上书,第225—258页。这个论点在《孤立国》(伯纳德·W. 登普西的译本)的第二部分中被发展为《边界工资》(芝加哥,1960年);登普西的分析占该书的第1—186页。又参阅 H. D. 迪金森的"冯·屠能的经济学"一文,载《经济杂志》季刊第79期(1969年12月),第894—902页,科林·克拉克的"冯·屠能的〈孤立国〉"一文,载《牛津经济论文》,第19期(1967年),第370—377页;B. F. 凯克的"冯·屠能论人力资本"一文,同上期刊,第21期(1969年),第339—343页。

(3)历史学派。历史的研究方法的代表性人物是西蒙德·德·西斯蒙第(1773—1848年)、弗里德里希·李斯特(1789—1846年)和威廉·罗雪尔(1817—1894年)。西斯蒙第使人们主要地关注和工业化有关的问题,李斯特则指出所谓需要国家干预,以加速后发达国家中的经济改造。罗雪尔从历史观点来研究发展;哈耶克说,他和李斯特一起"开始了经济学中历史主义的传统"。①

西斯蒙第的一些见解——对当前的问题很恰当,并且后来很有影响——是在他的《政治经济学新原理》(巴黎,1819年)一书中提出的,这本书在他那本亚当·斯密色彩重得多的《论商业财富》(日内瓦,1803年)问世16年后才出版。② 他先指出工业革命带来的种种不利情况(例如,出现一个无产阶级和阶级斗争、工资收入者所得的报酬不足、工人对产业的繁荣失去兴趣、对人口增长的控制削弱、农场主耕种者被取代等)以及它不能保证人类仁爱的发展;然后他建议需要放慢社会改造的速度,同时要实行国家干预和种种改革,以防止或者缓和社会经济变动太快带来的弊病(例如,保护劳动的立法、禁止童工、规定最低限度工资、工人的社会保险、分享利润、小规模农业)。简言之,西斯蒙第认为,假如社会经济的改造进行得比当时他看到的速度稍微慢一些,社会发展的利益就

---

① F.A.哈耶克:《科学的反革命》(格伦科,伊利诺斯州,1952年),第125,205页。关于历史循环论和有计划的研究方法两者的起源,参阅同上书,第2部分。

② 关于西斯蒙第的观点的提要,参阅段茂澜(Mao-Lan Tuan):《西斯蒙第作为经济学家》(纽约,1927年);E.哈勒维:《西斯蒙第》(巴黎,1933年)。又参阅亨里克·格罗斯曼的"对古典经济学的进化主义反抗"一文,载《政治经济学杂志》双月刊,第51期(1943年),第381—396,506—522页;托马斯·索厄尔的《一个被忽视的先驱者——西斯蒙第》一文,载《政治经济学史》第4期(1972年),第62页。

会分配得较为均匀并且较多。

有一些利用经济发展的阶段论的经济学著作家(像许多受了18世纪发展概念的影响的人那样),①其中弗里德里希·李斯特(1789—1846年)就利用这样的理论作为暂时的国家干预政策的根据,这一政策的目的是促进具有经济潜力的一些国家的发展。他心里想到德国,认为德国在工业的发展——产生增长的原动力——方面落后,部分地因为他认为(不像威廉·普莱费尔和索尔斯坦·凡勃伦),早期的创始者比后来者享有越来越多的级差利益。② 表现出来的是保护本国的制造业,同时实行免税输入农产品和原料,直到一个国家的制造品已经发展到一种阶段,能应付外国的竞争,国家可以有把握地保证从一般的自由贸易所带来的好处中受益。

罗雪尔在早期德国历史学派经济学家中是最宽容的、折中的和有学问的,③他要说的有关增长的话,重在说明而不重在质的分析;他的目的是要仔细考查一个民族的整个经济组织和"国家生活"的结构以内的各项"政治—经济事实",并对在任何时期流行的"理想"这样的重要因素赋予适当的重要性。④ 他引导人们主要地

---

① 阶段理论在霍斯利兹的著作第193—238页受到研究,这些理论受到沃尔特·尤肯的批评,见所著《经济学的基础》,T. W. 哈奇森译(伦敦,1950年),第2部分。

② 李斯特的《国家的政治经济制度》,S. P. 劳埃德译(伦敦,1885年),第107页以次,第156—163、419—420页。又参阅卡尔·布林克曼的《弗里德里希·李斯特》(柏林,1949年)。

③ 罗雪尔的《国民经济制度》的第一版是1854年完成的。我用的是J. L. 莱勒翻译的第13版的英译本,书名是《政治经济学原理》,两卷本(纽约,1878年)。

④ 《罗雪尔的国民经济制度》,第1卷,第126页和注解。

注意经济因素,但是也适当地提到发展中的阶段以及那种所谓发展规律,这一规律和历史学派有关并且是从那些在前一世纪的学术思想的进化论气氛中已经盛行过的发展规律传下来的。[1]

在罗雪尔对"生产"的阐述中,他确定了一些影响生产的因素(例如,外界的自然情况、"对劳动的爱好"、"资本"、劳动的分工和合作、规模的经济、潜在的生产力量怎样使用、制度的结构和交换的货币化)。[2] 他也注意到长期的经验主义倾向,例如正在进展的"文明"对地租、物价、价格结构和阶级之间的关系的影响,以及价格革命的冲击。[3] 他论述了那些影响资本的国际分布的因素,[4] 以及作为资本形成的基础的那些因素(例如,阶级之间协调的程度、收入的分配,以及那些导致浪费和奢华的因素)。[5] 同时他看到了消费的增长必须和生产能力的增加齐步前进,因为否则就会发生商业危机,产生增长的力量就会削弱。[6] 他也看到了,浪费固然破坏资本,但节约的过程,如果不同时有一种补偿的用钱过程,也可能妨碍资本的形成。[7] 在一项为他的著作的美国版本准

---

[1] 关于十八世纪进化论思想的实例(这方面的例证在希腊—罗马世界的文献中也可以见到),参阅 J. S. 斯洛特金编的《早期人类学方面的读物》(芝加哥,1965年),第6章。卡尔·门格尔在所著《经济学和社会学的问题》中讲到罗雪尔和"历史学派"的其他的人,特别是第178—192页,下面将讨论到。又参阅霍斯利兹的著作,特别是第208页。

[2] 罗雪尔:《原理》,第1篇,及第214节。

[3] 同上书,第115、130、140—141、156—157、201—202节。

[4] 同上书,第187节。

[5] 同上书,第205、222—223、230—233、229节。

[6] 同上书,第213—215节。

[7] 同上书,第218—223、230—231节,以及第233节关于"奢侈品"的有限的用途。

备的附件中,他为暂时保护具有潜力的工业提出一种有条件的辩护。①

(4)社会主义者。马克思主义以前的和乌托邦思想的社会主义者虽然都含有发展的和空想主义的哲学②——却比他们的马克思主义的后继者更喜爱经济计划——但经济增长在马克思和恩格斯那里受到较多的注意,特别是庞巴维克后来以他们的价值论为批评的目标。在《共产党宣言》(1848年)中,马克思和恩格斯提出一种阶段论,并认为时机已近,无产阶级可以把被剥削阶级从资产阶级的压迫下解放出来;他们也列出了一些目的在于从资产阶级手里夺取资本和控制的措施,这一清单恩格斯(在1872年德文版本的序言里)认为需要修改。马克思的一般观点表达在所著《政治经济学批判》(1859年)的序言里,在那里生产关系的合法形式,在有利于生产的物质力量以后,据说已经成为对这些力量的束缚,需要用符合现有"物质条件"的一些"新的比较高级的生产关系"来替代。这种见解在《资本论》③中又出现,在那里资本的集中被说成会引起"资本的垄断",这种资本垄断

成了这种和它一起、并且在它的支配下兴旺起来的生产方式的桎梏。生产资料的集中和劳动的社会化,达到了同它

---

① 参阅罗雪尔的《原理》,附件Ⅲ,第1、6—9节,和第5节关于保护主义倾向于增加社会结构中进步因素的重要性,这个观点后来由帕雷托加以发展。罗雪尔比李斯特较少地利用阶段论。参阅霍斯利兹,第208页注。

② 例如,参阅哈耶克,第Ⅱ部分:恩格斯的《社会主义从空想到科学的发展》(1883年;芝加哥,1918年);E.阿莱维的《专制的时代》(纽约,1965年),第21—104页。

③ 马克思:《资本论》,第1卷(芝加哥,1906年),第32章。

们的资本主义外壳不能相容的地步。这个外壳会被炸开。资本主义私有制的丧钟响起来了。剥夺者被剥夺了。[①]

二、边际主义者

被选作考虑对象的边际主义者是那些和边际主义革命成为一体的人物,杰文斯、一些奥地利人(门格尔、冯·维塞尔和庞巴维克),以及莱昂·瓦尔拉。随着这场革命,着重点方面发生了许多变化,这些都与边际效用论的建立有关,边际效用论是作为经济分析和相应的转嫁罪责的过程,以及从对服务本身的需求产生出对服务来源的需求的过程的关键。(1)成本的概念被改造为一种强调已经放弃了的选择或者机会的概念,结果那所谓"真正的"障碍(例如,痛苦、使人厌倦,甚至过去的费用或者"往事")被说成关系很小或者没有关系。(2)需求、进行选择和作出的抉择被推向显著地位,结果未来的事和种种期望成为人们经济行为的压倒一切的倾向。(3)根据(2)来推论,必然是更明确的着重经济方面的成分,这些成分比较易变,因此在选择的指导下容易操纵和变动。(4)在人们让选择和未来事物支配的范围内,所谓人类行为的理性方面被强调,动机的作用加强了。(5)经济学成为一种主观的科学,主要地有关可以被称为思想内容的东西,因此就是有关"知识"以及构成一个社会的许多思想怎样不断地相互调节和再调节,从而产

---

① 马克思:《资本论》,第1卷(芝加哥,1906年),第837页。(这段译文,见《资本论》中译本,第二十四章,第842页,人民出版社1963年版,——译者)

生平衡以及能够促进稳定性的规章制度的那种东西。

所有的这些变化使得我们所考虑的那些边际主义者在论述增长和发展方面和上文第一节中讨论的那些著作家有些不同。他们和那些贬低国家的作用的著作家以及他们相互之间至少在两点上是意见一致的。(a)经济增长的速度,基本上是投入物被利用的结果,较多地被人明确地看作是有意识的个人决定和选择的产物,而比较少地作为经济机构的生产剩余的倾向的一种自动的结果。[①](b)既然一个社会的可变的生产作用物的总产量被认为是取决于投入物在各种用途中分布的情况能使各种可变投入物的边际生产力均等化的程度,那么,使这些投入物的安排最优化,被认为是国民总产量和净产量的决定因素。因此凡是妨碍这种最优化的东西(例如,垄断)就成为对产量多少的一种限制因素。在下面的论述中,将不讲(a)和(b),因为所有的边际主义者都必须研究它们,而将着重讲有关经济增长的其他见解。

明确地以经济发展为重点,在1860年以后边际主义者的理论体系中不及在较早的著作家的理论中那样显著,但是他们确实曾强调分配、资源的处置,以及目前和未来之间的选择。再则,他们明确地承认增长的速度必然随着(a)项下的决策倾向于未来(而不是实际上倾向于目前)的程度而变化。边际主义者也承认人类的自然环境中仍然存在的限制性因素的抑制的影响。

[①] 这一说法不是总能被证实的。例如,J. B. 克拉克把"资本"和"资本货物"区别开来,把前者作为实际上自身更换和增长。见《财富的分配》(纽约,1899年),第9章,特别是第126页以次。

现在我们将顺序地仔细考虑关于经济增长的一些见解——这些见解往往不是很好地被纳入1860年以后边际主义的结构——即杰文斯、奥地利人和莱昂·瓦尔拉。对于追随创始者的那些人的意见,将只是附带谈谈。当然,假如把马歇尔包括在内,就会显得古典派的过去和边际主义者的现在之间有较大的连续性,因为他比边际主义者较为倾向于承认古典派前辈的论点。①

W·S. 杰文斯

19世纪70年代边际义革命的创始人中,W. S. 杰文斯(1835—1882年)在对科学问题的研究方法上是最经验主义的。再则,正是这种经验主义,它似乎产生了杰文斯所表现的对英国经济未来的经济增长方面的很大兴趣,这也许表现在他的在没有限制因素的情况下达种增长可以不断地继续下去那种说法。② 在《政治经济学理论》(1871年)中,没有什么直接适合增长的东西,此书致力于用一种类似"静态力学"以及"由实际速度原理决定的杠杆平衡法则"的方法来研究这个问题。③ 他曾说经济动力学

---

① 又参阅罗宾斯勋爵,第14—15页和第170—171页,关于"边际革命"以及边际方法本身在反对一种全盘接受或者全盘否定态度和在自由取舍的范围内进行选择方面的贡献。

② 关于杰文斯的著作,参阅R.D.C.布莱克的"杰文斯和凯尔恩斯"一文,载《经济学》季刊,第27期(1960年8月),第214—232页;以及布莱克、R.克内坎普和W.梅斯的论文,见《曼彻斯特经济研究学派》第30期(1962年9月),第203—250页;J.M.凯恩斯的"论W.S.杰文斯"一文,《皇家统计学会会刊》第99期(1936年),第516—548、554—555页;E.W.埃卡德,《W.S.杰文斯的经济学》(华盛顿,1940年)。参阅下面第224页注③,和第225页注①,关于他的所谓增长可能是连续不断的和不受限制的看法。

③ 杰文斯:《理论》,第viii页。

还有待发展,并且他指出,人口理论"不是经济的直接问题的一部分",其科学性的程度已经是当时事实所允许的最大限度。①"经济的重大问题"是物资分配,使特定的人口利用特定的资源,"要做到取得最大限度的产品的效用"。② 因此他有时候(但并不总是这样)把技术的变动作为基本上起源于外部的,而把"性质越来越高级"的需要的出现看作一个经济组织内部的东西。③ 这种需要和消费方面的变化,又改变国际贸易对一个国家有利的范围。④

杰文斯在他的几种次要的著作里间接讲到一些增长现象。这样他注意到分工的重要性,但他否定了斯密所说的分工和新发明的密切联系;他提到"有利于促进科学的经济条件"和发明,其中有"养活和酬报科学劳动力"的方式。⑤ 他又说,经济增长和人口增

---

① 杰文斯:《理论》,第 vi、viii—ix,第 254—255 页。比较杰文斯在 1876 年对马尔萨斯的见解的评价,重印于他的未完成的《经济学原理》中,有一篇亨利·希格斯的序(伦敦,1905 年),第 192—193 页。

② 杰文斯:《理论》,第 255 页。

③ 这样的对需要的论述是采用 T. E. 班菲尔德的说法,可以看作马歇尔对需要和活动的论述的先声。参阅杰文斯的《理论》,第 46—51 页;比较 A. 马歇尔的《经济学原理》(伦敦,1920 年),第 3 篇。关于曾影响杰文斯的一些著作家,参阅 R. M. 罗伯逊的〈杰文斯和他的先驱者〉一文,载《计量经济学》双月刊,第 19 期(1951 年 7 月),第 229—249 页。杰文斯在他的未完成的《经济学原理》中谴责浪费的奢侈,第 44—48 页。比较同上书,第 21—35 页,关于消费的论述。"苏格兰人饮食中多吃燕麦,一定有助于造成他们那种坚强不屈的性格和健全的智力。"同上书,第 32 页。关于马歇尔的对需要和活动的论述,参阅塔尔科特·帕森斯的《社会行动的结构》(纽约,1937年),第 4 章。

④ 杰文斯:《理论》,第 186—190 页。

⑤ 杰文斯:《原理》,第 90—103 页。"知识……完全不因使用而消耗。"同上书,第 97 页。"用气球或者航空机器旅行大概是幻想",不会"取代火车"。同上书,第 94 页。

长正在增加政府管理经济的必要以及"消费团体"(例如,公共财物)的益处。①

仔细研究了伴随黄金发现而来的物价上涨的影响以后,杰文斯断言:虽然曾有"个别的困难情况",但"黄金价值的下降"产生了"十分强烈的有益的影响。它使国家从老债务和老习惯的束缚中解脱出来,这是没有其他方法能够做到的。它使所有创造财富和取得财富的人得到的报酬增加,而那些享受既得财富的人稍微受点损失。它激励社会中那种积极的和有本领的人作出新的努力……"②他的经验主义和功利主义在他研究国家在雇主—雇员关系中的作用时是明显的;这种作用必须通过实验并根据"全部功利主义的结果来达到"。③他按照边际的原则,既反对采用开业许可证,也反对由工会控制就业的途径,因为那样做所得到的利益是由少数人以多数人为牺牲而取得的。④

---

① 杰文斯:《原理》,第 202—206 页。关于放任主义的局限性,参阅同上书,第 204—205 页。

② 见杰文斯的《黄金价值严重低落及其社会影响》(伦敦,1863 年),第 4 章,特别是第 62 页。他不认为债权人或者年金领取者有享受救济的权利,同上书,第 62—65 页。但是,他从集体的观点来说,把"淘金"说成一种"劳动的完全损失",一种可以和政府将货币贬值相比的错误,同上书,第 67 页。在别处他主张让纸币的数目"按照供给与需求的自然法则变化"。见《货币和交换的作用过程》(1875 年),第 3 版(伦敦,1893 年),第 312 页。

③ 杰文斯的《国家对劳动的关系》(伦敦,1882 年),第 23 页以次诸页,第 164—166 页;还有第 48—49 页关于保护消费者以及第 3 章关于工厂条例。又参阅他的《社会改革的方法》(伦敦,1883 年),第 266—367 页,关于公用事业归政府所有的经营以及没有竞争的缺点。

④ 杰文斯的《国家》的第 4 章,特别是第 98—109、119、165 页。必须非常小心处理,谨防开业者的登记(例如医生)造成一种部分的垄断。同上书,第 99、119—124 页。

在《煤的问题》中①杰文斯对经济增长比在他的其他著作中谈得多得多,虽然是作为一个经验主义者而不是作为一个边际主义者。这部著作反映了他(像冯·利比希)赋予"动力的经济"的重要性,以及因此赋予动力所由产生的自然资源的重要性和赋予人类环境中存在的限制因素的重要性。② 在英国压倒一切的动力来源是煤,对这一来源还看不出有什么适宜的替代品,特别是一种会保存英国在世界经济中的"特殊工业霸权"的东西。煤是"现代物质文明的主要动力"以及"现今这个时代产生出来的技艺方面几乎每一项改进或发现中的主要力量"。因此,假如这个力量变得比较弱了,"那么,在我们的财富和进展决定于对煤的优势控制的范围内,我们就一定停止像以前那样地进展——我们一定会开始一种倒退的历程。"作为有机性的特点的"社会增长的自然法则"(始终如一的进展的自然法则),受到无机性的阻碍,在眼前这个例子中是煤,假设粮食输入已经暂时消除了由于土地的供给有限而产生的抑制。③

---

① 杰文斯:《煤的问题》,第3版,A. W. 弗勒克斯编辑(伦敦,1906年);我所参考的资料是这个版本。第一个版本在1865年出版,1866年修订再版。杰文斯的儿子,H. S. 杰文斯,在所著《英国煤的贸易》(伦敦,1915年)中,继续论述他父亲所研究的各方面。在弗勒克斯为第3版所写的序言里,他改正了对杰文斯的论点的误解。

② 1876年杰文斯说:"美国的大量财富是由国内贸易的自由和活力作用于无比丰富的自然资源而创造出来的。……它们的财富还要巨大得多,假如在美国对外商业和内部商业同样自由的话。"见《原理》,第187页。

③ 见杰文斯的《煤的问题》,第1章,第1页;这一章是著者的第一个版本的序言。同上书,第xxv页。又参阅第7—9章。迟至1901年亨利·亚当斯(一位见多识广的评述者)还说西欧像"一个庞大帝国……被一个伟大皇帝——煤——所统治"。见《亨利·亚当斯的教育》,"现代图书馆"版本(1931年),第415页。

杰文斯把他对未来英国煤消费的试验性计划放在人口不断增长的基础上,这种人口增长不受粮食供应不足的抑制,同时煤的输出以及在新发明的刺激下每人平均的煤消费量不断增长(这一点,赫恩在《普路托论》里曾把它说成是累积的)。① 然而,这种计划的增长不能持久,因为采煤的费用远在国家的煤储备用完以前就会开始稳步地增加。

我们不能长期保持我们现在的进展率。然而,对我们的日益增长的繁荣最初的抑制,一定使得我们的人口过多。移民出境可以缓和这种情况,并且,通过刺激增加了的贸易,会维持我们的进展;但过一段时期以后我们一定沦于贫困,养成完全新的习惯,本国的青年每年经常地移居国外。②

我们的大城市的迅速发展……是一个有关未来的很严重的问题。我不说我们的煤矿失败将是唯一可能的抑制。这里或者世界其他部分的变动,甚至在我们的煤矿失败以前就使我们陷入停滞状态,在较早的时期就受到我们的境况会带来的痛苦。但这样一种令人伤心的变动,如果不在以前发生,就一定会在我们的煤矿已经达到一定深度的时候出现。③

他不期望通过煤这一"我们的特殊能源"的输入而能够适当地解决困难。④ 他也不相信英国的人口压力能通过移民而得到有效

---

① 杰文斯:《煤的问题》,第 9—12 章。
② 同上书,第 11 页。杰文斯认为 19 世纪 50 年代和 60 年代的移民是由于外部的诱力而不是由于英国国内日益增长的人口压力。同上书,第 220—222、230—232、418—424 页。
③ 同上书,第 232 页。
④ 同上书,第 9 页,及第 13 章。

的、持续的缓和；因为最后美国和其他国家的人口会增长得具有足够的力量，可以把他们的经济改造为对英国的有效竞争者，会进一步削弱英国的经济。①

杰文斯没有提出解决问题的办法，也没有明显地假定英国将被改造为一种像穆勒所描绘的惬意的"静止状态"。煤的输出虽然在增长，和国内的消费量比较还是少，对煤输出征税不是切实可行的；对国内煤消费征税或者在煤的输出或者消费范围内以其他方式干涉，也行不通。他曾建议还清国债，理由是：随着煤的价格上升，对债务服务的征税将降低。② 简言之，英国的经济进展注定了要慢下来，它的经济最后要缩小的。③ 英国面临的一些可能的选择是不美妙的。

当我们的主要动力用完，我们的火烧完的时候，我们不可以向别处去找一股正在增长的文明的火焰吗？……英国可以缩得像它原先那样小……但是我们的名声和种族、我们的语言、历史和文学、我们的热爱自由，以及我们自治的本能，将在世界范围内存在……如果我们在创造财富方面都大量地和大胆地推进，那就不会把我们现在可以达到的有益影响的程度估计过高。

但要保持这样一种姿态实际上是不可能的。我们不得不

---

① 杰文斯：《煤的问题》，第 16 章。
② 同上书，第 17 章；又第 11 章，关于英国运输煤的成本。J. S. 穆勒赞成杰文斯关于偿还债务的意见。埃卡德，第 4 章。
③ 同上书，第 12 章。

在短暂的但却真正的伟大和比较长久的继续不断的平庸两者之间作出重要的选择。①

P. H. 威克斯蒂德

尽管后来有埃奇沃思和其他的人所做的工作,像奥地利学派研究得那样精练的边际主义在英国的经济学里始终没有兴旺过,虽然曾受到穆勒、西奇威克和其他一些人的关心、研究和培养。然而,假如有人要选出一位最有效地和最有说服力地运用边际主义的英国著作家,他差不多一定会选择 P. H. 威克斯蒂德(1844—1927年)。因为他比任何其他的英国经济学家都在较大程度上使边际效用成为分析经济学的支点,而漠视那继续被马歇尔和其他一些人认为重要的所谓实际成本。威克斯蒂德对经济增长不是就它本身来讨论。然而,他也曾含蓄地提到它,指出了各项要素必须机动,以及一个经济组织必须有灵活性,如果它会受到主要是外来的变动的影响(例如,新发明、新的贸易路线、不断变动的需求)。②只有那样资源才会在一定形势的需求下最理想地被使用。在他的阐述中,比较静力学的基础结构最为明显,超过其他的边际主义者(除了瓦尔拉)。他的论点意味着,根据所寻求的目标,"价值"的概念要求或多或少的增长。资源会有助于增长,假定以此为目标,增长的程度将决定于资源被有效使用的程度。③

---

① 杰文斯:《煤的问题》,第459—460页;着重点是原有的。
② 菲利普·H. 威克斯蒂德的《政治经济学的常识》(1910年),莱昂内尔·罗宾斯编辑(伦敦,1933年),第14—16,22—23页。
③ 同上书,第344—347页,以及关于报酬法则的第5章。

奥地利的边际主义者

(a)在卡尔·门格尔(1841—1921年)①的著作中可以明显地看出,他对经济增长的主要关系在于他的关于经济的以及和经济有关的制度的演化的理论。在他重要著作《国民经济学原理》(1871年)的序言里,②他说"经济理论"有关的"不是用于经济活动的实际规则,而是人们为了满足自身需要而从事于有远见的活动时所处的环境情况"——有关种种现象的法则,"这些现象决定人们的经济活动的结果,并完全不以人类的意志为转移"。这些现象为人的活动以及他在文明方面的发展留有广阔的余地。

在他对"人类幸福方面发展的原因"的讨论中,门格尔否定了所谓"分工"可以"被称为人类经济发展的最重要的原因"那种说法。这种发展倒不如说是由于人类"越来越理解事物和人类幸福之间的因果关系",以及"越来越多地控制那些关系比较远的影响人类幸福的条件"。③对发展的障碍(例如,变化无常、愚笨、垄断、对可销售

---

① 根据 J.A.熊彼特的说法,门格尔属于最高明的十位经济学家之列(从马克思起),因为他用"一种新的说明性的原理彻底改革了经济理论"。参阅《十位伟大的经济学家:从马克思到凯恩斯》(纽约,1951年),第89—90页。又参阅哈奇森,第9—11章。

② 我利用的 C.门格尔的《经济学原理》是詹姆斯·丁沃尔和伯特·F.霍斯利兹的译本(格伦科,伊利诺斯州,1950年)。门格尔死后,该书第二版于1923年在维也纳出现。关于奥地利人周围的舆论气候,参阅考德的著作(以上第211页注②中引用了),以及尤根的《基础》,第58—60、324页。又参阅 A.R.斯威齐的"奥地利经济学家著作中对主观价值论的理解"一文,载《经济研究评论》季刊第1期(1934年6月),第176—185页。

③ 门格尔的《原理》,第71—74、161、236—237页;还有第67、70页关于伤亡事故,83页关于未来的事,以及第239页关于专门化。在本书前面埃里奇·施特赖斯勒教授的论文中,他比较全面地发挥了本节中所陈述的门格尔的意见。

性的限制)因"文明的发展"、①人类知识的增长、低级货品的供应增多,以及因此从事于迂回生产的机会较多等而被削弱。②

有利于生产力的规章制度可能并确实自发地出现,没有国家或者其他集体的干预。对分工的扩大非常必要的货币制度,就是一个恰当的例子。"环境中总有一些因素,不需要什么特别的安排或者政府的强迫,就一定会导致人们达到一种事态,使这项困难完全被克服。"③门格尔接下去就说明怎样"每一个讲究节约的个人变得越来越懂得他的经济利益"以及需要进行交换以满足自己的需要。"他受这个利益的指引,没有任何协定,没有立法的强制,甚至不顾公众的利益,用他的商品交换其他的、比较容易销售的商品,即使他不需要这些东西供目前的消费。"这些货品中有一些被认为比较容易销售,在习惯强有力的影响下,成为买卖中人人可以接受的东西,因此能起货币的作用。④ 这样,货币"不是国家的一项发明。它不是立法行为的产物。甚至它的存在不一定需要政治权威的批准"。⑤ 门格尔在他关于社会科学的方法论的分析中进一步发挥这一观点,在那里他说明货币和其他社会制度一样,是社会成员特殊的个人努力无意中得来的……未经计划的结果。⑥

---

① 门格尔的《原理》,第 53、74、89、103 页。
② 同上书,第 73—74、152—156 页。
③ 同上书,第 258—259 页。
④ 同上书,第 259、260、320 页。
⑤ 同上书,第 261—262 页。
⑥ C.门格尔的《经济学和社会学的问题》(厄巴纳,伊利诺斯州,1963 年),第 152—155 页,特别是第 155 页。德语的原本(这里经 F.J.诺克译成英语,由路易斯·施奈德写的序)书名为《社会科学特别是政治经济学的方法研究》(莱比锡,1883 年)。施奈德详细地讨论门格尔关于制度自发的起源的理论,部分地依照 F.A.哈耶克的分析。参阅施奈德在《问题》一书中的序,第 4—19 页。

在他后来的著作中,门格尔在驳斥了流行的关于社会现象和自然有机体相似的理论之后,①继续仔细研究"那些社会现象,它们不是协议或者明确的立法的产物,而是历史发展的无意中出现的结果"。货币为过是许多事例之一。"法律、语文、国家、货币、市场,所有的这些社会结构,在各种不同的经验形式和不断的变化中,在不小的程度上是社会发展的无意中出现的结果。货物的价格、利率、地租、工资,以及一般社会生活和特别是经济组织的许许多多其他现象,呈现出同一特质。"②

门格尔对经济制度的起源的分析既是这样,他就不可能把国家的作用或者集体计划放在重要地位。正如他所做的那样,他可以认为这种制度是"习惯法",很能导致"共同的利益"。③ 他也能指出"经济学的伦理倾向"这一概念④以及对经济学的性质和经济学研究的目的之曲解⑤方面的混乱。

(b) 弗里德里希·冯·维塞尔(1851—1926年)和 E. 庞巴维克(1854—1914年)一起非常有力地继续和发展了门格尔的工作,他在自己的不受人注意的第一本书或者比较出名的第二本书里实际上完全没有注意经济增长。⑥ 从价值的起源说到交换价值和归

---

① 门格尔的《问题》,第 3 篇,第 1 章。参阅同上书,第 25、74—81 页,可以看到怎样批评这种观点:"经济现象只能结合着各国总的社会的和政治的发展来探讨。"又参阅同上书,第 42、45—46、53、69—70 页。

② 同上书,第 147 页、第 155—159、226—227 页;还有第 3 篇,整个第 2 章。又参阅门格尔的《原理》,第 216—217 页关于"竞争"和第 269 页以次,关于市场。

③ 同上书,第 234 页。

④ 同上书,第 237 页。

⑤ 同上书,书中处处可见。

⑥ 维塞尔的《自然价值论》(1889 年),由 C. A. 马洛赫译成英文,书名为《自然价值》,并有威廉·斯马特的一篇序和分析(伦敦,1893 年)。

因过程——维塞尔想要纠正门格尔的所谓错误——把消费者一级的价值归因于生产者一级的价值,从而作出一般性结论。① 他然后不仅批评"社会主义的价值理论"而且也批评了李嘉图关于地租的议论以及屠能关于资本报酬的计算。② 因此,可以说他的关于成本的定义(根据机会来说)以及他试图测定各项要素(其中有资本一项)的生产性贡献,有助于了解各项要素可以分配于各种用途的效率。也可以说他在第六篇中对 E. 萨克斯试图③把边际分析扩充到公共经济的努力加以发挥,有助于在有关各种公共事业方面使用私人经济的标准(连同一种成本—利益的方法),其中包括挖掘一个国家的潜力,超过私营企业目前的发展能力。④ 然而,维塞尔指出,由于在国民经济中价值不明确以及需要考虑"纯粹经济事实以外的其他事实",价值理论在公共经济中的应用受到妨碍。⑤

维塞尔在所著《社会经济理论》(1914年)中较多地注意和经济增长有关的一些问题。⑥ 在这本书里他采取了门格尔对复杂的

---

① 维塞尔的《自然价值论》(1889年),第3篇,第4—8章。关于对维塞尔的研究方法的讨论,参阅 W. L. 瓦尔克的《工资的原则》(伦敦,1928年),以及《静态国家中的生产、定价和失业》(伦敦,1937年)。关于维塞尔对门格尔的所谓缺陷的批评,参阅施蒂格勒的《生产与分配的理论》,第164—169页。

② 维塞尔:《自然价值》(1893年),第64—66、78—81、114—123、129—131、161—164页。

③ E. 萨克斯:《国家经济理论的基础》(1887年)。

④ 维塞尔:《自然价值》(1893年),第223—229页。

⑤ 同上书,第229—231、241—243页。

⑥ 维塞尔的《社会经济学》,A. F. 欣里克斯的英译本有 W. C. 米切尔的序(纽约,1927年)。米切尔把这本著作与维塞尔的《自然价值》做了对比,见他的《落后的用钱艺术》(纽约,1937年),第12章。

社会制度的解释,把它们作为"个人—技术因素的不是存心取得的社会结果"。① 他也强调理论家这方面必须利用他的"对各种经济关系的实际意识,和利用丰富的经验,这些经验是众人的共同财产","不需要用特殊的科学工具"大家都能接触到。② 《理论》这本书里有一种变化的意识,像在门格尔的著作里那样,但乐观主义比门格尔的著作里少。

所以,理论家有必要考虑在资本主义制度下出现经济力量的集中,这种集中干扰那"管理得很好的均衡的竞争",人们需要这种竞争来使私人利益服从"大众福利"。因此"经济社会"不能再被看作"个人的总和",而"现代的经济理论需要一种比较深刻的社会学说"和"国家经济学说"并考虑到"世界经济",才可能达到完善的地步。③ 他把"资本主义领导下现代庞大工业"的出现比作"在王朝的领导下现代帝国的成就,今天这已经差不多完成",并指出后者使得"庞大资本"、资本主义专制政治的发展成为可能的,同时带来对众人(除了少数的高贵人物)的"自由"的限制,以及完全取消"被压迫者的自由"。④ 解决的办法在于继续演进,因为现行秩序之所以发展成功是由于它曾经完成"这个经济组织的目的",并且在新的领导下随着"交易社会中……新途径"的发现而解体。但是,专制主义不会消失,即使在社会主义制度下也不会,除非"人民群众十分强有力,足以反抗掌握权势的领袖们"。⑤

---

① 维塞尔:《社会经济学》,第 163 页,又第 162 页。
② 同上书,第 3—5 页。米切尔(第 252—254 页)指出,维塞尔"从人类的内心"研究人类行为、经济计划和其他方面。
③ 同上书,第 11—12 页。
④ 同上书,第 401—406 页。
⑤ 同上书,第 407—408 页。

维塞尔说,经济科学必须能适应抛弃古典派的不干预论以及所谓"私人自由保证可能取得最大限度的社会效用那种理论"。① 正是"资本主义的不可抗拒的势力在损害产生这种势力的这个经济组织的社会精神",需要国家的保护使人们免受其害,大概是因为在没有这些势力的时候,人们就会在私营部门看到那种适当的活动、交换关系和估定价格。② 虽然不需要"改变那共同的、经济的、法律的秩序",却需要由国家采取适当的行动来去掉"大资本的利润",它大部分是'不劳而获的赢利'。对工人有利的保护性的和有关的立法也被提到,因为劳工组织本身只能部分地抵消"资本家的权势",甚至有时候会屈服于这种权势。即使如此,由于对控制组织和权势的经验仍然是有限的,人们还需要更多的经验然后才可能制定出合适的政策。然而,我们可以期待"社会自我主义"、"理论的探讨"和有关的"实践经验"总有一天会产生适当的手段。③

维塞尔顺便说到和增长有关的因素,诸如时间优先、增长的极限、通货膨胀、资本形成、专门技艺、各种规模的经济,以及国家和产业的大小。④ 今天人们称为"外部事物"的那种东西的存在,可能证明国家干预在发展过程中是有理由的。⑤ 国家使经济组织具有统一性,捍卫"社会的合法秩序",并保护"共同的利益,使其不受有抵触的私人利益的损害";⑥必要时它也可能保卫本国的经济在

---

① 维塞尔:《社会经济学》,第409页。
② 同上书,第413、415页,还有第425—434页关于估价以及关于私营部门中交换价值怎样有助于指导国家根据使用价值采取行动。
③ 同上书,第413—416页,又第456—462页。
④ 同上书,第39、72、74、290、298、356、391、401、403页。
⑤ 同上书,第427—429页。
⑥ 同上书,第437页。

世界经济范围内发展的利益。① 然而,确切地说,像维塞尔赋予国家的这种干涉主义的作用,其目的多半在于防止不公平的情况,而不是为激励经济发展本身。

(c)我们可以说庞巴维克在所著《资本实证论》(1888年)中提出了一种关于增长的理论,此书是他的《资本与利息》(1884年)的续编,在这本书里他检查和评价关于利息的意见。② 在这本质上是演绎的理论中,③"资本"起了动力的作用,但是以人和自然——"生产的技术要素","基本的生产能力"——构成人类生产活动的基础。再则,既然自然力的供给是有限的,因此对生产施加物质上的约束,人类就不得不节约地使用这些自然力,这种自然力,庞巴维克的学说体系中比杰文斯的学说更多地认为是由土地构成的。

> 我们在生产中取得的一切是两种(只有两种)根本生产力量的结果——自然和劳动……自然单独地做的事,以及人和自然在一起做的事——这些形成我们的一切货物的双重来源,并且是可能有的唯一来源……有限的技术要素必须慎重

---

① 维塞尔:《社会经济学》,第456—462页。

② 在以下的论述中我利用了威廉·斯马特的译本以及三卷本《资本与利息》,C.D.亨克和H.F.森霍尔兹翻译(南荷兰,伊利诺斯州,自由出版社,1959年);这一套书包括《实证论》、《资本与利息》和《再论资本与利息》。关于庞巴维克对古典派和新古典派理论的关系,参阅R.E.库恩尼的《欧根·冯·庞巴维克》(纽约,1971年),第1—10页。

③ 庞巴维克对经济学家的历史学派总的来说是有意见的,特别是对他们的关于资本与利息的看法有意见。关于他的一般的批评,参阅"政治经济学中历史的方法对演绎的方法"一文,载《美国政治与社会科学院纪事》季刊第1期(1891年),第244—271页,以及"奥地利经济学家"一文,同上书,第361—384页;又"价值的最终标准"一文,同上书,第5期(1895年),第149—208页。

地处理,必须节省,必须充分利用……它们形成人类特殊的经济上的自然禀赋。既然一切(或者至少差不多是一切)有限的自然赐予和自然能量都和土地有关,我们可以,没有多大的危险。

……用土地作为这种经济上自然禀赋的代表。①

劳动的努力"形成"土地使用的"对手方"。"劳动差不多完全具有一种经济的特征",因为"人类的需要所提出的很广泛的要求"超过劳动的自然力量以及劳动发挥"能力"的限度。所以有人提醒我们"要节约我们的劳动"。②

人类可以用两种方法之一把原有的因素或者要素或者能力转变为"供人类消费的货物"。他

> 可以适当地把经济的生产能力互相结合起来——或者和不取代价的自然力的活动结合起来——结果使得所指望的货物立即出现……或者他可以采取一种迂回的方法,用他手里掌握的要素也许先做出另一种货物,然后由它帮助再做出他所希望的那种货物。

这第二种间接的方法是技术性更强的生产,但是照例它需要"时间的牺牲",使人必须等待那结果较好的"迂回方法"产生成果。再则,"大体上……迂回的过程每加长一次,技术的结果总会增加一次",但是,"通常……增加的比例较小"。有时候"一种新发

---

① 庞巴维克的《实证论》,威廉·斯马特译(1891 年;纽约,1923 年),第 2 篇,第 2 章,第 79—80 页。
② 同上书,第 80—81 页。

明"会缩短迂回的过程,虽然通常它加长这种过程,在使用时引起"较多的中间产品,或者……资本的投入"——较长的生产"平均周期"。①

庞巴维克把"资本"说成"产品的聚集体,不是为了眼前的消费或者使用,而是作为取得新产品的手段",作为"贮存起来的有价值的自然力量,……通过它们那两种原始的生产力量发挥其作用";他坚决认为资本"不是一种独立的要素",不是"单独生产的",也就是,不是一种生产成果的某一部分可以归因于它,因而就不能归因于劳动和自然。② 一个社会的"资本贮存"的增加,对原有各项要素的更有效的利用是必要的,这需要社会放弃它可能享受的很大一部分消费,把它的生产力量用于保持现有的贮存不减少并有所增加。③

一个社会有意于增加它的资本贮存以及把生产安排得较为迂回,反映了"现在"和"将来"在它的经济生活中所起的比较作用。"我们的经济行为和现在有关系的极少,而是(几乎完全)注意将来。"④在第五篇中庞巴维克致力于说明为什么人们把现在货物的主观使用价值看得高于类似的将来货物的主观使用价值,以及市场怎样强调了这一差别。然而,随着一个国家的财富增加,生产变

---

① 庞巴维克的《实证论》,威廉·斯马特译(1891年;纽约,1923年),第2篇,第2章,第81—89页。预料到二十世纪三十年代的关于这个时期的意义的争论,庞巴维克把远期的投入说成关系不大。同上书,第90页。在别处他争辩说,加长习惯的生产周期的新发明,"多于那些把它减短的新发明"。《再论》,第24—33页,特别是第24页;还有第53—56页,关于选择的自由。又参阅库恩尼的《庞巴维克》,第44—63、68—71页。
② 庞巴维克:《实证论》,第59、95、99页。
③ 同上书,第100—118、124—125页。
④ 同上书,第238页。

得更迂回,生产周期加长,受到现货和期货之间的贴水的约束,这种贴水基本上与经济的组织无关。①

庞巴维克在此项研究的将近结尾处把一般认为决定利率的各种因素汇列在一起,这样说明了决定平均产量和总产量的增长的大多数条件。具有决定性重要意义的是"国民生活基金"(就是,"一个社会中积累的财富贮存")、"需要此项财富贮存来供养的生产者的人数",以及我们将称为资本在边际的生产力的那种东西。② 资本形成的速率(大概假定是利率)与消费贷款的范围和对消费贷款的向往以及土地所有者及食利者的人数成反比例地变化,这些人可以靠他们的地租和利息收入舒舒服服地生活,因此没有压力驱使他们在经济上积极活动。资本形成也直接随着一个国家的人民(包括地租和利息收入者在内)怎样勤俭节约的习惯而变化。人口对资本的比率增高会减低平均产量,并对储蓄有不利的影响。"新的和生产能力较高的生产方法的发现、销路、商业机会等"会使"超额收益"比没有发现以前更高,而失去这些条件就会减少这种收益。③ 利息本身因此是一种普遍的现象,是在各种经济组织方式下的一项表现,不是通过社会主义的或者其他革命性措施就能消灭的。所以,不言而喻,像后来苏联的经验证明的那样,一切关于发展的计划中必须把利息考虑在内,并且,如果在任何一种形式下被废止,它一定会以其他的形式再出现。

---

① 庞巴维克:《实证论》,第 4 篇,第 5—10 章。
② 同上书,第 410、420 页,又第 393—394 页。关于较大的迂回和"较多的人均资本",参阅《再论》,第 57—63 页。
③ 同上书,第 7 篇,第 4—5 章,特别是第 393—394、401—402、410—412、420 页。

庞巴维克总是批评社会主义,强调经济行为、经济上对特定的压制的反应,以及因此竞争的制度比非竞争的制度较为可取这几点的普遍性。因此他在后来的一部著作里批评了所谓一项生产要素所得的产品部分决定于这项要素的幕后人物所施加的"社会势力"那种论点。① 他指出,一项要素的价格只能在实际供求条件所调定的幅度内,以及(例如)劳动的雇主和工人可能有的选择范围内受到影响(工人的选择机会,例如,在人口众多的国家中是很有限的)。再则,当一方取得有利条件时,那处于不利地位的另一方的自身利益可能发动一种纠正性的反应。尽管个人的分配可以受"势力"的影响,职能的分配只能在很有限的范围内受到影响,如果有影响的话。增长或发展本身没有讨论到,但作者指出促使工资上升的压力会抑制迂回方法的扩大使用。庞巴维克对马克思的批评中也没有提到增长或发展,在批评的结尾处他断言马克思的学说体系"没有持久的前途",虽然在马克思以后一定会有"一个社会主义",正如在马克思以前也曾有过。②

莱昂·瓦尔拉

经济发展受到莱昂·瓦尔拉的直接注意很少,虽然他对技术

---

① 庞巴维克的"经济规律的力量"一文,载《国民经济、社会政治与管理杂志》,第23期(1914年12月),第205—271页。本世纪初期在奥地利和德国曾有很多关于"势力对经济规律"的讨论。参阅 F. 佐申的《垄断与经济福利的问题》(伦敦,1930年),第145—150页。V. 帕雷托论述政治情况对经济的影响。

② 庞巴维克的《马克思体系的终结》,保罗·M. 斯威齐编辑(纽约,1949年)。这个版本包括 R. 希尔弗丁和 L. 冯·博尔基韦兹对庞巴维克的批评。

进步是敏感的;然而,他的许多意见是间接有关的——例如,他把"悠闲"包括在收入之内,他对企业和生产的论述,他的似乎有条件的对竞争制度的辩护,以及把"个人的才能"放在资本项下等。① 他主要关心四个问题:交换、生产、资本形成和流通。

瓦尔拉结合"发展"来讨论增长。他把"发展"说成"在一个人口日益增多的国家中得到满足的最后欲望的强度减低,就是,最后产品的稀少性减低"。因此发展的可能性取决于"技术的发展"(增加、修改和技术上生产系数的更新)以及"经济的发展"(在一种特定的技术结构范围以内的替代)。这样,发展受着一定的限制,因为一种可以增加的服务来源只能在限度以内用来替代一种不可增加的服务来源(例如,土地服务),这种限度大概可以因"技术发展"而放宽,但不能消除。② 一般说来,既然人口倾向于增多,但可供耕种的土地由于数量有限并且人类利用劣等土地的能力也有限,所以发展要依靠人类有能力节约和增加资本以及用资本的服务代替土地的服务。③ 结果瓦尔拉抛弃了他认为是李嘉图和 J.S.穆勒

---

① 我曾使用威廉·雅费翻译的瓦尔拉的主要著作的标准译本——《纯经济学纲要》(伦敦,1954年)。我未曾引用瓦尔拉的广泛的通信(雅费教授编辑),并且仅仅顺便提了一下瓦尔拉的《社会经济学研究》和《应用政治经济学研究》,这两本书都是 G.勒迪克编辑(巴黎,1936年)。关于瓦尔拉提到悠闲,参阅《纲要》,第215、379—380页;关于自由竞争,见第21、41课;关于企业和生产,见第17—22课;而关于"个人的才能"或者资本,见第237、319—321节。

② 瓦尔拉:《纲要》,第36课,第323—324节;又第327—328、170—175节,关于土地、资本和原料。

③ 同上书,第327—329、355、361节;还有《研究》,卷2,第281—285节。又参阅 W.D.蒙哥马利的"怎样理解瓦尔拉的资本理论作为一种经济增长的模式"一文,载《政治经济学史》,第3期(1971年),第278页。此文是在现在这篇研究报告完成后发表的。

的见解,所谓许多货物("劳动所取得的"货物)可以"没有限制地增加",因为供给有限的投入物以某种程度进入一切货物。①

对产品增多的限制,不仅抑制了发展,而且也抑制了人口。因为,在一定的限制下,"只要人口没有变动,稀少性就可能降低到一定的程度;或者,如果人口本身增加到某种程度,稀少性也只能降低到这种程度。然而,如果对产品的增多没有确定的限度,对发展的可能性就不能有确定的限度"。② 不过土地的数量是有限的,它决定了物价结构对人口增长的反应。

> 在一个进展的经济组织中,如果劳动的价格(工资)基本上没有变动,土地服务价格(地租)将大大地上涨,而资本服务的价格(利息)将大大地降低……如果资本货物本身的价格保持不变,个人才能的价格将随着净收入率(对资本的报酬)的降低而成比例地上涨,并且土地的价格将因净收入率降低和地租上涨这两者而上涨。③

"土地及其服务价值的累进的上涨",因此,"和资本及人口的扩张一起,说明了经济发展的基本特征"。④ 虽然实际工资倾向于上涨,瓦尔拉的分析意味着改善的程度(如果有所改善的话)决定于工人的消费预算表的构成。⑤

---

① 瓦尔拉:《纲要》,第 342—343、348—349、329 节。
② 同上书,第 324、329 节。
③ 同上书,第 332、334 节。着重点是原有的。
④ 同上书,第 335 节。
⑤ 同上书,第 331 节。关于瓦尔拉对法国的"社会问题"以及英国的情况的观点,参阅他的《研究》,第 1 卷,第 475—485 页。

瓦尔拉对经济改良的兴趣比奥地利人的兴趣大，相信纯理论可以在政策的形成方面应用。① 然而，他的重点不在增长方面，而是着重于使竞争的制度能够运行，着重于防止财富和权力的集中，着重于怎样把国家干预和私人企业结合起来，使经济组织运行得最理想。有了这些结果，人们就可以大概推断他认为"发展"会是最理想的。

三、结论

每一学派的经济学家都提出关于经济行为的某些方面的问题，却普遍忽视其他的方面，并且他们是以某种方式提出这些问题。边际主义者，以边际主义者的身份，通过人们本身从人的内心来看经济世界，而不是通过一个人自我表现的行为从人的外部来看。这样，意大利的边际主义的代表人物 M. 潘塔莱奥尼认为经济科学的内容包括一些"财富的法则，这些法则是以假设人们实际上完全受想要以最小可能的个人牺牲获得最大可能的欲望满足的思想的驱使为理论根据，而有系统地推断出来的"。② 因此边际革命的创始者不像他们的前辈那样多地直接强调经济增长，虽然相信符合他们的原则的行动一定会取得发展，如果人们希望发展的话。

边际主义者所不同的在于他们对倾向于增长的观点不甚注意。杰文斯是例外，大概因为他是经验主义者，未能摆脱古典派所

---

① 参阅《研究》，在这本书里瓦尔拉讨论财富的生产与分配。又参阅 M. 博松的《莱昂·瓦尔拉，科学的政治经济学的创始人》(巴黎，1951年)；还有哈奇森，第 210—215 页。

② M. 潘塔莱奥尼：《纯经济学》(1889年；伦敦，1898年)，第 3 页。

考虑的问题,并直接关心人类的福利。边际主义者并不真正忽视人口问题,主要是因为他们认为资本会增长得很快,足以抵消人口的增长,并可以代替基本上不能增加的自然要素,后者的限制作用古典学派曾特别强调。通常,他们不研究人口增长率低或者没有增长是否比较可取。这种说法对某些后期的边际主义者是不切实的,尤其是对威克塞尔,他们在充分掌握了边际主义的以及其他的研究方法以后,就可以关心当时的各项问题。大概,边际主义者假设,如果像似乎可能的那样,人们的兴趣变得比较倾向于未来,因此而产生的对未来货物和服务的需求就会增加,结果按人均计数的产量就会最后增多。这种结果大概在企业自由经营的经济中最有可能出现,这种经济完全不受政府的干预——这是边际主义很适于为它辩护的一种经济组织的方式。

边际主义革命决不是对增长论没有影响。[①] 因为,虽然 A. 马歇尔和 J. B. 克拉克认为他们之所以强调边际生产力是受了屠能的影响,但奥地利所产生的那种倾向于生产力的思潮一定曾有助于科布—道格拉斯和有关的生产职能形式的发展和推广(在克努特·威克塞尔预料的三十年后),[②]因而也有助于识别和衡量经济产出的主要直接来源。线性规划以及(或许)形势分析论的出现,可能是由边际主义的思想方法促成的。在边际革命的创始人中,庞巴维克大概产生了最多的倾向于经济增长的影响。他强调生产过程的变化

[①] 关于后期的边际主义者,参阅豪伊和第 211 页注②中引用的著作。
[②] 威克塞尔的《关于政治经济学的讲演》(1901 年;伦敦,1934 年),第 203—206 页;这是他的《价值、资本与地租》(1892 年;伦敦,1903 年)以后的一部著作,在这本书里边际主义的影响很明显。又参阅卡尔·G. 尤尔的《克努特·威克塞尔的经济学说》(伯克利,加利福尼亚州,1960 年)。

多端的迂回性质,也激发了所谓新奥地利学派对商业循环的探讨,结果认识到用超过自愿节约储蓄的速度来形成投资货物,会引起对经济活动的连续运转有破坏性的和也许通货膨胀性的冲击。①

近来曾有人提出几种理论,其轮廓起源于奥地利学派。例如,J. R. 希克斯提出了一种他的所谓"新奥地利学派的增长论",它"特别注意时间顺序",并有助于促进一种技术改革也许会带来的"应付过渡"。他似乎仿照哈耶克的《价格与生产》的方法,说明采用一种比较迂回的生产过程时,如果从消费方面转移过来的资源不够,就怎样可能行不通。② 像加里·S. 贝克尔在 1967 年提示的那样,科克伦和凯克曾说明奥地利学派的探讨,特别是像庞巴维克所发挥的那样,对研究现今认为增长的一项很重要来源的"人力资本"十分贴切。③ 庞巴维克的关于投资的分析有时候曾促进对生产力和增长有一些关系的讨论。④ 在奥地利学派中,杰文斯最强调成本的主观性质。⑤

---

① 参阅 F. A. 哈耶克的《价格与生产》(纽约,1932 年),其中有清楚的说明。又参阅莱昂内尔·罗宾斯的《大萧条》(伦敦,1934 年),第 3 章;C. 哈伯勒的《繁荣与萧条》(纽约,1946 年),第 2 章,以及第 326 页以次。

② "新奥地利学派的增长论"一文,载《经济杂志》季刊,第 80 期(1970 年 6 月),第 257—281 页,特别是第 275—279 页。

③ J. L. 科克伦和 B. F. 凯克的"'奥地利人'对投资于人的理论的研究方法"一文,载《南部经济杂志》季刊第 36 期(1970 年 4 月),第 385—389 页。

④ 例如,参阅 R. E. 库恩尼的"现在货物的技术优越性"一文,载《国民经济杂志》第 22 期(1962 年 10 月),第 271—277 页;R. 多尔夫曼的"庞巴维克的利息论图解"一文,载《经济研究评论》季刊第 26 期(1959 年 2 月),第 153—158 页。

⑤ 例如,参阅 C. W. 诺尔德的"杰文斯论成本"一文,载《南部经济杂志》第 39 期(1972 年 7 月),第 113—115 页。

边际主义和马克思主义

罗纳德·L. 米克[①]

边际主义和马克思主义乍一看也许似乎是一个很陈旧的辩论题目，只是研究古董的人和举行百年纪念仪式的人对它有兴趣。人们也许会问，讨论整整一个世纪以前第一次提出的两种理论体系之间的关系，而且这两种学说今天人们都不会毫无保留地接受，能有什么益处呢？今天我们不会去讨论复本位制和单本位制的问题，那么，为什么要讨论"边际主义和马克思主义"呢？我想，有两点正当的理由，在开始我们的研究工作以前先说清楚是有益的。

第一，马克思主义在很大程度上不是仅仅收集一些可以和边际主义学说比较的经济学说，它本身就包含一套广泛的可以用来解释的标准，具有非常独特的性质，这些标准将用来估计和说明其他理论的起源。然而，这并不意味着只有一种独特的"马克思主义的"对（例如）边际主义的解释，这种解释被一切马克思主义者忠实地接受，认为无论什么时候都是正确的。马克思主义的批评准则是十分广泛的，可以有几种不同的解释都能正确地被说成是属于"马克思主义"性质的。很明显的是，这些解释的原则被应用时的

[①] 罗纳德·L. 米克（Ronald L. Meek），莱斯特大学经济学教授。

精神可能变化很大。在某些时候和地方这些原则运用得庸俗、武断；在另一些时候和地方则比较细致、灵活。在我们自己的时代，"马克思主义"不必再像在两次世界大战之间的年代那样，和捍卫一个现代大国的日常政治的及经济的政策密切联系在一起。斯大林主义在苏联的衰落，使得现今这一代马克思主义者在运用马克思的批评准则方面可以自由得多，也大胆得多。因此把这些准则重新应用在边际主义的起源和性质的问题上，不一定产生同样的老的结论，很可能发现某种新的东西。

第二，不仅是马克思主义有了发展和变化。边际主义这许多年来也改变了。主要的一点在这里非常简单，以至于容易被忽略。像边际主义这样的一种新学说最初出现的时候，马克思主义的批评者可以参考的论点必然有限。他不得不联系到它所替代的那些旧的学说以及它似乎为之服务的眼前需要加以解释。然而，当它随着时间的流逝而发展和变化，并可能结果变得有利于它的创始者未曾料到的一些新的需要时，马克思主义的批评者就获得新的参考资料。他现在可以利用事后的认识回顾创始者的学说，所看到的东西也许和以前看到的大不相同。

让我们首先来讨论边际主义的一个特征，[①]这个特征，所有的马克思主义者，无论是否具有这种事后的认识，总说它是这个学说的"一个"（如果不是"唯一的"）主要特点。这就是它怎样实际上认识

[①] 从马克思主义的观点来看，"边际主义"这个词实在是一个使用不当的名称，因为它较多地与那些学说的方法有关，而不是它们的内容。"主观主义"或许是一个比较好的词。参考奥斯卡·兰格的《政治经济学》，第1卷，A. H. 沃克译（纽约，1963年），第235页，注。

根据人们作为生产者之间的社会经济关系得出抽象概念的重要历史过程,这一过程在李嘉图死后若干年来的理论经济学中开始发展。

这一点现在马克思主义者——和其他的——经济思想史工作者常常提到,在这里只须很简略地概括一下。广义地说,古典经济学家认为,如果要充分理解市场现象,研究者必须一开始就"透过这些现象的表面",深入到人们作为生产者之间的根本关系,这种关系可以说是最后决定他们的市场关系。古典派的劳动价值论本质上是这种方法论原则的一种分析的体现;古典派的分配论十分重视生产要素报酬的收入者之间的阶级关系,这种分配论也和它有密切关系。然而,在李嘉图死后的那些年中,这种态度相当快地后退,无论如何在比较保守的集团里是这样。在价值论方面,这种新倾向由于出现了这样那样地以"效用"为根据的主观价值论而特别显著;在分配论方面,则是由于出现了熊彼特称为"占优势的摆脱种种经济类型的阶级涵义的倾向"。[1]

所谓"边际革命"以特殊的和决定性的方式承认这一发展。新的出发点变为,不是人们作为生产者之间的社会经济关系,而是人们和制成品之间的心理关系。杰文斯声称他的理论"敢于研究心理的状态,并以这种研究为全部经济学的基础"。[2] 门格尔再三强调"了解货物和人类需要得到满足之间的因果关系是重要的"。[3] 这两位著作家都用这样或那样的方式把这一新的方法论的原则体

---

[1] J.A.熊彼特:《经济分析史》(伦敦,1954年),第552页。
[2] W.S.杰文斯:《政治经济学理论》,第4版(伦敦,1931年),第15页。
[3] 卡尔·门格尔的《经济学原理》,J.丁沃尔和B.F.霍斯利兹的译本(格伦科,伊利诺斯州,1950年),第58页。

现在像瓦尔拉所提出的"稀少性是交换价值的原因"这一命题之中。① 瓦尔拉写道："以价格对被满足的最后欲望的强度的比例为根据的交换论……构成整个经济学的基础。"② 那么，就是以这种引人注目的方式，价值论中主要的注意点从人们作为生产者之间的关系被转移为人和货物的关系。并且，在逐渐发展形成的新的分配论中（这种理论主要地以三位创始人本身被引起的暗示为根据）趋向于同样的大方向，就是，趋向于认为供给土地、劳动与资本的各个阶级之间的社会经济关系和市场作用给予他们各自的报酬基本上没有关系。

马克思主义者必然要把这种根据生产关系的抽象观念看作是代表一种"科学上的"后退，正如边际主义者必然把它看作"科学上的"前进一样。麻烦的是，在两个学派之间接着发生的辩论中很难把真正的、实质性的问题和纯粹语义学的问题分开。马克思主义的对边际主义的批评都带有对"浮浅的"研究方式和"科学的"方式的比较，前者只局限于市场交换的范围，而后者"渗透"到表层下面的真正社会势力。同样，边际主义的文献中很多提到一些不"退回

---

① 莱昂·瓦尔拉的《纯经济学纲要》，雅费译（伦敦，1954年），第145页。我认为雅费教授有点儿过分了，把这个意见说成完全是"把他父亲的学说虔诚地复述一遍"，以及"仅仅是一种附带讲的话"（同上书，第512—513页）。当然，确实如雅费实际上所说，在瓦尔拉的那种一般均衡论的前后文义中，人和制成品之间的心理关系只是市场过程作为一个整体中的一项因素；并且，在必须正式说明稀少性、生产成本和价值的相互关系的时候，如果要问哪一项是真正的原因，哪些是结果，在某种意义上是没有道理的。但是，如果我们还有点重视瓦尔拉的"最大限度的满足"的学说——瓦尔拉本人一定会要我们这样——似乎就不应该把他的"稀少性是价值的原因"的观念看作仅仅是他的学说主体上的一个赘瘤。

② 同上书，第44页。这种说法出现在《纲要》第四版（1900年）的序言里。

到"——就是,不渗透到——效用①的一些分析的"浮浅"性质,并提到把"纯经济"关系从那些其他的(主要是"政治的")关系分开的"科学的"必要性,在现实世界中纯经济关系碰巧和那些结合在一起。② 这里面很大一部分是纯语义学,在两方面都是这样。它使我们大家费了很长时间才认识到,仅仅对我们的对手的著作贴上贬义的标签,是不能取得多大效果的,这种布丁的真正证明一定总是在于吃。

马克思主义者向来认为,和边际主义者根据生产关系取得的这种抽象概念联系在一起的,有某些"辩解的"及"空想的幻觉"的成分。这些是很恶毒难听的字眼;加在一起,会使人觉得它们像是一种有意识的阴谋,企图掩饰资本主义现实的某些关键性的重要方面,从而促进资产阶级的利益。可能有过一些马克思主义者相信这种情况确实发生过,但实际上这种人很少。关于这方面可以谈三点。

第一,边际革命不能说是一种阴谋,当然更不是有意识的阴谋。熊彼特十分正确,无论如何在一定程度上是正确的,他说新的理论出现,作为"一种纯粹分析的事情,不管实际的问题"。③ 确实,这些理论出现,是作为对当时盛行的劳动和成本价值论的反应(无论如何一般地是这样);创始者很知道这些理论在某些场合正

---

① 参阅杰文斯的《理论》,第 xxxi 页;"他的(库尔诺的)研究和这部著作的内容没有什么关系,因为库尔诺不退回到任何效用论,而是从现象性的供求法则开始"(着重点是我加的)。
② 参阅熊彼特,第 551 页。
③ 同上,第 888 页。

被人用于有危害的方面。[①] 但在那些创始者中这简直不是一种重要的顾虑,不管他们的接班人多么重视这一点。

第二,还有这些学说是否以及在什么意义上曾实际上"促进资产阶级的利益"。它们确实曾被至少一位创始人明确地用来为自由竞争辩护,瓦尔拉大概是正确的,他说他的证明是人们所曾提出的关于自由竞争的好处的第一个真正的证明。[②] 当然,在后继者和推广者之中,这种用法——或者误用——变得更经常了。至少有一些后继者显然比创始者更急于要用这些新理论来攻击马克思主义。例如,维塞尔的《自然价值》在意图上和实际上是一种持久的对马克思和罗德伯特的理论体系的驳斥;边际生产力的分配论,在它最后以比较完备的形式出现时被人们——特别是 J.B. 克拉克——广泛地和有意识地用来攻击马克思主义的剥削论。在这样的一些事实面前,像熊彼特那样争辩说,这些新理论中没有什么比旧理论中好的东西可以有助于辩解,是不恰当的。确实,根据真正的逻辑,实际上不可能根据这些新理论得出政治的或者伦理的结论——但那似乎不是问题所在。事实仍然是,需要很长的时间人们才可能认识到这一点,在这一段时期内这些理论曾被广泛地用于辩解,并且今天仍然被这样地使用——即使用得少一些。当然,也是确实的,人们有时候从边际效用论中得出平均主义的结论,特别庇古是这样,并且肖伯纳想要根据杰文斯和门格尔的著作建立

[①] 参阅,例如,门格尔在所著《经济学原理》第 3 章,第 E 节中的评论,第 165—174 页。又参阅杰文斯的《政治经济学"入门"》(伦敦,1878 年),第 5—6 页和第 10—11 页。

[②] 瓦尔拉,第 256 页。

恩格斯称为"庸俗社会主义"的那种东西。① 但是这种用法脱离了常规,和主流完全无关。毫无疑问,罗宾逊夫人说"效用的整个论点是为了给放任主义辩护",不免有点过分,②但如果说它不是实际上常常被人这样利用,那就更加错误了。

第三,还有这些新理论是否实际上曾促使经济学家们掩饰资本主义现实的某些重要方面。在某种意义上,它们无疑曾起了这种作用。且不说它们从社会经济的生产关系得出的一般抽象概念,边际主义者明白地或者含蓄地认为这些概念与中心的经济问题无关;事实仍然是,在边际主义者占优势的时期曾有一种趋势要把某些重要问题从议事日程中去掉,或者无论如何降到很低的地位——显著的是发展问题和资源不充分利用的问题,以及(在较轻的程度上)垄断——这些问题,从任何标准来看都有很大的实际重要性,并恰恰构成马克思主义经济学的主要题材。和这一点有联系的,在大多数情况下,是显然没有关于技术变化的任何具体说明,以及习惯地假设企业家基本上是一种均衡的而不是打破均衡的力量③——这一特征构成边际主义和马克思主义之间的主要区别之一。

关于这第三点还有一些话我们必须要说。我们可以完全有理由地认为,不谈这些问题或者使其变得不显眼,绝不是应该道歉或者应受指责的——这些新人物,决定了必须以一种完全新的方法

---

① 恩格斯的评论出现在他对马克思《资本论》第3卷的序言中。
② 琼·罗宾逊:《经济哲学》(伦敦,1962年),第52页。
③ 参阅利奥·罗金:《经济理论的意义和效力》(纽约,1965年),第431页和第443—444页。

从头做起以后,干脆从这种新方法可以最直接和最容易应用的那个特殊问题开始,就是,静态的稀少性问题,杰文斯在所著《政治经济学理论》的"结束语"中对这个问题有过非常出色的阐述。① 可以说,这始终不过是作为一种开端;一个人必须先学会在新方向行走,然后才可能奔跑。毕竟,杰文斯本人认为"经济科学的动态的部门可能还有待于发展",②并毫不犹豫地用他的理论来阐明关于利润率趋向于降低的学说;③瓦尔拉试图——不管结果多么不能令人满意——使他的理论"动态化";门格尔则准备同意认为在经济学中创立"发展规律","本身就是很不合理的",即使"仍然是完全次要的"。④ 根据这些事实,我现在不能肯定,我自己所作的一两次有点试验性的努力,想要根据现实世界中出现稀少性问题来解释边际主义的产生,是否真正很有说服力。当然,在这里人们可以谈论穆勒认为静止的状态近在咫尺的信念;谈论杰文斯把煤甚至只看作是有限的那种古怪的倾向;⑤谈论"大萧条"以及当时经济学家们认为资本主义的发展过程已经结束的那种倾向⑥等。但是我在不同的时候在脚注中随便提出的那些暗示始终没有被人采纳——也许不采纳是正确的。所谓经济学必须总是局限于稀少性

---

① 杰文斯:《理论》,第 267 页。他的陈述的有关部分在下面引用。

② 同上书,第 vii 页。

③ 同上书,第 253—254 页。

④ 卡尔·门格尔的《经济学和社会学的问题》,F.J.诺克译(厄巴纳,伊利诺州,1963 年),第 119 页。

⑤ 并且还有——像科茨教授在贝拉焦会议上那样做的——关于澳大利亚的广漠的空间和不列颠的狭隘疆界两者的对照,一定给了杰文斯非常强烈的印象。

⑥ 参阅韦斯利·C.米切尔的《演讲笔记》(纽约,1949 年),第 2 卷,第 59 页。

的经济学这一想法,并不真正是这种新哲学固有的一部分。需要说明的不仅是那些创始人把注意力集中在稀少性上面,而且是——更重要地——为什么新学派那么多的成员,已经用牙齿咬住稀少性问题,而不能超越它的范围,因此往往给人印象,觉得他们不关心资本主义现实的那些重大问题,尽管这些问题使普通人担忧。

让我们现在改变一下看法,回过头来看看边际主义的兴起,可以受益于我早些时候谈到的那种事后的认识。如果我们这样做的话,呈现在我们眼前的是当代现实中的某种特征,这种特征边际主义未曾掩饰,相反地,第一次郑重地把它放在经济学说里。很简单,这种特征在一切经济活动领域里和一切经济力量中是相当普遍存在着的,即韦伯称之为"资本主义精神",这种精神由于把经济合理性的原则扩充到可以适用于家庭的行为和公司商行的行为,而反映在边际主义的学说中。

这是奥斯卡·兰格在他的1959年第一次在波兰出版的出色的课本《政治经济学》第1卷中强调的一点。兰格说,经济合理性的原则只是说明如果我们要最大限度地实现一种目的,我们就必须或者以最大的效率使用特定的资料或者以最小限度的资料支出达到特定的目的。这一原则,今天对我们似乎非常明显——并且事实上两个世纪以前由魁奈提示了一个轮廓——实际上是受到历史限制的一种东西,出现得很慢(在现实中以及把这一现实反映在理论中都很慢),直到资本主义来到历史的舞台,才加快它的出现。在这以前,经济活动往往主要是传统的和习惯的性质,而不是"出于理性的"——不管它可能受马克思提出的所谓"商品生产"和货币交换这些东西的损害到多大程度。然而,资本主义终于来临以后,"理性的"行为变得在有利可图的活动中盛行了——当然,特别是在个别的资本主义企业中,典型的"理性"计算的现场。但是一般说来,家庭活动仍然倾向于(无论如何在一个时期内)保有很大一部分以前那种传统的和习惯的性质。只有在"资本主义精神"已经普遍深入时,才似乎有理由可以假设家庭活动在有关的意义上也是"理性的"。①

那么,根据这个观点,边际主义的重要意义恰恰在于它假设家庭活动也和资本主义商行的活动一样,是根据理性的、最大限度化原则来进行的——这意味着,像兰格所说的,有个一致的目标,那是最大限度化的对象,把相应于不同需要的各种特殊的目标结合起来。② 在大多数早期的边际主义模式中,假定家家户户要增加到最大限度的东西当然是"效用",这是多少有点享乐主义的想法。杰文斯写道:"用最小的努力把我们的欲望满足到最大限度——以最少的令人不愉快的代价取得最多的合乎需要的东西——换句话说,使快乐增加到最大限度,是经济学的问题";③并且他明确地认为这是"人类天性的必然倾向",个别消费者应该按照这个原则行事。④ 然而,后来,人们假设消费者要增加到最大限度的这种"效用",被赋予比较广义的解释,兰格称为"人类行为学的"解释,意思

---

① 参阅兰格的《原理》,第 1 卷,第 148—172 页和第 250—252 页。特别要参阅第 251 页:"主观主义倾向的要素在于它把家庭活动作为根据经济原则的行为看待。"
② 同上书,第 253 页。
③ 杰文斯:《理论》,第 37 页。
④ 参阅同上书,第 59、95 页。

是"效用"被想象为"经济活动的得到实现的程度,与目标的性质无关"。① 我们都熟悉从"效用"到"优先"这个历史性转变中的主要标志。从现在这次讨论的观点来说,有关的要点是,当变化发生时边际主义被改变为一种出于理性的经济选择的逻辑。并且,到了像在罗宾斯和冯·米泽斯手里那样,"经济学"被解释成对任何一种受经济理性原则所支配的人类行为的研究时,这种逻辑的普遍性就进一步增加,从而实际上被变为对理性活动的逻辑的一般研究的一个学科——就是,人类行为学的一个学科。

边际主义倾向的这种最后发展阶段当然受到兰格的谴责,作为意味着政治经济学的最后自我清算。当然,并不是兰格反对人类行为本身;相反地,他的《政治经济学》中《经济理性的原则》一章充满了对它的赞赏,特别是其中的两个部门——运转研究和制订计划(在广义上)——他认为对控制的经济学特别重要,尤其在社会主义制度下是这样。他真正反对的是边际主义倾向最后会使政治经济学变成人类行为学的不过是一个学科。他认为,政治经济学本来应该是一门独立的科学,人类行为学(特别是它的计划部分)对它应该仅仅是一种辅助——无疑是一种重要的辅助,但毕竟仅仅是辅助。兰格是在说,瞧,等着你的是一种多么可怕的命运,如果你十分愚蠢,根据生产关系作抽象的概括,而不是用这种关系作为出发点。那时候,人类行为学将变成不是你的仆人,而是你的主人。

但这似乎不是问题的全部,根据我们现在这种讨论的观点,兰

---

① 兰格:《原理》,第 1 卷,第 235 页。

格的叙述没有真正的结局。把边际主义倾向看作仅仅导致罗宾斯—冯·米泽斯的死胡同，是十分错误的。边际主义，由于强调一般的经济理性的原则，并强调消费者理性的特别重要性，直接激起了某些其他很不同的和意义更大的发展，或者无论如何为这些发展铺平了道路。当然，在这里我特别想到福利经济学。马歇尔的不完全的福利经济学大部分直接以边际效用的概念为基础。我们今天讲授的一般福利经济学有很多地方亏得边际主义的启发——当然，也应该归功于它的一位创始人所作的关于一般均衡的出色的分析。早在帕雷托和巴罗内的时候，就可以明显地看出，早期边际主义著作家主要关心的经济理性的原则，不仅可以用来作为了解自由企业制度中实际发生的情况和考核这种制度的合理性的根据，而且也可以作为一种根据来决定应该使什么情况发生在一个被控制的制度之下。而且，制订计划的发展也不是一种独立的发展：它之所以出现，恰恰是为了在某些情况下，由于这样那样的原因边际计算法不能应用时，处理如何指导合理行动的问题。

早期中常常用来为自由竞争辩护的边际主义学说，发展到现在这样可以用作控制经济学的根据这一事实，不应该过分地使我们感到意外。福利的问题实际上存在于边际主义的中心，从一开始就是如此。门格尔说，每个经济组织的出发点都是"经济主体直接可以得到货物"。一切人类经济组织的最终目标是"保证我们的需要得到满足"。我们为了维持生活和幸福而能做的事，就是从这个出发点走到这个目标，"用尽可能合适的方法，就是，在我们的情况下，用尽可能经济的方法"。在这种环境下"只有一条路可能是最合适的。……换句话说，如果经济人在特定的条件下要确保他们的需要尽可能完全地得到满足,只有经济形势准确指示的一条路从那严格测定的出发点导致经济组织的同样严格测定的目标"。① 杰文斯,有些相似地,描绘"经济学的问题"如下:"假设,一定的人口,有各种需要和生产力量,拥有一定的土地和其他物质资源,在此情况下,就需要使用劳动力的方式能使产品的效用增加到最大限度。"② 这种说法的明显含义——这种说法决不是孤立的——是"经济学的问题"的解答必须要正式说明从手段到目标的"最合适的道路"——就是,提出可以把福利增加到最大限度的最佳条件。这种类型的主张当然常常由创始人提出。然而,即使这些创始人怀有各种目的和成见,这些主张总不免和另一种类型的主张(与作出关于个人动机的某些假设的某种市场上实际会发生的情况有关)混合在一起。结果是往往难以决定,是不是一项特殊的边际主义主张关系到什么情况应该发生,什么情况确实真正发生,或者什么情况一定会发生,如果(例如)有关的个人致力于使他们的净满足增加到最大限度。然而,福利准则总在那里,总有一天,发生需要时,从它们的自由企业外壳中把它们抽取出来,加以发展和利用,那会使它们的原始建议者感到意外和震惊。③

于是,以激烈反对马克思主义开始的边际主义倾向,最后的结果是产生了许多的理论、概念和方法,这些东西已经成为马克思主义所必需的辅助——而且,这种辅助的重要性随着对经济的中心控制措施的范围扩大而增加,并不是减少。实际上,今天的问题

---

① 门格尔:《问题》,第 216—218 页。
② 杰文斯:《理论》,第 267 页。
③ 也许门格尔不是这样说的,不过可参阅他的很有趣味的和有先见之明的在《问题》中对社会主义经济学的评论,第 212 页。

是：边际主义的这种最后的产物是不是应该被认为不仅是对马克思主义的一种辅助，而不如作为它的后继者。

这里的要点是，马克思主义政治经济学，和它从那里产生出来的古典学说体系一样，大体上致力于作出关于市场经济所特有的经济规律和倾向的概括。人们假设，这些规律和倾向，作为千百万个别经济动因的独立的买卖活动的相互作用的一种不是有意的净结果而出现。因此这种政治经济学作出的那些概括可以作为"规律"被提出来，认为它们客观地、自动地和不以人的意志与意识为转移地发挥作用，像自然科学的定律那样。

然而，在社会主义制度下，这种传统式经济"规律"的作用范围——以及因此任何传统的政治经济学体系的适用性——一定必然被大大地减低。当然还是会有许许多多技术性的"规律"在生产事务中必须考虑到；某些消费行为的"规律"无疑仍然是恰当的；某些关于社会变化过程的古典的和马克思主义的理论，也许在一定程度上仍然适用。但这不是差不多最大的限度吗？当问题接触到真正根本的事情，像资源的分配、物价的模型和全面发展的策略时，在社会主义制度下人们是否能真正地说存在着"规律"——古典的和马克思主义的政治经济学特别要讨论的那一类规律——它们不以人的意志和意识为转移地在发生作用？那些说过这种"规律"实际上在社会主义制度下仍然发生作用的人（例如，斯大林），在我看来，他们实际上所说的也只是有一些基本的经济实况，制订计划的人必须予以适当的考虑，如果他们要避免陷入混乱。马克思主义政治经济学在这方面不能对我们有很大帮助；正是在这里我们不得不利用福利经济学、计划制订、运筹学、控制论等——就是，全部人类行为学的原则，像我们已经看到的那样，并不是马克思主义倾向的而是边际主义的最终结果。

这一切的教训是什么？是说在社会主义经济中边际主义经济学是一种比马克思主义经济学帮助更大的行动的指南吗？是说条条道路不是通向罗马，而是通向控制经济学吗？我想，在一定的程度上，两者都是——但也是一种较为特殊的和比较不那么陈旧的一条路。有关边际主义的重要的一点是，它的基础是经济合理性的一般原则的概念，这包括公司商行的利润最大限度化活动和消费者的效用最大限度化（或者优惠最大限度化）活动两者，但是在这个概念中前者在一种重要意义上被放在次要的和服从于后者的地位。要使适合于理性和民主的时代的控制经济学出现，有一个这种类型的原则是必不可少的条件。并且这样的原则在别处是没有的。尤其是，在马克思主义经济学中没有。诚然，马克思和恩格斯曾多次简略地指出社会主义制度下分配问题的一般性质——各种货物的"有益效果"的相互比较以及和用于生产这些货物的劳动量的比较——但是因为各种值得考虑的理由，他们始终没有试图详细说明可以合理解决这个问题的条件。这样，当实践中需要一种控制经济学时，边际主义者采用的理性原则和有关方法是仅有的可以合用的东西。至于这些原则原先曾被用来解释——并往往为它辩护——在竞争的资本主义制度下发生的情况，那没有关系。不管有没有——通常多半没有——适当的"马克思主义的"修改，这些原则被用作指南，以便走向在一个受控制的经济中应该发生的情况。因此，最终的教训也许是魔鬼不仅能引用基督教《圣经》为自己的目的服务，而且在需要迫切、手头没有其他办法时就会这样做。

边际主义在意大利的传播
1871—1890 年

皮耶罗·巴鲁奇[①]

一

在大多数经济学家看来,意大利的边际主义,除了马费奥·潘塔莱奥尼,似乎与 V. 帕雷托、E. 巴罗内、A. 德维蒂·德·马尔科、L. 艾瑙迪和 L. 阿莫罗索的名字有关,他们的著作实际上都在 1890 年以后。然而——像我要说明的那样——到 1890 年的时候意大利的边际主义已经成熟。这时候它已经完成了初期的进程。

1871 年意大利正在经历它的政治和经济发展中脆弱的时刻。在它的生命的最初 10 年中,这个年轻的王国不得不克服严重的困难。当时,在 19 世纪 70 年代开始时,前途似乎已经不是那么没有把握,虽然 1861 年全国政治统一带来的一切问题还没有解决。关键是在西欧的主要国家英、法、比利时和德国正经历着很快的经济发展的时期时,意大利政治上达到了统一,并开始面临接踵而来的经济问题。意大利和那些国家之间 1861 年已经存在的差别必然会增

[①] 皮耶罗·巴鲁奇(Piero Barucci),佛罗伦萨大学经济学说史教授。

加。最初的经济落后(与其他发展迅速的国家相比)和这个新王国当时糟糕的财政状况——就在可以理解的受人欢迎的最初几年之后——似乎是引起深切失望的一些原因的结合体,甚至在那些曾经在取得政治团结方面做过领导工作的人物中也是如此。这一切在1866年表现得特别明显,这是这个新诞生的统一国家的生命中激动人心的一年,其时(五月一日)强制价格被采用,政府据此规定钞票不能兑现。

二

门格尔、杰文斯和瓦尔拉的教训,既是一种方法又是一种微妙的理论学说,传到意大利时那里的经济学家正在对他们本国的一些问题冥思苦想,几乎毫无办法。人们如果注意到,从1865年至1885年这二十年中(在弗朗切斯科·费拉拉和马费奥·潘塔莱奥尼之间的过渡期间),意大利的经济思想没有能产生任何真正杰出的理论家,就不能不强调这个国家的政治统一问题对经济思想本身的发展的影响。

直接从事于政治,终于消耗了意大利经济学者最优秀的才能。只提一下最出名的几个,必须记住 F. 费拉拉、A. 夏洛亚、A. 梅塞达利亚、F. 兰佩蒂科、G. 博卡尔多和 M. 明盖蒂一再担任政府职位或者成为意大利国会的会员。[①] 其中的多数人,著名的和比较不那么重要的经济学家都有,禁不住被具体问题所吸引。结果,这些

---

① 关于这些著作家,以及一般地关于这个时期内意大利的经济思想,人们可以参考 A. 洛里亚的旧作品,载 R. H. I. 帕尔格雷夫编辑的《政治经济学辞典》。"意大利的

年中纯理论方面的收获不是最大的。对1870年前后意大利经济思想的任何估价,必须承认它的基本目的是回答怎样做到经济统一这个问题。可以证实这一点的,是1874年在意大利经济学家中突然爆发的争论,所谓"两个学派之间的论战"。两派的主要分歧在于国家应该接管私人公民的经济决策的范围。

19世纪70年代初期,理论经济学在意大利是衰弱无力的。弗朗切斯科·费拉拉为《经济学家的书目提要》中各卷所写的最后《序言》[①],追溯到1866年。费拉拉主义,尽管能举出不少的追随者,占据着意大利多数大学的讲座,但在当时似乎掌握在一些只是重弹老调的人手里。经济学的古典主义只有很少几个追随者。李嘉图的著作还很少有人阅读,并且不大为人所理解。[②] 路易吉·科

经济学派"一文(第2卷),后来重新用意大利文发表于《论社会正义》(米兰,1908年),第76页以次,以及L.科萨的《政治经济学研究入门》(米兰,1892年),第519页以次;英文译本(1893年)是I.戴尔译的。在最近的著作中,我们要提起A.范范尼和C.巴尔别里的"1865年至1889年的经济和社会科学"一文,见《意大利的科学进步,1859—1939年》(罗马,1940年),科学发展学会出版,6:239—255页;G.帕隆巴的"经济学说"一文,见《意大利生活的一百年,1848—1948年》,C.巴尔巴加洛编辑(米兰,1949年),2:251—274页;G巴尔别里的"统一国家的第一代经济学家"一文,先发表于《1861至1961年意大利的经济学》(米兰,1961年),后来转载于巴尔别里的《经济思想史纲要》(维罗纳,1965年),第211—260页;A.贝尔托利诺的《国家复兴时期和当代的意大利经济思想》(里斯本,1954年);A.马基奥罗"十九世纪至二十世纪的马克思主义和政治经济学"一文,载《社会主义史评论》,1966年1—4月,转载于《经济思想史研究》(米兰,1970年);F.杜基尼的"经济思想的发展"一文,载《生活与思想》杂志,第12期(1970年)和《1870—1970:天主教在意大利文化生活中的出现》,第98—110页。

① 费拉拉主编了最初两辑《经济学家的书目提要》。关于费拉拉的这些著述的重要意义,参阅F.卡费的"从费拉拉到普雷法西奥尼"一文,载《银行家》,1957年,第885—887页。

②这种状况的一个例外是E.纳扎尼,他的一些论文从1872年起个别地发表以后,于1881年编成一卷——《政治经济学纲要》(米兰),对某些典型的李嘉图派主题作了敏锐的理论探讨。

萨利用他从1858年起就担任的讲座,早已开始培养新的一代经济学家,他们的共同特点也许只有十分重视历史的研究,许多人致力于这一方面。老师的折中主义有助于训练出一些经济学者,他们后来走上了各种不同的道路。其中,维托·库苏马诺被送到德国在瓦格纳和恩格尔的指导下完成他的学业;他代表了那种中间力量,通过这种力量所谓学究式社会主义在意大利正式露面。① 德国的保护贸易主义者的态度,由于他们对个人主义和亚当·斯密的自由主义的批评,短短几个月内就在意大利变得极其受人欢迎:库苏马诺的著作,不仅有人阅读,而且通过有系统的大量出版,得到广泛传播。这些年中这些思想在意大利之所以这样受人欢迎,并且引起这样深刻的反应,是因为实际上它们传播的时候,当时占优势的自由主义政策正在各方面经受着严肃的辩论,特别是在严格的政治标准方面。

这种舆论说明F.费拉拉为什么采取那样激烈的批判态度,当时他的朋友和敌对者都认为他是意大利研究领域中的主要权威。费拉拉毫不怀疑:"经济科学"是"自由主义派"的经济科学,是"斯密、萨伊和巴斯夏的门徒"的经济科学。② 从这一假设出发,他攻击所有和他意见不同的意大利经济学家,特别是纳扎尼、托尼奥洛、库苏马诺、科萨、夏洛亚、梅塞达利亚和兰佩蒂科。他指责他们

---

① V.库苏马诺的"论德国经济学研究的实际情况"一文,载《法学学报》(博洛尼亚),第11卷,第2—4期(1873年)。这些文章后来辑成小册子用同一书名出版(博洛尼亚,1873年)。库苏马诺后来加以修订并增添一些新的章节,再一次出版,书名为《德国的经济学派论社会问题》(那不勒斯,1875年)。

② F.费拉拉的"德国经济学在意大利"一文,载《新文选》第26期(1874年8月),第985页。

是"白日做梦,幻想真正把国家列在基督教《圣经》的正经中"。这一信念促使他呼吁"斯密派经济学的老战士"紧密团结起来,差不多好像敌人就在门口似的。费拉拉的文章产生了不幸的效果,把当代的意大利经济学家立刻分裂成不同的阵营,尖锐地互相对立。他的权威地位和他的论辩猛烈有力,有助于促使一些学者结成巩固的团体,这些人本身也许并不急于把一种科学的讨论变成一场政治的和意识形态的争吵。但是,当时的舆论如此,任何试图扑灭论战之火的努力,必然只能取得很有限的成功。

分裂于1874年9月间出现,一边的负责人是费拉拉,另一边主要是卢扎蒂和兰佩蒂科。根据费拉拉的倡议,"亚当·斯密学会"1874年9月间在佛罗伦萨成立,它的正式刊物佛罗伦萨的周刊《经济学家》出版。① 差不多和亚当·斯密学会的成立同时,一件1874年9月11日的通函从帕多瓦发出,签名者有安东尼奥·夏洛亚、路易吉·卢扎蒂和费代莱·兰佩蒂科。"伦巴第—威尼斯"集团的刊物成为在罗马发行的《意大利的经济学家》;但是不久,这个在米兰代表大会(1875年1月4—6日)之后曾组织"经济研究发展协会"的集团,创办了有名的《经济学家杂志》的帕多瓦特辑,1875年4月间在E.福尔蒂的指导下第一次出版(1878年停刊)。

三

像科萨和博卡尔多这种人在这场论战中总是竭力保持似乎超

---

① "亚当·斯密学会和帕多瓦通函"一文,载《经济学家》,1874年9月24日,第561页。

然的态度,即使从这种态度也可以看出:在意大利,经济科学(和其他科学比较起来)越来越多地具有"一种似乎是百科全书的特征"。由于我未能发现的原因,《经济学家的书目提要》的出版者把这部书的主编责任从费拉拉这位受过严格训练的理论家手里转移到G.博卡尔多,此人是一个折中主义著作家,学术上的名气不大,不能给意大利经济思想提供新的决定性的动力。① 这一变更的影响,人们不久就觉察到了。《经济学家的书目提要》新辑的纲要的主要特征是为一些著作选集做导论,这些著作建立了斯潘塞和马克思、休瓦尔和舍夫尔、瓦尔拉和欧文、亨利·乔治和杰文斯、舍恩贝格和盖特莱、凯尔恩斯、勃伦塔诺,以及罗雪尔的一种不自然的同位关系,以便使意大利读者可以了解德国研究工作中最新近的发展。这一点立刻被《经济学家》周刊注意到,它把这种变动看作放弃"古典的"传统和接受学究式社会主义。② 实际上,《经济学家的书目提要》第三辑把德国学究式社会主义者的著作和古典的社会学与社会主义的著作放在一起发表。在比较严格的经济著作中,它把方法问题放在特别显著的地位。大体上,边际主义完全是一种新闯进来的东西。

博卡尔多决定要翻译像杰文斯和瓦尔拉这样两位作者的著作这件事,必须加以解释。有两个主要原因,一个是完全偶然的,后

---

① 在费拉拉的研究报告中(这些资料仍然存在意大利银行等待出版),看不出为什么要把《经济学家的书目提要》像这样转移给博卡尔多。感谢罗马大学 F.卡费教授让我知道这一点。

② 参阅《文献目录杂志》,1875 年 10 月 31 日,第 556 页。

面还要提到;另一个是由于误解,必须立即加以揭露。① 这些著作被译出来作为数学应用于经济学的范例。这部包含杰文斯和瓦尔拉的著作的译文的书,也包括 W. 休厄尔的著名的关于李嘉图学说体系以及盖特莱的《社会物理学与人体测量》的"学术论文"。

另一方面,博卡尔多对这部书的序言的标题是:"论定量的方法应用于经济、统计和社会科学"。确实,在这位引言性文章的作者看来,新的成分仅仅在于经济学中使用数学:他完全不了解新的边际效用论、数学方法的使用和交换论之间可能的联系。② 换句话说,杰文斯和瓦尔拉进入意大利,完全没有表明他们真正的理论特征,而是在一种会使人误解的形式之下。③

四

边际主义在意大利的历史从一个在经济思想的发展中不出名

---

① R. S. 豪伊的意见——见《边际效用派的兴起,1870—1889 年》(劳伦斯,堪萨斯州,1960 年),第 205 页——认为博卡尔多的译本"却是他对持不同意见者采取容忍态度的结果,而不是由于他特别欣赏边际效用学派成员们的著作",这个意见,人们之所以赞同,应该是因为它的第二部分,而不是因为第一部分。

② 这一点已经由豪伊讲过,第 259 页。

③ 然而,假如博卡尔多曾领会到这些著作中新颖的成分,他也不难把门格尔的著作翻译出来。事实上,门格尔不得不等待了很长时期才在意大利有相当名气。门格尔的《原理》一书由于潘塔莱奥尼的努力才被翻译出来,作为 1906—1907 年《经济学家杂志》的增刊发表。后来用书的形式出版(伊莫拉,1909 年)。潘塔莱奥尼写了一篇简短的前言。意大利经济学家也曾写了一篇特殊的对杰文斯和瓦尔拉的著作的介绍,附于瓦尔拉在《经济学家杂志》上发表的长篇文章"数学的一个新分科;论数学应用于政治经济学",该刊第二年,第 3 卷,第 1 期(1876 年 4 月),第 1—40 页。关于这篇文章(只用意大利文发表),参阅 W. 雅费的提示,见《莱昂·瓦尔拉的通信集》三卷本(阿姆斯特丹,1965 年)第 1 卷,第 344 页,注 2。

的人物马尔·蒙尼埃尔开始,通过一位略有重要性的意大利经济学家阿尔贝托·埃雷拉而展开。多亏威廉·雅费出色地编印了瓦尔拉的《通信集》,我们还能追溯瓦尔拉进入意大利经济学家世界的重要步骤。1874年3月12日,也就是还在《经济学家杂志》尚未发表他的"学术报告"以前,①瓦尔拉就写信给马尔·蒙尼埃尔——一位诗人和文学家,当时是日内瓦大学的比较文学教授——问他"在意大利执掌政治经济学讲坛的人的姓名:那些有能力的主编意大利刊物文集的人",②他打算向这些人提出一份他写的交换论的文章。蒙尼埃尔在复信中说到A.夏洛亚和E.埃雷拉两个名字,瓦尔拉立即和后者开始通信。

埃雷拉是瓦尔拉在意大利的宣传者,并且在这一方面——但也仅仅在这一方面——他能比得上瓦尔拉。通过他,瓦尔拉能把自己的小册子送给一些主要的当代意大利经济学家,③因而他在意大利比在别处出名早得多,名气也可能更大。瓦尔拉和埃雷拉之间的通信是全部经济思想史上最古怪的通信之一。虽然埃雷拉不总是诚实的,④他由于经常说恭维话,成为瓦尔拉在意大利的正

---

① 很多人知道,那是以"一种数理的交换论的原理"为题的报告,由瓦尔拉在巴黎向伦理和政治科学院1873年8月16日和23日的两次会议上宣读。这个报告后来发表在《伦理和政治科学院的会议和工作》上,1874年1月,专辑第101卷,(未特别指明)第33年,第一部分,第97—116页;接着又发表在《经济学家杂志》第3辑,第34卷,第100期(1874年,4—6月),第5—21页。

② 参阅雅费:《通信集》,第1卷,第250—251页。

③ 根据瓦尔拉的通信,似乎可能推论1873年的"学术报告"曾寄给意大利的大约二十个人,其中有梅塞达利亚、博迪奥、蒙塔纳里、科萨、兰佩蒂科、夏洛亚、博卡尔多和明盖蒂。似乎这本小册子没寄给F.费拉拉,因为瓦尔拉后来寄给他一本《纲要》。

④ 似乎不可能是这样,例如,1874年3月间埃雷拉已经读了瓦尔拉的"学术报告",如他所说(3月23日的信,见雅费的《通信集》,第1卷,第367页),好像他在同一封信里所说的话似乎不真实,按照这封信来说,在意大利瓦尔拉应该"早已"为人所知。

式代表,并且在宣传瓦尔拉的著作方面非常成功,以致他请瓦尔拉也为他的著作在瑞士和法国做同样的工作。两人之间建立的这种互助关系中有一些感情作用。不管怎样,瓦尔拉在准备他的论文《原理》和《纲要》这两者的摘要时,曾查明意大利人对这种思想的解释是极其可靠的。

埃雷拉在边际主义在意大利的经历中之所以重要,还有两个原因。由于使瓦尔拉和博卡尔多取得联系,他促成了瓦尔拉的一些主要著作的意大利文译本;①并且他间接地构成一种联络的路线,通过这条路线,杰文斯也渗入意大利的经济文化,②结果他的

---

① 把瓦尔拉的著作译成意大利文的经过是相当复杂的,虽然现在 W. 雅费在他对《通信集》第 1 卷的脚注中已经把经过情况完全改写过了。很有可能,翻译《原理》(1873 年)的建议是在瓦尔拉写给埃雷拉的第一封信里提出的,这封信没有找回。从埃雷拉对这封信的答复(他 1874 年 3 月 23 日的信)中可以看出线索,同时在他 1874 年 4 月 8 日的信里有明确的证据。博卡尔多在 1874 年 12 月 30 日的信里对瓦尔拉表示了希望能把他的《纯经济学纲要》译成意大利文。这引起很多的书信往来,从中可以看出博卡尔多很想把瓦尔拉介绍给意大利经济学家,以及瓦尔拉也愿意为实现这一目的克服任何困难。然而,瓦尔拉不想只译出《纲要》的第 1 卷,他也无权允许别人翻译,这项权利属于他的瑞士出版人,后者要求译本的版税。博卡尔多不能等待《纲要》第 2 卷出版,那会使第 1 卷的完全出版延迟太久,这一卷的"前言"在 1874 年底早已写好(实际上,这卷书是以每 16 页为一分册陆续出版的)。于是瓦尔拉决定,在 1873 年的学术报告以外,再把 1875 年和 1876 年在洛桑的瓦尔德自然科学协会提出的其他三篇译成意大利文。这三篇报告用意大利文发表,标题是《社会财富的数学理论》,载《经济学家的书目》,第 3 辑,第 2 卷(都灵,1878 年),有瓦尔拉写的一篇短序,把这四篇学术报告说成《纲要》一书的实际概要。参阅特别是"信函"第 324、327、330、342、343、348、349、366、371、391 和 392 号,以及 W. 雅费在《通信集》里写的很有内容的评注。

② 确实,是瓦尔拉向杰文斯提起埃雷拉的名字,以便在意大利适当地传播他的《理论》。参阅 1874 年 7 月 29 日函,《通信集》,第 413—414 页。后来(1874 年 9 月 24 日函)他也提起 L. 博迪奥、A. 梅塞达利亚和 F. 费拉拉,以及库苏马诺、巴西莱和科涅蒂·德·马蒂斯(1874 年 11 月 29 日函)。在已经发表的瓦尔拉和杰文斯的书信,以及杰

《理论》一书早在1875年就被译成意大利文。①

五

当瓦尔拉说意大利是他在那里最受重视的国家时,他指的是另一回事;那就是,所有意大利人写的关于他的早期著作的评论都是出于阿尔贝托·埃雷拉的手笔或者由于他的关系。②考虑到这些评论的批判性的估价,对两位数学家(G. A. 扎农和 A. 赞贝利,他们不熟悉经济思想)所写的评论跟那些研究经济问题的学者(A. 埃雷拉和 A. 巴西莱)的评论区别看待是适宜的。扎农和赞贝利的评论只谈交换论,并且我们现在知道这些评论在发表以前曾

文斯写给意大利经济学家的书信中(这些信还未发表,我是由于 R. D. 科利森·布莱克教授的盛意安排,才有幸参阅),我没有发现有什么根据可以改变杰文斯先和博卡尔多然后和科萨建立联系的方法。人们确实知道的是将近1874年底时杰文斯得知《理论》一书正在由博卡尔多进行翻译。参阅《W. 斯坦利·杰文斯的信函和日记》,哈里特·A. 杰文斯编辑(伦敦,1886年),第329页,1874年12月23日杰文斯致德·布瓦伊。

① 参阅雅费的《通信集》,第1卷,第491—492页,1875年12月22日瓦尔拉致博卡尔多函,关于效用的最后程度的理论的暗示,已经出现在 L. 科萨的"费代莱·兰佩蒂科的人民与国家经济学"一文中,这是一篇在 R. 隆巴尔德科学和文艺研究所提出的研究报告,转载于 L. 科萨的《政治经济学纲要》(米兰,1878年),第144页。有可能这是意大利人最早引用杰文斯的《理论》一书的文章之一。

② 这些评论,按时间顺序排列如下:G. A. 扎农的"L. 瓦尔拉教授的交换的数学理论"一文,载《农业、工业和商业评论》第2期(1874年7月),第217—223页;A. 埃雷拉的"政治经济学著作和工业法律丛书"一文,载《欧洲评论》第3卷,第2期(1874年7月),第315—335页(关于瓦尔拉,参阅摘要的第19—20页);A. 巴西莱的"政治经济学中的数学方法:莱昂·瓦尔拉的'纯政治经济学纲要'一文,载《意大利的经济学家》周刊,第40期(1874年10月4日),第518—520页,和第42期(1874年10月18日),第543—545页;A. 埃雷拉的"丛书目录:莱昂·瓦尔拉的纯政治经济学纲要"一文,《坚忍》一书的摘(米兰,1875年);A. 赞贝利的《莱昂·瓦尔拉的交换数学论》(帕多瓦,1876年出版)。

经瓦尔拉本人校订过(赞贝利的评论甚至被改正过)。[①] 肯定这两位作者都利用了瓦尔拉送给埃雷拉的那份内容广泛的关于他自己1873年的学术报告的摘要。[②] 他们的两篇文章的内容颇为相似,证实了这一点。两者都致力于解释瓦尔拉的交换论,但是它们的功劳是使意大利经济学家们接触到怎样用严谨的数学来处理经济学,并提出一些显然边际主义的方案。

A. 巴西莱所写的长篇评论是一个极妙的范例,显示怎样就可能在评论一部简直不能了解的著作时,把许许多多的字集合在一起而没有任何明确的意义。实际上,这篇文章只是谴责在经济学中使用数学,并没有关于边际主义的提示。

对埃雷拉的关于《纲要》一书的评论应该赋予不同的价值,这个评论必须被列为对该书第一卷的明晰而正确的说明。埃雷拉的文章可以分为四部分:(1)对瓦尔拉的财富观念的说明,(2)对数理的交换论的导言,只考虑两种货物,(3)同一理论的例证,考虑到几种货物,以及(4)关于瓦尔拉的货币概念的简短的提示。不少的细节使得我们要假设实际上埃雷拉是把瓦尔拉准备的一篇摘要译成意大利文。在第(2)部分中有关于这一点的很清楚的证据。[③] 但是我们也知道瓦尔拉自愿为埃雷拉写了《纲要》整个第一卷的全面

[①] 参阅雅费的《通信集》,第1卷,第388—389页和第409页,分别是瓦尔拉致埃雷拉(1874年5月6日)和埃雷拉致瓦尔拉(1874年9月10日)。

[②] 参阅同上书,第1卷,第264页,瓦尔拉致埃雷拉(1874年4月25日),以及第345—347页。

[③] 那是瓦尔拉翻译的1873年的学术论文的旧提要的译文(差不多是直译的),当时译成后立即交给埃雷拉。参阅雅费的《通信集》,第1卷,第345—347页;和A.埃雷拉的《笔记目录》摘要本的第6—9页。

的摘要,于1874年8月5日寄出。① 既有这一事实,又知道埃雷拉的数学知识有限,我们可以假设这篇评论的中心的和最重要的部分应该归功于瓦尔拉。因此,如果说1875年左右瓦尔拉在意大利已经知名,那是正确的;但是人们所不知道的是,这个作者本人已经参加的那个新学派在理论方面的重要意义。这意味着边际主义没有通过瓦尔拉进入意大利,相反,它是通过杰文斯进来的,一则多亏杰文斯和科萨两人的友好关系——结果是杰文斯的《入门》一书被译成意大利文(米兰,1879年),和科萨的《指南》被译成英文(伦敦,1890年),再则多亏边际主义在意大利的促进者马费奥·潘塔莱奥尼宣传了英国的潮流,就是,杰文斯的潮流。

六

实际上,这发生在1883年,因为潘塔莱奥尼应用了杰文斯的分析的工具。② 潘塔莱奥尼自己着手研究的问题是找出"议会中

---

① 参阅雅费的《通信集》,第1卷,第412页,瓦尔拉致埃雷拉,1874年7月25日;埃雷拉致瓦尔拉,7月31日(第415页),以及瓦尔拉致埃雷拉,8月5日(第417页)。我未能找到这个摘要。

② M.潘塔莱奥尼的"对公共购买力的关系的理论的贡献"一文,载《意大利评论报》,1883年10月15日,转载于M.潘塔莱奥尼的《财政与统计研究》一书(波洛尼亚,1938年);英译本收入《财政学理论名著》,R. A. 马斯格雷夫和A. T. 皮科克编辑(伦敦,1967年),第16—27页。人们知道潘塔莱奥尼在他的学位论文(1881年)中已经通晓了杰文斯,这篇论文发表时题名为"纳税移动论:动力的定义和移动的普遍性"(罗马,1882年;重印本,E. 达尔贝戈编辑,G. U. 帕皮作序,罗马,1958年)。在这个版本中他广泛地引用杰文斯的话,但只是作为工资基金论的反对者,参阅上述《理论》(1958年版),第298页以次。对杰文斯关于"最终效用的程度"的理论的一个简短并修正了的评注,可以在A. 洛里亚的"意大利经济学家中的价值理论"一文中见到,载1882年《法律档案》;该文1882年在博洛尼亚曾摘要发表。

包含的一般智力"在把公款分配给各种可能的用途方面所遵循的标准。潘塔莱奥尼认为,能解决这个问题的那种合乎逻辑的工具,在于"公共支出中各种不同项目的边际效用的比较程度"。议会大概会"取得最大量的总效用";因此,议会本身能够"仅仅根据由许多不同成分或者不同比例所得出的判断而批准或者否决任何支出。这些成分或者比例是通过把各种支出所产生的边际效用按递减的次序排列起来,然后权衡各项可能支出的内在的边际效用而得出的。"[1]

边际主义进入意大利的日期因此应该以潘塔莱奥尼关于财政理论的文章(1883年)为准。然而,必须立即指出,新理论的最好用途是在人们试图把边际效用论应用于国家活动时出现的。也应该强调指出门格尔那时候在意大利还几乎没有人知道,同时瓦尔拉在十年前露面了一个短时期以后,久已黯然失色。[2] 无论如何,潘塔莱奥尼预示了一种具有深厚文化根基的运动的来临,这个运动很容易从历史观点来解释。人们可以称它为反动的运动:对一种正在丧失自己的特征并越来越淹没在散乱的出版物汪洋大海中的经济文化的反应,这些出版物讨论着时代给学者们带来的许许

---

[1] 见 M.潘塔莱奥尼的"贡献"一文(1938年),第21—22页。潘塔莱奥尼在那里甚至利用杰文斯的理论来拟定"所得"的一些问题。关于潘塔莱奥尼的这一基本贡献的一点很简短的但是正确的提示,可以在詹姆斯·M.布坎南的"财政学:财政理论方面的意大利传统"一文中找到,这篇文章见所著《财政理论和政治经济学:论文选辑》(查珀尔希尔,北卡罗来纳州,1960年)。参阅第31页。

[2] 潘塔莱奥尼的边际主义的一个重要发展,由他的"财政评论:关于意大利财政的意见"一文提出,这篇文章载《经济学家报》第2期(1887年),第165—171页。潘塔莱奥尼在所著小册子《纳税强制论》(罗马,1887年)中也用了杰文斯和门格尔的方案,后来收入《财政和统计研究》(波洛尼亚,1938年),第78页以后。

多多社会问题。

"纯经济学"的特征在潘塔莱奥尼的《纯经济学的原理》(1889年)中很容易看得出,这一著作后来成为整个一代意大利经济学家的指南,并代表涉及新的边际主义信息的整个经济文化的"良心的检查"。现在,关于潘塔莱奥尼的《原理》的边际主义的起源和性质,已经有了一致的意见。他想要建立一种"纯"经济学的愿望(这种纯经济学要用定理来表达,并以各自的发现人的名字命名),他争取得出一个正确的对所谓享乐主义前提的定义,以及他对效用论、价值论和交换论的精细分析,都是有名的。

然而,在这种研究的范围内,有两个十分有趣的特点应该着重指出:(1)潘塔莱奥尼的边际主义沿着戈森—詹宁斯—杰文斯这条线发展,(2)这同一边际主义——至少在他的《原理》中——严厉批评奥地利学派,至少是批评门格尔和庞巴维克,前者被列为"抄袭者",后者被列为"骗子"。①

七

和马费奥·潘塔莱奥尼同时,其他的意大利经济学家在19世纪80年代中也正在向边际主义前进。在那些对本文最有关系的

---

① 潘塔莱奥尼致瓦尔拉函,1889年8月12日。参阅雅费的《通信集》,第2卷,第906页。关于潘塔莱奥尼方面的"边际主义"的特征,参阅同上书,第2卷,第907页;豪伊,第259页;以及E.考德的《边际效用论的历史》(普林斯顿,1965年),第81页。必须说,关于冯·维塞尔,潘塔莱奥尼在他的《原理》一书中只有相当积极的意见。这是值得注意的一点。

领域里，显然意大利经济学家们选择了两条最有意义的发展路线：创立一门"财政科学"和价值论。

在19世纪80年代这十年中，关于国家的经济行为的各项问题的考虑导致人们创立了所谓"财政学"。在这十年中"财政学"开始有了一种独立学科的特征，致力于确定它的特殊的研究目的。走这条路的著作家们应该用经济学说的中心原理来说明国家的财政行动，特别是要用新的价值论来做这项工作。在这方面意大利经济学家起了具有十分重要意义的作用。[①]

潘塔莱奥尼是边际主义在意大利所以被人接受的真正枢石，他本人就是作为研究财政问题的学者开始的。"财政学"是边际主义进入意大利的门户；这是一种暂时的结论，但它是否也适用于其他国家，却是一个有趣味的问题。

有一种解释，在同样的这些意大利经济学的著作中可以看出它的影响。根据对货物的效用的主观评价的那种价值论，曾促使人们对需要的性质以及怎样满足这些需要进行许多深入的调查研究。尽管这些需要中有些要求国家的干预，这对于一种关于国家本身的经济行为的研究只能是短暂的一步，按照所提出的说明个人怎样支配一定数量的货物的计划，使效用达到最大限度。因此国家的行为涉及一个双重问题：从费用方面来说，问题是要把财政收入支配得能使每个公民在财政捐税的边际负效用和国家所"产生"的公共服务的边际效用之间达到平衡的地步；从这些公共服务的生产方面来说，问题是，第一，怎样在公共领域所经营的国家资

---

① 布坎南的"财政学：……"一文，以及马斯格雷夫和皮科克的《名著》一书的《导言》。

源和私人领域所经营的国家资源之间适当地支配,以及第二,怎样支配公共领域所经营的国家资源,使得这些资源在所有可能的用途中边际效用相等。

当 E. 萨克斯 1887 年发表他的名著时,①他发现在意大利有一种立即接受它的精神的气氛,并能领会它的边际主义内容。② G. 里卡·萨莱诺希望"财政学"基本上是经济学的并批评一切会把国家征税活动看作能够解决"社会政治"问题的概念,这种态度打开了传播萨克斯著作的道路。③ 在边际主义在意大利传播的历史上,这位著作家有一种局限性的但又与众不同的地位。他的作用确实不如潘塔莱奥尼那样重要,但是完全独立的。这样说,我的意思是里卡·萨莱诺沿着他的那条路前进,循着他自己的轨道达到和萨克斯的"汇合点"。他似乎没有直接受到杰文斯、门格尔或者瓦尔拉的影响,更确切地说,看上去他是结合着"财政学",通过一项完全出于内心再思考的著作,完成了自己的发展。

两种不同的思考路线因此在 1887 年至 1889 年这段时期中正在总结它们的累积的影响,结果在意大利出现了一种边际主义的剧变。然而,在意大利那奇妙的"财政学"年是 1888 年,那时候里卡·萨莱诺在一本《手册》里概述了这一门学科的科学地位,这《手

---

① E. 萨克斯:《理论国民经济学的基础》(维也纳,1887 年)。

② 我不知道萨克斯的著作是在 1887 年哪一个月发表的,并且我无法肯定那个时期中《经济学家杂志》出版的延迟。但是,必须说明,G. 里卡·萨莱诺在一篇以"财政学中新的学说体系"为题的文章里,有几处提到这一著作,其中有些是相当有理解力的;这篇文章载《经济学家杂志》,1887 年,第 4 期,第 376—402 页。

③ G. 里卡·萨莱诺的《新的学说》以及"累进的税收符合某些晚近的德国学说"一文,载《经济学家杂志》(帕多瓦),第 5 年,第 7 卷,第 3 期(1878 年 6 月),第 284 页。

册》和潘塔莱奥尼的《原理》发表在同一选集中,在这个选集里德维蒂·德·马尔科由于一篇著作而出名,这一著作现在已成名著。①里卡·萨莱诺的工作是一种介绍"对财政的科学研究的最有意义的结果"的工作(像作者自己说的那样);相反地,德维蒂明确表现出了创造性。它的效力是双重的,用方法论深化"财政学"的理论特征,和说明"国家"的某些逻辑上的问题。

特别是,德维蒂,由于把国家作为"一个大工业",其目的是通过一种特殊的生产性活动来满足社会的需要,他肯定地说,国家正像个人一样,也受"最低限度的资料"这一原则的支配。价值论,在他看来,就是边际主义理论,构成他的全部研究的背景,但始终没有公开露面,因为被作者为一种现代"财政学"奠定基础而努力的气氛所掩盖。

这一内涵的种子,由于里卡·萨莱诺和德维蒂·德·马尔科而起,②不久以后就发芽,首先在 A. 佐利和 A. 格拉齐亚尼的著作中,后来于 1890 年在两本纯理论的书里,一本是 A. 科尼利亚尼写的,③另一本是 U. 马佐拉写的。④ 从边际主义的观点来看,科尼利

---

① G. 里卡·萨莱诺的《财政学》(佛罗伦萨,1888 年)。这篇作品发表在出版人 G. 巴尔贝拉的《手册》的选集里;以及德维蒂·德·马尔科的《财政经济学的理论性质》(罗马,1888 年)。

② A. 佐利的《有关晚近经济理论的赋税学》(波洛尼亚,1889 年)和 A. 格拉齐亚尼的"关于进口税的性质与经济效果的若干问题"一文,载《锡耶纳研究》,1889 年,第 209—283 页。佐利的著作具有当时流行的方法论的背景,而格拉齐亚尼的著作有不少地方使用边际主义规划的例子,讲得颇有斟酌,意见也很中肯。

③ C. A. 科尼利亚尼:《关于赋税经济效果的总论:论证纯经济理论》(米兰,1890 年)。

④ U. 马佐拉:《公共财政科学资料》(罗马,1890 年)。

亚尼的书是一件珍宝。作者从"个人自己的地位的主观评价"出发,调查研究"征税方面的变动在个人的和社会的经济生活中所产生的影响"。在这个基础上,他在一种始终不变的、明显的边际主义纲领的范围以内仔细检查上面提到的这些影响。同样的纲领也显示在马佐拉的著作里,它比科尼利亚尼的著作有名得多。① 于是,在不多几年中,边际主义在意大利已经明确地表现了自己,达到了可以对当时仍然被认为第一流的"财政学"作出创造性的贡献。

八

另一方面,关于价值论的辩论正在许多困难中间进展着。在这里费拉拉的遗产非常累赘。特别是,他的再生产成本论可以作各种不同的解释。原意是用它作为对李嘉图的劳动价值论的一种批判性的答复,在劳动价值论里费拉拉看不到任何主观的成分。通过他的再生产成本论,他打算创出一种价值论,既考虑到成本因素也考虑到货物的效用因素。这样,一项货物的价值就会是货物本身的主人认为是它所产生的效用和他认为要再生产就必须付出的费用。实际上,这个理论强调了货物的效用这一事实,像人们近来已经认识到的那样。② 但是,当时从事于经济学著述的为数很

---

① 这本书的第 9 章最近由 E. 亨德森译成英文,并编入马斯格雷夫和皮科克的《名著》,第 37—47 页。

② J. M. 布坎南的"财政学"一文,第 27 页以次,以及,特别是,F. 卡费的《政治经济学:分析的制度与方法》(都灵,1966 年),第 1 卷,第 60 页以次。

少的几个费拉拉的信徒还不理解。

然而,有几次人们孤立地试图①阐述价值的理论,并摆脱价值—成本和价值—再生产成本之间的对立——那时候对立已过时——必须认为这差不多是边际主义被引进意大利的第二阶段以前的一种过渡时刻(第一阶段的特征在于埃雷拉努力使瓦尔拉受到重视)。这"第二阶段"包括从 1886 到 1890 这几年。它从 G. B. 安东内利的现在很出名的《研究报告》开始,②而以潘塔莱奥尼的《原理》结束。关于安东内利的著作的许多含义以及它们在数理经济学中的重要性,似乎今天来自许多国家的经济学者中有广泛的一致意见。特别是,有人曾强调指出,安东内利的贡献是作为在经济文献中首先使用行列式的作者之一,并且最早处理效用论中所谓完整性的问题。然而,在边际主义在意大利的历史上,安东内利的著作大概不像人们想象的那么重要。我这样说,完全不是要否定安东内利对改进瞬间交换论的贡献,或者否定他对数理经济学的发展的贡献。但是,考虑到我们调查研究的目的,必须记住安东内利的著作(1)是对边际主义文献的仅仅一部分的一种个人的重新考虑,就是显然数理的一部分(杰文斯、瓦尔拉和劳恩哈

---

① 参阅,例如,A. 德约翰尼斯的"价值的心理的和经济的分析:研究"一文,摘自《威尼斯学术研究会》(威尼斯,1883 年);以及 A. 奇科内的《使用价值和交换价值:需要考虑的问题》(那不勒斯,1884 年)。

② G. B. 安东内利的《论政治经济学的数学理论》(比萨,1886 年),转载于《经济学家杂志》,1951 年,第 235—263 页;以及 W. J. 鲍莫尔和 S. M. 戈德费尔德的《数理经济学方面的先驱者:选集》(伦敦,1968 年),第 33—39 页。关于安东内利,参阅 G. 德马里亚的"G. B. 安东内利,无知的数理经济学家"一文,载《经济学家杂志》,1951 年,第 223—231 页;以及 G. 里奇的"评 1886 年 G. B. 安东内利的研究报告,〈论政治经济学的数学理论〉"一文,载《经济学家杂志》1951 年,第 264—297 页和第 344—385 页。

特),(2)安东尼利的著作局限于只讨论效用学说,以及(3)不突出效用价值论的革命性特点,既不号召人们直接注意它,也不要求人们理解它的历史意义。这是一个极其敏锐的工程师的作品,他把这个问题作为孤立的问题来处理,没有体会到问题所属的那种思想之流。那么,如果这种贡献长期没有人知道,如果它对当代经济文献的影响几乎等于零,也就不足为奇了。

从这个观点来看,影响比较大的是格拉齐亚尼,他在一系列的著作中有助于在意大利传播边际主义的观念(例如,就是通过他,庞巴维克和冯·维塞尔才在意大利闻名),在这些著作对财政问题的含义以及价值论的中心理论意义这两方面[①](实际上后者是当时意大利经济学家正在思考的问题)。有了潘塔莱奥尼的著作,又有格拉齐亚尼的批判性较强的然而内容丰富的著作,似乎效用价值论那时候占着优势。"再生产成本"的支持者到那时候似乎只是微弱的少数,当时也看不出任何坚信不移和朝气蓬勃的劳动价值论的信徒。[②]

然而在1890年边际主义的理论在意大利遭到三位著作家从三种不同的观点强有力的批评。瓦伦蒂在一篇内容丰富的关于价

---

① 除了已经引证过的"关于公众购买力的逐步扩增"和"若干问题"两文以外,让我们回忆格拉齐亚尼的"关于价值规律的一点意见"一文,载《锡耶纳研究》,1888年,第11—13页,以及《意大利价值学说批判史》(米兰,1889年),还有他翻译的萨克斯的"经济科学最终的进展"一文,载《锡耶纳研究》,1888年,第160—192页。这是对各种价值论的尖锐评论,最后的结论有利于边际主义的学说。G.苏皮诺也继续传播关于边际主义者最新贡献的知识,尽管他的态度是折中主义的。参阅"价值论和最低平均的规律"一文,载《经济学家杂志》1889年,第424—449页。

② 一位胆小的拥护李嘉图的人似乎是A.蒙塔纳里,著有《意大利作家中对价值论历史的贡献》(米兰,1889年),第133页。

值论的专题论文中,[1]在广泛的和正确的说明杰文斯、门格尔和庞巴维克的理论以后,指出经济学说的问题不能是躲避在研究消费者的心理行为中的问题:它必须说明"为什么价值的小部分归于那些辛辛苦苦生产这个价值的人,而大部分却用来增加那些已经十分富有,并且在用自己的工作决定价值方面贡献力量较少的人的财富"。这样,他是在建议回到"李嘉图的原则",那始终仍然是价值论的中心,并且只有它能回答人们所问的那种问题。

阿莱西奥在一篇非常出色的专题论文中提出的批判性意见,是一种不同的东西。[2] 特别是,他认为边际主义不能解释人作为一个社会成员的一些问题,因为它具有显然是个人主义方法的特点;并且他认为边际主义很难准确地说明"享受"这个概念,以及"愉快减少的法则"不够普遍。

但是边际主义当时在意大利所受到的最激烈的和最严厉的批评来自洛里亚。[3] 这位著作家,由于写过一些介乎感情用事的社会主义和实证主义的进化主义之间的不符合公认标准的作品,在意大利已经出名;他立刻抓住"奥地利学派的根本性质",认为它是"自命使一切经济现象回到效用的原则"。据他的看法,这是一种"有偏见的"研究"经济现象"的方法,因为"效用不过是产品和人之间的一种关系,是人的一种精神上的蒸发作用、一种模糊不清的光

---

[1] G. 瓦伦蒂:《价值论:纲要》(罗马,1890年)。
[2] G. 阿莱西奥:《国内交换价值理论研究》(都灵,1890年)。
[3] A. 洛里亚的"政治经济学上的奥地利学派"一文,载《新文选》杂志,1890年4月1日,转载于《论社会正义(思想、战斗、使徒传统)》,第2版,(米兰,1908年),第164—181页。

轮,笼罩着实质的东西。效用和货物有关,就像影子和身体有关"。因此,奥地利学派会是和"影子"打交道,而不是和身体打交道:它会是以"幽灵"替代"真实的东西",这是"产品分配"的问题。

　　洛里亚在这一方面的谴责只有轻微的强调语气,正如他以往的做派,体现出社会谴责的性质。奥地利学派被指责为分散了经济学家原先放在当代社会问题方面的注意力,使他们局限于讨论抽象的问题。确实,这说明它的成功。洛里亚指出:"英国学派以深邃的分析使一些再分配的现象(例如,不动产收入)受到毫不留情的批判,打开了道路使人们可以对财富分配中最隐蔽的现象进行破坏性的分析。"但是在这些结论面前,古典派曾停下来,几乎被他们自己的分析吓坏了。这是为什么现在没有人胆敢再走这条老路,它会导致"揭露出"调节分配过程的法则。由于改变了理论探讨的目的,"对社会关系的深刻分析的可能性"被排除,对既定的经济制度的任何理论上的威胁都消灭了。

　　洛里亚的分析,虽然仅仅提到"奥地利学派",却有关整个的边际主义范围,并常常使人想起典型的马克思主义的动机。我还不能确定它是否仅仅是和完全是作者的思想的产物;但必须指出,在 1890 年它已经发表一些批判性的主题,这些都将存在很长的时期。

九

　　讲到这里应该清楚了为什么我的研究在 1890 年结束。在这一年,潘塔莱奥尼的《原理》已经在征服意大利,意大利的经济学家已经完全熟悉边际主义的种种观念。科尼利亚尼和马佐拉的著作差不多形成"财政科学"的净化过程的结束时刻，这一过程是在最纯粹的边际主义的标准下进行的。相反地，瓦伦蒂、阿莱西奥和洛里亚的著作是对这种新趋势的最先的批判性的答复。

因此1890年在意大利经济思想的演进中是具有决定性意义的一年。在这一年中帕雷托开始完全致力于经济学，并且当时已由A.德维蒂·德·马尔科、U.马佐拉和M.潘塔莱奥尼编辑的《经济学家杂志》变成了意大利边际主义和最不妥协的自由主义的刊物。边际主义者—自由主义者的队伍（因为这个双重名称出现在意大利，经济学家团结在它的旗帜周围）突然人数增多；这个队伍中包括最有生气的和爱争论的头脑，以最杰出的科学优越性夺得了这个期刊。到1890年，边际主义在意大利的工作已经初步成功；取得最佳结果的基础已经由帕雷托和巴罗内完全打好；费拉拉早先耐心准备的工作终于完成。①

和新运动比较起来，很少听到边际主义者的批评。从那时候起，无论什么边际主义著作在国外出现，立即在意大利引起人们注意（例如，到1891年的时候马歇尔的《原理》在意大利已经很有名）。埃奇沃思和《经济学家杂志》之间富有意义的结合开始于这几年。

我们来总结一下。根据出版情况来说，边际主义进入意大利

---

① 最近F.卡费在《政治经济学》里曾提出，人们应该注意费拉拉作为在意大利的一位边际主义先驱者——因为在意大利他的做法和在他以前这种研究工作所采取的那种先驱者的作风很有一些不同。

特别早。杰文斯的《理论》1875年就已经翻译出来,瓦尔拉的一些论文差不多立刻就译成意大利文。多亏一种有效的广告计划,瓦尔拉通过几篇由他本人巧妙地调度和修改的评论而出了名。但是总的说来,那种新的科学的趋向被人误解,在潘塔莱奥尼未来以前没有力量。这意味着,归根到底,在意大利真正地和有效果地被人接受,是差不多和在其他国家接受的同时。①

杰文斯、瓦尔拉和门格尔三人之中,这位英国经济学家是第一个在意大利闻名并且名气最大,他的影响是最始终如一的。另一方面,门格尔出名晚得多,而且只有在通过萨克斯的发现,门格尔的著作又和庞巴维克及冯·维塞尔的著作放在一起研究的时候,才得到正确的评价。然而,我现在却认为,虽然潘塔莱奥尼从杰文斯的学说中获得一些概念,奥地利学派在1886—1890年这一段时期内却是对意大利经济学家最有影响的。迟至1890年,瓦尔拉在意大利还是几乎没有人知道。除了阿莱西奥著作中的几页以外,只偶然有人提到瓦尔拉的稀少性观念,或者他的交换论。瓦尔拉的一般均衡论在意大利还没有得到适当的评价。这是对一个曾经认为自己在意大利受到最明确的赏识的人的一种古怪的报复。确实,瓦尔拉的情况构成一种惊人的例子——一项新的理论受到一个没有准备好的团体"自然而然的拒绝"。没有准备是理论上的说法,并且不一定是由于明确的文化上的选择,不向边际主义靠拢。

---

① 参阅 F.A.哈耶克的"卡尔·门格尔的《原理》一书在经济思想史上的地位"一文,这篇报告的英文稿本在经济专题讨论会上提出,这次讨论会是卡尔·门格尔的《原理》出版百年纪念的活动(1971年6月17—19日,在维也纳举行),平版本的第13页。

这个主义在任何古典主义或者历史循环论软弱无力的地方都能找到一种能接受它的土壤。在意大利,在上述时期中李嘉图的学说只有很少几个软弱的信徒。历史循环论本身,虽然信徒的人数似乎不少,但仅仅靠一种对费拉拉的反应,未曾做到保持坚决的理论立场;因此它的结局不过是捞到一些零零落落的政治职位而已。

剩下的还有费拉拉的追随者,他们不很被人作为科学家来尊敬,比较不能容忍对他们的宗师的理论观点和政治学说的批评。

这一批经济学家,在理论领域里扎根不深,没有一个公认的享有权威的领袖,并且零零落落地分散在含糊的社会学的或者多种多样的政治地位上;在这一批人中间,潘塔莱奥尼"作为手持熊熊火剑的大天使出现"。他这样的人来得时机正好。到1890年的时候,在意大利,边际主义正适合经济学。

边际主义在日本

松浦保[①]

一

在日本,经济学的历史在很大程度上是引进西方经济学的历史。输入的经济理论,通过经济政策的制订,已经大大地影响了日本的经济,其结果反映在 20 世纪日本取得的经济发展中。西方经济学全面影响了日本的思想世界。绝不是夸大,如果我们说,由于有助于形成社会科学中的基本原则,以及,广义地说,有助于日本对世界的看法,这种影响已经把日本引向现代化或者西方化。至于他们那方面,日本的经济学家已经对输入的(西方)经济学的符合逻辑的阐述和实际应用有了显著的贡献,虽然没有创造出一种本土的经济学。

在这篇论文里,在考虑日本经济学家的工作的同时,我想仔细考查边际主义在日本的性质,特别是它普及的过程和它在现代经济学史上的地位。换句话说,我要说明边际主义在日本怎样影响了经济思想的世界,以及它已经具有什么意义和怎样在实际的经济中发挥作用。

---

① 松浦保,庆应大学经济学教授。

二

日本的工业在中日战争（1894—1895）和俄日战争（1904—1905）胜利结束后得到巨额赔款，扩大了销售产品和购买原料的海外市场，结果取得很大的进展。现代工业这样的快速发展使日本碰到一些不能避免的和困难的问题——经济的和社会的两种问题。首先，由于日本经济当时还不发达，政府必须保护幼稚的工业，使它们能和比较先进的国家的工业竞争。第二，政府面临劳工情况恶化所造成的一些严重的劳工和社会问题。在这些经济的和社会的情况下，在一些最先进的国家已经采取了英国的自由主义政策形式以后政府表现了倾向于赞成德国，德国已经成功地摆脱了自己的不发达状态。

就在那时候，曾在德国留过学的一些东京帝国大学①教授创立了"日本社会政策学会"，仿效"社会政治协会"。② 当时日本的重要经济学家中许多人属于这个学会。他们提出新的理论，通过学会的活动在经济学界取得占优势的力量。他们拥护以德国历史学派的思想体系为根据的社会政策。总之，学会的目的和任务是一方面反对放任主义政策，另一方面对付社会主义，尤其是，采取和促进适合日本国内经济和社会形势的各项政策。这意味着政府必须在工业发展所涉及的范围内解决劳工和社会问题。

---

① 现今的名称是东京大学。
② 日本社会政策学会成立于1896年。

但是有人对社会政策学会的活动提出批评，认为该会实行的政策既不科学也没有理论性，而只是依据一些国家主义的最高命令。我觉得，这种意图的最好的例子是福田德三的一生。他在东京商科大学攻读以后，[①]又到德国深造，由 K. 布赫尔和 L. 勃伦塔诺授以历史学派的经济学。他和勃伦塔诺合作，写出《日本的社会与经济发展》一书。[②]回日本以后，他在东京商科大学讲授经济学，并成为日本社会政策学会的主要成员之一。但是后来他逐渐改变了立场，1905 年在庆应大学讲学时他成为一个对历史学派的激烈的批评者。这时候他讲学的内容主要以剑桥派的马歇尔经济学为依据。他说历史学派的经济学没有什么理论能代替古典的理论，后者曾被前者所破坏；杰文斯和门格尔所建立的边际效用论已经开始了经济学的一个新阶段。

这样，一方面，那些利用这种学会作为他们自己的据点，坚持德国历史学派的思想体系的经济学家，竭力应付当时的局面，做到了破坏以英国古典学派为根据的放任主义改革；但是，另一方面，他们不能提出任何建设性的理论来改进日本的经济学以及它的经济。

但是我们必须也考虑另一种事实：既然那些主要属于社会政策学会的经济学家，从理论的观点来说，不能对社会主义经济学作斗争——特别是斗不过马克思主义经济学，后者那时候正取得牢固的立足点，部分地和劳工阶级的迅速增长有关——人们需要一

---

① 现今改名一桥大学。
② 此书是用德语写的，1900 年出版。1907 年坂西由藏译成日文，书名《日本经济史论》。

种确实能够和社会主义经济学说抗衡的新理论。

在那种形势下,一个工人的联合会于1897年组织起来,1900年又有一个社会主义者协会成立。1901年有人创立了日本社会民主党,但是在成立的那天就被政府取缔了。在这种背景下,劳工运动和社会运动以及社会主义的研究,风行一时。20世纪最初十年中,劳工运动很快地发展壮大,发生了许多次激烈的罢工。

社会政策学会已经无法对付这样猛烈高涨的劳工阶级和社会主义浪潮,它受到了第一次世界大战以后俄国革命成功的激励。[①] 结果,这个学会的成员分为两派:一派包括那些分析当代经济制度的危机并拥护马克思主义经济学的经济学家;另一派则包括那些批评马克思主义然后又研究边际主义经济学的经济学家。

现代经济学说以奥斯卡·兰格在所著"马克思主义经济学和现代经济学说"一文中[②]认为它担任的那种角色在日本出现,也就是作为一种可以用来对付马克思主义经济学的良好的和有用的理论。甚至今天在这个国家里,我们说现代经济学的时候,指的就是那种反对马克思主义的经济学。因此,日本经济学界清清楚楚地分为两个敌对的和竞争的阵地,它们差不多是隔绝的,没有任何理论上的交流。

三

最初引进边际效用论是通过翻译杰文斯的《政治经济学入门》

[①] 这个学会一直存在到1923年,但是它在将近1910年时已不起作用。
[②] 在《经济研究评论》季刊(1935年)上。

(1878年)而实现的,日文译本早在1882—1884年就出版。① 接着马歇尔的《经济学原理》(1879年)于1886年被译出。② 这些早期译本的学术水平很低。1900年,在庆应大学,通过菲利波维克和塞利格曼的著作(这些已被用作经济学教科书),了解了一些关于边际主义的知识;实际上前者部分地依靠庞巴维克的边际效用论,后者依靠J.B.克拉克的边际生产力论。

但是在我看来,真正引进边际主义的(就是,对它作系统的和批判的研究),是福田的《政治经济学讲演集》③,这本书是1907—1909年出版的,是以福田在庆应大学的讲稿和马歇尔的《经济学原理》为根据的书。

有两位出色的经济学家由于受福田的讲演集的激励而研究边际主义:庆应大学的小泉信三和东京商业大学的中山伊知郎。我们首先来看看小泉的著作。他在1911年写了一篇文章《赫尔曼·海因里希·戈森及其学说》④,在这篇文章里他认为戈森是边际革命的先驱者。次年他又写了一篇"主观价值论的历史的一个断面"文章,⑤在文中他对戈森和杰文斯两人的理论作了比较,认为后者的理论和前者的比较起来没有创见。然后他在1913年翻译了杰

---

① 这部书有三种译本;第一种是安田源次郎译的(1882年)。
② 《金融理财学》*,译者高桥是清,此人后来曾任大藏大臣。*书名与正文所列不尽一致,因原文如此,故中译名不求一律。其他几处也有类似情况,不再一一注明。——译者
③ 《经济学讲义》,3卷本。
④ "赫尔曼·海因里希·戈森及其学说",载《三田学会杂志》,第5卷,第1期。它介绍了R.利夫曼的纪念戈森诞生百年的文章。
⑤ "主观价值论的一个断面",载《三田学会杂志》,第6卷,第2期。

文斯的《政治经济学理论》(1871年)。① 我想小泉的目的是追溯边际主义的源流,这一点通过福田关于马歇尔的学说的讲演曾使他感到很有兴趣。

那些想要引进边际主义的经济学家中,我在上面提起的那两个人以外还能看到另一个人名,就是手塚寿郎,他也是东京商科大学福田的学生。和小泉不同,手塚做到了引进,并且使洛桑学派的经济学在日本落户,后来这一派的经济学在日本国内的边际主义领域中达到最主要的地位。但是很有趣,他的第一部著作《戈森研究》(1920年)讲的是小泉研究过的那同一问题。② 我认为,他们从事于研究戈森,是因为当时日本的许多经济学家,由于他们曾受过德国历史学派的影响,对历史的方法仍然有兴趣,而不是对理论的方法。

我们不能忽视小泉的著作的另一方面,就是,他对马克思主义劳动价值论的谬误之处的批评,这是在日本第一次的理论性检查。似乎他是在20世纪20年代中开始这一场有益的关于价值论的论战的。他的第一篇关于这个问题的文章是1923年的《劳动价值论与平均利润率问题:对马克思主义劳动价值论的批评》。③ 我认为,通过研究李嘉图的经济学,他对马克思的批评变得更加深刻和成熟。④ 我的意思是说,在《资本论》开头处扼要提出的"商品"分

---

① 《经济学纯理》。

② 《戈森研究》。

③ "劳动价值说和平均利润率的问题——对马克思的价值学说的一个批评",载《改造》杂志,1923年2月。

④ 我必须指出,尽管小泉对引进边际主义很有贡献,他的著作的主要内容的特点却是他对李嘉图的研究,李嘉图的学说被包括在马歇尔的经济学里;但是,很古怪,他遭到杰文斯的反对,虽然杰文斯曾经是小泉研究的第一个人。

析里,马克思根据等值物交换的原则证实了他的劳动价值论,这种证实和这个原则由于价值与生产价格的脱节而相矛盾;这是生产价格中包括的平均利润率的作用所引起的,这一点在这部著作的第三卷里提到。换句话说,他指出了马克思的所谓实现平均利润率意味着放弃他的劳动价值论。这种批评可能是由于他研究古典学派逻辑上必然的发展而产生的。但是我不认为他的批评是他个人想出来的。在我看来,这可能主要地是依据庞巴维克对马克思的批评。但是我可以说,小泉的批评被认为是在日本通过采用边际主义而对马克思主义经济学的谬误之处的第一次检查。

我体会到,他对马克思的批评不仅在边际主义在日本的发展方面具有历史的价值,而且也代表一种对提高日本马克思主义经济学以及边际主义的学术水平的重大贡献。京都帝国大学[1]的河上肇教授是第一个系统地和用科学方法介绍马克思主义经济学的人。他从马克思主义观点反驳小泉的批评,于是引起20世纪20年代中关于马克思主义劳动价值论的正确性的热烈而有益的论战。许多经济学家参加了争论,他们就每一个问题并从各种观点仔细检查马克思主义经济学。至于马克思主义经济学家,他们提出许多问题,关于正确理解《资本论》开头处所谓"商品"的性质、劳动价值论,以及准确地解释同一书中一般的马克思主义方法论。这些问题后来转移到查核马克思主义经济学所讨论的"地租",这成为分析日本资本主义和经济情况的历史的关键。因此,我们可以看出,由小泉发动的这些争论在提高马克思主义经济学的

---

[1] 现名京都大学。

学术水平方面是很有益的。另一方面,在边际主义那一面——它充满了价值论,特别是充满了马克思主义学说的谬误——有些边际主义经济学家向"没有价值论的经济学"进展,它通过对定量作用的分析来解释经济现象。这种倾向越来越强烈,因为边际主义的经济学家想要合乎逻辑地和分析地理解经济学。

这种论战的基础在20世纪最初10年中已经准备好。实际上,《资本论》在1920年被译成日文。① 我们能看到东京和京都的主要的大学里成立了一些小组,研究和讨论价值论,特别是马克思主义的学说。

因此,我可以断言,福田和小泉在把边际主义引进日本这方面起了很重要的作用。在他们之后,在20世纪20年代,边际主义经济学的理论研究在日本变得内容比较充实了。

四

福田在东京商科大学的另一个出色的学生中山于1922年写了一篇"论数理经济学的两种趋势和它们暂时的综合"的文章,②在文章里他指出,从经济学史的观点来说,有两种倾向在边际主义经济学中发生作用:一种来自库尔诺,他的目标在于通过官能的途径来了解经济现象,另一种来自戈森,他研究心理的因素,从而试图通过因果关系的方法来找到一种实质性的经济价值。中山钦佩

---

① 《资本论》,译者高富素之,虽然仅仅一卷。
② "试论数理经济学中的两种倾向及其综合",载《商学讨究》,第3卷,第2期。

瓦尔拉是一位能够把这两种倾向综合起来的经济学家。于是中山写了另一篇文章——"边际效用论的两种形式:奥地利学派和洛桑学派",[①]在这篇文章里他在以前那篇文章里表达的思想被扩大和充实。通过更深入的研究,他完全相信了洛桑学派的分析方法比奥地利学派的方法高明。后来他在洛桑学派的一般均衡论的基础上发展了自己的学说。1927年他前往德国,在波恩大学研究。他在J. A.熊彼特的研究班学习的时候重申他对一般均衡的信念。返日本后,他于1932年写出他的第一本书《数理经济学的一套方法》,[②]接着于1933年又写出一本《纯经济学》。[③] 在这里应该提一下,在同一年中手塚发表了瓦尔拉的《纯政治经济学纲要》(1874年)前半部的日文译本。[④] 中山的这些书紧紧地追随熊彼特的理论体系。例如,《纯经济学》中的理论部分有很多地方借鉴于熊彼特的《理论经济学的本质与主要内容》(1908年),并且我遗憾地指出这本书里关于经济发展的那部分远远不如熊彼特。[⑤] 他的《数理经济学的一套方法》可以在这种意义上来正确评价,就是,他肯定了对一般均衡这种纯理论的分析方法的重要意义,认为它对经济学是十分重要的。再则,他说这种理论体系应该由实证的和统

[①] "边际效用论的两种形式:奥地利学派和洛桑学派",载《商学讨究》,第6卷,第1期(1926年)。
[②] "数理经济学方法论",作为改造社的经济学丛书,《经济学全集》的第5卷,载《经济学的基础理论》。
[③] 《纯经济学》。
[④] 《纯经济学纲要》,第1卷。
[⑤] 参阅安井琢磨的"中山教授的经济学体系——关于纯经济学"一文,载《经济学论集》,第4卷,第5期。

计的研究予以支持。根据后一种观点,他在1935年写了一篇《论测量边际效用的统计方法》的文章,[①]遵循弗里希的《测量边际效用的新方法》(1932年),向计量经济学迈进了一步。

中山《纯经济学》一书非常受人欢迎,以致我可以说,通过这本书洛桑学派的分析方法的优势在边际主义经济学领域里固定下来了。再说,在使这个学派受人欢迎方面,我们不能忽视早川三代治的关于帕雷托经济学的一些著作。

高田保马是另一位和中山同时代的重要经济学家。在京都大学他研究社会学,20年代中他是和小泉在一起的反马克思主义者之一。他的主要兴趣在分配论,特别是在利息论方面。似乎他最初的关于边际主义经济学的研究是克拉克的分配论。在那以后,他遵循熊彼特和奥本海默两人的学说,研究奥地利学派的归因论,最后达到了洛桑学派的一般均衡论,相信这是经济学说中最正确的理论。他于1932年写了《关于经济学的新研究》五卷,[②]在书中他引用了帕雷托的经济学的优先论作为最正确的价格学说,受到很高的评价。我必须指出,尽管有这些事实,高田在生产要素的价格决定方面还是坚持势力论。但是我认为他根本上和实质上是一位洛桑学派的经济学家。

这样,介绍边际主义的那些著作到大约1932—1933年的时候已经完成,奠定了它的牢固的地位,作为经济学领域里一种重要的分析方法。我们也能在日本的边际主义的主流中看到洛桑学派的

[①] "关于边际效用的统计学上的测定",载《日本统计学会年报》,第3期。
[②] 《经济学新论》,5卷本,第2卷《价值的理论》尤其重要。

经济学。

在这个学派以外,还有其他学派的一些理论在这十年中被介绍进来。马歇尔的《经济学原理》在1925—1926年间被全部译出,[1]就奥地利的经济学来说,门格尔、庞巴维克和冯·维塞尔的学说被引进了;但是对这个学派的介绍工作做得不如对洛桑学派的介绍工作那样有系统。只有为了特殊的问题才介绍奥地利人的学说,例如,奥地利的关于利息的经济学。

五

边际主义一经在日本确立了它的地位,经济学家的任务就变为对它精炼。安井琢磨是这种经济学家的主要代表。他有意于消除一般均衡论的内在的和逻辑上的缺点,这个理论在日本的边际主义方面已经占有了最主要的地位。

安井是作为瓦尔拉的忠实信徒开始研究经济学的。他写了两篇文章:"纯经济学和价格论:集中研究瓦尔拉"(1933年),[2]以及"归属论和边际生产力论:纯经济学的两个问题"(1934年)。[3] 在这些文章里,他阐述了他的基本意见,认为关于生产的理论在瓦尔拉的一般均衡的经济系统中非常重要,因此纯经济学的进展取决

---

[1] 《经济学原理》,大塚金之助译。

[2] "纯经济学和价值理论——以莱昂·瓦尔拉为中心",载《经济学论集》,第3卷,第9期。

[3] "归属论和边际生产力论:纯经济学的两个问题",载《经济学论集》,第4卷,第4期。

于这一理论的发展。他详细研究一般均衡生产论的理论结构,澄清了所谓这个理论体系是由边际效用论和边际生产力论两者构成的这一点。其次,他断定即使前者可以作为构成生产性服务的需求函数的原则,却不可能作为构成生产性服务的供给函数的原则;并且他又说,像瓦尔拉那样用边际生产力论作为测定可变的生产系数的一种理论,人们一定会发现必须改正生产的方程式,因为它们必须和一般均衡系统的其他方程式联系在一起。1936年他又写了一篇文章——"时间要素和资本利息:瓦尔拉的'自然利率'概念",①文中指出瓦尔拉学说的一个缺点在资本化和信用的理论中可以看出,并且,接受威克塞尔的所谓瓦尔拉不考虑时间要素对资本利息的正确意义的批评,他试图把威克塞尔的理论和瓦尔拉的体系结合起来。于是他着手利用当代在利息论方面的贡献,想要创立一种动态的学说。② 1938年,安井写了"货币和经济均衡:关于瓦尔拉的货币论的研究",③同一年中又写了"对流通与货币方程的一个注解"。④ 在这些论文中,他探讨了瓦尔拉的流通与货币的理论的要旨,这方面的理论,尽管瓦尔拉晚年一心一意地努力作了最后的贡献,还是被忽略了。这就是说,瓦尔拉一方面能把货币

---

① "时间要素和资本利息——瓦尔拉理论中的'自然利率'概念"一文,载《经济学论集》,第6卷,第9期。

② 与安井同时,木村健康写了"生产、资本与资本利息"一文,载《经济学论集》,第6卷,第4期(1936年),在这篇文章里他表示了安井所陈述的同样的意见,就是,通过奥地利学派的利息论,洛桑学派的经济学可以扩大和加强。

③ "货币和经济均衡:关于瓦尔拉的货币论的研究",载《经济学论集》,第8卷,第4期。

④ "对流通与货币方程的一个注解",载《经济学论集》,第8卷,第9期。

和有关的价格的理论结合起来,通过边际效用论寻求货币的价值,另一方面又能把货币功能和资本化及信用的理论接合在一起。同时,高田也仔细研究了瓦尔拉学说的这一部分。但是我们找不到其他关于这个问题的文章,除了上面提到的两位经济学家的作品。然而,最近,唐·帕廷金在所著《货币、利息与价格》(1956年)一书中已经作了比较详细的论述。

1939年希克斯写出《价值与资本》一书,这为近代经济学史开辟了一个新纪元。作者打算用这本书把奥地利的利息论和20世纪30年代所有的其他主要学说都吸收到瓦尔拉的理论体系,引导当代经济学走向动态的经济学。我认为安井研究的意图和希克斯的一样。在1940年的《均衡分析和过程分析:对瓦尔拉的探索的研究》一书中,①安井仔细研究市场均衡的稳定性,考虑到瓦尔拉式的尝试的理论。这种企图完全与希克斯和萨缪尔森的著作无关。从那时候起,他的很多精力不仅用于彻底研究希克斯的理论体系并和它对抗,而且也从事于发展动态稳定性的理论——1941年由萨缪尔森创立的,②这铺平了走向与凯恩斯的学说有关联的宏观动力学。我遗憾地说,因为对通讯的语言障碍以及战争,安井的著作不能被介绍给日本以外的经济学家。但是人们只须注意某些经济学家的学术活动,就能看出他的著作受到多么高的评价,例

---

① "均衡分析和过程分析:对瓦尔拉的探索的研究",第1—4部分,载《经济学论集》,第10卷,第1—3和第6期。

② 保罗·A.萨缪尔森的"均衡的稳定性:比较的静力学和动力学"一文,载《计量经济学》双月刊,第9卷,第2期(1941年4月)。

如森岛和宇泽；因为这些经济学家在年青时代就受了影响,现在仍然受着安井的学术研究的影响。

就动态稳定性的理论而言,我应该提到曾野的著作,他1944年写了"市场均衡的稳定条件"一文,①在这篇文章里他创造了最初的理论,遵循萨缪尔森的说法。

在这里我要提到日本国内某些有关A.沃尔德1935年建议并创立的均衡解法是否存在的问题。首先,让我们看一下柴田计,他于1930年写了"卡塞尔先生所解释的'价格形成的机制'的研究",②在这篇文章里他批评了卡塞尔的学说体系。我想他是先看到了冯·施塔克尔贝格在"关于古斯塔夫·卡塞尔的价格学说的两种批判性评论"一文中同样的批评。③ 这是卡塞尔的关于生产要素的供求方程组的关键所在,如果它有 n 个未知数和 m 个方程式,假设 n＜m,这样的组就成为超定的,并且,只要过剩的方程式是独立的,这个平衡的方程组就仍然不符合要求。这个批评被人们体会为沃尔德利用尼塞尔的批评为证明平衡解法的存在铺平了道路,④和那种计算方程式和未知数的简单的解法完全不同;就是,解答必须具有经济的意义,也就是,必须是一个"非负数"。

其次,让我说一下,1954年阿罗和德布鲁清楚地和正确地证

---

① "市场均衡的稳定条件",载《经济论丛》,第58卷,第1期和第2期。
② "卡塞尔氏的'价格形成的机制'的研究",载《经济论丛》,第30卷,第6期。
③ 载《国民经济学杂志》,第4卷(1933年)。
④ 汉斯·尼塞尔的"市场均衡中的工资高低与就业率"一文,载《世界经济文献》季刊,1932年10月。

明了这个问题,利用了角谷固定点原理,这是他对布劳威尔的原理的概括和比较适用的公式化。他 1941 年从数理的观点写了一篇关于这个原理的文章:"布劳威尔的定点原理的概括",[1]因为他是数学家。我知道,1935—1936 年,冯·诺伊曼作为数理经济学家创造出这一原理的原型,他在"论经济学的联立方程式与定点律的概括"一文中作了说明。[2] 不管怎样,我们能理解日本人的这些努力是为了提高一般均衡的经济学说的逻辑方面的水平。

六

我们现在来仔细考查那些从各种经济理论的观点有条理地和激烈地批评洛桑学派的经济学家。很有趣味的是,他们之中有许多人都倾向于批评一般均衡论不切实际,并且在过于自信的马克思主义的思想基础上利用边际主义作为一种有用的分析工具,就是,对资本主义的批评。

确实,那时候洛桑学派的经济学并不垄断日本的经济学界。特别是,在边际主义被引进的时期中,剑桥派的经济学很少有些人研究和讨论。从那时候起,许多经济学家研究它,但是我们发现很少有系统地研究这种经济学的人可以比得上洛桑学派的中山和安井。并且,关于奥地利学派和斯堪的纳维亚学派的经济学,我也可

---

[1] 载《杜克数学杂志》,第 8 卷,第 3 期。
[2] 载《数学讨论会的成果》,第 8 期。

以这样说。①

让我们现在来考虑杉本荣一的著作。1933年他写了一篇"静态经济学的衰落",②在这篇文章里他断言洛桑学派的那种静态的一般均衡论不能分析实际的经济问题。接着,1934年他在一篇以"纯经济学的发展:中山的近作《纯经济学》读后感"为题的文章中,③总括地批评中山的《纯经济学》一书。同一年中他在"均衡决定价格的过程"一文中④认为,在探索这个过程中,那种剑桥蛛网式定理是正确的,而洛桑学派的分析性的相互依存的观点必须抛弃。在另一篇"有关一般均衡论的几个问题:关于帕雷托对马歇尔

---

① 作为举例,我想比较好的办法是只提到青山秀雄的著作。他研究了剑桥和斯堪的纳维亚两个学派的关于经济波动的一些理论,写了许多谈这个问题的文章。没有疑问,特别是他的关于威克塞尔的研究工作是为理解凯恩斯的和凯恩斯以后的各种理论作准备,由于有了威克塞尔的和20世纪30年代中其他经济学家的著作的译本。顺便,我愿意提到,青山的《垄断的经济理论》(1937年)一书是张伯伦和琼·罗宾逊所讨论的那种垄断性竞争的理论的绪论。我们来提一下那时候洛桑学派以外其他学派的经济学家们的主要译本。

(1)马歇尔的《工业与贸易》(1919年;第4版,1923年),译本《产业贸易论》,佐贯贵臣译,1928年。

(2)门格尔的《国民经济学原理》(1871年;第2版,1923年),译本《国民经济学原理》,安井琢磨译,1937年。

(3)冯·维塞尔的《自然价值》(1889年)于1937年被译为《自然价值论》,译者大山千代夫。

(4)庞巴维克的"马克思主义体系的终结"一文,由武原八郎译为《马克思学说体系的终结》。

(5)庞巴维克的"经济货物理论的基础"一文,载《国民经济学和统计学杂志》,新版,第13卷(1886年),由森吉猪于1932年译为《经济货物价值的基础理论》。

② "静态经济学的衰落",载《中央公论》,1933年10月。

③ "纯经济学的发展——读中山副教授的近作《纯经济学》",载《一桥新闻》,第183期。

④ "均衡价格的形成过程",载《经济学研究》,第3期。

的批评"中,①他说帕雷托的批评认为马歇尔的学说不是动态的,这是一种错误,并且他为马歇尔的"弹性"概念辩护,认为这是对实际经济问题的一种有用的分析的工具。1939年杉本写了"经济的发展过程和弹性"一文,②在文中,作为一种有用的指标,他设法使用各项经济数量中部分的弹性系数,进行经济结构的分析,因为他认为这不是同类的而是异类的,并且只有用弹性的方法对这种分析有效。1940年出版的《马歇尔经济学选集》③主要就是由这些文章组成的,选集广泛地选入了他的关于一般均衡经济学的批评性文章,根据他的部分均衡的观点,以及他对剑桥学派的研究,并包括马歇尔的《对外贸易与国内价值的纯理论》(1879年)的译本。

应该提到杉本的研究的另一个方面。他试图把边际主义和马克思主义这两种经济学体系结合在一起,他的研究工作所根据的理论是:为了批评资本主义的发展,人们应该研究马克思主义经济学,把边际主义的经济理论看作是一种有用的工具。④ 在日本这种观念在有些经济学家中仍然很浓。

我要提到另一位和杉本属于同一类型的经济学家,岸本诚二郎。此人也是基本上代表马克思主义思想的,但是他要在这个基础上创立一种经济学体系,作为理论能够胜过洛桑学派的经济学。似乎是,他是通过从马克思主义思想的观点批评熊彼特的经济学

---

① "对一般均衡理论的若干疑问——关于帕雷托对马歇尔的批评",载《经济学研究》,第6期。
② "经济的发展过程和弹性",载《纪念坂西山藏博士六十寿辰论文集》(庆祝坂西由藏博士六十寿辰),1939年4月。
③ 《马歇尔经济学选集》。
④ 参阅杉本的《现代经济学史》(1953年)。

而开始经济学研究的。但是他分析地批判熊彼特的动态经济和静态经济的两重性,因为它不真实。1929年他写了"熊彼特"一文,[①]然后在1933年他出版了所著《分配的理论》一书,[②]在这本书里他以对熊彼特作理论上和方法上的批评为目标,研究了奥地利学派的一些关于分配的理论,主要是庞巴维克和冯·维塞尔两人的关于利息的理论,并强调了它们在经济学发展中的意义,虽然完全不顾洛桑学派的边际生产力论。

在1940年出版的《价格论》[③]中,他讨论边际效用论和垄断主义的价格论以及剑桥学派的现金平衡论,但避免采用一般均衡的价格论。我认为岸本和杉本一样,因为洛桑学派的方法论不切实际而予以驳斥,并打算创立一种切合实际的经济学体系,能够批评资本主义经济。

七

作为结论,我想评价边际主义被引进日本的过程。似乎边际主义的推广,一般地是由于一个经济组织有那种怎样用一种通过强加的和雄厚的资本积累而取得的比较高的生产力水平来调节需求的问题。在边际主义以前,经济学家的目标是通过迅速的资本积累而取得经济发展,这种积累来自一种有利于资本家的分配,像李嘉图指出的那样;但是在有了庞大的资本积累以后,经济学家意

[①] "熊彼特"一文,载《在新兴科学的旗帜下》,第2卷,第5期。
[②] 《分配的理论》。
[③] 《价格的理论》。

识到在经济问题中需求比供给突出。他们认识到主观价值论是正确的；于是他们研究了在一个经济体系中调节供求的价格作用,这是边际主义的实质。

但是,没有什么证据可以说,日本经济学家放弃经济增长的目的并希望通过价格作用取得最佳物资分配的效果,而努力于引进边际主义的经济学。实际上,日本国内的经济学家,自从国家现代化以来一直以经济增长为主要的研究对象。因此,我们应该考虑在这个国家引进边际主义方面的第二个因素;就是,既然在日本国内边际主义以前那一段时期内盛行的德国历史学派的经济学因为不科学和没有理论性而受到批评,一些经济学家就着手引进另一种理论来替代它。首先,任何新引进的理论必须确实抵挡得住马克思主义经济学。于是边际主义的经济学被引进了日本。

事实上,边际主义和马克思主义的矛盾仍然继续下去,虽然不是理论的而是意识形态方面的。这不仅是由于实际的经济和社会条件,例如,"二战"前在俄国革命中社会主义者的胜利、"二战"后中国共产主义的发展,以及那些不断的和反复出现的严重不景气,都支持了马克思主义经济学的继续存在,而且也由于边际主义在引进时期中最初的任务,就是,它必须对付马克思主义。在这些情况下,在日本经济学家中我们可以看到他们致力于把这两个不同的学说体系结合起来。

我提到过边际主义在逻辑方面的发展在日本曾取得特殊的成功。我觉得一种科学的体系在发展中总可以自由地追求逻辑的完美。边际主义在日本的发展也不例外。这和引进边际主义的动机没有关系,也和实际的经济问题无关。这一事实可以从安井这种经济学家的努力中得到证明。

随着边际主义进入一个较深研究的阶段,经济学能够取得重大的进展,从最初的引进阶段逐步经历了吸收同化、精通掌握和改进理论,以及实际应用于经济政策等各个阶段。应该注意到,深入和充分理解边际主义,不管这种学术活动的目的是提高洛桑学派的经济学或者比较深入地钻研其他学派的理论,都有助于研究和理解凯恩斯主义革命后的宏观动态理论,并使人们可能正确地把它应用在经济政策上。因而,在战后的日本,一种"高增长"政策的理论的和技术的方面都能有所成就。假如不是由于通过边际主义的理论发展而取得的经验和作好的充分准备,我怀疑日本是不是能适应现在的局面。我可以说,尽管也许是一种间接的影响,边际主义在日本的发展具有深刻的经济意义。

尽管经济学的理论方面有这样的发展,我遗憾地说日本的经济学家没有创立一种新颖的、有独到见解的理论。我认为这和日本的社会科学史与知识史的关系问题有关。一般说来,在西方我们能在同一时期的文化科学和社会科学的背景中看到一些共同的知识起源。换句话说,当代的思想概念,包括科学的思想概念在内,是从同一知识主干生出来的。首先,我可以说,快速的引进使得经济学和日本传统的知识史一直分开。其次,各个引进者的个人意见和理解,由于在西方经济学方面没有共同的知识背景,也使得在日本不可能形成文化科学和社会科学的一种共同的基础。

结果,日本经济学发展的这一特点,带来了仅仅技术和逻辑这两方面的改进。在日本这样的改进比其他方面的改进容易,因为可以在原有结构的范围以内做到,不必考虑根本思想。但是这种改进工作限制了一种体系本身的革新和创造。

　　如果每一个科学家的关键的、创造性的和思想意识的契机和当代理智的基础没有关系,也不集中在这个基础上,用来创立新的科学体系的力量就会变弱,并很快就消失。换句话说,和西方不同,因为日本各个科学领域中的批评不是以共同的知识主干为基础,它不能有助于集中和激励知识分子努力创造新的学术体系。这是知识界注定的命运,它的特点在于引进一些来自一种不同的知识源流的学说。这也是日本经济学界的情况。

边际主义走向新世界

克劳弗德·D. W. 古德温[①]

有些思想革命转移得好,有些不好。像酒一样,有些酒能够风行一时,但并不一定反映它本身的质量。这篇论文提供几种关于边际革命从欧洲老家走向新世界的推测。[②]"边际革命"这个名词的意思特别是指英国、奥地利和法国"边际主义"著作家的工作的两项特点:第一,重新强调个人的效用功能在价格论中的地位;第二,使用精确的增值分析来进行对人类行为和市场的研究。

下面第一节对边际主义在美国、加拿大和澳大利亚这些用英语的"新国家"中的传布提供一些众所周知的特征。有关角色以及他们各自的贡献不一一列出;这已经由别人做了。主要目的是了解这些事件中某些形式和范例。[③] 第二节说明经济思想方面其他

[①] 克劳弗德·D. W. 古德温(Craufurd D. W. Goodwin),杜克大学经济学教授。

[②] 边际的概念在欧洲本身范围以内的传播,曾由 T. W. 哈奇森教授在"1870—1914 年经济思想中的偏狭性和世界性"一文中加以讨论,并经其他的人在美国经济协会的 1954 年会议上提出讨论过,标题为"经济思想的国际交流",载《美国经济评论报》第 45 期(1955 年 5 月),第 1—39 页。

[③] 关于旧世界和新世界中边际革命过程的说明,请参阅 R. S. 豪伊的《边际效用学派的兴起,1870—1889 年》(劳伦斯,堪萨斯州,1960 年);约瑟夫·多尔夫曼的《美国文明中的经济思想》,第 3 卷(纽约,1959 年);埃米尔·考德的《边际效用论的历

重大革命的外流的一些特征,以便通过比较,看看是否能提出某种概括性的假设来解释所研究的特殊事件。

一

在讨论边际主义从旧世界转移到新世界方面最重要的东西以前,粗略地看一下输出和输入那些思想的社会环境的几个有关系的方面,以及促进这些思想流动的作用过程,是有帮助的。注意一下随着时间的推移这些现象中发生的变化,也是重要的。

关于起源的社会环境,值得注意的是,至少这个革命的最初10年(19世纪70年代)以及在较小的程度上第二个十年中(19世纪80年代),欧洲的革命者仍然处于他们的学科的体面的机构或者主要核心的外面。杰文斯、瓦尔拉和门格尔三人,在不同程度上,都受到说英语、说法语和说德语的知识界中最有声望的人物的反对和轻视。这时候构成新世界的那些文化殖民地很快就辨别出宗主国舆论的这种气候。然而,到19世纪90年代,这种情况已经显著地有了变化,由于几种原因:有影响的写作家和发言人,诸如

史》(普林斯顿,1965年);以及 T. W. 哈奇森的《经济学说评论,1870—1922年》(牛津,1953年)。我本人的关于这个时期内英语世界中经济思想的研究如下:《加拿大的经济思想》(达勒姆,北卡罗来纳州,1961年);《澳大利亚的经济研究》(达勒姆,北卡罗来纳州,1966年);"英属西非的经济分析与发展"一文,载《经济发展与文化动态》季刊第15期(1967年7月),第438—451页;"牙买加发展中的经济思想"一文,见《思想的转移》,C. D. W. 古德温和小 I. B. 霍利编辑(达勒姆,北卡罗来纳州,1968年),第138—169页;以及"英联邦中经济思想的转变"一文,见《经济制度与国家政策:纪念卡尔文·布赖斯·胡佛论文集》,R. S. 斯密斯和 F. T. 德·维弗编辑(达勒姆,北卡罗来纳州,1966年),第252—274页。

马歇尔和维塞尔已经被吸引到边际主义旗帜之下；可以公认的思想"流派"已经开始出现，拥护者可以感觉到有所依归；清清楚楚的一个"正统派"学说体系在大师们的著作里已经具体化；已经有了一种适合于广泛传布的形式可以用来提出新思想的教科书。杰文斯在19世纪70年代中期和马歇尔在19世纪90年代中期在专业上层集团里享有和以前根本不同的地位，这标志着边际主义地位的提高。

边际思想流入的那些新国家的社会环境，在革命的几十年中也显著地演变了。19世纪70年代初期，政治经济学这个学科已经差不多半个世纪没有明显的变化。这门科学被作为"伦理学"的一个比较次要的部分看待，内容包括某些不可改变的原理或者法则，一个头脑简单的外行人在最低限度的学习研究后不难掌握。作为一门学问，人们认为它特别适合怪癖的哲学家、教士和法学家。在学院和大学校中很少由专家讲授，往往是由随便什么似乎没有其他工作可做的人滥竽充数；除了法学家和哲学家以外，这门课程由历史学家、语言学家、数学家、各种类型的科学家，甚至学院院长任教。政治经济学方面的阅读材料主要地选自英国的古典名著（包括 J. B. 萨伊的著作在内），以及少数衍生性和解释性的国内课本，例如美国阿瑟·佩里和阿马萨·沃克编著的那些书。多数作品的一般论调是乐观主义的和忠告性的。巴斯夏的著作在澳大利亚、加拿大和美国广泛地被翻译、重印和抄录，因为这些著作很能抓住时代的精神。巴斯夏说，自由市场制度的主要特征是存在着"协调"，因而社会的各个部门分享从分工中获得的利益。同时社会必须时刻警惕，提防自私的集团，这种集团会为了他们自己的利益而搞乱制度。

在边际主义到来以前,政治经济学被人看作保卫放任主义的一项重要武器。社会进化论者的著作,尤其是赫伯特·斯潘塞的著作,受到新世界许多经济学家和社会评论家的热烈欢迎。例如美国的威廉·格雷厄姆·萨姆纳和澳大利亚的亨利·盖尔斯·特纳。政治经济学的概念作为一些对个人行为的若干不可改变的规则(比较接近于教义问答手册而不是接近于科学),由于这种假设的和生物学的联系以及常识派哲学而得到加强,它强调人类行为中直觉判断的重要性。在这初期中,政治经济学受到的群众支持来自人们广泛的信念,认为这门学问是一种重要工具,可以用于预防而不是分析经济的弊病。人们以为,经济学原理能使政治家和工人阶级都遵循明智的途径,特别是在有关商业和货币政策方面,在这些方面无知和犯罪的诱惑力特别强烈。

边际革命,在新世界和在旧世界一样,都是既和经济科学的专业化巧合又是这种专业化的一个重要部分。在19世纪80年代中,经济学家开始有很多人聚在一起,成立学会,出版刊物,而最重要的是,看出他们的研究领域是一种应受尊重的学科。在美国,这些发展以1885年美国经济学会的建立为代表,在加拿大,1888年多伦多大学创立了一个实力很强的政治经济学系,由威廉·詹姆斯·阿什利主持;澳大利亚于1887年建立了卓越的澳大利亚经济学会。

关于那些非自治的说英语的新国家中的发展,不需要多说。这里,在早期熟悉重商主义的和古典的原理以后,经济科学方面的进展完全没有能跟上独立的新国家中的进展。这方面的悬殊有两种解释:第一,大多数英国殖民地统治者认为现代分析性的经济学对那些不需要管理他们自己的人没有什么重要性,因此这门学科在教育制度中不受重视。对属地的统治官员来说,经济学作为一套工具而不是作为若干不可改变的原理,不能引起他们的兴趣。第二,殖民地中没有几个民族主义领袖人物,通过进口书刊或者留学海外,懂得一些"新的"经济学,他们也未能发现多少能在追求政治目标方面立刻可利用的东西;结果他们或是忽略了整个经济学领域,或者,像一些西非的领袖那样,试图构成一套与众不同的制度的社会理论,其中没有边际主义的地位。

在旧世界和新世界之间传播新经济思想的媒介,随着经济科学的发展而显著地进化。1870年以前最重要的传送带是古典经济学家讲述理论原则的书和那种知识面广博的英国刊物,例如注重阐述政策的《双周评论》和《威斯敏斯特评论》。在某些场合(例如弗朗西斯·韦兰的教科书或者《加拿大经济学家报》),本地的书刊把输入的理论应用于国内的资料,因而成为接受外来思想的过滤器。在初期,由著名经济学家直接通讯或者出国访问而存思想交流中起重要作用的极少。一般地,似乎可以说,都市里的古典经济学家大多数以温和的爱护态度看待新世界的同行,并偶尔有点惊恐。多年来约翰·斯图亚特·穆勒为了答复对他自己的学说似乎有所误解而写给在殖民地的通信者的各种关于政策问题的信,体现了这种态度。

在边际主义的最初几十年中,用于纯粹专业交流的手段显著地改进了。第一,新世界和旧世界两方面的大学和专业学会开始出版刊物,其中多数成为所有用英语写作的经济学家必读的资料。第二,各国经济学家承认了有责任要掌握最低限度的关于别处的发展情况的知识。这种变化表现在刊物上来自其他国家的很多文章、《经济杂志》的新闻栏(澳大利亚的阿瑟·达克沃思这样的通讯员定期供稿),以及国外美国人和英国人主办的为了研究其他国家经济制度的各种代表团(正式的和非正式的)。第三,各国经济学家同行之间的友谊之花空前盛开,阿尔弗雷德·马歇尔和 J. B. 克拉克两人的相互钦佩,象征了这一点。第四,由于人们对经济学的兴趣增加,新国家中需要的经济学家日多,引发了青年教师的外流,有时候也包括像 A. W. 弗勒克斯这样的边际主义者——他定居在麦吉尔大学。最后,并且或许是最重要的,是年轻的美国经济学家习惯于到国外去进修研究生课程。在某种程度上,多数是到像德国这种国家,那里边际主义不占优势;但是至少这些学生作为边际主义进攻的目标,是受到了影响的。

新世界的边际主义革命者,按时间和类型可以大致分为三类:(1)未能取得成功的初期先驱者,(2)综合处理者,他们捡起并试图在旧传统的范围以内吸收一些新的思想,多数并不完全理解其革命性的意义;以及(3)真正的革命者,他们热情地投入战斗,协力攀登正统观念的高墙。第一类边际主义者的主要精神状态是沮丧、失意和空虚;第二类的,是自我陶醉;第三类的,是真正的革命热情,继之以胜利的欢乐。

在不同程度上,19 世纪 70 年代边际革命背后的那些思想在这革命的 10 年以前在新的国家中早就存在。思想的种子放在瘠土里,未能发芽或生根。边际主义思想的最明显的根源是李嘉图学说和边沁学说的传统,这两者是英国古典思想的基础,从这里欧洲的边际主义者受到鼓舞。这些思想包括效用递减和生产功能的观念在内，它们的内容是人所共知的，并且在新世界中被提出的方式和在旧世界中没有显著的差别，也许除了在亨利·乔治身上发现的李嘉图学说的变体。在新世界里和在旧世界里一样，有一些边际主义的先驱者走得超越了这些伟大的传统，仍然没有激发一种革命。在这里我们要注意三位先驱者，不是因为他们本身是最富于创造性或者最有影响，而是因为他们说明怎样在1870年以前即使最有希望的边际土地也未被利用。或者，换一个比喻，怎样抛在水上的边际面包只是被古典主义的鱼吃掉，连消化不良的情况都不会发生。这三位先驱者或多或少都是加拿大人，反映出著者早年调查研究的努力，而不是一种本民族第一主义的偏见。

第一个边际主义勘探者是苏格兰人和加拿大人混合血统的约翰·雷，他在所著值得注意的《新的政治经济学原理》（波士顿，1834年）中发挥了一种等于是边际主义的资本理论，其中把生产"工具"按它们的收益率（边际生产率）规定"顺序"。雷是来到加拿大北部的移民，当教师维持生活。他受的训练和本人的兴趣是在自然科学方面，也喜爱政治经济学，晚年自己开业行医。他初步写成一篇关于安大略地质的重要论文，还没有机会出版就遗失了。[①]

甚至在所用的算术中，我们也看出雷意识到一种关于资本的边际生产力递减的程序表。雷看出，在稳定不变的技术条件下，储蓄（"积累"）导致人们所造的工具会有越来越低的收益率，另一方面新发明则允许资本的"增长"。或者，用我们的术语来说，边际生

---

① 参阅R.沃伦·詹姆斯的《约翰·雷——政治经济学家》，两卷（多伦多，1965年），书中有关于雷的生平的叙述，并编入他的一些作品。

产力的程序表向外移动。雷看出储蓄的水平被社会中储蓄者的"有效的积累愿望"所控制,这是一种决定于环境的力量。他使用了一种原始边际方法,说明时间在建立资本市场的均衡中的作用。

雷的著作的政策涵义,通过像纳索·西尼尔和 J. S. 穆勒这种拥护者,直接地和间接地在加拿大、澳大利亚和美国有重要影响。但是他的理论上的创新在新世界中没有受到重视。边际革命已经取得稳固的地位以后,雷被人重新发现,有名的欧洲边际主义者像阿克曼和庞巴维克这种人(在《历史》的第二版中,1900 年)向他致敬。雷第一次得到一位北美的重要边际主义者的公开承认,是 1897 年来自欧文·费希尔。10 年后在 1907 年,费希尔把所著《利率论》一书"献给约翰·雷作为纪念,他奠定了基础,因而我们可以在这个基础上努力建筑"。

第二位加拿大的边际主义先驱者是 J. B. 彻里曼,剑桥大学毕业生,多伦多的大学学院的数学和自然哲学教授。[1] 彻里曼的贡献属于另一种类型,和约翰·雷的富有启发性的理论不同。1857 年他突然写了一篇关于库尔诺在经济学方面的工作的文章,寄给

---

[1] 彻里曼在移居多伦多以前是剑桥大学圣约翰学院的一名研究员,他很可能受了威廉·休厄尔在剑桥哲学学会说明的怎样把数学应用于政治经济学的尝试的影响。参阅詹姆斯·科克伦的"第一个数学的李嘉图模式"一文,载《政治经济学史》半年刊,第 2 期(1970 年秋季),第 418—4 31 页。推测一下他是否认识年轻的阿尔弗雷德·马歇尔——另一个圣约翰学院人物——是很有趣味的。我所知道的彻里曼的唯一的其他关于经济题材的著作是拥护 1852 年加拿大的一种十进制货币的。参阅我的《加拿大的经济思想》一书,第 75 页。他作为"一个很有能力和成就的人"以及"彻底改革英国在北美殖民地的数学教学的人"而被人怀念。《多伦多大学及其所属学院》(多伦多,1906 年),第 107 页。他又作为大学步枪队的队长而出名;W. S. 华莱士的《多伦多大学校史》(多伦多,1927 年),第 90 页。

《加拿大工业、科学和文艺杂志》(加拿大学会的机关刊物)。或许这是英语世界中对库尔诺的伟大工作的第一次承认,在这篇文章里彻里曼说库尔诺的《研究》是《国富论》以来最重要的和最受到忽视的对政治经济学的贡献。借助于他自己曾经翻译出来的一些相当长的章节,他概述了"所奉行的制度的轮廓以及推断的结果"。彻里曼说库尔诺的著作是一种里程碑,至少有两个原因。一方面它是先驱性的努力,想要把数学应用于政治经济学:"在那一般称为政治经济学的广阔的研究领域里,迄今还没有数学家敢于闯入;然而,肯定这是最需要数学家帮助的一门科学。"[1]另一方面,彻里曼说,库尔诺也曾提出一种另辟一条新路的价格论,它把需求并入市场分析,又有用又正确,不管关于特殊消费者的偏爱的经验性知识如何。"虽然这种需求法则人们就不知道,我们还是能够作关于它的推理,因为通过人们熟知的分析过程,在一项函数本身尚未确定的时候,这个函数的性质可以被发现。"[2]彻里曼在任何方面都不能超过库尔诺本身所有的边际主义,然而,他确曾使人注意到库尔诺的学说体系,并且在加拿大国内最重要的文学和科学论坛上大力夸赞它。彻里曼的研究报告对他的听众的影响,就像在深井里投下一块石头那样,这对我们的目的是有重大意义的。

西蒙·纽科姆(又一加拿大血统的人和数学家)一般被认为是边际革命在美国的先进侦察员。像雷和彻里曼两人那样,纽科姆

---

[1] "关于原理的研究……"一文,载《加拿大工业、科学和文艺杂志》第 8 期(1857年),第 186 页。

[2] 同上书,第 189 页。

尽管参加美国经济学会和其他专业性集团,但对当时经济学家的学术研究组织还是一个相对的局外人。他短期地教过政治经济学并出版了一本专业教科书,但是连他本人也把自己在经济学方面的活动看作一种"癖好"。纽科姆受的训练和他的背景都有助于说明他在这一专业中的地位以及他对边际主义的热情。他受的教育是自学的和非正规的,因此他容易受到多种多样的不寻常的影响。例如,他把关于"骨相学"的书列在那些对他的"生活方式影响最深"的书籍之内。[1] 他跟着一个江湖草药郎中当了短时期的学徒,然后转入长期的和高尚的职业,作为数学家和天文学家。纽科姆第一次看到政治经济学是在 19 岁的时候,当时他阅读萨伊的《专题论文》,觉得……看到人类的事情用科学方法来探讨,很有趣味。他因为对亨利·凯里不满意,于是发愤研究这门学问。他说:"我尽可能做好思想准备,要用赞许的态度来看它的教导,但是我发现其中只有一个片面的思想家的那种有成见的看法,作者喜爱漂亮动听的全面性的定理,尽管它实际上完全没有真正的事实或者理性作为根据。"[2]

当代政治经济学对目前一些迫切的货币问题和商业问题的帮助很小,这一点特别使纽科姆失望。因此,他于 1884 年在约翰·霍普金斯大学成为数学和天文学教授时,用了很多时间来弥补这一缺憾,特别是以一种会对普通人有益的方式,连续写出一些通俗

---

[1] 西蒙·纽科姆的《一个天文学家的回忆》(波士顿,1903 年),第 14—15 页。又参阅洛雷塔·M. 邓菲的《西蒙·纽科姆:他对经济思想的贡献》(华盛顿,1956 年)。

[2] 《回忆》,第 401 页。

的作品。他在1903年写道:"我所做的这一点工作是受一种信念的鼓舞,我认为当代最重大的社会需要是在人民大众中引进关于经济问题的健全合理的思想,不仅在我们本国的而且在每一个其他国家的群众中。"①

纽科姆在美国的边际主义者当中所以能处于领先地位,其基础在于1872年4月份《北美评论报》上登载的他对杰文斯的《政治经济学理论》的那篇有眼力的和老练的评论。纽科姆认为杰文斯是一位很可能使边际革命最后成功的著作家,考虑到使用效用概念和采取精确的数理分析这两方面。他写道:

> 如果我们把杰文斯教授的著作和三十多年前出版的库尔诺关于同样问题的著作比较一下,我们不得不承认在方法的多种多样和议论的高雅方面,前者远不及后者。但是后者只有专门数学家能理解,而那种既是数学家又是经济学家的人太少,连把这样一部著作中的知识永久保存下去也难做到,以致即使在这个时代库尔诺也遭到无可奈何的命运。②

期待着马歇尔后来的价格论,纽科姆预言杰文斯的极端强调效用作为对市场双方的解释,不久一定会由一种比较彻底的把成本结合在供给论里面的说法加以修改:"我们担心商品对卖者或生产者的效用会从方程式中完全消失,所有的关系将作为一边是生产条件和另一边是商品对买者的效用之间的关系。"③纽科姆把杰

---

① 《回忆》,第408页。
② 《北美评论报》第114期(1872年4月),第435页。
③ 同上,第438页。

文斯的一些观念,加上他自己的修改,放进所著教科书《政治经济学原理》(纽约,1886年)。正像欧文·费希尔在《利率论》中纪念约翰·雷那样,费希尔也把《货币的购买力》一书献给西蒙·纽科姆作为纪念。

我们可以提出关于这三位边际主义先驱者的一些判断,这些也可以适用于这里没有说到的一些其他的前辈,例如 J. B. 克拉克在他 19 世纪 70 年代为《新英格兰人》写的那些文章中。第一,他们都是带着在其他领域里的背景和训练来搞政治经济学的。再则,没有一个人原来是这门学科的教师,而都是在从事于其他活动中附带地研究了经济学。第二,这三个人之中没有一个在当时被认为是经济学专业中名列前茅的人物;以名气来说,他们从无名的彻里曼开始,中间经过被人误解的雷直到怪癖的纽科姆,他们只是靠经济学同行们的宽容。第三,没有一个人做到在北美洲发动一场边际革命。

根据这些判断,至少可以得出两项暂时的结论。第一,边际主义的情况可以证明这种说法:高明的和新颖的思想往往来自几种学科之间的边缘区域或者交叉区域——在本例中就是数学、经济学和自然科学之间的区域。第二,在北美和在欧洲一样,边际主义者的观念至少在 19 世纪 70 年代的"革命"以前 35 年就以各种形式隐约地存在。使后来的边际主义者深感兴趣的那些分析的问题和方法,大部分已经有人至少知道一些轮廓。我们必须推断,两大洲当时所缺少的是可以促使这些观念发展和成熟的适当环境。

两种假设可以有助于说明为什么那种环境不利于 19 世纪 70 年代新世界中边际主义的发展。第一种是埃米尔·考德的学说的变体，认为政治经济学和伦理学的结合，以及特别是新教的神学，使得这个学科比较不受边际主义的影响。在经济学主要地由教士讲授和著述的地方，像在美国和加拿大那样，这种说法似乎有影响。一方面做教士工作的人对数学漠不关心，他们所受的训练使得他们没有条件接受这种专门性的新事物，同时在另一方面他们的宗教学说使得他们倾向于生产成本价值论，而反对那似乎是放纵自己的效用概念。① 第二种假设是，边际效用论（像现代的福利论）是一种奢侈品，只有在经济发展的高级阶段才会生产。只要一切货物的边际效用很高，这个论点就讲得通，像它们在边疆或者欠发达的国家一定是很高的那样；期望经济学家花费时间分析效用递减的现象，是不合理的。对这两种假设，都没有简单的方法可以进行试验。

边际主义转移到北美洲的第二阶段开始于19世纪70年代，于80年代中达到高峰，并以降低了的水平继续发展而进入20世纪。这一段时期看到受过古典政治经济学训练的经济学家试图在他们的思想主体的范围内吸收边际的观念，而在他们自己的实践方面不作根本性的改变，不承认新观念中革命性的内容，也不宣告需要奉行边际主义者指出的研究路线。这个阶段，可以认为是现行传统中那些人对边际革命的初期冲击的一种反应，他们不是把经济学看作一套分析的工具，而是作为一套既定的原则，这种原则

---

① 考德教授在"边际效用论迟迟才被接受"一文中发挥了他的主题，该文载《经济学季刊》第63期（1953年11月），第564—575页；在所著《边际效用论的沿革》一书中，他又加以精练。约翰·P.亨德森在"评边际效用论的沿革"一文中表示和上述主题有明显的分歧，见《经济学季刊》第69期（1955年8月），第465—473页，连同考德的答复，第474—477页。

只有在应用于公共政策的时候才非常重要。

当人们考虑到边际主义对19世纪70年代美国经济思想状态的轻微影响时,觉得似乎奇怪,根据多尔夫曼教授的研究,杰文斯的《理论》一书在1876年美国售出的经济著作中居于第十位。这种怪事的原因在于这边际主义第二阶段的性质,它的形式显示在当代教科书中。在布朗大学校长、前任康奈尔大学政治经济学教授E.本杰明·安德鲁斯的很受欢迎的基础著作《经济学的基本原理》(1888年)中,对于经济学说方面离奇的折衷主义有所描绘。在传统的生产、分配和交换那种穆勒顺序的范围内,"价值"这个题目在这本227页的书里仍然只占了不到20页。但同时安德鲁斯承认"经济学现今正处在过渡时期",并且他主张广泛地阅读各种权威的著作,例如门格尔、庞巴维克、西奇威克、马歇尔、杰文斯和J. B.克拉克,连同穆勒、凯尔恩斯、罗雪尔、英格拉姆、马克思以及其他一些人的著作。他没有想要分别清楚或者调和这些人所代表的不同学派的有冲突的观点,而是简略地加以解释,并暗示所有这些观点在一个宏伟传统的范围以内都不难适应。

弗朗西斯·沃克在所著《政治经济学》(第三版,1888年)中采取同样的方针,此书是同时期的一种"高级"课本。沃克看出经济学方面的主要冲突是在"英国学派"的理论家和经济史的"德国学派"之间,前者根据一套前提进行论证,后者则关心说明性的研究。沃克含蓄地把杰文斯和马歇尔当作仅仅是"英国学派"的延伸,并且他认为他们的工作的意义是显然进化性的,而不是革命性的。沃克把他自己看作有点儿像党派之间的调停者,并且,和安德鲁斯一样,他避免有必要调和冲突,他的方法仅仅是提到各方面并尽量减少分歧的因素。在他的《价值论》一章中,沃克对凯尔恩斯、西尼尔、穆勒、马歇尔和杰文斯每人花了相等的时间,附带插入一些来自罗雪尔的事实。沃克显然对于一项有关递减函数的"最后效用"的概念感到很大兴趣,但是他在陈述中完全不用符号、图解和数学。在他看来,眼前没有边际革命。

思想和安德鲁斯与沃克两人的折衷主义相似的其他著作——虽然对边际主义的重视程度不同——是理查德·T.伊利和亨利·卡特·亚当斯的教科书。①

我想起,对于边际主义传到新世界的过程中这吸收同化的第二阶段的显然非革命性质,有许多可能的解释。这个时期中,在美国,人们正在和英国的学术生活日益疏远;并且,由于越来越依附德国学派而加速了这一变化,具体的表现是大批的研究生到德国的大学去留学。这种对英国思想的反感,似乎至少一部分是由盎格鲁撒克逊的旧世界的同胞们在美国学者面前表现出的(真实的或者想象的)傲慢所引起的。如果有什么情况的话,美国的敏感随着这个专业的实力增强而更加强烈。英国人对一个像 A.L.佩里或者阿马萨·沃克这样被诱导的思想家带着优越感表示关心,是一回事;爱护像弗朗西斯·沃克和理查德·T.伊利这样有创造性的头脑,是另一回事。迟至 1901 年,伊利在写给马歇尔的信里说:

我真希望美国经济学家和英国经济学家之间有比较密切的关系,但我不能确定贵国经济学家方面对这种密切关系的

---

① R.T.伊利的《经济学大纲》,1893 年;H.C.亚当斯的《政治经济学讲课提纲》,1881 年。

愿望究竟如何。完全坦率地说,很少有人提到美国的著作家,这表明英国经济学家对他们的评价不很高。我猜想,今天德国经济学家和美国人之间的关系比英美两国著作家之间的关系更密切。我是指个人的关系以及思想的关系两者而言。[①]

美国人对英国学术界的反感也许在某种程度上曾表现在对边际主义的阻力中,至少在奥地利的著作于 19 世纪 90 年代中有了译本以前是这样。

历史循环论作为对边际主义的障碍物的力量,是难以判断的。新世界中没有一个以历史为根据的对边际经济学的批评家比得上(例如)比利时的拉弗莱伊或者不列颠诸岛的英格拉姆,但是持怀疑论的外国历史学家的著作被输入,并确实发生了影响。再则,由德国的教育培养出来的对历史方法的热情,19 世纪 70 年代中在美国开始发展,其时它大概从边际经济学方面拉走了一些知识力量,例如弗朗西斯·沃克这样的历史爱好者和威廉·格雷厄姆·萨姆纳这样的评论家。多尔夫曼教授曾指出,最后,"在德国训练出来的一批人首先欢迎杰文斯的学说作为新经济学的一部分(克拉克把他自己的那种边际效用理论归功于德国老师卡尔·克尼斯),但是他们并不认为经济学应该局限于这个理论。"[②]

---

① A. W. 科茨的"阿尔弗雷德·马歇尔和理查德·T. 伊利:一些未发表的信"一文,见《经济学季刊》n. s. 第 28 期(1961 年),第 192 页。哈奇森教授在他的"经济思想中的偏狭性和世界主义,1870—1914 年"一文中叙说了 19 世纪 90 年代中一种显著的本国标记的英国边际主义的成长,第 13 页。

② 约瑟夫·多尔夫曼的"德国历史学派在美国经济思想中的作用"一文,载《美国经济评论》季刊,第 65 期(学会会议录,1955 年),第 28 页;又朱尔根·赫布斯特的《德国历史学派在美国的学术成就中》(伊萨卡,纽约,1965 年)。

对边际主义在新世界中的吸收同化阶段的第二点说明是,国内的经济学家大多数连最简单的数学也不能理解。他们没有足够的知识基础,不能理解杰文斯或者门格尔的著作中比较复杂的部分(更不用说威克斯蒂德和瓦尔拉),而倾向于把这些著作理解为仅仅是阐述凯尔恩斯和西尼尔的学说。只有在新世界中出现了一些精通数学的经济学家,以及出版了像马歇尔的《原理》这种重要的非数理的著作和奥地利著作的译本以后,这种文献的真正的"革命"性质才清楚。

还有对吸收同化阶段的第三点说明是新世界经济学家们全神贯注于迫切的政策问题。在19世纪80年代和90年代他们的大多数会议、专题文章和课本中,他们表现得急于要解决问题而不是在方法上浪费时间。到90年代仍然需要证明边际分析在解决实际经济问题中能有帮助。

19世纪90年代和20世纪的最初10年中,真正的边际主义革命者跨越新世界中的障碍,取得了成功。他们显示出某些明显的特征。第一,他们保持了明确的革命意识,认识到他们的斗争的重要性,这一点一方面以 J. B. 克拉克的自信心为典型,另一方面表现于寻求欧文·费希尔的先辈,这与出版库尔诺的《研究》一书的译本有关。这些革命者热情很高,坚信边际主义是未来的潮流。这种看法,有一位次要人物大卫·I. 格林于1894年表达得很好,他说:

> 比较老的英、美经济学家,尽管承认奥地利人在经济理论方面做了细心的和有启发性的工作,但在思想方法上似乎还没有多大程度的改变;但是有意义的是,在可以接触到奥地利

作品以后形成他们自己关于经济理论的概念的那些青年人,相当普遍地采用了奥地利学派的主要概念和术语。①

像 J. B. 克拉克的《财富的分配》(纽约,1899 年)这样一种全面的和显然重要的著作出版,大大地提高了这种信心。

第三革命阶段的第二点特征是世界范围的对革命性质的正确评价。比方说,球队里所有的成员开始意识到其他球员的存在。在 19 世纪 90 年代美国新的专业刊物中,除了英国和本国边际主义者的著作外,瓦尔拉、庞巴维克和维塞尔的著作也常常有人评论,并发表译本。可以表示到 19 世纪 90 年代的时候边际革命在美国正走向胜利的一种迹象,是一些著名的非边际主义者的守势。例如,西蒙·纳尔逊·帕顿认为有必要详细答复一些边际主义者的批评,指责他曾错误地使用"效用"这个词,好像指的是集体的社会福利或者"繁荣",而不是指个人的欲望满足。他解释:

> 我赋予这些术语的意义,和每一个把政治经济学主要地看作一种关于繁荣的学说的经济学家给它们的意义,是一致的。如果我的用法和现今多数著作家的用法不同,那是因为价值论近年来吸引经济学家注意的程度使得他们忽略了关于繁荣的学说。凡是想要恢复对这后一种学说的兴趣的人,必须根据早先的意义使用这些术语,分清必要的新的界限,使这种学说能适合我们目前的关于经济现象的知识。②

---

① 大卫·I. 格林的"维塞尔的自然价值"一文,载《美国政治与社会科学院纪事》双月刊第 5 期(1894 年),第 512 页。
② 西蒙·N. 帕顿的"成本与效用"一文,载《纪事》第 3 期(1892—1893 年),第 409—428 页。

新世界中那些成功的"第三阶段"革命者的一个重要特征,是他们把坚持边际理论和不断关心范围广泛的政策问题结合起来。再则,他们很快就看出,他们的这套新工具不一定是或者支持大多数政策计划或者和这些计划有冲突。E. R. A. 塞利格曼、J. B. 克拉克、弗兰克·费特和一些其他的人,都是被亨利·乔治的那种改良主义的方案吸引到政治经济学方面去的,并且他们一辈子专心一意地和捐税改良、工会条例、缓和不景气,以及反托拉斯立法等问题打交道。他们无疑是感到宽慰的,虽然相信边际主义,但并没因此就在这些实际问题上采取意见不同的态度。J. B. 克拉克曾利用边际生产力论来反驳社会主义的观念,并说明一种会适合完美市场的分配范型的理论基础。但是他也承认市场决不会尽善尽美,以及在现实生活中经济学家总是面对极大的复杂性。[①]

不像其他经济学说体系,例如斯密和马克思的学说那样,边际主义不附带着一套明确的政策方案。一个边际主义者可能是自由贸易者或者保护主义者;可能是主张单本位制者,也可能是主张复本位制度者。除了因为欧洲马克思主义者和边际主义者之间早期的争论而外,没有重大事故使得边际主义者赞成或者反对某些具体政策。一方面这种在政策上中立可能使边际主义的扩展比较缓慢,但另一方面它最后使这种理论在专业经济学家中更广泛地和更有力量地流行,他们认识到了边际主义会使他们的才智更加敏

[①] 参阅,例如,本杰明 J. 克莱巴纳的"托拉斯与竞争:关于约翰·贝茨·克拉克和约翰·基里斯·克拉克的一点意见"一文,载《社会研究》季刊,第 29 期(1962 年),第 475—479 页。

锐,并提高他们的技能,同时还让他们可以选择自己的政策路线。

有一些第三阶段的边际主义者发展到把边际理论几乎作为宗教教义,完全和日常事务脱离关系;他们会念自己的(可以说是)边际祷文,然后提出受利己主义或者良心驱使的随便什么政策。欧文·费希尔是边际主义纯粹派和政策折衷主义者的一个良好范例,他往往丢开他的数学研究去讨论范围最广的互不相关的当代问题,从资源保护到"补偿美元"。人们也能看到像赫伯特·达文波特和托马斯·尼克松·卡弗那样的后期边际主义者,他们建议创立干涉主义的经济制度,这些制度会使边际主义先驱者觉得可怕。

边际主义向新世界转移的第三阶段是,经济学专业的大部分人接受边际理论作为主要的范例。所以能取得这种地位,是由于马歇尔的《原理》这种重要课本的出版,以及马歇尔的学生 A. W. 弗勒克斯这样的传教士移居加拿大,和 W. S. 杰文斯的儿子赫伯特·斯坦利·杰文斯移居澳大利亚和印度。杰文斯和弗勒克斯都写了比较次要的第二代教科书,部分地以新世界为目标(《关于经济学的论文》,悉尼,1905 年;《经济学原理》,伦敦,1904 年)。

进入 20 世纪有一班人针对着全心全意的采纳边际主义发动了散漫的后卫行动,其中有 J. S. 穆勒的一些残存的门徒(例如 J. 劳伦斯·劳克林或者 F. W. 陶西格在 1896 年出版的《工资与资本》中),出身于苏格兰大学的一些人(例如,在新不伦瑞克大学的 J. S. 尼科尔森的学生约翰·戴维森),以及各式各样对社会科学方面一切理论抱怀疑态度的人,例如在悉尼的 R. F. 欧文和在麦吉尔的斯蒂芬·利科克。令人啼笑皆非的是,最出名的对边际主义者的狙击手之一是另一个外流到美国去的加拿大移民,在哈佛的赛拉斯·麦克文。但是到现在这个时候,以前的革命者已经成为掌权的当局。精通边际主义的方法,实际上已经成为进入经济学专业的一项必要条件。在某种程度上,人们猜想,边际主义的复杂内容受到许多经济学家的欢迎,既是因为它在专业上的重大意义,也因为它能解释经济现象。一门专业的重要诀窍是专业中所需要的本领不要被业外的人所掌握。边际主义是给参加这个专业设置主要障碍的第一种经济思想体系。

二

简略地考虑一下经济学说从旧世界传到新世界的另一些情况,以便观察是否有值得注意的规律性和区别出现,也许是有益的。经济思想方面只有两次其他的"革命"似乎还可以和边际主义的兴起相比,也就是和亚当·斯密以及 J. M. 凯恩斯的著作有关的那两次。经院的和重商主义的理论的组成部分,在 17 和 18 世纪中实际上随着最初的移居者被带到新世界的大多数地方,因此这些例证是不恰当的。较为专门的一套思想中的深刻变化,像银行与货币学派的复本位制论者的那些观念,眼光太狭隘,不够条件算是"革命"。某些思想体系,例如重农学派或者 J. A. 霍布森的理论,最多只能看作后来斯密和凯恩斯两种发展的先驱者。还有一些其他的人,例如马尔萨斯、李嘉图和哈罗德的工作,可以认为是在革命已经成功以后再使其更加完善。近年来一些经济思想体系的转移,例如关于经济增长的那些复杂的理论,已经从以前的"新世界"进行到一个更新的"新世界",也就是"发展中"国家的世界;但是这一过程,在时间上还太近,来龙去脉又不相同,不能作为研究边际主义问题的有用的观点。

如果说斯密的和凯恩斯的革命都比边际主义传播得快,似乎是公平合理的。正如边际革命的战斗口号是需要了解边际效用,斯密革命的口号是需要正确评价自由价格经济的作用,以及凯恩斯革命的口号是需要了解宏观经济学上就业和增长的决定因素。但是后两种口号,只经历了第一种口号所经历的一半时间,就变为陈词滥调。我们可以用那些新的理论大纲广泛地被人了解以及有相当多的经济学家承认它们对这门学科是重要的时候,作为它们取得革命成功的日期。为了便于论述,我们不妨以《联邦制拥护者文件》(1787—1788年)的出版作为斯密主义在新世界取得胜利的时期;凯恩斯主义取得胜利的时期是1944—1947年,其时各项关于就业和战后经济的白皮书在澳大利亚、加拿大和美国发表。每一派学说大约十年的这种传播时期相当于边际主义方面的二十多年,比如说,从1871年杰文斯的《理论》到1892年费希尔的《价值和价格学说的数理研究》。

表1 经济学的革命中可转移性的差别因素

因　素	斯密革命	边际革命	凯恩斯革命
革命取得成功所用的大约时间	10年	20年	10年
技术内容	少	多	中等
和经济政策的联系	密切	不密切	密切
和社会哲学的联系	密切	不密切	密切
和经济学专业的联系	不密切	密切	不密切

研究一下经济思想方面这三次重要革命的相似之处,也许有

助于说明那些决定一般理智上新事物的传播的因素。在这里只能提到某些最明显的相似之处①如下：(1)三次革命在起源方面都是国际性的和多种语文的，因而从几个方向袭击新的国家；(2)新思想在国际移植方面的迟延，大致相当于起源国家中有革命事件发生的时期，也就是，这些革命在新世界中成功的时间和它们在旧世界中成功的时间差不多；(3)信徒们的传教式工作和播种性书刊的普及，在移植过程中都起了重大作用；(4)从先驱者通过吸收到成功的革命者这种三个阶段的发展程序，在三次革命中都能看到。

但是，对边际主义中特殊事物的了解，大部分是从这三种情况中不同之处——而不是相似之处——得来的。表1中列出这几项革命的一些特性，肤浅地一看会觉得三者之间显著地不同。这里仅仅提出对这些差异的程度和方法的推测，以供考虑。比较准确的估计，甚至或许用定量表示，可能被提出来使这种比较具有更大的意义。所以要用这种差异等级的理由如下。第一，关于专门性内容，斯密的学说大多数受过教育的普通人都能理解，和边际理论中那种比较复杂的讲法不同。同样地，到20世纪30年代的时候人们阅读经济学的能力有所提高，而凯恩斯的学说没有显著的新的专门性内容。实际上，凯恩斯用了一些几何学的及概念性的工具，和边际主义者的工具很相似。第二，似乎有理由可以推测，这些理智的革命与其他思想体系的联系和移植现象是有关的。在这

---

① 在关于斯密和凯恩斯两人学说的传播的大量文献中，特别要参阅约瑟夫·多尔夫曼的《经济思想》，第1和第2卷；罗伯特·S.斯密的"国富论在西班牙和西属美洲，1780—1830年"一文，载《政治经济学杂志》双月刊，第65期(1957年2月)，第104—125页；西摩·E.哈里斯编辑的《新经济学》(纽约,1952年)。

一点上,可以指出,一方面斯密学说和凯恩斯学说的流动与另一方面边际主义的移植两者有明显的区别。前两种和政策方案(自由贸易和国家有保持充分就业的义务)密切关联,而另一种不是这样。同样地,前两种和比较广泛的一套社会思想(一方面个人自由的概念和另一方面集体责任的概念)联系在一起,同时人们可以合理地辩说边际主义在哲学上是中立的,和政策也没有关联。至于那第三种联系,和经济学专业方面的发展的联系,边际主义显然有最密切的关系。这种联系在斯密的情况下是轻微的,因为那时候经济学"专业"简直还不存在。另一方面,凯恩斯虽然毫无疑问地帮助在从事经济学的人中创立一个新的小组,大概也未能显著地改革这个专业。

没有理由可以认为,经济学上重要革命中这些变化能够完全说明整个边际问题独特的性质。但这样的比较可能对将来的研究是有成果的途径。

边际效用论的采用

乔治·J.施蒂格勒[①]

效用论在拿破仑战争结束以前就作为一种有关人类行为的学说被人们广泛地研讨。这是在本文第一节中受到支持的一个问题,虽然它所需要的只是不过分的支持。效用论在它被杰文斯、门格尔和瓦尔拉引用以前没有在经济学中胜利地展开。这是一个常识问题,虽然这项理论被有效地采用的时期比普通常识所认为的要晚一些。说明效用论在经济学中的采用和发展何以会延迟,是本文的中心任务。

一 早期的和可以理解的一些效用论

在早期陈述的效用论中,经济学家们最熟悉的而不是仅仅道听途说的是杰里米·边沁的说法。我们想起《道德与立法的原则》中开宗明义的关于效用原则的高明的见解:

> 大自然使人类受两个最高主宰——痛苦和快乐——的支配。只有让它们指出我们应该做什么,并决定我们要做什么。

[①] 乔治·J.施蒂格勒(George J. Stigler),芝加哥大学查尔斯·R.沃尔格林讲座著名的"美国制度"教授。

一方面是与非的标准,另一方面因果的链条被拴在它们的宝座上。它们支配我们所做的一切、所说的一切、所想的一切。我们为了摆脱自己所受的支配而能作出的努力,只不过表明和证实这一点。①

无论效用作为一种精神的指导的作用是什么——并且我认为边沁把他对效用的分析基本上局限于这种作用,是他一生中理智上的悲剧——总不能怀疑效用原则是一种包括一切的关于有一定目的之行为的理论。一个人为着预期的后果而行动的时候,所希望的后果(快乐)和不希望的后果(痛苦)一定支配他对行动的选择。

到《导言》第 4 章的时候,边沁已经列举了效用的许多方面(强度、持续时间、肯定性、接近的程度等),并断定了效用的普遍性:

一件物品,例如一片地产,是有价值的,因为什么?因为它使人能产生的各种快乐,以及它使人能避免的痛苦。但是,人们普遍地了解,一件物品的价值的增减,取决于一个人对它占有的时间长短、是否一定会占有,以及(如果能占有的话)实现占有的时间远近等条件[同上书,第 40—41 页]。

边沁并未执行要研究出一种有关经济行为的效用学说的全部任务。他没有研究出有关相对价格的边际效用学说,并且他曾提出各式各样的我们现在认为至少是模糊的意见。② 然而他把这方面

---

① J. 边沁的《道德与立法的原则的导言》,J. H. 伯恩斯和 H. L. A. 哈特编辑(伦敦,1970 年),第 11 页。

② "……很明显,有些时候一定数目的钱对一个人的价值比同样的数目在另一个时候的价值大得多:例如,在一种极端困难的情况下,一个人恰恰需要非常多的医药救助"(《导言》,第 59 页),需要很大的医药费支出,也许不会提高一定数目的美元的边际效用,如果把健康效用计算在这个人的总效用之内。

的分析推进了一大步——远远超过一个李嘉图或者一个穆勒能够轻而易举地接过接力棒的地方。关于"惩罚与罪过的比例"的那很有力量的第14章,足以证实这一论点。考虑一下他的"准则"中的几条:

1. 惩罚的价值在任何情况下必须超过从犯罪中获得的利益。①
3. 在两种罪过有竞争的时候,对较大罪过的惩罚必须足以诱使一个人宁愿犯那较小的罪过。②
5. 惩罚不应超过使其符合这里提出的准则所必需的程度。③
6. 为了使惩罚的值能超过从犯罪中获得的利益,惩罚的值必须加大,按照它的确实性降低的程度加大。④

快乐与痛苦的计算,普遍存在于一切人类行为之中:"所有的人都计算。我不愿意说,连疯子也不计算。"⑤

---

① "……很明显,有些时候一定数目的钱对一个人的价值比同样的数目在另一个时候的价值大得多;例如,在一种极端困难的情况下,一个人恰恰需要非常大的医药帮助",(《导言》,第59页)。需要很大的医药费支出,也许不会提高一定数目的美元的边际效用,如果把健康效用计算在这个人的总效用之内。第166页。利益"不仅仅是金钱上的利益,而且也是快乐"(《导言》,第166页)。有一段引人注目的话,在边沁一生中没发表过,它说得非常明白:"如果我衣袋里有一枚五先令的硬币,当时并不口渴,因而在犹豫是不是我应该买一瓶红葡萄酒给自己喝,或者用这个钱接济我见到的一个因为无人帮助而快要饿死的人(就长期来说,这样对我更不好)。但是,显然,只要我继续犹豫不定,这两种快乐(一种是口腹的享受,另一种是同情的愉快)对我都是完全相等地值五先令。"
"在这里我有必要请求我们的感情之人暂时休战,而且只是由于必要,我自己讲并敦促人类讲一种钱财的语言。寒暑表是测量天气温度的工具;气压表是测量空气压力的工具。那些不满意于这些工具的精密度的人,必须寻求较为准确的别种工具,否则就向自然哲学告别。钱是计量痛苦或快乐的工具。"参阅 C. W. 埃弗雷特的《杰里米·边沁的教育》(纽约,1931年),第35—36页。
② 边沁:《导言》,第168页。
③ 同上书,第169页。
④ 同上书,第170页。
⑤ 同上书,第174页。

《立法论》中还有关于效用的计算的更详细的说明,这本书是由边沁的弟子杜蒙根据许许多多手稿汇编的——边沁主义者都很熟悉。① 这位老师很少会长久忘记效用的计算,我们最后一句引语来自他的《司法证据的理论基础》,这一著作是年轻的约翰·斯图亚特·穆勒根据大量手稿用极大的劳力和本领编出来的:

……财富的物质没有价值,除了就其在幸福方面的影响而言。一个人的财产总数增加一倍、十倍、百倍、千倍,没有丝毫理由可以想象他的幸福总量就会按比例增加,或者接近这样:把他的财产增加到1,000倍,这样的巨额增加,给他增加的快乐是不是和你把他的财产除以"2"而仅仅拿走一半时使他失去的快乐同样的多,可能还有疑问。②

效用推理的一个第二种独立的组成部分,可以比较简略地讲一下:这是 D. 伯努利在对付圣彼得堡怪论中创始的精神上的期待的计算。③ 这个怪论涉及一种赌博的适当的价格,在这种赌博中,用一枚清清楚楚的硬币一次又一次地向上一抛,使其在空中翻转,直到出现一个正面为止,付给赌者的钱如下:

   正　　面　　　　1金币
   反面、正面　　　2金币

---

① 边沁的《立法论》,希尔德雷思译(伦敦,1864年),特别是第一部分,第 6 和第 16 章。
② J.边沁:《司法证据的理论基础》(伦敦,1827年),第 5 卷,第 656 页。
③ 参阅 D.伯努利的"关于风险测量的一种新理论的说明"一文,载《计量经济学》双月刊,1954年;此文第一次发表于1738年。又参阅我的《经济学史方面的论文》,第108 页以次。

反面、反面、正面　　4 金币

....　　........

反面^n、正面　　2^n 金币

　　这种赌博的期待的值是无穷大,[1]并且,为了解答这个怪论,伯努利假设那赌徒追求最大限度的精神上的期待,而不是数字上的期待。他采用了这样的假设:"财富方面任何小量增加所产生的效用和原先拥有的物品数量成反比例。"[2]使用效用法则,

$$d_u = \frac{bdw}{w}$$

式中 w 是财富,u 是效用,以及 b 是常数,可以为这场赌博找出一个有限值,这个值取决于那个人最初的财富。[3]这种分析被应用于保险的理论,并且伯努利除了其他的以外还推断出风险分散的值。

　　伯努利的论文激励了许多最有名的盖然论者讨论精神上的期

---

[1] 因为这些结果的概率是 $1/2, 1/4, 1/8 \cdots \frac{1}{2^n+1}$,并且 n 无穷大的期待的增益是

$$(1/2)1 + (1/4)2 + (1/8)4 + \cdots \left(\frac{1}{2^n+1}\right)2^n + \cdots = \infty$$

[2] 伯努利,第 25 页。

[3] 求积分,人们得到 $U = b \log(W/a)$。如果赌博者开始的财产是 W,如果他赢得 2^{n-1} 金币,他在效用上的增益是

$$b \log \frac{W+2^{n-1}}{a} - b \log \frac{W}{a} = b \log \frac{W+2^{n-1}}{W}$$

他从参加赌博中期待增得的效用是

$$\frac{b}{2} \log \frac{W+1}{W} + \frac{b}{4} \log \frac{W+2}{W} + \cdots = b \log(W+1)^{\frac{1}{2}} (W+2)^{\frac{1}{4}} \cdots - b \log W$$

会产生等于期待从赌博中赢得的效用的数目 D 是

$$D = (W+1)^{\frac{1}{2}} (W+2)^{\frac{1}{4}} \cdots - W$$

如果 W=10,D=3;如果 W=100,D=4;如果 W=1000,D=6。

待和收入的边际效用递减(以及更多的人讨论这怪论本身)。拉普拉斯用了所著重要论文《盖然性的理论分析》的第10章复述伯努利的理论。这方面的文献中比较次要的人物是傅立叶、①盖特莱②和库尔诺,③当然大多数论述盖然性的作者都想到圣彼得堡怪论。此外,有名的著作家,例如有名的自然主义者比丰,非常注意这个问题。④

这两种著作可以使经济学家理解效用论的程度大不相同。边沁主义的说法直接谈到社会生活,并且尽可能说得具有最大的普遍性;至少有三个当代的重要经济学家熟悉它——而且,在某种程度上,大概每一个受过教育的也熟悉。伯努利的说法,对经济学家来说,不是那么容易接触到的;因为,它是在数学文献中以几种语文出现的,而且写作的时间前后经历了一百多年。但是在某些方面这些特点却增加了它引起某一位经济学家的注意和兴趣的可能性——毕竟1840年以前还有许多懂得数学的经济学著作家,其中包括巴贝奇、休厄尔、马尔萨斯(非常好辩的人)、屠能、库尔诺和卡纳德。

另有一个理由使人相信效用论对经济学是有影响的:它受到细心的研究;偶尔有人对它作系统的阐述;后来效用论的作者把它

---

① 参阅 J. B. J. 傅立叶的出色的论文"一篇关于保险的分析理论的摘要",见《化学与物理学年鉴》,第2卷,第10期(1819年),第177—189页。

② L. A. J. 盖特莱:《致萨克斯·科柏和哥达大公爵书信集》(伦敦,1849年),第 VIII 号信。

③ A. A. 库尔诺:《机会论的说明》(巴黎,1843年),第93、106—109、334页。

④ G. L. 勒克莱利尔·德·比丰"精神算学论"一文,所著《自然史》第21卷(巴黎,杜法特,第八年)。比丰是个有主见的和有点怪癖的人,发现了精神上的期待。

遗忘了；同时代的人更不重视它。我们可以列举朗菲尔德、[1]劳埃德、[2]西尼尔[3]和萨伊[4]等许多有名的人物，无可争辩地证明效用论在经济学家是容易理解的，以及他们对它缺乏兴趣。

二 假设

一门科学承认一种理论，这是社会行为，不是个人行为。巴贝奇的聪明才智不可能在 1830 年使计算机诞生；到 1940 年的时候计算机的采用不需要重大的科学进步，并且实际上任何行得通的社会政策都不可能过分推迟它的出现。[5] 同样地，我们切不可把 1870 年和 1890 年之间边际效用论普遍的再次出现和获得承认看作一个杰文斯、一个门格尔或者一个瓦尔拉的非凡的成就——实际上他们的复合性以及几乎是同时存在，常常被人恰当地用来证明科学环境的重要。

效用论已经存在了至少七十多年，科学才承认它，对于这一事实我说明如下。经济学在 19 世纪最后几十年中基本上成为一

---

[1] M.朗菲尔德:《政治经济学演讲集》(1834 年；重印于 1931 年)，第 27—28、45—46、111 页以次。

[2] "价值的观念"一文，转载于《经济史，经济杂志副刊》，1927 年 5 月。

[3] 《政治经济学》(纽约，1939 年)，第 11—12 页。

[4] 参阅致李嘉图函，见 J.B.萨伊的《杂文和通信集》(巴黎，1833 年)，第 116—117 页，又第 287—289 页。

[5] 这种见解由 R.K.默顿用强有力的辩论证明，并且实际上说得略微过分一些，见所著"科学发现中的独苗和多苗：科学的社会学中的一章"一文，载《美国哲学会汇刊》105，第 5 期(1961 年)。又参阅拙著"经济学的经历有用吗？"一文，载《政治经济学史》第 1 期(1969 年)，第 225—227 页。

种学术研究性的学科。从前它是一种由非学术研究人员处理的科学,这些人的主要兴趣在这门科学的政策涵义方面;在那以后它就由大学教授从事研究,他们承认学术性活动的主导价值和激励作用。

学究式经济学家的兴趣和学术研究专家的兴趣大致相同,他们在某些重要方面和报刊作家、政治家、官僚,以及事务家不同,这些人在早期的经济学中占多数。在学术研究以前的时期,主要的目的是了解和影响公共政策,并且,收集事实和建立理论都是为了完成这一基本目的。甚至李嘉图关于价值衡量标准的极其抽象的讨论,对他的主要的动态命题也是重要的:他说经济发展会导致地租上涨和工资上涨,"这两者一定会降低利润"。

没有几个学究式经济学家使自己完全脱离当代问题的讨论,但是随着这门科学越来越成为绝对是一种大学的专业,政策问题的最高重要性减少了。学术界的一种主要价值是确实脱离当代实际生活的现场,追求那种比实际的和眼前的利益所需要的知识更基本的和更经久的知识。实事求是地来看,学术性的头脑特别重视普遍性。学者不是为当地的商业或者今年的国会服务的仆人。

一种次要的、有关系的学术价值是对学识配备的强调。工作的形式具有一种和内容没有关系的价值:一个学者应该是精通文墨的,他的工作应该用非庸俗的工具来进行。古的学问往往是这种配备的一个组成部分,掌握优良的数学方法也是这样。像"严谨"和"雅致"这种词描绘这种学术趣味的成分,而事务界则比较爱用"有效的"和"有说服力的"这一类的字眼。

这些摆脱当时或者那十年间报刊文章危机的价值、重要结果的巨大的普遍性，以及对治学方法的培养，由于物理和生物科学在19世纪中取得的重大成就而得到加强。这些科学争取并且在很大程度上取得了它们的中心理论结构（分别是牛顿学说的和达尔文学说的）深入的统一，它说明了广泛范围的现象，这一点是成功的科学工作的标志。物理学和天文学已经暗示，在一种真正先进的科学里主要的结果适宜用数学公式来阐述，这样可以做到广泛的、巧妙的推论和应用。

效用论对李嘉图或者穆勒一定会是一个虚弱无力的助手。古典经济学文献的任何重要领域都不会从效用论方面得到多大的好处，即使在它已经达到帕雷托和费希尔把它推进到的那种发展阶段。关于谷物法和自由贸易，效用论都没有什么可说的（除了双方国家得益！）；关于中央银行的经营和皮尔法令、关于殖民地和人口过剩、关于济贫法或者工厂法令，甚至关于萨伊的定律或者征税，都没有什么可说的。确实，效用论在19世纪70年代开始露面以后，直到第一次世界大战为止，没有参加过任何政策性的争论。

效用论的贡献恰恰是我们归功于学术界以及特别是归功于学术性科学的那种东西。古典学派已经提出一个适用于可生产的货物的价值论，并且把一些其他理论（地租）或者模糊的说法（购买者的热情）用在非可生产的货物方面。现在效用论可以对鞋、小麦和莎士比亚著作的对开本作出统一的解释。古典学派没有中心逻辑或者行为：企业家是一些使利润达到最大限度的人，而消费者和劳动者则是表现出社会学上行为特性的一群愚钝的人。现在效用论可以对行为作出统一的解释：每个人都是使效用达到最大限度的人，一切经济问题变成仅仅是爱好和障碍（帕雷托就是这样的说法)。古典学派的方法曾经是文字的和数字的。现在效用论显然允许甚至欢迎使用数学。

效用论的采用有一个第二阶段:在这段时期内效用论被广大的具有一定能力的经济学家所吸收。这个时期是理论家们已经把效用论发展到它在实质性的经济研究中能起作用的地步以后开始的。在下节中我也要简略地评述效用论在经济学专业中被采用的过程。

三 效用论的采用

效用论是什么时候被"采用"的?对任何一个特定的经济学家来说,要提出一个至少是近似的日期,并不困难:这种理论至少到1884年就被菲利普·威克斯蒂德采用,被欧文·费希尔采用则不迟于1892年。① 但是,既然我们关心的是一门科学,而不是单纯地有关个别的科学家,我们需要一种方式来表示这门科学采用一种理论这一过程的特性。

表1 经济学家们第一次承认边际效用论的年份

姓 名	年 份	出 处
杰文斯	1862	英国科学促进会
门格尔	1871	《国民经济学原理》
马歇尔	1872	评杰文斯
凯尔恩斯	1874	《主导原理》

---

① 威克斯蒂德的《资本论》的评论,转载于《政治经济学常识》(伦敦,1934年),第2卷,第705页;费希尔的《价值与价格理论之数学的研究》(1892年)。

续表

瓦尔拉	1874	《经济学要论》
J. B. 克拉克	1881	《新英格兰人》上一篇文章
埃奇沃思	1881	《数理的心理学》
西奇威克	1883	《政治经济学原理》
沃 克	1883	《原理》
威克斯蒂德	1884	对《资本论》的评论,见《今日》杂志。
维塞尔	1884	《价值的起源》
庞巴维克	1886	《商品价值论》
坎 南	1888	《政治经济学基础》
奥斯皮茨和利本	1889	《价格论》
潘塔莱奥尼	1889	《原理》
费希尔	1892	《价值与价格理论之数学的研究》
帕雷托	1892	《经济学家杂志》上的文章
陶西格	1893	学报,美国经济学协会
威克塞尔	1893	《价值、资本与地租》
巴罗内	1894	《经济学家杂志》上的文章
卡塞尔	1899	《全部国家学说杂志》上的文章

让我们首先作为简单的效用法则来陈述:每种商品对每个人的边际效用递减,这一现象是他的每种商品的需求曲线的基础。我们现在可以参考文献把每年的经济学家按照他们是否"了解"这一前提分为两类。我们给每个经济学家定出等级,像我们现今在教室里所做的那样,把他们区别为(例如)"了解法则"和"不了解法则"两大类(或许在"了解法则"项下创立两个等级:"承认法则"和"反对法则")。既然忘记和改变主意大概是不普通的,单独一个日期通常就能表示每个人的特性:就是,他第一次显示他了解这种法则的那年(或者那日)。我们提供这样一种对一些主要理论家的统计数字,包括表 1 中 1860—1900 年间关于效用问题的主要著作

家。这些日期以各种书刊为根据;往往根据信函、回忆录等可以推断出一个较早的日期。

表1中列出的经济学家第一次承认效用论的中间日期是1884年,但是那些人当中有几个在这以后才开始关于经济学的写作。① 理查德·S.豪伊教授在他的论文"边际效用派的兴起,1870—1889年"中提供了一张列有许多1890年以前写过关于效用的文章的次要著作家的名单。②

表2 边际效用论文献中的一些主题

1. 效用和需求函数之间的明确关系。
2. 递减的边际效用对需求曲线形状的影响。
3. 收入的边际效用的不变性。
4. 根据效用来解释互补性。
5. 具有添加性效用功能时效用的可测量性。
6. 具有非添加性效用功能时效用的可测量性。
7. 无关紧要曲线方法。
8. 埃奇沃思困境。
9. 可积性的问题。
10. 斯拉茨基方程:所得和代替影响的分离。

---

① 那些较晚的著作家是帕雷托、巴罗内、卡塞尔、威克塞尔、坎南和费希尔。

② 一个有趣味的姓名是肖伯纳,他在一篇评《资本论》的文章中使用了边际效用论(该文1887年发表于《民族改良者》杂志)。他的老对头 H. M. 海因德曼曾对肖伯纳之未能攀登逻辑分析的高峰提出一种解释:"真可惜,肖伯纳竟然阻碍了自己思想的自然发展,而由于他吸取了非常讨厌的不适当的东西,把聪明才智浪费在无聊的小玩艺上面。……现在你们把肖找来,给他吃几个月巧妙配合的和细心烹调的鲜美肉食,在他那种可怕的艺术的各个部门配备一位手艺高明的法国厨师,给他规定结实的皮革制的盛酒器,或者更好是,最高级的法国葡萄酒,出生于一个丰年,肖的理智的成就会立刻提高到无穷倍。"见《进一步的往事回忆》(伦敦,1912年),第233—234页。

如果我们提高作为对效用论的专业知识水平的要求，就会遇到一套比较晚的日期。表 2 中列出一种比较复杂的知识标准的一些可能的成分。即使要求对效用论的这些成分中仅仅一项的知识，也会把表 1 中任何一年的经济学家减去也许 3/4。但是我认为，我们的简单的效用法则足以证明下面的这些说法：

1. 这个时期中，凡是认真地和专业地研究效用论的经济学家差不多每个人具有学术的基础。仅有的重要例外是奥斯皮茨和利本、巴罗内，以及（在某种程度上）威克斯蒂德。

2. 这个时期中还有不少的非学究式经济学家——除了刚才提到的那几位——不忽视这种理论。这份名单会包括吉芬、博纳、法勒、希格斯、阿克沃思、韦布夫妇、帕尔格雷夫、霍布森、巴奇霍特、麦克利沃德和戈森。[1] 在学术研究岗位以外的经济学方面的重要著作家，都是一些基本上和"实用的"以及着重政策问题有关系的人物，这一点不是由于巧合。

3. 到这个理论以即使是这种初步形式普遍被理论家了解的时候，这门科学正在迅速走向学术研究的特性。就英国主要的经济学家来说，如果我们用他们的平均出版年作为他们的年代，就会看出学究式人物参加的人数在增多，如表 3 中所示。[2] 在美国出现一种类似的格局，在法国也许更早一些就达到学究式经济学家居于支配地位的情况（参阅本文末的"注"）。

---

[1] 这些人之中有几个人的著作里可以看到一些对效用论的猛烈攻击。
[2] 参阅我的《关于经济学史的研究》（芝加哥，1965 年），第 38 页。1915 年以后，要在研究院外面找到重要的英国经济学家，就相当困难，除了霍特里和斯坦普两人。

表3 主要经济学家和学究式人物的数目

时　期	总　数	学究式人物
1825—1850	14	0
1850—1875	10	3
1875—1900	7	2
1900—1915	8	5

维多利亚时代后期,德国这个世界上主要的讲究科学的国家竟然没有一个重要的效用理论家,(虽然劳恩哈特应该受到注意),和这一出人意外的事实有一些关系。德国的经济学在几乎任何其他欧洲国家之前就有了固定的、占优势的学术基础,这就是为什么效用论这般被忽视。

门格尔对德国主要经济学家的猛烈抨击,对于效用论在德国被人接受简直没有帮助,[1]但人物关系最多也只是德国对效用论的冷淡态度的一项次要原因。德国的经济学确实是渊博的;它重

---

[1] 门格尔的《历史主义的错误》(维也纳,1884年)一书中对施莫勒的攻击,可以被引证:"出于友好的关心,你曾告诫我,和施莫勒的争论不仅有科学的一面,而且有一个很不同的方面。在德国或者也许在任何地方,没有另一个学者在和一个反对者争论时像这样不负责任地选择手段。也许有人会用各种可能的和不可能的意思来解释我的话,并且我本人刚得到令人震惊的证明,施莫勒在人身攻击和粗野庸俗这些方面同样是能手——顺便说一句,这可以说是他擅长的唯一的文学本领。"

"我的朋友,当你把跟施莫勒进行的科学讨论看作不仅仅是一件科学的事情,你是对的:人们都知道他非常喜欢曲解别人的意思,同时又专门要参加科学的争论,尽管他不宜于参加。(同上书,第6页)"……

"施莫勒在历史和统计方面的工作,无论如何是很不高明的;实际上我们对这位著作者可能要热烈得多,如果这些成绩出于一个商会的秘书、商业杂志的编辑,或者普鲁士省某一个城市的历史学会的秘书的手笔。这种来源的历史和统计作品,理论家使用时要适当地小心,以便保证资料的可靠性以及原作者的能力合格。显然这确实是一种不寻常的现象,一位政治经济学教授,从事于他不能充分掌握其专业技术的一种工作,而要求这种质量的工作差不多是世界上唯一的一种已经完成的工作。如果施莫勒因为这种著作而认为他自己当真是个历史家,那就简直可笑了。"

视学问,以及它那种细致的、高度专门化的历史研究,肯定不是为了需要在现实世界中使用经济学。然而,德国的经济学有一种深刻的反理论的态度(这一点我不打算解释);历史和法学这两个学科——而不是物理学和生物学——是社会科学方面科学工作的模式。《方法研究》一书确实是施莫勒对门格尔的一部著作的评论引出来的。[①]奥地利学派和德国学派的领袖的并列是象征性的:效用论是第一个形式逻辑的、抽象的,以及(除了门格尔那样)用数学表达的现代经济学的理论,它强调向自然科学模式发展的趋势,其强调的程度古典学派的吃苦耐劳的理论还没有开始这样做。一个德国历史学派经济学家可以钦佩斯密和穆勒,而在李嘉图身上发泄任何反形式逻辑的脾气。有了效用论以后,形式逻辑的理论对历史传统的挑战变得明显了。英国的历史学派在敌视效用论方面同样坚决。[②]科学的和历史的方法之间尖锐的矛盾,和两方面都承认摆脱眼前应用、着重治学方法,以及理智工作本身的趣味的学术性价值。总之,这种矛盾是经济研究的策略的矛盾。

在常规分析中使用效用论

一门科学中创立新理论的人致力于研究一个问题,是一回事;这个新理论要成为这门科学的有能力的实践者的工作配备,完全是

"确实,施莫勒这个例子不是十分令人难以了解的,一个政治经济学家竟然会发展到放弃他自己的科学研究专业,成为历史学方面的一个外行的业余爱好者"。(同上书,第41页)

[①] 古斯塔夫·施莫勒的"论国家学说和社会学说的研究方法"一文,见《立法、行政和国民经济年鉴》第7册(1883年),第239—258页。

[②] J.K.英格拉姆认为杰文斯对效用的研究"事实上永远不过是学术性的玩物",见《政治经济学史》(纽约,1888年),第234页;又参阅 T.E.克利夫·莱斯利的"杰文斯的《政治经济学理论》"一文,见《政治经济学论文集》,第2版(伦敦,1888年),第66—72页。

另一回事。

效用论在被引进经济学以后的大约六十年内在经济理论家中并不是一个受欢迎的题目。表4说明美国经济学杂志对效用论是否重视的大致情况。两个特点很突出：人们对效用的兴趣不大，以及在这个表所包括的三十年中这方面的兴趣没有明显的要增加的趋势。

表4 《政治经济学杂志》和《经济学季刊》上关于效用论的讨论

	1893	1903	1913	1923
1.主要地专门讨论效用的文章的篇数	2	2	1	4
2.占全部文章的比数	2/35	2/36	1/66	4/62
3.带有非浅薄的关于效用的讨论的文章	2	1	0	1
4.浅薄地提到效用的文章	2	1	0	0
5.用于讨论效用的篇幅（页数）	54	68	32	93
6.占全部页数的百分比	6.7%	7.1%	2.5%	6.4%

更没有疑问，在这个时期中效用不是经济学家的工作配备的一部分。一个著述关于税收、贸易、劳工或者这一类题材的文章的经济学家，不把效用功能引进他的分析，用作一种发挥主题的方法。论述其他课题的理论作品中不提起效用论这一现象，又继续存在了20年，1940年的《美国经济评论》中没有一篇文章以任何方式用到效用论。这一特点仅仅在这最后二十年中才暴露。对1970年《美国经济评论》中文章做了一次同样的检查，发现有15篇关于其他主题的文章在分析中提到并利用了效用功能。经济理论家给予效用论实际的承认，是边际效用以后几乎一个世纪的事。科学运转得慢。

四 结 论

我希望，这些一鳞半爪的证据能在一定程度上支持以上提出的关于主要经济学理论家采用边际效用论的时间的解释。根据随着这个学科的学术研究性越来越浓而产生的新价值来解释效用论,还有另一种优点,就是,似乎没有任何重要的可以和它相比的解释。

表5 著名的美国经济学家,1850—1915年

平均出版时期	经济学家的数目	
	总数	学究式的
1850—1875	4	3
1875—1900	14	7
1900—1915	23	21
1915和以后	9	9

姓名

C. F. 亚当斯	C. F. 邓巴	C. W. 麦克法兰	F. M. 泰勒
H. C. 亚当斯	R. 伊利	S. M. 麦克文	C. A. 塔特尔
B. M. 安德森	F. A. 费特	W. C. 米切尔	T. 凡勃伦
L. H. 阿特沃特	I. 费希尔	H. L. 穆尔	A. 沃克
E. 贝拉米	H. 乔治	H. G. 莫尔顿	C. S. 沃克
F. 鲍恩	D. I. 格林	S. 纽科姆	F. A. 沃克
H. 凯里	A. T. 哈德利	S. N. 帕顿	D. 韦尔斯
T. N. 卡弗	R. F. 霍克西	A. L. 佩里	T. E. 威尔
J. B. 克拉克	N. 约翰森	H. 西格	S. 伍德
J. R. 康芒斯	A. S. 约翰逊	E. R. A. 塞利格曼	C. D. 赖特
C. H. 库利	D. 金	J. A. 史密斯	A. A. 扬
H. J. 达文波特	G. A. 克利因	W. G. 萨姆纳	
A. 德尔·马尔	J. A. 劳克林	F. W. 陶西格	

注:经济学在美国和法国的学术地位。

无论人们对现在这种论点的说服力怎样看法,关于科学采用种种理论的说明,是科学研究的一个重要的和被忽视的课题。只要我们同意那些看法,认为一门科学中有一些居于主导地位的理论,以及这些理论被一些通常由许多人单独发现的新理论所取代,

我们就是把科学理论方面的变化作为一般的科学问题来对待。我们不一定同意库恩的那种特殊的科学变化的顺序，但是我们不能再仅仅默认天才过着它自己的那种不可思议的和无法预言的生活，也不能认为偶然提到当代的理智现象或者社会现象，就是对某些特殊变化的一种值得尊重的说明。

经济学史在美国已经成为一个差不多将要消灭的学科，并且在别处也日益衰落。因此值得我们高兴，支配一门科学的进化的那种非常复杂而微妙的力量提出一项理论说明的任务，它在理智的要求方面可以和实际经济生活提出的任务相比。

人们曾初步研究过在美国和法国经济学家成为学究式的程度。[①] 从约瑟夫·多尔夫曼的《经济思想在美国》第3卷（纽约，1949年）中引用了一份美国经济学家的名单，又从C.吉德和C.里斯特的著名法文教科书《经济学说史》中引用了相应的法国经济学家名单。法国名单范围较窄，比较严格地限于理论性的经济文献，因此或许偏于提出过多的学究式经济学家。就每一种情况来说，各个经济学家的平均出版时期是根据通常的百科全书计算的，经济学家则是以担任或者不担任学术性职务区别的。结果如表5和表6所示。

美国的格局大致和英国相似，其中学究式经济学家到20世纪初期占压倒的优势。1900年以前没有几个经济学家对效用感兴趣，实际上德国式的训练普遍流行，以致把或多或少的历史循环论

---

① 除了我必须感谢克莱尔·弗里德兰以外，我还要向T.贝蒂佐格鲁和彼得·卡恩表示谢意。

和反理论思想逐渐灌输到美国经济学中。①

表6 著名的法国经济学家,1800—1925年

平均出版日期	经济学家的数目	
	总数	学究式的
1800—1825	4	2
1825—1850	7	3
1850—1875	8	5
1875—1900	2	2
1900—1925	5	3

姓 名		
A. 阿弗塔利昂	A. 库尔诺	P. J. 普鲁东
A. 奥培蒂	C. 迪努瓦耶	P. 罗西
F. 巴斯夏	C. 杜邦—怀特	C. H. 圣西门
L. 布朗	J. 杜普伊	J. B. 萨伊
J. A. 布朗基	C. 傅立叶	F. 西米昂德
E. 卡贝	J. 加尼尔	S. 德·西斯蒙第
M. 谢瓦利埃	A. 朗德里	A. 瓦尔拉
C. L. 科尔松	F. 勒普莱	L. 瓦尔拉
J. 库塞尔—塞纳伊尔	P. 勒鲁瓦—博利厄	

法国的名单似乎人少并且是有偏见的:著名经济学家的人数应该和一个国家中这门科学的水平差不多没有关系!无论实际情况如何,这个例子暗示在法国学术研究的基础比在英语世界中较早和较为牢固。

---

① J.赫布斯特的《德国历史学派在美国的学术成就中》(伊萨卡,纽约州,1965年);又J.B.帕里什的"经济学作为一种学术研究学科的兴起:形成的年代到1900年"一文,载《南部经济杂志》季刊,1967年7月。

边际主义:收获

G. L. S. 沙克尔[①]

一、边际主义的性质

经济学说是关于个人行为的根源以及这种行为相互作用之结果。它把这两个问题密切融合在一起,研究行为选择的模式,以及许多人的选择结合起来的结果,这些使经济学具有独特的一套思想和概念,成为一门独立的学科。它的特性和独立性,由于它具有一种深刻的和战胜一切的原理而特别得到证实,只要它的一些先决条件被人接受。经济分析者的方法是假设人们通过把理智应用于环境而追求自己的利益。一个人会按照理智的指挥行事,这是企业界一切行为的关键,在经济理论家看来是如此。因此理论家只须运用自己的推理能力,对人们基本的困难处境做一般的、普遍适用的说明,就可以不仅知道对个人在他各种企业地位方面的一种正确政策的主要特征,而且实际上也会知道个人将怎样行事。万有引力定律在本质上也不见得比较简单,似乎经济学在它的范围和必然性方面可以希望比得上天体力学。所以,

---

[①] G. L. S. 沙克尔(G. L. S. Shackle),曾任利物浦大学布伦纳讲座经济学教授。

边际主义作为理智在面对着各种不同需要和资料稀少时的必然反映，竟然曾经吸引并抓住竞争的世界中经济学家的想象力半个世纪之久。

还有进一步的考虑。社会实验只有对政府来说是可能实行的，如果根本是可能的话；而且只有对那些愿意干预人民生活的政府才可能。但是在一种严峻的自由主义—个人主义的气候中，这样的政府态度是违反它的根本信仰的。一种能够避免实验的研究方法是解决一项否则就无法克服的困难。似乎，经济理论能成为一种演绎的科学，有一些现成的、非常少的、必要的和充分的原理。这条吸引人的道路的性质一旦被人掌握，人们就不由地想要去走。像科学史上常常发生的那样，个人随时随地会受到鼓舞或启发，而自己没有注意到，直到最后有某种理智的和社会的景象的特殊光辉使这些零星分散的黄金矿脉突然显露，联结成为一种引人注目的形式。这是我们在这里要讨论的大事。

尽管鲁宾孙处于那种不自然的境况中，他也会有经济问题需要解决。正是为了这个原因，人们常常提到他的名字。可是来了仆人"星期五"以后他们变为相互影响的时候，这些问题就更有趣了。埃奇沃思发明了用无差异曲线和契约曲线来说明那中心经济现象讨价还价过程，可是当鲁宾孙处于孤独状态的时候他不可能讨价还价。鲁宾孙局面和星期五—鲁宾孙局面的主要区别是，可以想象他在单独一个人的时候可能对他的有关环境有足够的知识，使他能够合理地行动，也就是，能够辨别并采取对他显然最有利的行为。但是来了一个第二脑筋即另一个选择者以后，这种知识只有通过最特别的安排和最靠不住的偶然事件才可能取得。只要有我们在研究的那个特殊选择者以外的其他脑筋存在,以及他知道或者承认的目前时刻以外的其他时刻,就能破坏可以证明的最佳选择的基础。合理性,作为不仅是显微镜下面的经济选择者的方法和基本程序,而且也是眼镜对着显微镜的经济分析者的方法和基本程序,因此在任何非鲁宾孙局面中提出两项迫切的要求:第一,要一个市场;第二,要一个没有时间限制的制度。在维多利亚以后的时代,人们终于认识到没有时间限制是一种特殊的异常稳定与平静的时代的幻想,这种时代,除了在安东尼或者维多利亚女王的海军下面,历史上很少出现;并且,作为经济分析的一种一般性和普遍性的假设,它完全脱离现实,这一点导致在两次大战之间的时期中边际主义的重要性降低。当然,如果认为边际主义的收获已成过去,那是很使人误解的。逻辑,像"大自然"那样,可以用干草叉把它抛出去,但是它总会回来的。不过,逻辑,纯粹选择的逻辑,自从 1936 年以来被看作只是一种束缚而不是一种完备的和有充分能力的指导。它提出一些禁例,但是没有明确地告诉我们应该做些什么。然而,边际主义解决了工艺学未能解决的一项重大困难。

这里我所说的工艺学指的是所谓经济现象的领域实质上属于看得出的和有形的东西那种观点。较早的经济学和杰文斯或者门格尔时代或者(说得更公道一些)戈森时代的经济学之间的区别,是一种物的经济学和思想的经济学之间的区别。劳动分工的效果是工业技艺这个课题中的一项原理——一项很普通的原理,但它与工业效率、技艺、操作过程的组织、制造而不是特别精巧的制造有关(你们也许会原谅我在这令人激动的时刻说得有点感情奔放);这个原理本来可以作为一种关于工业过程组织这个新学科的理想基础,关于未来是怎样的管理教育的精华;它可能已经打开了这条路,假如观察别针工人的那个人是工程师詹姆斯·瓦特而不是伦理学家亚当·斯密。当商品这个名词在关于价格和产量完全由竞争决定的理论中使用时,商品概念的作用基础是化学家或者物理学家或者家庭主妇在厨房里的作用,在做着物质的试验,要看出两件样品是否属于同一商品。基本的价值论是说明那些在讨论它们的价值以前其身份和性质已经确定了的东西的交换比率。这些商品是客体,由经济的主体评定其价值。可是自从人们承认不完全的竞争以来,就是,自从20世纪30年代以来,或者,说得再公道一些,自从1838年以来,客体与主体的概念已经变得分不开地混合在一起。两件样品是否属于同一类,是否能代表同一商品,是一个只能由买者回答的问题。两件样品是同一种商品,如果我和所有的其他可能的买者对两者之间的差别漠不关心,并且不愿意加以区别;否则它们是两种商品。在这一方面,工艺学作为经济学主流的一部分仍然存在。甚至今天人们还没有认识到,所谓价格和产量决定于竞争,用稳定的相交的供给曲线和需求曲线(彼此互不相关)那种旧的过于简单化的说法,指的是从技术上和物质上说明的商品,不是指思想商品而言。当经济学是工艺学时,价值根据技术的考虑。生产成本价值最适合工艺学的需要,因为它认为那些被评价的东西的物质特性处于支配地位,并且几乎是绝对有关的。如果那些东西深藏在岩石里面,就必然是有价值的,因为需要用那么多的劳动力把它们取出来。人们没有想到有必要再说明如果实际上是取出来了,它们就有价值,因为有人一定确实费了不少的劳动把它们弄到手，并且一定曾认为所费的气力是值得的。在生产成本价值论中，价值是事后发生的（确实像在所揭示的偏爱价值论中那样：经济学具有显著的循环性）。因此我们必须要问，我们所需要的是否仅仅是一种事后发生的对价值的解释？是否可以辩说，既然我们在研究的那个行为选择者需要在他努力争取自己占有一件东西以前就能看出它含有的价值，价值就应该是那位分析者也能事先看出的那样？对这一问题有一个答案，它也许能使我们满足于一种事后发生的价值的概念，假如我们是生活在稳定而宁静的和工艺停滞的时期。因为那时候一个人对某一段时间的事前想象一定会很像他对这一段时间的事后看法。具有一种不变动的经济的那个不变动的社会，不需要这种事前/事后双焦点的看法。但是这个答案牺牲了普遍性。甚至马歇尔也会对它不满意，因为，尽管他留下许多概念未曾系统地阐述、未曾分开、也未曾命名，他却习惯性地说到人们期待什么。

但是有一个比较深刻的和容易理解的论点，反对我们满足于一种物质的、事后的和生产成本的价值基础。因为，如果两种东西的相对价值，或者被认为价值相等而数量不同的两种东西的相对价值，必须决定于生产成本，我们应该采用哪一种成本呢。每单位的成本可能随着每单位时间所生产的货物多少而大大地不同。有关的产量会是怎样呢？它会取决于价格吗？但是我们正在使价格决定于产量。我们有两个未知数而只有一个方程式——工艺学上的方程式，它使一种东西的以另一种东西计算的成本（以及因此价格）取决于它们各自的每天生产的数量。边际主义所消除的正是这种"模糊不清"。边际主义提供所需要的第二个方程式，使价格和数量决定于一个成本表和一个欲望表；或者提供所需要的第三个方程式，使供给的数量、需求的数量以及价格决定于使供给的数量和价格发生联系的函数，以及规定的这两种数量的相等。这根有弹性的产量线的长度决定于张力、价值；但是，除非有一种拉力，或者线的两端都被锚定，是不会有张力的。生产成本只是一种锚地而已。

我们已经说过，经济理论本身由那对两个问题的统一答案构成，关于选择行为的方式以及人们所选择的行为路线两者相互作用的结果，如果选择的方式本身是竭力重视并利用那些结果。边际主义也具有类似的双重性质，是两种概念的融合。因为边际主义不过是（请允许我再发明一个词）最大限度主义或者最小限度主义，如果按正规的数学意义来想象。那是应用我们通过微分学提供的惯用方法，从而寻求一项论点——变量的那些数值，和这些数值相应的有一个决定于那个论点的函数的极值。这种方法的内容在于使导数等于零，并解答那个结果的方程式。但是使导数等于零，不会就给我们一个其中出现那个论点的方程式，除非有关的函数是"非线性"的。确保把一种物品的每天消费量所产生的总满足和每天消费量本身结合起来的函数的非线性，那是什么巧妙的情况呢？这是递减的边际代替率，或者（让我们适当地赞扬历史的表达方式）递减的边际效用，一种人类天性的事实。边际主义非常巧妙地利用了人类心灵的一种特性，或者人类处境或者整个事物安排的一种特性，来证明借助于最能普遍适用于正规的数学方法以及和任何特殊题材完全没有任何本质上的关系，完全是有理由的。

二、边际主义的一些预先假定

我们已经认为经济分析者具有一种特别的对人类事务的观点,并使用一种由于这种观点而引起的程序方法。人们对自己的环境运用理智,从而追求自己的利益。这样,如果分析者能详细说明他们的环境,他就能预测他们的行动。在这两个命题之间有一个没有说出来的前提,它对结果所产生的理论体系有重大影响。我们必须假设理智在每一时刻对个别的利益(每一个人或者商号)仅仅支配一种行动方针。这意味着,一方面,环境情况的某一种特性和人类利益的某一种特性,并且对这一点我们还要再来研究。但是也需要对所谓"运用理智"应该非常严格地来理解。因为,如果我们的命题所指的仅仅是每个人对自己从环境中偶然获得的一些印象的一种不确切的反映,以及在一些模糊的关于逻辑含义的概念的指引下一时冲动的反应,那就根本不知道会引起什么结果。特别是,不知道他的真实环境的什么方面和细节他可以重视,或者由于懒惰或无知而忽略。相反地,如果所说的他经过理智思考的行为指的是断然的行为,这个理智就必须严格地应用于人们充分了解的有关环境。人们可能认为经济理论在它的假设中忽视的和未能提供的正是这种必要的对环境的知识。因此,让我们把我们的两个命题中的第一个重新阐述一下。人们出于理性地行动。并且让我们把合乎理性的行为解释为个人能证明(至少对他自己证明)是对他最有利的行为。如果行为要能在这种意义上是合理的,个人对自己的环境的了解就必须相应地全面,并且他本人知道是全面的。那些环境是什么,需要有什么条件我们才可以相当正确地假定他了解那些情况呢?

他显然会需要对这个世界有一点工艺技术上的了解,但是我们不准备考虑技术知识的发展问题。我们将假设他对于事物的有形结构以及事物如何运行有某种一贯的想象。如果这种想象按某些标准来看是原始的,那没有关系,因为我们将要说明它的改进问题不会发生。他必须也充分了解他所知道的每一批可以得到的各种货物的供给对他的情绪的影响。他的舒服生活和工作效率取决于各种特殊货物的每天或每周供给的程度,必须完全确实可靠,而不是一种推测。因为允许推测和需要推测,就会破坏确定性。谁能知道我根据各式各样的印象和启发可能作出什么样的猜测呢?

然而,除了这一切以外,还有一种不同的需要。如果个人对自己的行为的选择要能证明对他是最佳的,他就需要知道别人正在作出什么选择。因为他们的行动的性质不可避免地一定会影响他自己的结果。这个需要是经济学要说的许多话的基础。因为,当然,凡是我们说到"个人"的时候,我们指的总是一般的个人,任何个人。对一个是真实的东西,承认一个是那样的情况,就必须承认对每一个其他的人都是那样。所有的个人,如果他们每个人都要合理地行动,就必须在作出自己的选择时,同时要了解每个其他人在选择什么。每个人必须能任意选择,但是每个人必须知道别人会选择什么。在这种自相矛盾的论点中,在它逃避这一点的方式中,我们看到经济分析处于最佳状态。一般均衡,在它的能力和局限性方面都是一种值得注意的想法,它通过假设各种选择的预先调和来解答问题。它解答合理的选择这种似是而非的论点的能力,从理智上来说非常巧妙,必须让它支配我们的思想。但是这种能力是以我们正在研究的那些选择同时存在为先决条件。如果我们要断定人们的行动的世界是有理性的,那个行动的世界或者行动的体系就必须包括每一个行动:必须完全没有例外。如果所有的这种行动是同时的,那我们所研究的那个世界就必须被认为是一种没有时间限制的或者瞬息间的世界。合理性和时间是互不相容的。这是分析者由于他所选用的方法而使自己受到了严峻的限制,但是必须认为边际主义归属于这种方法,如果它要有充分的意义和作用。

边际主义本质上属于一般均衡的概念,并且只有在这一概念中起它的作用。边际主义是具有理性的世界的一个方面,一个有理性的世界在本性上必须是一致的。一个有理性的世界不可能只是部分地合理。在一条运行得乱七八糟的铁路上,人们不可能是效率高的旅行者。如果不知道有什么列车要开出,就不知道怎样最好地计划自己的旅程。边际主义是逻辑,逻辑要能应用就必须掌握充分的数据,而那些数据,要能充分就必须适用于那个正被检查的整个系统。

部分均衡的概念在盎格鲁撒克逊经济学中发生重大作用,但是它的特殊性质和目的人们应该时刻记住。它基本上是一种洞察的手段,我们差不多可以说是一种教训的方法,依靠一些显然把它排斥于甚至那种范围最受限制的现实主义之外的假设。因为它依靠假使其余情况均保持不变,而这一条件就使得部分均衡的结论不可能建立,或者,像统计工作者说的那样,被扩大为一种对整个系统的说明。当人们试图把所有的局部均衡拼在一起组成作为整个系统的面貌时，显然各个均衡不得不因此而放弃它的那种以假使其余情况均保持不变为条件的假设：当所有的局部系统（整个经济的小块块）相互调节时，各种情况就不再保持不变了。如果全面的调节顺利完成，结果是一般均衡。一般均衡要求普遍的、完美的有关知识。

19世纪70年代初期，经济理论家面临的选择是：一方面，坚持（严格规定的）合理性作为他的世界模式以及分析这种模式的程序的基本原则；而另一方面，放弃要把人类事务的经济方面看作一个独立、统一的和单纯的整体，它的各项特征会反映同一的自然法则。边际原理，把逻辑的普遍性（微分学在找出一项函数的极值中所用的绝妙方法）和能够看透人类天性对它的欲望和稀少性在彼此对抗中的反应的一般特征的那种洞察力结合在一起，可以使他的发展方向肯定有利于统一性、单纯性和完全可以理解性。我们不认为人们已经认识到这关键的一点。阿尔弗雷德·马歇尔仍然毕生致力于想法逃避这一点，通过利用局部均衡和故意使论点含糊不清。他这样做的时候完全知道最后会弄得自相矛盾。像马歇尔这种模式的经济学家不得不变幻无常，碰到一种新问题就改变他的假设、态度和方法，而准备从各种互不相容的假设中吸取一些洞察力的精华；用一种超逻辑的或者非逻辑的程序把它们拼凑在一起，不管它们的种种矛盾。

三、边际主义与衡量标准

由魁奈开始的把经济社会表现为一个系统、一个有机体和一个统一体的这项工作,基本上由边际主义者完成了。魁奈的新发明(也许是受到他作为一个医生而熟悉的生理学的启发)是发明了相互需要的或者相互辅助的活动系统,一团绞在一起的活动,每一活动支持着作为一个整体的系统,同时也受到这个系统的支持。活的动物可以作为说明这个概念的例子,并且没有疑问引起了这个概念。器官和它们的功能构成一种东西,它只是由于这些元件的联合存在和操作才能运转,而各个元件除了作为活的动物整体的一部分就不能有继续不断的生命。魁奈的比拟说明了农民、业主和工匠是必要的,各人对大家以及大家对各人相互需要。再则,他们的活动必须由各人以一种适合于其他人的规模来进行。对于从一个部门到另一个部门去的货物流量大小有一种工艺上的限制。例如,工匠必须直接或者间接地从农民那里得到足够的原料,才能够制造他们用来交换原料和生活必需品的货物。然而,工艺上的限制没有大到能够决定流量。假如业主们对制造品的爱好比较浓厚(相对于他们对食品的爱好而言),也许(如果我们根据我们自己的眼光来考虑这个问题)那些工匠就可能从他们手里取得较多的食品供应。由任何部门供给的流量的总值,仍然可能被证明为等于它所接受的流量的总值,即使有关的实物数量已经改变。除了仅仅工艺技术上互相需要的原则而外,我们不需要一点其他的东西来完全说明"经济表"。这其他的东西是参加者的爱好。主观的边际主义的概念使我们有可能把这个"经济表"改为"一般均衡"。

当然,这个"表"的独立性和自给自足性对"一般均衡"的观念是必要的。一般均衡是一种交换的均衡,这些交换形成一个封闭性的系统，没有漏洞或者不列入最后结算的数量。这种自给自足性对宏观经济的社会概念是同样必要的。凯恩斯学说的中心，在它的算术方面，是产量作为一个整体必须被吸收在或者消费或者投资里。这两种概念因此都涉及会计工作，涉及一种加法的程序。可以加在一起的东西，由于这种程序的需要，或者本身是分等级的数量，一度的实体，每一个数量由一个数目代表，或者否则就是明确的排列整齐的一批这种数量。"经济表"或者列昂捷夫的系统或者凯恩斯的宏观经济体系的部门之间的流量，是由说不清的多种多样的真实货物构成的。怎样能把它们表现为"具有可加性的"呢？答案可以说是使得经济学成为可能的那种东西，价值的概念。然而，价值不是存在于物品本身的一种东西，像质量或者体积那样。价值是从一件物品的特性和一个人的欲望或者需要之间的关系产生出来的。价值是主观的。那么，价值怎么能作为一种公共的衡量标准，被社会的所有成员承认为一般通用的标准呢？一件特定的物品的价值，或者一定数量的某种商品的价值，怎么能对气质、性情和环境大不相同的个人都是完全一样呢。价值的公共有效性是通过市场取得的。在市场上交换物品的那些人调节他们每天或者每周（等等）提供的或者需求的数量到这样的程度，使得在边际上他们的爱好、他们的替代率都符合市场价格，这些市场价格当然是个人爱好作为一个总体的总的反映。边际上的平衡这一概念，使得人们可能对范围广泛的多种多样的货物有一种分等级的衡量方法。边际主义提供衡量的标准。

这种衡量标准当然和长度或者质量是大不相同的东西，长度或者质量是一件物品本身的属性。估定价值是某一个头脑的行为。许多的情况和考虑影响估值,而这些情况和考虑除了通过这个头脑就和那有关物品没有关系。特别是,那位估值的个人应该收到的某种物品的一天的或者一周的数量,会影响他愿意为额外加购一天或者一周的数量所付的价格。通过改变他对这种物品的纳入量,他可以改变某种其他物品的每周数量,或者改变一般购买力,这样做他会认为恰好补偿所损失的一个边际单位的有关物品。这样他控制着自己以一种物品代替另一种物品的边际代用率。可是他将从用于全部这些特殊物品的一笔支出中取得最大可能的预期的满足,如果他适当地调节所购买的数量,使得他的边际代用率相等于这些物品在市场上互相交换的比率。当社会的每一个成员都已经像这样调整了他的采购清单时,关于这两种物品的相对价值就会出现有效的一致性,而这种一致性将附着于市场价格,这市场价格本身是众多个别的边际估值全部结合在一起的结果。这两种物品相互以对方计算的价值因此是公开的和普遍承认的事实。暂时,对各个私人来说,这些价值和晴雨表的读数同样地代表一项客观的事实。会计人员和统计人员将抓住它们,用作公司账目和国家账目大厦的建筑材料;它们将被算进国民生产总值、增长率和收支差额。边际原则将从主观的复杂性中想象出分等级的客观性和公开承认的测量标准。

主要的不可思议的一点,对亚当·斯密和他的古典派传统方面继承人最难捉摸的和最重要的理论问题,是总产量的分配问题。他们讨论这个问题的时间之长和在解决问题方面取得的成功是成反比例的。这一问题没有能透彻地和完全地解决,直到边际主义者在第二次冲击的浪潮中使这个新武器对生产要素市场施加压力,就像他们二十年前对产品市场施加压力那样。假如有人问谁是数理经济学的创始人,库尔诺的高明的专家风格和气概会使他获得这个称号。但是另一个人的名字值得一提,作为一些对经济学家特别重要的概念的发明者。经济理论工作者队伍中的一名应征士兵,完全不知道他的困境,就是尤勒——发现定理的尤勒。(当然,他有其他的成绩:尤勒的微分方程是收税路定理的一般基础。)得到尤勒的似乎是死后的帮助,边际主义者解答了所得—分配问题,在他们自己的研究范围以内,借助于边际产品递减、规模的利润恒等,以及完全的竞争这些概念。三者之中的头两项给我们一个"生产表面",这是由一道被放在三根互相垂直的轴线的原点处的表示光的直线所产生的,它起初和那两根"横向"轴线恰好重合。这是线性齐次的生产函数。第三个概念"完全的竞争"使得这种线性可以用价值也可以用物质的东西来表示。说明在这些条件下产品恰好耗尽,这是威克斯蒂德、威克塞尔和 J. B. 克拉克的工作。但是让我们转而考虑欧文·费希尔的看得见的立体(三维的)几何学的优美的简单朴素性。

它的主要元件是一个严格的长方形平板,它的一个角落放在坐标系统的原点,而斜对角接触到面上的某一点,这个点通过使平板的邻接边垂直地放在那两根横轴线的上方来测定。这样,我们就使平板接触到那个面,沿着一条直线通过那原点以及代表我们准备要研究的要素数量和产品数量的实际结合。它也和坐标系的两面垂直的壁相接触,这个,如果我们称垂直轴线为 z,就是在 yz 平面处的 xz 平面。现在让一个蜘蛛从生产点例如 (xi, yi, zi) 开始,沿着平板的一个边缘走过去,走到 yz 平面为止。我们可以大致带有一般性地说这蜘蛛所走的这第一段是下坡。到达 yz 平面时它走成一个直角的转向,走下平面的贴近的那个边缘,沿着它和 yz 平面的接触线走,一直走到原点为止。它现在已经"耗尽了全部产品"zi。但是在这样做之中,它已经按生产要素 x 的边际产品率付清要素账单,因为那边际产品是由蜘蛛走过的第一个边缘的斜坡代表的,那就是,横向平面中平行于 x 轴线的那个边缘,而所使用的要素 x 的数量是由蜘蛛沿着这第一边缘所走的那横向部分代表的。现在,这蜘蛛在走下第二个边缘中也已经付过要素 y 的账单,所根据的论点和关于要素 x 的论点完全相同。它已经准确地付了两种要素账单(每种一份),并且在这样做之中恰好耗尽了全部产品。它已经超过了尤勒。

在这"加起来"的问题以及对它的解答方面,我认为,边际主义被证明为对经济理论是不可少的。对那种我们称为价值论的抽象的、概念化的解释来说,这"加起来"的问题是关键性的考验。一切决定于此。能够证明魁奈的自给自足的、闭关自守的经济可以用一种符合那压倒一切的平衡和自给的条件的原理使它明确起来,这是最后的胜利。而且,这一真理,如果得到承认,就说明另一个真理。经济理论不可能是一种逻辑上统一的、万能的和完善的全面适用的体系,能够解答一切问题并调和各种见解。因为一般的、合理的均衡必须是没有时间限制的。合理的行为一定是有充分知识的行为,必要的资料包括别人正在做出的选择,每个个别的利害关系方面需要知道所有的其他个人正在做出的选择,要做到这一点只有通过有系统的预先调和,这就必须包括我们的讨论领域所关心的一切选择。因此这些选择必须同时做出,做出一个选择就包含并预先假设一切其他的选择也在被作出。然而，一种没有时间限制的解释对真正的"事物安排"——人类意识的范畴在于永远不断的探索——有什么可说的呢？一个世界，如果那里的知识已经完全，人们知道一切，它和一个在那里选择是关于未来而知识只是关于过去的世界有什么关系呢？选择、作出决定、制订政策、经过慎重考虑的行为整个这一套，其所以有必要，是由于我们时时刻刻被引进一片空虚、一个没有看得见的事实的空间。在一般合理均衡的预先假定和人类的实际情况之间有一种绝对的矛盾。但是一般均衡不可缺少地阐明我们所关心的问题。我说经济学家的重要理论作品一定含有一些似乎彼此不协调的描写时，指的就是这一点。我们不能期望全面研究整个问题而不时常调节我们自己的精神状态。

我们的这门学科里有一些极重要的主题完全不利用边际原理。因此似乎是，这些主题与经济节约无关，与人类探寻资源的最佳用途无关。在所著"关于简化货币论的意见"那篇高明的论文里，约翰·希克斯爵士注意到传统的数量论中没有边际分析的用武之地。[①] 确实，以 $MV=PT$ 的形式来表示的数量论不提到选择、偏爱或者效用，只是纯粹机械的。在数量论的剑桥形式 $M=kY$ 中，它确也讲到人们想要保有一笔货币贮存，等于他们的收入的一定比例。但是，即使在这里似乎也没有边际差额的观念。在《通论》中，凯恩斯说"我们可以假设，把货币数量和利率联系起来的流动性优先程序，是由一条平稳的曲线表示的，它说明利率随着货币数量的增加而下降"。当然，一条平稳的曲线可以被区别，这

[①] 《经济学》季刊，(没有详细说明)第 2 卷，第 5 期。

样凯恩斯的话里显然含有边际概念。然而，连他似乎也不明确地使用边际的术语。货币论和价值论两者在专用名词上的最后合拢，是约翰·希克斯爵士在他那篇出色论文里取得的成就。那篇文章里有一点使人迷惑不解。虽然《论货币》早已提出人们想要贮存一部分货币的投机性动机（对"两种观点"以及金边股票市场上哄抬价格的做法的讨论中含有此意），希克斯却没有使它处于似乎应得的那样显著的地位。但是，希克斯在他的文章里做到的实际上是把凯恩斯所说的人们要用流动的形式保持资产的两种有效的动机①——交易的动机和投机性的动机——统一起来。希克斯说明，当人们宁愿持有货币而不愿持有货币可以购买的产生收入的资产时，这是因为投资于这种资产需要费用和冒险。由于使货币论明确地边际主义化，希克斯为威克塞尔和凯恩斯（暂且不谈李嘉图）的研究成果作了最后的润色，他们把相对价格论和绝对（就是货币）价格论在一个整体内结合起来。即使在这里，仍然有困难和疑问。

在一种关于合理行为的学说中（这种学说，理所当然地只能配合到一个不受时间限制的系统里）货币起什么作用呢？因为，货币被赋予价值，只是由于它能交换其他的东西。在一个无时间限制的世界中，拿一种由于它本身的特性而可供享受的东西去交换一种本身没有内在的可取性的东西，那有什么用呢？货币这种资产使一个人可以推迟决定要买什么。它使他在卖出一件实物时可以不必像以物易物那样要决定接受什么其他的东西作为交换。在一

---

① 小心预防的动机可以通过持有非流动性资产而达到目的，假使不是因为它们在此期间有货币方面贬值的危险。但是这样的一种担心资本损失，简直是投机性的动机。

个假定那里没有推迟的可能性的世界里,没有货币的用武之地。预先协调必须用所需求的物品本身来计算。货币带来期待和变化无常的麻烦,人们眼前出现了无限的幻想境界,确定性必然消失。

让我来谈谈在我的议论的这个阶段可以有理由提出的一个论点。即使用边际分析来研究的那些资料可以说是仅仅虚构和猜测的东西,难道这就使得逻辑的运用无效或者显得荒谬可笑吗?也许我们不得不根据猜测来进行研究,但是如果是这样的话,我们根据猜测引申出行为和政策,会不会是不合逻辑呢?我认为这里有两个问题。第一,如果它们用作计算根据的全部基础容易发生突然袭击的和范围广泛的变动和剧变,精细的调节是否值得?推测和边际主义是不容易驾驭的一套车马。第二,难道边际主义不是想要提供可靠性和准确性,可以没有疑问地指引到最有利的行为的正确的特性吗?在一个不断猜测、发明和一心一意谋求改变工艺技术和爱好的世界中,边际主义肯定是不合适的。这个容易变化的不稳定的世界已经大大地加快了维多利亚时代那种可能控制的变动步伐。在这种世界中边际主义一定已经失去它的一部分支配力量和切合实际的性质。

然而,如果没有一个连贯的结构,如果不注意将会构成一个有条理的、合理的、统一的关于事物的经济机构的那类东西,我们是无法弄清楚事物本义的,即使从最实用观点出发和怀着最实用的目的。从一地至另一地在寻找自己的道路中,我无法看清这个巨大球体的路程,因为那里有着街道、山丘、江河以及各种地理"褶皱"。但是地球行星作为一个椭球体的概念,并不因此而被排除。

回顾与展望

A.W.科茨

一

假如马克·布劳格原来的可能引起争论的标题"从来没有边际革命"证明是有道理的,这次贝拉焦会议就是以纪念一项"虚无"的事件为借口而召开的。[①] 这是一种会使人不安的景况,因为,已经明显,没有一个思想健全的人愿意早离开塞尔贝洛尼别墅!幸而事实证明这样的极端行动没有必要,因为尽管大家都认为"革命"一词太具体、太惹人注目,用来形容经济学上边际主义的出现不甚合适,特别是如果以库恩学说的意义来解释;大多数会议参加者认为杰文斯、门格尔和瓦尔拉的贡献构成经济学说发展中真正的里程碑或者突破。即使如此,要在关于他们的贡献的共同特点方面取得一致的意见,还是非常困难。仔细研究他们的著作以后,大家倾向于把注意力集中在他们的相同点而不是在不同点上。起初埃里奇·施特赖斯勒怀疑是不是门格尔可以恰当地称为边际主

[①] 读者会注意到这修改过的题目采取一种比较是守势的、疑问的方式。然而,由于布劳格的论点的主要锋芒仍然没有改变,因此认为这样的修改就证明学术争论只不过破坏必然性并代以微妙的怀疑,是错误的!

义者，他说杰文斯学说的、奥地利学派的和瓦尔拉学说的思潮之间有非常显著的不同之处，如果认为它们是一个整体的组成部分，那会引起误解。这一争点提出来几次，但是最后大家一致同意这三位著作者都抛弃了生产成本价值论，并承认了消费者均衡在所有买进的商品的边际效用都是和它们的价格相称的这一点上的重大意义。因此，如果实际上有一种"重复发现"——下面第二节中考虑的一个问题——这就是它的核心。

除此以外，大多数参加者也承认这三位现代边际主义共同发现者的其他共同的特点——他们强调与供给对价格的影响相对的需求（"主观的"）；从宏观理论转向微观理论的趋势；缩小经济学的范围，集中于研究分析本身，而不是研究如何应用于实际问题；推动人们致力于协调价值论和分配论；以及提高语言和方法的准确性，特别是（除了奥地利人）通过使用数学。

当然这些结论没有什么了不起的新颖之处；也没有齐心协力地评定各种因素的重要性。但是，既然人们都知道在一群经济学中要取得一致的意见非常困难，这些结论是值得记录下来的。并且，虽然没有想要把库恩的范例概念或者他的科学革命论用于19世纪70年代的新经济学说上，但库恩式的轮廓指出有关的问题，有助于使我们讨论的中心显得更清楚。例如，在多大程度上边际革命构成一种和过去的决裂？在多大程度上那些重要概念的一部分或者全部在古典文献中已经存在？究竟有没有一种由于生产成本价值论的人们公认的缺点而引起的理智"危机"？那些新的理论是消除了继承下来的理论上的或者经验主义的异常之处，还是仅仅使人把注意力转移到新的、至今没有被人认识的问题？当然，这个清单还可以大大地扩充；在贝拉焦人们对这种问题非常慎重地考虑，联系到杰文斯以及英国的传统。罗伯特·布莱克和乔治·施蒂格勒所强调的功利主义的作用在这里特别有关系，尼尔·德·马希的论文则代表一种想要描写杰文斯的《理论》的理智背景并说明他的一些前辈所以未能实现早期边际主义中含有的可能性的真正原因。这个例子使人想到需要对德国和法国的经济著作进行仔细的比较研究，那会揭露门格尔和瓦尔拉的前辈的真正理智的特质和局限性。①

二

虽然库恩的一些想法在会议的讨论中没有显著地引人注意，但罗伯特·默顿的重复发现概念在几次开会时被提到。大家同意布劳格在他修订后的论文中扩充对这个问题的论述，因为这是经济学史上总的解释问题的一个方面，一个作为我们的一切考虑的基础的问题。在这里我趁此机会评述他的观点。

布劳格正确地强调，如果"重复发现"被看作仅仅是一再发生的但又是孤立的和偶然的现象，人们对它们的兴趣就有限，他认为，要使人们对它们感兴趣，只有把它们看作一种解释性模式的组成部分，并且这个模式的基础是所谓"一种科学的发展在一定程度

---

① 当然，关于这些方面的很多准备工作已经有人做了。参阅，例如，上面雅费和哈奇森的文章；以及埃米尔·考德的《边际效用论的来历》（普林斯顿，1965年）。

上是可以预言的那种想法"。① 但是,后来在论文中讨论到边际效用经济学的传播时(相对于起源和出现而言),他退一步承认一种比较不那么严格的标准,说历史学家不需要预测、"回溯"或者甚至解释,而是仅仅需要"使过去的事情可以理解"。"可预测的"和"可理解的"两者之间的区别是重要的,因为布劳格很知道20世纪40年代以来在科学思想家和历史学家中间断断续续拖得很久的那场关于科学和历史上的解释的性质的论争。据我看来,布劳格在他的论文的第3节中提出的标准过于严格了,他否定默顿的"重复发现"概念可以适用于19世纪70年代的所谓边际革命。

当然,很清楚,19世纪中叶的经济学和默顿心目中那种高度制度化的、人口稠密的科学社会大不相同,在那种社会里一再的重复发现是很平常的事,几乎不值得注意。但是默顿毫不犹豫地把他的"重复发现"概念应用于布劳格的所谓"成熟的科学"以外的其他情况。② 我们承认,在1870年以前的十年左右中"科学的"经济学家人数有限,当时的通讯水平不完善,杰文斯、门格尔和瓦尔拉各人逐渐形成他们的思想时所处的社会经济环境中知识界风气和主导经济思想方面有重大的差异。但是,肯定不需要像布劳格那样地要求有"一种19世纪60年代的经济科学……一种全世界经

---

① 布劳格的《有过边际革命吗?》,见上文。在这篇附言的第2节里,有关这方面的原始资料将在正文中引证。
② 布劳格,第2节。默顿在他的论文"科学发现中的单一发现和重复发现"中(载《美国哲学会学报》,105,第5期,1961年),选了他所研的十九和二十世纪的重复发现的大多数例子。但是他又说重复的概念有事实为证,已经"流传了"三个世纪。同上书,第477页。

济学家共有的传统,他们研究同样的论文、阅读同样的刊物、在分析属于同样范围的问题中使用一套同样的工具,作为边际主义'重复发现'的先决条件"。也不需要坚决认为"边际效用经济学在某种意义上是必然会出现的""一种完全可以预测的现象",或者"像这样的经济科学不可避免地会发展到大约在19世纪中叶发现边际效用"。历史学家所关心的是盖然性而不是必然性,是"以经验为根据的和可能发生的事态",而不是"不可变更的逻辑上必然的结果"。① 因此,尽管不可能解说这些发现的具体时间和地点或者为什么作决定性突破的是杰文斯、门格尔和瓦尔拉而不是某些其他的个人,但似乎没有理由要放弃那种假设,所谓他们的贡献代表了经济分析的进化的一种自然的和并不出人意外的(虽然决不是不可避免的)产物,②这种分析是"由想要精练、提高、使其完善的愿望促使前进的,这是经济学家和所有其他科学家共有的"。③ 确

---

① 参阅查尔斯·弗兰克尔的"历史上的说明和理解"一文,见《历史的理论》,帕特里克·加德纳编辑(格伦科,伊利诺斯州,1959年),第416页。

② 有人说得很好,历史和一出戏的发展相似,每一步都可以解释,即使不是完全可以预测的;因为,"有了直到某一阶段为止的资料,就有许多可能的情节发展,其中没有一种似乎是不可解的。……说明是回顾,预测是前瞻的……因此,选择的自由(在未来的不同目标之间的选择)和每一件事都有原因存在这种说法是不相容的"。迈克尔·斯克里文的"自明之理作为解释历史的根据"一文,见上加德纳编《历史的理论》,第470页。

③ 马克·布劳格:《经济理论回顾》,第2版(霍姆伍德,伊利诺斯州,1968年),第xi页。已经几次从一种温和的相对主义观点批评布劳格的"绝对主义"方法以后,作者感到这样地把我们各自的原来信念似乎颠倒过来有点趣味。然而,我们的分歧没有疑问是一种程度问题,而不是本质问题。在他的修改后的贝拉焦论文中布劳格不否认在19世纪70年代有一种突破,虽然他反对用"范例"这个词,而宁愿说1875年以后经济学家们逐步形成了"一种新的对他们的研究日程的见解"。

实,没有这样一种解释,边际革命在时间方面的近似巧合就仍然难以理解。①

这一论点的主要理由可以简略地说一说。这三位"共同"发现者基本上与同样的一些根本问题有关,并且,在某些重要方面作出同样的解答。② 说他们的发现是偶然的,并不是说这些创新者不知道自己在干什么;相反地,这些新发现都是严肃的科学的思想家们慎重的和自觉的致力于研究价值论和价格论方面一些没有解决的问题的直接结果,这些问题久已被认为妨碍人们分析和了解市场现象。这些问题不是外表的,而是经济科学的中心问题,三位"共同"发现者都知道他们的研究结果的科学重要性,虽然他们(因为他们仅仅是人)不可能预见后代经济学家的长期反应。当然,他们提出和传播各自的成果的方法大不相同,差异之处主要地起因于个人特性。然而有重大意义的是,在比较短的一段时期内杰文斯和瓦尔拉两人都理解到并且朝气蓬勃地宣告他们的研究结果的重要性,表现得和许多其他在科学上有所发现的人完全一样;另一方面门格尔虽然比较不善于自我宣传,也不是那么激烈地背叛传统,却成了经济学史中最有条理的和最严谨的一个学派实际上的领袖。

布劳格完全正确地提醒人们过分依赖事后认识的危险。但是

---

① "所有的解释都是为了要消除某种障碍。这些解释致力于削弱令人困惑的和难以理解的事物以及种种障碍的力量,直到它们完全不存在。"见罗伯特·布朗的《社会科学中的种种解释》(伦敦,1963年),第41页。

② 参阅上文,第2节。

历史学家承认不能预测或者"回溯",他能用什么其他方法进行工作呢?[①] 就眼前这个例子来说,事后的认识是无法逃避的,因为任何一项发现或者一批发现在科学上的重要性很少立即被人认识;必须等待有关科学界的集体判断。这种判断既不是永远固定的,也不是不可改变的,同时也不应该假定吸收这些新发现的过程是可以预测的。这些考虑都有助于说明"历史给那些创始人带来令人啼笑皆非的命运"。再则,边际效用分析拖延得很久才被人接受这一点,并不证明它是一种异常的东西,一种剧烈的、完全无法解释的和过去决裂;它仅仅证实我们现有的知识,认为科学界范围既小又没有组织,成员们对这一项特殊的新事物没有反应,而且彼此之间不能充分地通讯交流。确实,像布劳格坚决认为的那样,"边际革命"概念是一种迟延的历史重新解释的产物;但是同样的说法对于重复发现这一事实却不能适用。这一点,杰文斯和瓦尔拉很快就正确地察觉到,他们不仅不久就了解彼此所做的工作,并承认这种工作的重要性,而且也很快就发现几种早先预期的情况,这些他们认为可以进一步证明他们自己的那些发现的意义。门格尔也是这样,不久以后他就看出了他自己的工作和他们两人的工作之间的共同因素。阿尔弗雷德·马歇尔不仅承认杰文斯的一些设想的意义,而且认为"重复发现"在经济学的历史上是惯见的和常常

[①] 为了答复这个问题,布劳格提出"反事实"的历史。我肯定会欢迎人们试图把重复发现假设应用于经济学史上一些不成功的有所主张者,例如马克思主义者、消费不足论者或者货币狂热者。即使如此,凡是熟悉那些所谓新经济史学家的工作的人,没有一个会过高估计经济思想史方面成功的反事实分析的前景。

发生的现象；①另一方面在美国，J.B. 克拉克后来承认他自己单独的发现和19世纪70年代的新思想有相同之处。既然我们所关心的是盖然性而不是必然性，这些事实就足以证明杰文斯—门格尔—瓦尔拉的那些发现不是仅仅偶然出现的情况。并且，这种看法得到我们所知道的布劳格提到的那六项预期的支持，这有助于进一步减轻我们对于他们三位发表研究成果在时间方面近于巧合的意外之感。

就我们知道的来说，边际主义的重复发现只在西欧和美国发生。因此，没有理由要求它应该是"一种19世纪60年代的经济科学……一种全世界经济学家共有的传统，研究同样的论文，阅读同样的刊物，在分析属于同样范围的问题中使用一套同样的工具"。大体上贝拉焦会议参加者倾向于强调1870年以前英国、法国和德国经济思潮之间的不同点而不是相似点。然而，既然我们对于这一时期中经济思想在西欧传播的情况知道的有限，我认为如果说立刻就不考虑杰文斯、门格尔和瓦尔拉有可能在某种程度上吸取了一种"共有的"思想传统，那仍然太早。因为，毕竟他们是以各自的不同方式对生产成本论作出反应；并且在个别几个欧洲国家中还确实有一些共同的基本经济观念。我们承认，大多数会议参加者觉得大家共同的传统主要地包含一些不成熟的思想意识和过分简单化的政

---

① 参阅马歇尔致 L.L. 普赖斯函，以上科茨在论文"边际革命的经济和社会的来龙去脉"中引用，原注10。在默顿的"单独发现"一文中（原文第475页），他引用麦考利说的话，说"现今政治经济学家普遍接受的地租学说是差不多同时由两个互不相关的著作家提出的。以前的理论家长期以来围绕着这个问题在摸索；最不细心的研究者也不可能老是找不到问题的关键"。这是不是经济学中又一种"在一定程度上无法预测的发展呢"？

策建议。然而,在作出最后的判断以前,重新考查科学思想的渊源和关系,而不是研究那些比较明显的一般潮流,也许是可取的。

三

除了重复发现这个问题而外,知识史上的解释问题也是在我们的全部讨论中为什么一再提到环境对经济思想的阐述和传播的影响的原因。人们注意那些直接冲击知识分子的环境情况——舆论、讲学机会和研究机会的性质和可得性,以及科学家之间的通信渠道——远远超过他们之注意那些比较一般的社会经济的情况——经济发展的阶段、繁荣的水平,或者社会的结构。因此,先解决后一类然后再考虑专业化和学院化的问题,是方便的。环境对个别经济学家的影响,将在下面第 4 节中结合传记在经济学史上的作用来考虑。

虽然我们贝拉焦这一群人中没有环境论信奉者,有些个别的会议参加者却不愿意赞同本文作者这样强调有关经济思想发生的内部条件。[①] 例如,施特赖斯勒认为门格尔关心商业危机和商品的可销售性,可能是由于他对萧条的经验;他着重讲垄断,也许反映奥地利国内的运输条件不够,19 世纪晚期和 20 世纪初期大规模企业的发展也许说明边际主义后来被应用于价格政策的问题。然而,这些意见的最后一项受到乔治·施蒂格勒和唐纳德·温奇两人的怀疑。几位会议参加者试图用环境论的说法解释边际主义

---

① 参阅前面科茨的"经济的和社会的来龙去脉"一文的附录。接下去的一段只是提供了一个引起争论的问题的实例。

者之全神贯注选择问题和分配问题，罗纳德·米克热心于研究有人提出的假设，那认为杰文斯之所以这样重视自然资源的稀少，也许是由于他在英国和澳大利亚经历的大不相同的情况，在那里靠近未开发地带的边远社会中资源之丰富给他留下了深刻的印象。松浦保认为边际主义在日本被人接受的情况由于当时人们对供求不平衡的关心而受到影响，这一意见引起了一些争论，因为另一些人怀疑这不是一个代表稀缺或者过剩的问题。再则，很难领会这些环境条件和松浦认为在说明日本经济思想的发展中非常重要的那种意识形态的动机之间的关系。最后，布劳格批评了克劳弗德·古德温的假设，所谓边际效用论是奢侈品，只有在经济已经发达到一定阶段的国家中才生产（或者消费？），这种意见引起了几种关于一个特定社会中国民生产总值和知识发展水平之间的关系的评论。根据皮耶罗·巴鲁奇关于意大利情况的说明，似乎边际主义比较快地被吸收，主要是由于意大利文化和西欧文化之间的相容性，而不是由于意大利国内的社会的或者经济的条件。

在我们的全部讨论中，一般的社会经济情况通常只是顺便地提一下，为了可能对某些特殊问题有所启发，而不是作为一种全面说明的模式的组成部分。对比起来，直接影响知识分子的环境因素受到充分得多的研究，特别是有关大学以及经济学专业化方面。个别的会议论文曾提到边际革命标志了现代专业经济学的开始，或者边际主义的概念直接受到了正在改变的学术研究条件的影响，在我们的讨论过程中大家曾致力于区别专家主义本身以及学术的或者理智的价值和标准。不用说，关于术语的选择没有一致的意见，大家也不想接受施蒂格勒那种简单明了的定义，把一个"专门家"解释为收取报酬的专家,有别于业余人士。一个"专门家"的习惯定义中的大多数因素受到相当的注意,例如收入的来源、工作的类型、问题的性质、专业知识的水平和自觉性(对专业特性的认识)的程度。但是大家认识到,专门职业的性质可能一个社会里和在另一个社会里不同,而且时时变化,并且关于"经济学的社会学"的这些方面的研究工作还处于初期阶段——虽然在迅速发展——没有人作大胆的尝试,提供一种具有历史意义的对各种因素的综合研究。

在考虑学术研究条件对边际主义传布的影响方面,施特赖斯勒是最热心和最坚定的环境论者。他的关于门格尔的维也纳"保护圈"的叙述,可能在一些英、美代表中引起了妒忌的情绪;并且,他已经同意在他修订后的论文中扩充对这些问题的论述。大家一般地承认,建立大学讲座对发展科学的经济学既不必要,其作用也不够大;这不是仅仅因为数量和质量的差别。例如,18和19世纪中意大利设有几处讲座,但是,像德国的财政学者那样,任职人员在今天很少会被看作真正的经济学家。这引起了在确定工作范围方面困难的语义问题;施蒂格勒强调分析能力作为经济学上科学成就的主要标准,其他的人则主张实用经济学方面的专业化也应该予以考虑。早期意大利和德国的教授对实践比对理论更加关心,但是在19世纪晚期欧洲大陆的大学中,教授是国家公务人员这一事实并没有妨碍他们从事于理论性很高的严肃认真的学术研究。在这些情况下,正如在盎格鲁撒克逊传统中一样,大学里用的教材和学生从事的职业不一定有关系;并且,所谓奥地利的财政部长往往是一些没有成就的经济学家,英国的财政大臣则往往是古典学者这种说法,引起了使人感到有趣的推想。

显然,强有力的人物和制度的情况可以直接影响经济科学的发展——例如,通过使这个学科的某些传统的部门永久存在。这方面的实例包括在德国被分为经济理论、经济政策和国家财政等三个部门;经济学在大陆派法律学校中的地位,在那里它得到适当的支持,但也受到抑制;以及在英、美的大学里很难建立经济学的地位,因为课程被传统学科所支配。然而,最值得注意的是日本的边际主义经济学和马克思主义经济学两者之间异常的二分法。松浦关于这种情况的叙述,即使大多数会议成员感到有趣,又使他们困惑不解,人们想到在意识形态不同的教授们共同主持的考试中同学们写出理论上不一致的两种答案时的光景,觉得莫名其妙。

根据施蒂格勒的论文,对理智的、学术的,以及专业的价值和标准之间的关系作了透彻的检查。布劳格认为施蒂格勒的论点是预先假定一种直接的因果关系的顺序,从专门职业化到根据政策问题作出抽象,然后发展到理论的严密和对边际效用的偏爱;但是施蒂格勒回答说,虽然理论科学的逻辑性曾使学究式经济学家容易接受边际主义,边际效用本身的被人采用却不是一种不可避免的或者必要的步骤。他认为唯理智论——追求对现象的深刻理解——与专业特性不同,并且是专业化的前提。一方面表现了真正的或者伪装的忠于理智价值,专门学术研究者也会是有其他的动机,例如,想要取得势力和权威、占据最受尊敬的讲座或者成为他的专业协会的会长。即使是这样,学术研究者,作为一种训练、习惯和自尊心的问题,也学到一套价值观念,超过一般社会对价值的看法。但是,温奇争辩说,施蒂格勒在理论与政策以及理智的与学术的价值之间划的界线过于明显。古典经济学家,尽管他们对政策问题深感兴趣,也曾确认理智价值,并组织过一种准职业性的自觉的小组或者社会集团——在大学的范围以外。

显然,对这些问题的讨论,以及下面第 5 节里所考虑的有关经济思想的传播的一些问题,可供参考,但不是权威性的。关于经济学这门专业的发展的研究,必须仔细查考大学的条件,其中包括(像布莱克建议的)可以担任学术性职位的条件,以及学术研究机构与理智上偏离正轨的人物与外行之间的关系。学术研究机构受到外部压力的程度因时因地而变化很大,研究学术自由史的人对这一点太熟悉了;学术研究性科学的专门职业化强调职业自觉性、职业特性和集团关系的重要性,这些都具有重要的社会心理学的一面。经济学史研究者显然有广阔的用武之地,在这里无须细说。

四

在贝拉焦,最明显的意见冲突发生在传记研究工作在经济学史上的作用方面。关于这一问题的讨论集中于威廉·雅费和乔治·施蒂格勒两人的有冲突的意见,这些意见在几项会议文件中曾经提到,会议参加者大多数已经熟悉雅费 1965 年论文"传记和经济分析"中的一般论点。① 但是,辩论超越了瓦尔拉的特殊情况的范围,包含根据历史来解释的问题的一些比较根本性的方面。例如,经济学史研究者想要说明的是什么?哪种资料和分析方法是合适的?什么时候他能觉得有把握——一种特定的解释足以解决他的问题?

---

① 《西部经济学杂志》第 3 期(1965 年夏季),第 223—232 页。

在这场争论中施蒂格勒起了他的那种惯常的作为主要反对崇拜偶像者的作用,他说仅仅收集传记事实的历史学家给自己规定的任务太容易了,并认为对一个人的生平了解得太多,很可能使历史学家对他在理智上的成就的评断模糊不清(例如,像威克塞尔的情况那样)。其他的人承认很难决定应该搜集哪些事实以及什么时候停止积累资料,并且提不出什么简单的方法可以确定哪些事实是恰当的。因此大家都支持雅费的意见,认为瓦尔拉的爱好化妆以及性生活方面的怪癖似乎对他的一般均衡论的起源、发展或者最终意义没有关系或者关系很小。但是,为什么是这样或者为什么相信这些问题对瓦尔拉的职业生涯和作为一个经济学家的效力完全无关,那就比较难说了。传记方面的资料显然可以说明问题,并有助于作为文艺性的修饰;但是,要区别清楚无关紧要的描写和有意义的说明性的资料,是极其困难的。① 在我们讨论的许多地方,缺少有关的传记性资料,对于了解问题是一种显而易见的障碍。为了某些目的,有必要准确地知道一个经济学家是怎样以

---

① 这也许是应该注意的一点,即在晚近的哲学讨论中,人们强调描写和说明相互依存。卡尔·波珀曾指出,历史的说明往往取决于"形势的逻辑";并且,既然原因性的说明是依靠前后关系的,并据说有一种连接原因性和非原因性的叙述的连续统一体,如果纯粹的经济学史研究者不能意见一致,那也不足为奇。参阅威廉·H.德雷编辑的《哲学分析与历史》(纽约,1966年),特别是 A.多纳根的"波珀—亨普尔理论的重新考虑"一文,第 127—159 页;迈克尔·斯克里文的"历史上的原因、关系与条件"一文,第 238—264 页。又戈登·莱夫的《历史与社会理论》(伦敦,1969年),第 4 章;以及弗雷德·D.纽曼的《通过描写来说明》(巴黎,1968年),散见各处。关于自然科学和历史中的各种说明,参阅欧内斯特·内格尔的《历史分析的逻辑中一些问题》:"历史中的说明性前提,和在自然科学中一样,包括若干含蓄地假设的法则,以及许多明确的(虽然通常是不完全的)对起初情况的阐述。这些法则也许是陈述某种社会科学中已经证实的一些规律性,或者也许是一般地陈述不变的伴随情况,或者也许是统计的形式;它们也许表明世事因果的一致性;或者它们也许表明某种共存依赖的关系。"见加德纳,第 377 页。

及从哪里得到他的思想的——从正式的教学、随随便便的阅读或者口头传说——这一点在研究思想的传播中和在研究思想的起源与发展中同样重要。在其他的时候，需要知道为什么某一个人大声疾呼地反对或者拒绝接受他的研究领域里目前有人接受的思想或者问题，同时在他的著作里却把其他的思想抬高到中心地位。传记性资料可能也有助于说明一个经济学家提出问题的方式，不是仅仅在一般的意义上（例如，杰文斯的渴求表现和马歇尔的谨慎小心形成鲜明的对照），而且在一些具体问题上。引起大量争辩的边际主义与数学的问题在这里是有关的。要能理解边际效用或者均衡分析，至少必须具备多少数学知识？这些共同发现者个人了解多少数学，以及在多大程度上他们在解答分析性问题或者在发表他们的研究结果中利用了他们的知识？个别会议参加者觉得需要比较详细的和有系统的关于19世纪中期和晚期数学知识情况的资料，特别是微积分学。教育环境的这一方面对共同发现者和他们的前辈的个人历史以及对边际主义作为一种技术工具被人接受的速度都有关系。人们认识到，一个透彻理解有关数学的经济学家也许不予以重视，认为它会引人误解或者不适合于对人类事务的研究，同时另一个经济学家，在数学上远远不及前者高明，却也许很有效地运用他的有限的配备。单是对个人传记的研究就可能测定这些差别达到什么程度以及实际上有多大关系。例如，经济学的社会学，在学术研究化和专门职业化的过程中，大体上也有这样的情况。在重要人物的一生事业中，个性和促动因素显然是重要的：这里指的是那些具备领袖品质或者在发展形成以及贯彻执行制度方面有力量控制他们的学生和同事们的训练、任用、升级和发表著作的人物。

我已经表示过对这些问题有兴趣,现在可能会夸大它们在贝拉焦会议活动中的重要性。① 然而,没有疑问,整个会议期间最显著的一点意见分歧起源于有关传记资料的一个问题:就是,传记资料是否不仅仅是思想史一个方便的提供特别解释的来源。是不是真的像雅费说过的那样,我们在任何论点或者理论中必须寻求"著者特有的个性……〔因为〕一项重大的创造性的发现或者……创新,无论在经济学上或者在任何科学或艺术工作的领域里,都是……某个人的想象力的产物,他的个性以许许多多微妙的方式给这种成就留下不可磨灭的标记"。② 应该注意到,雅费现在也许不愿意支持他这段话里的每一个字;实际上,他对这段话竟然成为争论的焦点似乎感到意外。但是他的议论非常清楚和明确地阐述了思想史研究者认为重要的一个普遍的问题。在贝拉焦有明显的意见分歧,一边是(像施蒂格勒和布劳格)那些人,他们主张对传记资料要作较为明确的分析,另一边是(像雅费和布莱克)那些人,他们坚决不肯把秩序和一贯性强加在人的生活上,因为那么多的可变因素(包括机会)在决定人的活动和成就中起一份作用。所有的会议参加者都认识到过分依赖直觉的方法是有危害的,因为根据个人的历史来解释一个人的理智发展,可能导致在使用证据中的偏见和选择,以及寻求思想和个人经历之间简单的相互关系,同时下意识地抛弃那种不能符合模式的证据。当然,这不是传记研究特有的问题;但是抱怀疑态度的人显然认为它在这种著作里特别容易发生。人们一般地都认为研究思想史的人必须经常问问自己,对一

---

① 科茨:《经济的和社会的来龙去脉》。
② 雅费,第 227 页。

个人的生平情况多了解一些是不是真正增加自己对这个人的理智发展的知识;并且,尽管也许不可能发现所有的有关证据,通过查考类似的领域、时代或者地区中其他思想家的经历,解释的范围可以扩充到超过个别的情况。

关于这一点,温奇探问,在寻求对应的例子中是不是认为必须根据某种一般的假设——演绎式"有关法则"来解释个别的情况;但是施蒂格勒否认是这样。为了避免错误地对个别情况采用一般化的解释,只须使用可以试验的工作假设,这些假设比需要解释的特殊情况具有较大的一般性。问题只谈到这一点为止,因为会议参加者不想再推进到超过这个有限的、完全实用主义的程度。没有人追问究竟哪种假设可能适合于任何特定的调查研究,或者怎样对这种假设进行测验或者什么是一种符合要求的测验的标准。作为一个团体,会议成员们不愿意过深地陷入这种逻辑性和哲学性的问题。[①] 正如布劳格所说,尽管承认传记性的资料"有助于了

[①] 参阅内格尔,见加德纳,第385页:"……目前我们没有一个被普遍接受的、明确阐述的和充分全面的格式,可以衡量用于任何武断地特定的假设,使有关每项结论的各种证据的不同结论的逻辑价值能够比较。甚至在具有极大实际重要性的问题上也必须根据一些仅仅模模糊糊地了解的理由作出判断;并且,在没有一种合乎逻辑的原则可以估计这种证据支持一项结论的程度时,如果不同的判断有冲突,每一种判断似乎是一项武断的程序的结果。这种情况影响历史学家的结论的地位,和影响其他研究者的意见一样。幸而,虽然关于一种特定的说法的证据的力量在理论上是无限的,而那些在对于估计许多假设的相对可能性的有关问题方面有经验的人中,实际上却有一种一致的意见。这种意见的一致表明,尽管没有明确陈述的逻辑,许多没有说明的思想习惯却事实上承认了推论的原则。因此,虽然对于有关历史上特殊的因果关系的归究罪责往往有合法的理由可以怀疑,但似乎没有使人非相信不可的理由要把这种怀疑变为整个的怀疑主义。"

解"经济思想的发展,他也不能肯定这种说法究竟是什么意思。

毫无疑问,有些读者会认为这种讨论令人失望地没有得到结果。然而就我所知道的来说,经济学上关于传记分析的方法论的问题这一次受到从未有过的这样明确的重视。在这种问题上期望人们意见一致,只是乐观主义的想法,因为这里深刻地牵涉到个别历史家的判断(或许也牵涉到他承担的职业上的义务)。有些学者认为,调查研究一个杰出人物的生活和思想,这种工作本身就很有趣味,不管它是否"有助于了解"更大范围的思想和行动的潮流。即使如此,在贝拉焦人们的一致意见反映出经济学史方面晚近的学术活动已逐渐放弃对个人历史和关键思想的研究,而趋向范围广阔的社会学的和有比较性的题目,例如科学知识的增长和专门职业化的过程。再则,这里我可能只是根据自己的先入之见在作出一些推论。[1] 然而,经济思想的传播问题——下节中讨论的——代表另一个恰当的事例。

五

在以往十年左右这一段时期中,关于科学思想的交流和同化的研究日益增多,其中很大一部分有关目前的情况和未来的光景,而不是有关过去的历史。然而,最近个别经济学史研究者对这些问题发生了兴趣,这次会议组织者有心地鼓励与会者研究边际主

---

[1] 参阅科茨的"经济学史中优先考虑的问题"一文,载《政治经济学史》半年刊第1期(1969年春季),第9—18页。

义思想通过时间和空间的传布。大会论文中对这个题目的研究必然是暂时的和有选择的,甚至是试验性的。但是在我们考虑的过程中,许多富有意义的普遍性问题被提出来;不能否认在这方面研究工作大有可为。

当然,经济思想的传布和这篇结尾语中前面谈到的一些题目(例如环境因素的影响和专门职业化)之间有密切关系。但是宜乎把传播过程分开来考虑,因为这是一个极其难以捉摸的和复杂的问题。开始的时候有一些很难处理的关于各种经济概念的定义问题,随着时间变化的通讯渠道,以及各种概念被接受的程度。例如,必须区别科学的概念和通俗的概念,区别理论性的命题或体系和政策性的主张;除此以外,还须不要混淆单纯的思想陈述(例如,在教科书里,不管是为了表示在学术上胜人一筹,还是为了严肃的教学用途)和实质性分析的采用——这是施蒂格勒的论文里显得突出的一个问题。显然,新的概念可以由一些既不利用甚至也不了解它们的人提出来,甚至热诚地接受(例如,像1890年以前意大利的边际主义那样)。在这种情况下,它们的科学重要性微不足道、等于零或者可以想象甚至是负的。同样地,被接受的程度显然决定于更重要的问题:被什么人接受?仅仅计算人数,足够吗;如果足够的话,是哪些人?在纯粹统计学的意义上,显然需要对个别接受者作一些加权,但是这个工作不容易做。

尽管施蒂格勒竭力想法提高会议活动的科学气氛,用图表来说明边际效用经济学被人接受的速度,但未能想出一种大家同意的标准,可以用来测量经济思想被人接受的程度。实际上,特伦斯·哈奇森认为施蒂格勒的论文显然低估了20世纪20年代和30年代中边际主义的重要性；哈奇森认为施蒂格勒鉴定"著名"美国经济学家的方法很有疑问；还有几个会议参加者怀疑古德温对经济思想方面的革命那种大胆的类型学的某些特征。但是，根据所提的问题来说，会议结束前一天的这场大会确实是整个会议期间最令人激动的场面之一。例如，为什么某些主张被采纳而另一些被忽视？哪种理智的挑战激发重大的新思想，以及什么东西决定时间的长短（就是，"时间上的间隔"），过了这一段时间那新的刺激就消逝？历史学家应该在什么程度上把注意力集中在科学意见领路人（而不是追随者）的身上？随着专业标准的进步，这个领域里"不可容许的无知水平"有所提高，察觉那些思想被人接受的速度和质量是可能的吗？这些标准在一个特定学科的不同部门之间变化到什么程度，以及为什么？

在关于通讯的手段、提出的方式，以及新思想发表的时间的评论中，提到一些其他有意义的问题。例如，在高水平的科学论文、专题著作或者学术性刊物中提出新的思想，必然会限制可能的读者，但这是我们在考虑采纳和利用科学思想时有关的读者对象。制度化的理论上或者科学上的思想交流（例如，通过大学讲座和学术刊物）可以或者促进或者阻碍传播的过程；实际上，它可以增加一些信号，同时淹没或者搅乱另一些。

关于测定思想被接受的情况方面，在很大程度上不仅要决定于提出问题的方式（例如，数学的或者语言的，抽象的或者适应政策的），而且要决定于时间的选择（例如，有关的读者或听众忙于其他问题的程度）以及当时科学知识的水平。如果一种思想过分走在时代前面，它可能被忽视或者不加考虑；同样的结果也许会出现，如果这种思想似乎不符合那些占统治地位的正统派权威的要求或者可能损害他们的利益。这是为什么重大的科学进步往往是由年轻一代的成员取得，以及起初是受到他们欢迎的。如果那种思想既有实际的也有仅仅理论的涵义，它就可能由于非科学的（例如，意识形态的）原因被接受或者被拒绝，这一问题曾结合着米克和松浦两人的论文加以讨论。上面第 3 节里已经提到，经济学中新思想的吸收同化受舆论的影响较大，超过当时经济活动水平的影响；意大利和日本这两个实例足以提醒人们注意，这吸收同化的过程受一般文化修养的影响并受直接有关的那门学科中知识状况达到的程度的影响。一旦人们认识到，一种特定的新思想也许不仅在时间和空间上难于识别和追溯，而且可能在传播过程中经历重要的修改和重新解释，问题就更加复杂了。在这方面和在一些其他方面一样，传播过程在一些没有早先的理论传统（或者当时流行的反理论的舆论）的国家和那些具有根深蒂固的反理论舆论的国家中是不同的。会议中也讨论了对经济思想和技术思想两者的国际传播进行比较的可能性——例如，像在工程学方面。

六

　　边际革命还有两个方面值得考虑——意识形态的作用，以及经济学的范围和方法的变化。

　　在我们的活动期间常常提到边际主义经济学中同时存在着实证主义的和规范的成分，特别是和瓦尔拉对纯竞争的论述以及教条式自由主义在奥地利学派的起源与发展中的作用有关系的地方。然而,在结束的那次会议上大家一致认为对这些问题注意得不够,尽管米克和松浦的论文给我们一些启发。会议成员中没有人认为在早期关于边际理论的阐述中主要动机是辩解;否则这方面一定会比较突出得多。但是有些人显然认为会议中以比较微妙的方式处理了涉及意识形态的事,例如,在边际概念被应用于实际问题或者被用作政策主张的根据的时候。当然,在这里困难的是,由于设计得非常精巧,在意识形态上以中立为原则的一套理论解释,可以用来辩护几乎任何政策立场。在考虑个别动机中我们无意于强调意见的分歧,因为认识到死后的精神分析很少是有收获的活动。例如,就瓦尔拉来说,他的著作的意识形态背景[1]和他那种有条件地使用纯竞争这个概念作为一种"分析上的方便"(一种使理论问题简单化的手段)两者之间有重大的区别。另一方面,瓦尔拉却先入为主地忙于一些比较简单的问题,力求完全解答它们,门格尔特别喜爱那种比较不固定的问题,这反映了他对经济作用有一种复杂的看法。这两个人都对教条式的自由主义很有意见;但是施特赖斯勒认为门格尔作为维也纳大学教授的社会地位意味着他必须捍卫现有的秩序。即使如此,辩护性的特征在门格尔的著作中还是不如在维塞尔的著作中那样容易看得出。

谈到边际主义思想的传播(作为与起源相对的问题)时,大多数参加者承认意识形态因素的影响。例如,在意大利似乎主要的

---

[1] "瓦尔拉所有的著作中(包括他的分析性的贡献中),总有一种个性极强的意识形态潜在着。……理解这种意识形态的起源和性质,是一个很重要的问题(如果不是为了其他的原因),因为它给瓦尔拉的研究指引了方向,并提供了他据以推论出那宏大的分析性的远见,这种远见他传给后代。"见威廉·雅费的《莱昂·瓦尔拉的通信和有关论文集》(阿姆斯特丹,1965年)的序言,1:ix 页。

边际主义者是反社会主义者;然而巴鲁奇说明了边际主义最初是以"很中立的方式"渗入意大利的,而且很难准确地解释为什么这些思想非常快地就应用于财政问题。对比之下,在日本边际主义被人们用作一种反马克思主义的武器。但为什么马克思主义一般地证明了它比边际主义容易输出？马克思主义的意识形态的特征使得它比较容易被人接受吗？如果是这样的话,意识形态的因素在多大程度上影响了其他经济理论的国际传播呢？

边际革命期间和边际革命以后范围缩小以及重点从宏观经济学转移到微观经济学,由唐纳德·温奇和文森特·塔拉西奥用一般的说法,又由约瑟夫·斯彭格勒从比较狭隘的观点,加以考虑。有人提出各种特别环境论的假设来说明这种转变,因为,正如施蒂格勒指出的那样,这不是边际主义逻辑中固有的东西。也许效用论起了一种"工会"的作用,帮助把"专业的"经济学家和业余爱好者分开;或者即使没有边际主义,范围的缩小也会发生吗？一般说来,似乎环境论的解释甚至无法说明人们对长期经济增长的兴趣为什么低落,以及为什么要把宏观经济的问题推到应用经济学的领域。有些历史学家认为缩小范围是由于经济学家方面勇气不足,退到比较安全的、学术性较浓的问题。但是在贝拉焦大家一般地不愿意接受这种解释。相反地,人们的注意力集中于新思想在理智上的意义。有几位会议参加者认为人们所假设的工资基金论在英国的失败非常重要,这一重大事件,像哈奇森指出的那样,是19世纪90年代以前分配学说方面一段"无政府状态时期"的前奏。大家一致认为,经济学家既没有机会,也没有兴趣要创立什么理论来解说分配份额的大小和趋势,因为这是当时引起很多公开争论的问题。同样出人意外的是,只有很少几个不合于公认标准的经济学家致力于研制宏观的消费理论,这些理论现今作为边际效用的逻辑上的延伸而出现。我们承认,奥地利学派有人对这种集合过程曾提出根本性的反对,这些反对意见,在一些后来拥护那种传统的人看来,具有人们熟悉的意识形态的涵义。但是很难找到一种令人信服的解释,可以说明这些思想的起源,或者甚至可以说明奥地利学派那种根深蒂固的使经验主义的著作和理论分离的传统。这是由于基本的哲学思想,或者仅仅是偶然发生的在制度上把这门学科分成各自独立的几个部分的结果吗?米克强调边际主义者把合理性的概念延伸到家庭的日常生活方面,这引起了很多的讨论,有些会议参加者表示想不到这种产生良好结果的新思想竟然被人这样不恰当地利用,另一方面其他的一些人争辩说合理性的/概念在比较早得多的著作中就写进去了。后面这一伙人说重要的转移不是转向合理性本身——这是一个难以捉摸的观念,可以有各种不同的解释——而是转向把效用增加到最大限度的行为,有几个会议成员认为这一概念应该更仔细地解释,并须根据历史追溯它的发展。

  总的说来,我们关于经济学的正在变化的范围的议论过分小心了,部分地是由于大家想要避开《方法学研究》中提出的那些问题。人们公认,假如我们让自己卷入那些混乱的争论,可能已经偏离了一些对边际革命比较重要的问题。再则,《方法学研究》是一项革命后的发展,尽管在传播过程中可能有些影响,对边际主义的起源和详细阐述却没有关系。然而,方法论上的问题应该更明确地加以讨论,因为所谓归纳及演绎这两种方法之间的矛盾是当代舆论潮流的一个组成部分,它直接影响了社会科学中职业特性的发展。

七

学术会议的组织者人人都知道,即使最好的预定计划也不能确保成功;会议活动时期越长,期望不能实现的风险越大。以这次会议为例,我们很早就碰到不幸的事,因为被邀请的参加者中有两位没来。但是,从我们到达塞尔贝洛尼别墅的时候起,大家对会议必定成功的信心始终没有发生动摇,如果这篇长而不全面的结束语不能使人感到我们的讨论之热烈、兴奋和富有收获,那是没有尽到责任。应该承认,会议开始时曾有可能使主要的问题在初期阶段通过研究得到解决;但是事实的表现是,人们的兴趣持久不变,部分地因为会议的安排非常适合于这种复杂的、多方面的题目。此外,必须提到,讨论始终是切合问题的、心情舒畅的,并且真诚地希望了解与调和一些互相冲突的观点。想到那种田园风光、质朴宜人的背景,也许人们一时还不能轻率地说文化史上环境论的解释没有理由。①

---

① 前面的叙述一般是以在贝拉焦会议期间尽力收集的笔记为根据,并由当地宛如英国的冬令风光使人有怀乡之感但还能聚精会神的几次集会的磁带录音予以补充。此项叙述不是为了总结而是为了补充本书编入的那些论文的不足之处(其中有些是代表原来会议文件的修订),既指出正式会议上考虑的主要问题,也使人对各种不同观点留下一种印象(并且有时候出现明显的意见冲突)。此外,我也引人注意一些问题,在这些问题上我们交换的意见没有说服力,或者因为缺乏有关的资料,或者比较严重地,因为没有一致同意的标准。最后,我曾试图确定几个可能产生结果的题目,供将来研究之用,尽管——像有一个会议参加者坚决认为的那样——在这种问题上少量实例比大量格言的价值大得多。

译名对照表

二 画
丁沃尔　Dingwall,J.

三 画
凡诺　Fanno,M.
凡勃伦　Veblen,Thorstein
于斯扎尔　Huszar,George B. de
门格尔,卡尔　Menger,Carl
门格尔,安东　Menger,Anton
小泉信三　Koizumi,Shinzo
大山千代夫　Ohyama,Chiyoo
大塚金之助　Ohtsuka,Kinnosuke
马希,尼尔·德　Marchi,Neil de
马尔科,德维蒂·德　Marco,De Viti de,A.
马基奥罗，　Macchioro,A.
马克卢普，弗里茨　Machlup,Fritz
马洛赫,克里斯琴　Malloch,Christian,A.
马尔萨斯　Malthus
马克思,卡尔　Marx,Karl
马尔,德尔　Mar,Del,A.
马歇尔,阿尔弗雷德　Marshall,Alfred
马沙克　Marschak
马蒂斯,科涅蒂·德　Martiis,Cognetti de
马斯特曼　Masterman
马西亚斯,尼肖拉斯　Massias Nicholas
马佐拉　Mazzola,U.
马斯格雷夫　Musgrave,A.

四 画
巴贝奇　Babbage
巴奇霍特,沃尔特　Bagehot Walter
巴尔贝拉　Barbera,G.
巴尔巴加洛　Barbagallo,C.
巴尔别里　Barbieri,G.
巴罗内　Barone,E.
巴鲁奇,皮耶罗　Barucci,Piero
巴西莱　Basile
巴斯夏　Bastiat,F.
巴肯　Buchan,A.
巴克,罗杰　Buck,Roger,C.
巴克尔　Buckle,Henry Thomas
贝利　Bailey
贝恩,亚历山大　Bain,Alexander
贝蒂佐格鲁　Beatzoglou,T.
贝卡里亚　Beccaria
贝克尔,加里　Becker,Gary,S.
贝拉米　Bellamy,E.
贝尼尼　Benini,R.
贝尔托利诺　Bertolino,A.
比丰　Buffon,G. L. Leclerc de
比尔拉马基,让·雅克　Burlamaqui,Jean Jacques
比方道尔夫,萨米埃尔,冯　Pufendorf,Samuel von
切克兰德　Checkland,S. G.
孔德　Comte
孔迪拉克　Condillac
邓巴　Dunbar,C. F.

译名对照表

邓菲,洛雷塔　Dunphy,Loretta,M.
尤肯,沃尔特　Eucken,Walter
尤勒　Euler,L.
戈比　Gobbi,V.
戈德温,威廉　Godwin,William
戈德费尔德　Goldfeld,S. M.
戈登　Gordon,B. J.
戈尔曼　Gorman,W. M.
戈森,赫尔曼·海因里希　Gossen,Herman Heinrich
木村　Kimura,Takeyasu
内格尔,欧内斯特　Nagel,Ernest
中山伊知郎　Nakayama,Ichiro
牛顿　Newton
手塚寿郎　Tezuka,Toshiro
瓦格纳　Wagner,A. H. G.
瓦尔拉,艾琳　Walras,Aline
瓦尔拉,奥古斯特　Walras,Auguste
瓦尔拉,莱昂　Walras,Leon
瓦特,詹姆斯　Watt,James
瓦伦蒂　Valenti,G.
瓦尔克　Valk,W. L.
瓦伊纳　Viner,J.
韦克菲尔德　Wakefield,E. G.
韦利,雅各布　Waley,Jacob
韦兰,弗朗西斯　Wayland,Francis
韦布　Webb,S. and B.
韦伯,阿尔弗雷德　Weber,Alfred
韦伯,马克斯　Weber,Max
韦尔斯　Wells,D.
韦斯特,爱德华　West,Edward
韦基奥,德尔　Vecchio,Del,G.
乌伊特马克　Uitermark,P. J.
扎农　Zanon,G. A.

五　画

边沁,杰里米　Bentham,Jeremy
本-戴维,约瑟夫　Ben-David,Joseph
布莱克,科利森　Black,Collison R. D.
布莱克默　Blackmar,F. W.
布朗　Blanc,L.

布朗,罗伯特　Brown,Robert
布劳格,马克　Blaug,Mark
布朗基　Blanqui,J. A.
布卢尔,戴维　Bloor,David
布尔　Boole
布克　Boucke,O. F.
布瓦伊,奥尼斯·德　Bourouill,Aulnis de
布林克曼,卡尔　Brinkman,Carl
布朗芬布伦纳　Bronfenbrenner
布劳威尔　Brouwer,L. E. J.
布坎南,詹姆斯　Buchanan,James,M.
布赫尔　Bucher,K.
布哈林,尼古拉　Bukharin,Nikolai
布洛克　Bullock,C. J.
卡贝　Cabet,E.
卡费　Caffe,F.
卡迈克尔,格肖姆　Carmichael,Gershom
卡纳普,鲁道夫　Carnap,Rudolf
卡纳德　Canard
卡塞尔,古斯塔夫　Cassel,Gustav
卡弗　Carver,T. N.
卡恩,彼得　Kahn,Peter
加利亚尼　Galiani,F.
加尼尔,夏尔　Ganilh,Charles
加德纳,帕特里克　Gardiner,Patrick
加尼尔,约瑟夫　Garnier,Joseph
加弗　Garver,F. B.
古德温,克劳弗德　Goodwin,Craufurd
古皮利叶尔,阿东·德·拉　Goupilliere, Haton de la
汉森　Hansen,A. H.
艾伦　Allen,R. G. D.
艾杜森,伯尼斯　Eiduson,Bernice. T.
艾瑙迪　Einaudi,L.
弗勒克斯　Flux,A. W.
弗兰克尔,查尔斯　Frankel,Charles
弗里德兰,克莱尔　Friedland,Claire
弗里德曼,米尔顿　Friedman,Milton
弗里希　Frisch
兰佩蒂科　Lampertico,F.

兰格,奥斯卡　Lange,Oskar
卢斯　Luce
卢扎蒂　Luzzatti
尼科尔森　Nicholson,J. S.
尼塞尔　Neisser
皮科克　Peacock,A. T.
皮卡德　Piccard,Antoine Paul
史密斯　Smith,J. A.
史密斯　Smith,J. G.
圣西门　Saint-Simon,C. H.

六　画

亚当斯　Adams,C. F.
亚当斯,亨利　Adams,Henry
亚当斯,亨利·卡特　Adams,Henry Carter
亚当森,罗伯特　Adamson,Robert
亚里士多德　Aristotle
安德森　Anderson,B. M.
安德鲁斯　Andrews,E. Benjamin
安东内利　Antonelli,G. B.
安田源次郎　Yasuda,Genjiro
安井琢磨　Yasui,Takuma
邦森　Bunsen,R. W. E.
考特尼,伦纳德　Courtney,Leonard
考德,埃米尔　Kauder,Emil
达尔贝戈　d'Albergo,E.
达尔文,查尔斯　Darwin,Charles
达尔文　Darwin,G. H.
达文波特　Davenport,H. J.
达克沃思,阿瑟　Duckworth,Arthur
多尔比　Dolby,R. G. A.
多纳根　Donagan,A.
多尔夫曼　Dorfman,R.
多尔夫曼,约瑟夫　Dorfman,Joseph
伊格利　Eagly,R. V.
伊迪,莱昂内尔　Edie,Lionel
伊利,理查德　Ely,Richard,T.
伊斯纳尔　Isnard
吉德　Gide,C.
吉芬　Giffen

吉约曼　Guillaumin
吉尔博　Guillebaud,C. W.
早川三代治　Hayakawa,Miyoji
乔治,亨利　George,Henry
乔吉斯库-罗根,尼古拉斯　Georgescu-Roegen,Nicholas
乔伊特　Jowett
乔普林　Joplin
约翰尼斯　Johannis,A. De
约翰森　Johannsen,N.
约翰逊　Johnson,A. S.
列昂捷夫　Leontief
迈耶斯　Meyers,A. L.
迈因特　Myint,H.
米克,罗纳德　Meek,Ronald
米凯尔斯　Michels,R.
米内卡,弗朗西斯　Mineka,Francis E.
米勒　Miller,F. B.
米尔纳　Milner,Lord
米泽斯　Mises,L. von
米香　Mishan,E. J.
米切尔　Mitchell,W. C.
米切尔,布罗德斯　Mitchell,Broadus
西格　Seager,H. R.
西尼尔,纳索　Senior,Nassau
西奇威克,亨利　Sidgwick,Henry
西米昂德　Simiand,F.
西斯蒙第,西蒙德　Sismondi,Simonde de
许勒尔　Schüller,R.
托尼奥洛　Toniolo
托伦斯　Torrens
托因比　Toynbee
汤森,梅雷迪思　Townsend,Meredith
宇泽　Uzawa
华莱士　Wallace,W. S.
休厄尔,威廉　Whewell,William
伍德　Wood,S.
扬　Young,A. A.

七　画

阿歇特　Hachette

译名对照表

阿克曼　Ackerman, J. S.	亨德森　Henderson, E.
阿克曼　Akerman, Gustaf	亨德森　Henderson, J. P.
阿克沃思　Ackworth, W. M.	亨克　Huncke, G. D.
阿弗塔利昂　Aftalion, A.	角谷　Kakutani
阿莱西奥　Alessio, G.	库利　Cooley, C H.
阿莫罗索　Amoroso, L.	库塞尔-塞纳伊尔　Courcelle-Seneuil, J.
阿里维贝恩,琼　Arrivabene, Jean	库尔诺　Cournot, A.
阿罗　Arrow, K. J.	库苏马诺,维托　Cusumano, Vito
阿什利,威廉·詹姆斯　Ashley, William James	库布勒　Kubler, G.
	库恩尼　Kuenne, R. E.
阿特沃特　Atwater, L. H.	库恩　Kuhn, T. S.
伯格博姆,朱利叶斯　Bergbohm, Julius	劳埃德　Lloyd, W. F.
伯克利,毕晓普　Berkeley, Bishop	劳克林　Laughlin, J. L.
伯努力,丹尼尔　Bernoulli, Daniel	劳恩哈特　Launhardt
伯恩斯　Burns, J. H.	劳伦斯　Lawrence
肖伯纳　Shaw, George Bernard	利科克,斯蒂芬　Leacock, Stephen
坎贝尔,唐纳德　Campbell, Donald T.	利本,理查德　Lieben, Richard
坎南　Cannan, E.	利比希,冯　Liebig, von
克拉克,约翰·莫里斯　Clark, John Maurice	利文斯顿,阿瑟　Livingston, Arthur
	麦考利　Macaulay
克拉克　Clark, J. B.	麦克法兰　MacFarlane, C. W.
克莱,亨利　Clay, Henry	麦克文　MacVane, S. M.
克罗切,贝内代托　Croce, Benedetto	麦克艾萨克　McIsaac, A. M.
克龙比　Crombie, A, C.	麦基弗　MacIver, R. M.
克莱巴纳,本杰明　Klebaner, Benjamin J.	麦克劳德　MacLeod
克利因　Kleene, G. A.	麦卡洛克　McCulloch
克纳普,乔治·弗里德里希　Knapp, George Friedrich	纽科姆,西蒙　Newcomb, Simon
	纽曼　Newman, F. O.
克尼斯,卡尔　Knies, Karl	纽马奇　Newmarch
克内坎普　Könekamp, R.	纳菲尔德　Nuffield
克里默曼,伦纳德　Krimerman, Leonard, I.	纳扎尼　Nazzani, E.
彻里曼　Cherriman, J. B.	李斯特,弗里德里希　List, Friedrich
杜基尼　Duchini, F.	李嘉图　Ricardo, David
杜克　Duke	里奇　Ricci, G.
杜蒙　Domont	里奇　Ricci, V.
杜邦-怀特　Dupont-White, C.	里斯特　Rist, C.
杜普伊,朱尔　Dupuit, Jules	希克斯　Hicks, J. R.
杜尔哥　Turgot	希格斯,亨利　Higgs, Henry
芬奇　Vinci, F.	希尔弗丁　Hilferding, R.
芬勒特,安德鲁　Findlater, Andrew	希尔德雷思　Hildreth
亨普尔　Hempel, C. G.	希尔普　Schilpp, P. A.

庇古　Pigou, A. C,
沃尔德, 亚伯拉罕　Wald, Abraham
沃克, 阿马萨　Walker, Amasa
沃克　Walker, C. S.
沃克　Walker, A. H.
沃克, 唐纳德　Walker, Donald A.
沃克, 弗朗西斯　Walker, Francis A.
沃坦堡　Wartenberg, C. M.
沃托夫斯基　Wartofsky, M. W.
沃森　Watson, Robert I.
怀特黑德　Whitehead
沙克尔　Shackle, G. L. S.
苏皮诺　Supino, G.
杉本荣一　Sugimoto, Eiichi
坂西由藏　Sakanishi, Yoshizo
佐贯贵臣　Sanuki, Takeomi
佐申　Zeuthen, F.
佐利　Zorli, A.
张伯伦, 爱德华　Chamberlin, Edward

八　画

青山秀雄　Aoyama, Hideo
庞巴维克, 欧根　Böhm-Bawerk, Eugen von
奇科内　Ciccone, A.
奇科蒂　Ciccotti, E.
迪瓦因　Devine, E. T.
迪金森　Dickinson, H. D.
迪努瓦耶　Dunoyer, C.
范范尼　Fanfani, A.
欣里克斯　Hinrichs, A. F.
法勒　Farrer, Thomas Henry
英格拉姆　Ingram, J. K.
杰文斯, 哈里特　Jevons, Harriet A.
杰文斯, 亨里埃塔　Jevons, Henrietta
杰文斯, 赫伯特·斯坦利　Jevons, Herbert Stanley
杰文斯, 斯坦利　Jevons, Stanley, W.
杰诺韦西　Genovesi
凯尔恩斯　Cairnes
凯里, 亨利　Carey, Henry
凯恩斯, 约翰·梅纳德　Keynes, John Maynard
凯克　Kiker, B. F.
岸本诚二郎　Kishimoto, Seijiro
金　King, M. D.
金利　Kinley, D.
河上肇　Kawakami, Hajime
奈特, 弗兰克　Knight, Frank H.
欧文　Irvine, R. F.
欧文, 罗伯特　Owen, Robert
松浦保　Matsuura, Tamotsu
明盖蒂　Minghetti. M.
帕尔格雷夫　Palgrave, R. H. I.
帕隆巴　Palomba, G.
帕皮　Papi, G. U.
帕雷托, 维尔弗雷多　Pareto, Vilfredo
帕里什　Parriah, J. B.
帕森斯, 塔尔科特　Parsons, Talcott
帕顿, 西蒙　Patten, Simon N.
帕廷金, 唐　Patinkin, Don
佩里　Perry, A. L.
佩佐, 德尔　Pezzo, del
波拉尼, 迈克尔　Polanyi, Michael
波珀　Popper, K. R.
波特　Porter
彼得里-托内利　Pietri-Tonelli, A. de
昆西　Quincey, De
拉克鲁瓦　Lacroix, S. F.
拉克托斯, 伊姆里　Lakatos, Imre
拉格朗热　Lagrange, J. L.
拉诺茨　LaNauze, J. A.
拉普拉斯　Laplace
拉弗莱伊　Laveleye
拉姆齐　Ramsey
罗宾斯, 莱昂内尔　Robbins, Lionel
罗宾斯, 洛德　Robbins Lord
罗伯逊　Robertson, D. H.
罗伯逊, 罗斯　Robertson, Ross
罗宾逊, 琼　Robinson, Joan
罗德伯特　Rodbert
罗杰斯　Rogers, J. E. T.
罗金, 利奥　Rogin Leo

译名对照表

罗雪尔　Roscher, W.
罗斯科, 亨利·恩菲尔德　Roscoe, Henry Enfield
罗斯科, 威廉　Roscoe, William
罗西　Rossi, P.
舍夫勒　Schäffle
舍恩贝格　Schönberg
泽特贝尔, 阿道夫　Soetbeer, Adolph
武原八郎　Takehara, Hachiro
图尔明　Toulmin, S.

九 画

费边　Fabians
费尔柴尔德　Fairchild, F. R.
费拉拉　Ferrara
费特　Fetter, F. A.
费特, 弗兰克　Fetter, Frank
费伊拉本德　Feyerabend, P. K.
费希尔, 欧文　Fisher, Irving
哈伯勒　Haberler, G.
哈德利　Hadley, A. T.
哈夫纳　Hafner, E. M.
哈格斯特龙, 沃伦　Hagstrom, Warren O.
哈勒维　Halevy, E.
哈里森, 弗雷德里克　Harrison, Frederic
哈罗德　Harrod, Sir Roy
哈特　Hart, H. L. A.
哈耶克　Hayek, F. A. von
哈奇森, 弗朗西斯　Hutcheson, Francis
哈奇森, 特伦斯　Hutchison, Terence
胡克　Hook, S.
胡佛, 卡尔文·布赖斯　Hoover, Calvin Bryce
科茨　Coats, A. W.
科布-道格拉斯　Cobb-Douglas
科克伦　Cochrane
科恩, 莫里斯　Cohen, Morris
科恩　Cohen, R. S.
科克尔　Coker, F. W.
科尔　Cole, G. D. H.
科尔松　Colson, C. L.

科尼利亚尼　Conigliani, A.
科塞, 刘易斯　Coser, Lewis
科萨, 路易吉　Cossa, Luigi
科莫琴斯基　Komorzynski, J. von
洛里亚　Loria, A.
洛, 罗伯特　Lowe, Robert
勃伦塔诺　Brentano, L.
查默斯, 托马斯　Chalmers, Thomas
查普曼　Chapman, S. J.
施莫勒　Schmoller, G.
施奈德, 路易斯　Schneider, Louis
施皮格尔, 亨利　Spiegel, Henry W.
施塔克尔贝格　Stackelberg, H. von
施蒂格勒, 乔治　Stigler, George
施泰因, 洛伦茨　Stein, Lorenz von
施特赖斯勒　Streissler, E.
威克塞尔　Wicksell, K.
威克斯蒂德, 菲利普·亨利　Wicksteed, Philip Henry
威尔　Will, T. E.
威尔逊, 詹姆斯　Wilson, James
祖加罗　Zugaro, P.

十 画

班菲尔德　Banfield, T. E.
恩格尔　Engel, E.
恩格斯　Engels, Friedrich
埃卡德　Eckard, E. W.
埃奇沃思　Edgeworth, F. Y.
埃利奥特　Elliot, Hugh S. R.
埃雷拉, 阿尔贝托　Errera, Alberto
埃弗雷特　Everett, C. W.
格米尔　Gemmill, P. F.
格拉德斯通　Gladstone, W. E.
格雷厄姆, 托马斯　Graham, Thomas
格雷　Gray
格拉齐亚尼　Graziani, A.
格林　Green, D. I.
格罗斯　Gross, G.
格罗斯曼, 亨里克　Grossman, Henryk
格罗特　Grote, George

特拉西,德斯蒂 Tracy,Dcstutt de
特纳,亨利·盖尔斯 Turner, Henry Gyles
特纳 Turner,J. R.
海因德曼 Hyndman,H. M.
莱勒 Lalor,J. L.
莱夫,戈登 Leff,Gordon
莱曼,哈维 Lehman,Harvey G.
莱布尼茨 Leibnitz
莱斯利,克利夫 Leslie,Cliffe,T. E.
莱斯特,理查德 Lester,Richard A.
朗德里 Landry,A.
朗特里 Lentheric,M. P.
朗格 Longe,F. D.
朗菲尔德 Longfield
莫尔塔拉 Mortara,G.
莫尔顿 Moulton,H. G.
诺伊曼 Neumann,John von
诺伊曼-莫根施特恩 Neumann-Morgenstern
诺克 Nock,F. J.
诺尔德 Nolder,C. W.
诺思罗普 Northrop,F. S. C.
高尔顿,弗朗西斯 Galton,Francis
高斯 Gauss
高桥是清 Takahashi,Korekiyo
高畠素之 Takahata,Motoyuki
高田保马 Takata,Yasuma
夏洛亚 Scialoja,A.
莎士比亚 Shakespeare,William
柴田计 Shibata,Kei
索威尔,托马斯 Sowell,Thomas
陶西格 Taussig,F. W.
泰勒 Taylor,F. M.
泰勒 Taylor,W. L.
泰勒,萨拉 Taylor,Sarah
桑顿 Thornton

十一画

康芒斯 Commons,J. R.
勒迪克 Leduc

勒普莱 Le Play,F.
勒鲁瓦-博利厄 Leroy-Beaulieu,P.
勒托尔,夏尔 Letort,Charles
隆巴尔德 Lombard,R.
曼戈尔特 Mangoldt
梅塞达利亚 Messedaglia,A.
梅斯,沃尔夫 Mays,Wolfe
菲尔博根,西格斯蒙德 Feilbogen,Sigismund
菲内蒂 Finetti,de
菲利普斯贝格,欧根·菲利波维奇·冯 Philippsberg,Eugen Philippovic von
盖伊 Gay,M.
盖特莱 Quetelet
萨莱诺 Salerno,G. Ricca
萨缪尔森 Samuelson,Paul A.
萨金特,威廉·卢卡斯 Sargant,William Lucas
萨维奇 Savage
萨克斯 Sax,E.
萨克斯 Saxe
萨伊 Say,J. B.
萨姆纳,威廉·格雷厄姆 Sumner,William Graham
屠能,约翰·海因里希·冯 Thünen,Johann Heinrich von
维弗 Vyver,F. T. de
维塞尔,弗里德里希·冯 Wieser,Friedrich von

十二画

博卡尔多 Boccardo,G.
博迪奥 Bodio
博纳,詹姆斯 Bonar,James
博尔加塔 Borgatta,G.
博林,埃德温 Boring,Edwin G.
博尔基韦兹 Bortkiewicz,L. von
博松 Boson,M.
博耶斯 Boyers,W. Hayden
谢瓦利埃 Chevalier,M.
登普西,伯纳德 Dempsey,Bernard W.

傅立叶　Fourier, C.
傅立叶　Fourier, J. B J.
富斯菲尔德,丹尼尔　Fusfeld, Daniel R.
雅费,威廉　Jaffé, William
琼斯　Jones
奥培蒂　Aupetit, A.
奥斯皮茨,鲁道夫　Auspitz, Rudolph
奥本海默　Oppenheimer
普莱费尔,威廉　Playfair, William
普拉托　Prato, G.
普雷法西奥尼　Prefazioni
普赖斯　Price, L. L.
普鲁东　Proudhon, P. J.
鲁菲纳　Rufener, L. A.
森岛　Morishima
森吉猪　Moriyoshicho
森霍尔兹　Sennholz, H. F.
舒勒恩-施拉滕霍芬　Schullern-Schrattenhofen, H. von
舒比克,马丁　Shubik, Martin
斯克里文,迈克尔　Scriven, Michael
斯克罗普　Scrope
斯洛特金　Slotkin, J. S.
斯马特,威廉　Smart, William
斯密,亚当　Smith, Adam
斯密,罗伯特　Smith, Robert S.
斯潘塞,赫伯特　Spencer, Herbert
斯彭格勒　Spengler, J. J.
斯大林　Stalin, Joseph
斯坦普　Stamp
斯塔雷特　Starrett, D. A.
斯塔克,沃纳　Stark, Werner
斯蒂芬　Stephen, L.
斯蒂林格　Stillinger, J.
斯托勒,诺曼　Storer, Norman
斯威齐　Sweezy, A. R.
曾野　Sono, Shcso
塔特尔　Tuttle, C. A.
塔希斯,洛里　Tarshis, Lorie
塔拉西奥,文森特　Tarascio, Vincent J.
惠特利,理查德　Whately, Richard

温奇,唐纳德　Winch, Donald
温特费尔德　Winterfeld, Ludwig von

十三画

蒙尼埃尔,马尔　Monnier, Marc
蒙塔纳里　Montanari, A.
蒙哥马利　Montgomery, W. D.
鲍尔　Ball, W. W. Rouse
鲍莫尔　Baumol, W. J.
鲍恩　Bowen, F.
福西特,亨利　Fawcett, Henry
福尔蒂　Forti, E.
福克斯韦尔,赫伯特·萨默顿　Foxwell, Herbert Somerton
福田德三　Fukuda, Tokuzo
詹金,弗莱明　Jenkin, Fleeming
詹宁斯　Jennings
塞金,托马斯　Sekine, Thomas T
塞利格曼　Seligman, E. R. A.
塞耶斯　Sayers, R. S.
魁奈　Quesnay
赖兴巴赫　Reichenbach, H.
赖特　Wright, C. D.

十四画

赫恩　Hearn, W. E.
赫布斯特　Herbst, J.
赫尔曼　Hermann, F. B. W.
赫谢尔　Herschel, John F. W
赫顿　Hutton, R. H.
豪伊　Howey, R. S.
熊彼特　Schumpeter, J. A.

十五画以上

摩根,奥古斯塔斯·德　Morgan, Augustus De
摩根斯顿　Morgenstern
墨菲,詹姆斯　Murphy, James
潘塔莱奥尼,马费奥　Pantaleoni, Maffeo
德布鲁　Debreu
德马里亚　Demaria, G.

德雷,威廉　Dray,William H.
霍尔,彼得　Hall,Peter
霍特里　Hawtrey
霍布森,约翰　Hobson,John A.
霍吉斯金　Hodgskin
霍兰德,塞缪尔　Hollander,Samuel
霍姆斯/莫里亚蒂,舍洛克　Holmes/Moriarty,Sherlock
霍普金斯　Hopkins,Johns
霍斯利兹,怕特　Hoselitz,Bert F.

霍克西　Hoxie,R. F.
默顿,罗伯特　Merton,Robert K.
穆勒,詹姆斯　Mill,James
穆勒,约翰·斯图亚特　Mill,John Stuart
穆尔　Moore,H. L.
赞贝利　Zambelli,A.
戴尔　Dyer,L.
戴布勒　Deibler,F. S.
戴维森,约翰　Davidson,John

图书在版编目(CIP)数据

经济学的边际革命:说明和评价/(英)R.D.C.布莱克,(英)A.W.科茨,(英)克劳弗德·D.W.古德温编;于树生译.—北京:商务印书馆,2016
(经济学名著译丛)
ISBN 978-7-100-12599-4

Ⅰ.①经… Ⅱ.①R… ②A… ③克… ④于… Ⅲ.①边际效用学派—经济学—研究 Ⅳ.①F091.34

中国版本图书馆 CIP 数据核字(2016)第 231957 号

所有权利保留。
未经许可,不得以任何方式使用。

经济学名著译丛

经济学的边际革命
—— 说明和评价

R.D.C.布莱克
〔英〕A.W.科茨 编
克劳弗德·D.W.古德温

于树生 译

商务印书馆出版
(北京王府井大街36号 邮政编码100710)
商务印书馆发行
北京冠中印刷厂印刷
ISBN 978-7-100-12599-4

2016年11月第1版 开本 850×1168 1/32
2016年11月北京第1次印刷 印张 13⅜
定价:39.00元